EL GRAN LIBRO DEL FENG SHUI

MÓNICA KOPPEL

EL GRAN LIBRO DEL FENG SHUI

MÓNICA KOPPEL

alamah

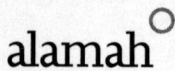

Copyright © Mónica Koppel 2011
El gran libro del Feng Shui

De esta edición:
D. R. © Santillana Ediciones Generales, S.A. de C.V., 2011.
Av. Río Mixcoac, núm. 274, Col. Acacias
México, 03240, D.F. Teléfono (55 52) 54 20 75 30
www.alamah.com.mx

Primera edición: junio de 2011
ISBN: 978-607-11-1061-9

Diseño de portada y de interiores: Fernando Ruiz Zaragoza

Impreso en México

Todos los derechos reservados. Esta publicación no puede ser reproducida, ni en todo ni en parte, ni registrada en o transmitida por un sistema de recuperación de información, en ninguna forma ni por ningún medio, sea mecánico, fotoquímico, electrónico, magnético, electroóptico, por fotocopia o cualquier otro, sin el permiso previo, por escrito, de la editorial.

Índice

Prólogo 9
Introducción 11

Historia 14
Cronología 21
Bagua. Las diferentes teorías 27
El Chi 40
Tao 43
Yin Yang 46
Los cuatro ciclos de los elementos 69
Diversas teorías o escuelas 76
Calles y entradas 86
Calles y puertas 92
Puerta principal y edificios 95
Forma de los terrenos 97
Vecinos 102
Árboles y plantas 103
Formas interiores 105
Teoría BTB (Black Tantric Buddhism) del profesor Lin Yun 116
Los aromas y las áreas del bagua BTB 137
Formas interiores y soluciones 142
Declives o inclinaciones 150
Escaleras 152

Columnas y chimeneas	153
Piedras y Feng Shui	164
Las ocho direcciones	193
Recámara	205
Sala	209
Comedor	212
Cocina	215
Baño	220
Punto de asiento	239
Escuela Ba Zhai	247
Las nueve estrellas	268
Estrella voladora y lo pan	272
El vuelo de las estrellas	286
Activación de estrellas	290
Espíritu directo, indirecto y alterno	294
Estrella invitada	296
Combinaciones de estrellas especiales	314
Estrellas mensuales	323
Las veinticuatro estrellas	329
Enfoques	334
Feng Shui enfocado al éxito	384
Atraer oportunidades de éxito	393
Los cinco elementos y el éxito	405
Feng Shui en el amor	412
Astrología de Feng Shui	438
Feng Shui en el sexo	444
Feng Shui para niños	454
Símbolos orientales	500
Rituales	506
Feng Shui y la mente inconsciente, por Bruno Koppel	516
Bibliografía	523

Prólogo

Después de varios años de pensarlo y darle vueltas, surge este libro como compendio de mis libros anteriores. Cerrando un ciclo de doce años y abriendo un nuevo ciclo, nace este esfuerzo que reúne y narra mi experiencia personal y mi aprendizaje a través del estudio del Feng Shui, la metafísica china, la astrología china y las artes chinas.

Todo este conocimiento llegó a mi vida de la manera más inesperada. Sin darme cuenta, fue despertando mi interés y me atrapó completamente. Este camino comenzó, como el de todas las personas interesadas en mejorar y cambiar su vida, por el deseo de atraer más y mejores oportunidades para salir adelante; así, mi naturaleza curiosa se fue adentrando cada vez más en querer comprender qué me estaba funcionando. Así inició lo que yo llamo mi aventura de vida.

El Feng Shui no es un método basado en recetas fáciles asociadas con magia para cumplir caprichos. El Feng Shui es un conocimiento muy bien guardado por los chinos, cuyo fundamento es entender el funcionamiento y comportamiento del todo y la nada que busca integrar al ser humano a ese todo y a esa nada y su constante fluir con los ciclos naturales del cosmos, del planeta y del entorno. Está rodeado de asociaciones, representaciones y simbolismo. Radica en la esencia y la complejidad.

Entender el Feng Shui requiere que abramos nuestra mente y nuestra capacidad de entendimiento para visualizar la percepción de la naturaleza desde una perspectiva muy diferente a la nuestra en Occidente: es tan lógico y racional y a la vez ilógico e irracional.

En este libro se presentan diversas teorías, opciones y puntos de vista acerca del Feng Shui; desde escuelas o teorías tradicionales hasta teorías o escuelas de versiones más modernas y occidentalizadas. Todo con la intención de presentar la mayor cantidad de opciones en la búsqueda de armonía, equilibrio y balance para nuestro entorno.

En este libro he realizado mi mejor esfuerzo para transmitir lo que he aprendido de una manera sencilla y comprensible, para compartir con el lector la percepción de un mundo diferente y contrastante con el tipo de vida acostumbrado en Occidente. Así que aquí vamos, te invito a esta nueva aventura llamada *El gran libro del Feng Shui*.

Con mucho cariño

Mónica Koppel

Introducción

¿Qué es el Feng Shui?
El Feng Shui es una filosofía de origen chino que surge de la inquietud por el estudio del paisaje y de las formas que prevalecen en el entorno, así como su influencia en el ser humano.

Feng Shui (viento-agua), originalmente llamado Kan Yu, es el arte chino del acomodo y diseño (interior y exterior) de un lugar determinado, partiendo de su orientación, para mejorar el Chi (aliento cósmico) de este lugar. El Feng Shui basa su estudio en el Chi o energía sutil de la naturaleza, para facilitar la armonía y equilibrio del hombre y la Tierra. Como éstos forman un todo, la salud de uno repercute en el otro, la cooperación mutua los lleva a crecer. Ambos requieren de la circulación equilibrada del Chi, positivo y negativo, que da origen al Tao, cuyo significado es el "todo". El Tao es el todo y la nada, da vida a los polos opuestos que coexisten uno gracias al otro, los cuales son denominados el Yin y el Yang.

El Feng Shui es el arte de encontrar un lugar adecuado para cualquier cosa y crear ambientes agradables que fomenten el crecimiento físico, mental y espiritual del ser humano, por medio del efecto inconsciente que el entorno le genera. De acuerdo con esta filosofía, nuestra vida y destino están entretejidos con el trabajo de las misteriosas fuerzas del Universo y la naturaleza, más que con las propias acciones del hombre. Estas fuerzas son las responsables de la salud, prosperidad y buena suerte del ser humano. Asimismo, definen que todas las transmutaciones, desde lo cósmico a lo atómico, resuenan en nuestro interior, por eso algunos lugares son mejores, es decir, poseen más suerte o mejores bendiciones que otro. Si mejoras el lugar cambias tu suerte, por consiguiente la meta del Feng Shui es modificar el ambiente para atraer la buena fortuna. El Feng Shui es aplicable desde pequeños espacios, como una recámara, hasta espacios de mayores dimensiones, como un rascacielos.

El Feng Shui también se basa en los calendarios lunar y solar, y en la astrología china; utiliza la energía de las ocho direcciones cardinales y se enriquece con los cinco elementos formadores de la naturaleza: agua, madera, fuego, tierra y metal.

¿Cómo surge?
En su etapa formativa se basó en "el sentido común". A la par de que esto sucedía, fueron surgiendo en China distintas teorías, diversos conocimientos como la teoría Yin Yang, la teoría Wu Xing (teoría de los cinco elementos), la teoría de la interpretación de las formas, que fue la primera constituida como formal y que incorporó los conceptos Yin Yang y la teoría de los cinco elementos, y se refiere a la formación del Universo. Poco después empieza a incluir el I Ching o Yi Jing.

Los sistemas de traducción y caligrafía china
Al no existir una traducción literal del chino al inglés tenemos muchas variantes; por ejemplo, Pekín está escrito en un sistema de traducción hecho por los ingleses llamado Wade Gilles; a su vez Beijing es reproducido por el sistema pinyin y está oficializado por la República Popular China, por esto todas las ciudades de dicho país aparecen en los mapas con el pinyin, el sistema de traducción del chino a los idiomas occidentales. Esta aclaración es importante dado que cuando se empiece a estudiar bagua muchos de los nombres, trigramas o personalidades en chino escritos en cualquier información de Feng Shui podrán aparecer en cualquiera de los dos sistemas de traducción, como por ejemplo el bagua del segundo cielo creado por el duque de Zhou o el duque de Chou (que son la misma persona), pueden consignarse en diferentes libros, una traducción con sistema Wade Gilles y otra con

el sistema pinyin; sin embargo la pronunciación de estas traducciones en las definiciones y nombres es similar.

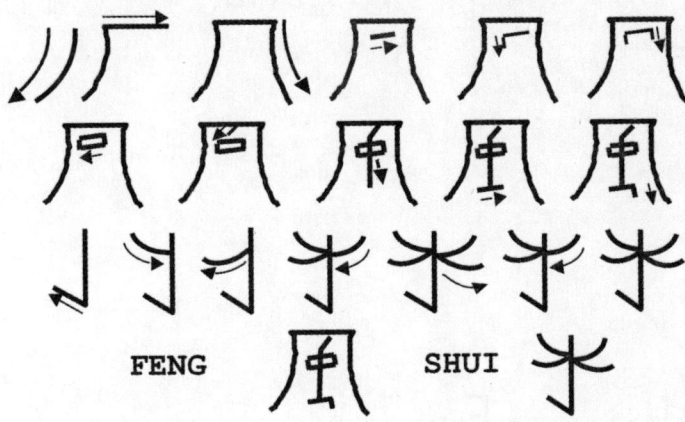

El sistema de traducción pinyin está oficializado por la República Popular China; en las traducciones de los diferentes libros de Feng Shui se habla de lo mismo, sólo con diferente escritura y sonido como:

Zhou por Wades Gilles	I Ching por Wades Gilles	Fukien por Wades Gilles	Pekín por Wades Gilles
Chou por pinyin	Ji Jing por pinyin	Fujian por pinyin	Beijing por pinyin

# Historia

El Feng Shui surge de la observación de una mágica unión entre el hombre y su entorno, de una primitiva vida agraria al ver la suerte del hombre extrañamente ligada a los ciclos de la tierra, al clima, a la dirección cardinal y la vegetación. Al percatarse del control que ejercían las fuerzas creativas y destructivas de la naturaleza (viento y agua), surgió esta filosofía.

Alrededor del siglo III a. de C. el Feng Shui se dividió en dos importantes escuelas. La primera es la Escuela de las Formas, basada en figuras, formas, cauces de ríos y montañas (paisaje, vegetación y fauna), empleó los cinco animales sagrados: el dragón verde, el ave fénix, la tortuga, el tigre blanco y la serpiente ocre, para buscar la similitud de las formas de estos animales, y de otros en el paisaje, con el objetivo de determinar si un sitio en particular posee buen Chi y así atraer buena fortuna a sus habitantes. La segunda es la Escuela del Compás, que usó una brújula de círculos concéntricos alrededor de un compás (l'o pan) para ubicar direcciones y posiciones aplicando el zodiaco chino, la astrología y el I Ching, variando de 12 a 64 círculos concéntricos. El l'o pan apunta hacia el sur en el hemisferio norte. Ambas escuelas se fundamentan en la teoría taoísta (Yin-Yang). A fines del siglo XIX y principios del XX, de ambas escuelas surgieron otras basadas en estas dos primeras, algunas de ellas con puntos de vista diametralmente opuestos.

Existen expertos en Feng Shui de Corea, Japón, Laos, Tailandia, Filipinas, Malasia, Singapur, y por supuesto Hong Kong y Taiwán.

La secta budista tántrica del Sombrero Negro maneja un Feng Shui muy especial; en ella existen pocos expertos, uno fue el profesor Thomas Lin Yun. Esta escuela es muy adaptable al mundo occidental ya que incorpora el aspecto material con el mundo occidental, esto se conoce como "aspecto trascendental".

El Feng Shui del Sombrero Negro surge de la mezcla de varias costumbres, pensamientos y prácticas que son el resultado de la extensión del budismo, desde la India al Tíbet y finalmente a China, donde se ve influido por el taoísmo y el Feng Shui, surgiendo así el que se aplica y estudia en Occidente. Asimismo crea una escuela del Feng Shui sencilla y clara que nos ayuda a mejorar el flujo del Chi en el lugar y a diseñar ambientes agradables. Esta escuela emplea curas o soluciones para corregir sobre todo problemas de tipo arquitectónico que afectan la circulación adecuada del Chi en el espacio.

Las curas que se usa son (ru-shr) lógicas, materiales, palpables y (chu-shr) mágicas, llenas de fe, fortaleza mental y espiritual. Para utilizar el Feng Shui es necesario mezclar la sabiduría tradicional con nuestra intuición en el uso de curas que nos ayuden a armonizar el Chi en nuestro entorno y atraer armonía y bienestar, lo que refleja nuestra interacción con la naturaleza del cosmos.

La historia del Feng Shui se remonta, prácticamente, al origen mismo de la civilización china. Hemos querido presentar, en la forma más completa posible, una cronología detallada de los sucesos y eventos históricos que dieron origen al Feng Shui, así como otras artes adivinatorias en la antigua China. Éste no pretende ser un manual de la historia de China, sin embargo, ciertas figuras mitológicas, así como personajes y eventos históricos, son fundamentalmente relevantes en el desarrollo del Feng Shui, desde su incipiente inicio hasta nuestros días, en los que se ha extendido por Occidente.

Existen pocos datos fidedignos que puedan aportar evidencias contundentes acerca de la exactitud de su origen. Probablemente, se debe a que estamos tratando un tema tan antiguo como la propia civilización que lo vio nacer. En otro sentido, en aquellos tiempos en que aún no existía la escritura, los conocimientos se transmitían oralmente de generación en generación o de maestro a discípulo.

También existe la posibilidad de que antiguos textos, que pudieran haber contenido información relevante sobre el Feng Shui, se encuentren perdidos o hayan sido destruidos, deliberada o accidentalmente, así como el hecho de que la historia, ya sea verbal o escrita, ha sido registrada por el hombre y, en ocasiones, esto propicia que se entremezclen aspectos de carácter personal con los sucesos verídicos. Por otro lado, la mitología también tiene una importante participación en la documentación de hechos históricos, sobre todo cuando se trata de un tema tan antiguo como el que a este manual concierne.

En todas las culturas antiguas, desde la A hasta la Z, existen relatos de seres mitológicos, dioses y semidioses. Dioses que se entremezclaron con los mortales y mortales capaces de derrotar a los dioses. La antigua civilización china no fue la excepción y, como veremos en este capítulo, vamos a constatar la influencia de la mitología en el desarrollo y evolución del Feng Shui, pues a través de la mitología el hombre pretendió dar sentido a aquello que no le era posible explicarse por sí mismo o por medios convencionales o científicos.

Es imposible tratar el tema del Feng Shui sin reconocer además de la mitología otros aspectos que contribuyeron a darle su contexto actual tales como:

- El He tu o Patrón del río Amarillo.
- La creación de los ocho trigramas básicos que conforman el bagua y forman la base de los hexagramas del I Ching.
- El Lo Shu (cuadrado mágico) o Patrón del río Lo.
- El bagua.
- I Ching o Ji Jing (el Libro de los cambios o mutaciones).
- La teoría del Chi.
- La teoría del Yin-Yang.
- El Nei Ching o Nei Jing (el tratado más antiguo de medicina china y del mundo).
- La teoría de los cinco elementos (Wu Xing) y sus ciclos.
- La astrología china.
- Los diez tallos celestiales.
- Las doce ramas terrestres.

- La numerología china.
- El Tong Shu (almanaque chino).
- El culto a los ancestros difuntos.
- Xi Fang (las cuatro direcciones).
- La observación y estudio de las condiciones geográficas, climatológicas y topográficas del paisaje en China.
- La invención del Luo Pan o Lo Pan (compás o brújula).
- El concepto Zuo Bei Chao Nan que literalmente significa "sentarse en el Norte y ver hacia el Sur".
- El confucianismo.
- El taoísmo.
- El budismo.
- La alquimia.
- La superstición.
- Las creencias populares.
- El folclore y creencias propias de los chinos.
- El chamanismo.
- La propagación de diversos métodos de adivinación como: 1) la fisogonomía (Mian Xiang), que es la lectura de los rasgos característicos del rostro. 2) El Meng (destino), que es un sistema de adivinación chino que conjuga varios elementos del I Ching, la filosofía china, el Feng Shui y las ciencias. 3) El Zhan Gua, que es el sistema de adivinación por medio de los ocho trigramas. 4) El Zhan Ke, que es un sistema de adivinación similar a los "volados", por medio del cual se lanza una moneda y depende de la cara que queda expuesta la interpretación que se da. 5) La quiromancia china (lectura de la palma de la mano) y su combinación con la fecha de nacimiento, método que se conoce como Xiang Ming.
- Un ambiente propicio auspiciado por las dinastías, las principales corrientes religiosas y filosóficas para el surgimiento de nuevos conocimientos.
- Una continuidad histórica casi inalterada.

Estos son sólo algunos puntos de influencia de los muchos posibles, que a lo largo de los tiempos han contribuido para que el Feng Shui y otras artes adivinatorias chinas tengan vigencia y gocen de creciente interés en el presente.

Antes de conocérsele con el nombre de Feng Shui (viento-agua), este conocimiento era conocido como Kan Yu o Hum Yue, que puede traducirse como "alza la cabeza y observa el cielo, baja la cabeza y observa la tierra", lo que representa una combinación entre los elementos visibles (Yu) y los elementos intangibles e invisibles (Kan).

A los maestros del Kan Yu se les conocía con los nombres de Fang Shih y Xiang Sheg (maestros de las técnicas esotéricas). Ellos eran tratados con todo respeto y reverencia, ya que la mayoría de los casos eran consejeros de las cortes imperiales.

Los registros históricos muestran muy pocos nombres propios de los Fang Shih, pero no por ello dejaron de ser figuras importantes de su tiempo; muestra de ello es que prácticamente todas las construcciones importantes de la antigua China fueron erigidas siguiendo las instrucciones de los Fang Shih, como es la propia Ciudad prohibida de Beijing.

La práctica del Kan Yu comienza desde el principio de la civilización china, cuando por sentido común, lógica, intuición y observación de los fenómenos naturales los antiguos pobladores del territorio chino buscaron los sitios cercanos a afluentes de agua y con topografía propicia para establecerse y asegurar su sustento básico. A la vez, buscaron lugares que les proporcionaran resguardo de las inclemencias del tiempo. Esto no sólo lo hicieron los antiguos chinos. Prácticamente todas las culturas antiguas actuaron igual, ya que el aire está presente en todo lugar, pero no así el agua. Desde que el hombre tiene la capacidad de pensamiento ha reconocido su total dependencia de la tierra, su impotencia ante los agentes climatológicos y su necesidad vital de agua potable para consumo y riego.

A medida que la antigua civilización china fue evolucionando y tornándose una sociedad compleja, con una estructura jerárquica imperial y una organización feudal característica, también el Kan Yu o Feng Shui dejó de ser una práctica incipiente, regida por el sentido común, para fusionar diversos conocimientos y convertirse en arte y ciencia a la vez, sólo reservada a las altas esferas de las cortes imperiales.

El Kan Yu nace como un reconocimiento del poder de la naturaleza en acción y de lo vulnerable que es el hombre ante su fuerza. Por ello, el Kan Yu es una guía para crear y vivir en espacios arquitectónicos que armonicen con su entorno, en vez de luchar en su contra, a la vez que actúan como una extensión. La disposición del mobiliario y otros objetos, dentro de un espacio arquitectónico, deben seguir las mismas recomendaciones para ser un reflejo del equilibrio exterior en el interior, con el propósito de beneficiarse del flujo armónico del Chi (energía) y lograr ser próspero, gozar de una buena salud, convivir con los semejantes, nutrirse de nuevos conocimientos, ser reconocido por sus méritos, entre otras consideraciones.

El Chi era el tema central de estudio de los maestros del Kan Yu. Ahora bien, el Chi es el aliento cósmico y por sí mismo no tiene una polaridad específica, por lo tanto el Chi puede ser positivo (Yang) o negativo (Yin) y ejercer su influencia sobre todo ser vivo que se encuentre dentro de un cuadrante específico, sea este un espacio abierto o cubierto. Por la misma razón, al equilibrar las dos polaridades del Chi se puede armonizar un lugar específico dentro de un cuadrante.

El Chi no es visible sino perceptible, es decir, lo que se puede ver son sus efectos. Por ello, los maestros del Kan Yu pasaban largo tiempo observando el paisaje, buscando la presencia, fuerza y polaridad del Chi. Ellos observaban el cielo, la tierra, la fuerza de los vientos, la presencia de afluentes de agua, la topografía, el tipo de fauna y flora predominantes en un sitio específico.

Desde la antigüedad, el viento y el agua son dos de las fuerzas naturales más poderosas conocidas por el hombre, sólo por debajo de la propia fuerza telúrica de la tierra. Estas fuerzas son capaces de reconfigurar el paisaje en pocos segundos y no están sujetas a los caprichos del hombre.

Probablemente, el cambio en la nomenclatura de Kan Yu a Feng Shui se debió a que, en aquellos tiempos, la gente común sólo podía apreciar que los maestros del Kan Yu pasaban largo tiempo observando al Feng (viento) y al Shui (agua). De hecho, el término Feng

Shui es el resultado de una recomposición lingüística popular de los dialectos chinos. Existe un antiguo poema del folclore chino que dice:

Feng He	El viento es suave
Ri Li	El sol cálido
Shui Qingel	Agua clara
Shu Maola	Vegetación abundante

Este poema, sin duda, describe la ubicación ideal para asentarse o levantar una construcción, ya que en pocas frases detalla la situación idónea para sustentar la vida.

De entre los elementos de la cosmogonía china, tanto el viento (Feng) como el agua (Shui) son vitales para la circulación y movimiento del Chi, pues los otros elementos son estáticos y, aunque tengan su propio Chi, no lo pueden dispersar como lo hacen el viento y el agua.

Cronología

Como observamos anteriormente, la cronología del comienzo de los tiempos está pérdida en un oscuro abismo que el propio paso de los años se ha encargado de mantener oculto. Lo que hoy sabemos de las antiguas culturas es gracias a los pocos vestigios que se han podido rescatar de ellas.

En la actualidad, los arqueólogos, antropólogos e historiadores se encargan de recuperar los remanentes de nuestra memoria histórica, sin embargo, ellos mismos no han podido encontrar vestigios más allá de ciertos siglos antes de nuestra era, y los vestigios que existen son tan sólo partes de un rompecabezas más grande que, lejos de aclarar dudas, plantea más incógnitas. El hombre siempre ha querido conocer su origen, pues todo el tiempo ha cuestionado su propia existencia, pero cuando carece de elementos suficientes para darle sentido a su existencia, la salida lógica ha sido recurrir a los seres mitológicos y a los dioses creadores de todo lo existente. De igual forma, el hombre también desea tener el poder de predecir su futuro, por ello, en todas las antiguas culturas surgieron métodos adivinatorios diversos.

Periodo neolítico

Este periodo antecede a cualquier registro escrito. Todo lo que sabemos de él proviene de hallazgos arqueológicos o por cuentos e historias transmitidos oralmente de padres a hijos.

El origen del universo y de todo lo que en él existe es un conocimiento que siempre ha intrigado a la humanidad. Desde tiempos remotos, los antiguos filósofos chinos afirmaban que en el principio sólo existía la nada. Si lo vemos desde esa óptica, la ausencia de existencia es, por sí misma, una existencia en la que la nada es la unidad de todo lo que existe, esto fue llamado por los chinos "la gran mónada". Con el paso del tiempo, la gran mónada se separó de la dualidad de los principios masculino y femenino, los cuales, a través de un proceso de autogénesis o biogénesis, crearon todo lo que existe.

Tal vez, hoy en día este concepto tenga una gran coherencia. Sin embargo, explicarlo a la población en general no era tan simple. Por lo que es probable que esta necesidad diera origen a la primera figura mitológica de China.

Pan Gu o Pan Ku

Pan Gu nace de un huevo (posiblemente la gran mónada) en medio de la nada, después de miles de años de formación. Al romper el cascarón del huevo, tanto la oscuridad (-) como la luz (+) emergieron de él. Pan Gu los mantuvo separados por miles de años, hasta que estuvo seguro de que el orden imperaba y podía liberarlas. Completamente exhausto, Pan Gu empezó a morir y su último suspiro dio lugar al viento y su aliento a las nubes. Su cuerpo sufrió una metamorfosis en la que de sus ojos se formaron el Sol y la Luna; su voz se convirtió en los truenos, su sangre en los ríos y lagos; su cuerpo formó la tierra, las montañas, valles y llanuras; sus tendones se volvieron caminos; su vello corporal se transformó en árboles, flores, plantas y pasto; sus huesos y dientes se convirtieron en metales y piedras preciosas; su sudor se transformó en la lluvia y el rocío. Sus cuatro extremidades dieron origen a los cuatro puntos cardinales; los parásitos que inundaron su cuerpo originaron a los seres humanos y animales; y sus miles de cabellos iluminaron el firmamento como estrellas.

Yu Chao (¿?)

De él se sabe muy poco, sólo que fue uno de los primeros gobernantes sabios de la antigua China. A él se le atribuye la creación de las primeras viviendas hechas de madera. Al parecer, estas viviendas sólo las ocupaban durante la primavera y el verano, mientras que en el otoño e invierno, cuando el clima era más incipiente, buscaban refugio en las cuevas. Los registros de esto aparecen en el Wudu (texto escrito durante el periodo de los Estados beligerantes), dentro de la era de la dinastía Zhou.

Fu Hsi o Fu Xi

Se le sitúa dentro del grupo de los primeros monarcas sabios, en una época en la que las dinastías y la sucesión del poder eran obtenidas por méritos propios y no por descendencia.

La propia existencia de Fu Hsi es un misterio, ya que se trata de una figura que existió hace unos cuatro mil ochocientos años, aproximadamente. Lo que es cierto es que Fu Hsi, sea un ser verdadero o mitológico, es una de las figuras más importantes de la China antigua, tanto en el sentido práctico como en el esotérico.

Gobernante y chamán a la vez, se le atribuye el haber enseñado a su pueblo a pescar con redes (inspirado por las telas de araña), a domesticar animales y cocinar con fuego.

Además, se cree que fue él quien inventó los pictogramas o escritura incipiente, asimismo, fue el consorte de la diosa Nü Kua.

Los antiguos relatos mitológicos dicen que Fu Hsi fue el hijo de una joven de Hua Xu y del dios del Trueno, por lo que era obvio que se distinguió, de entre los hombres comunes, por su notable inteligencia y capacidad de observación de los fenómenos terrestres y celestiales.

Fu Hsi estaba determinado a descifrar las leyes de la existencia, pues notaba que todo lo que sucedía, tanto en la tierra como en el cielo y dentro del propio cuerpo humano, seguía ciertos patrones comunes de existencia.

A Fu Hsi se le considera el patrón de las artes adivinatorias y el primero en organizar sacrificios y culto en honor a los espíritus. Con respecto a él existen dos versiones principales acerca de la creación de los ocho trigramas:

1. La primera versión dice que después de una inundación, un místico animal con cuerpo de caballo y cabeza de dragón emergió del río Huang Ho (río Amarillo). Los habitantes, al tener conocimiento del evento, avisaron a Fu Hsi, quien descubrió que en un costado del caballo/dragón había una serie de marcas que formaban un patrón numérico, como se describe en las figuras abajo representadas.

A este patrón numérico se lo conoce como el He Tu o Ho T'u (patrón o mapa del río Amarillo). En él, Fu Hsi encontró el orden perfecto de las fuerzas de la naturaleza. Una noche, mientras observaba los leños que servían para prender fogatas, le vino una iluminación. A algunos leños les hacía unas hendiduras, en el centro, para colocarlos con mayor facilidad. Mientras caminaba alrededor de la fogata, y debido al cambio de perspectiva, otros leños podían verse como una pieza entera ___ (Yang), mientras que los leños con hendidura parecían estar formados por dos piezas separadas _ _ (Yin). De ahí le llegó la idea de conformar con líneas, basándose en el He Tu, los ocho trigramas básicos del I Ching (Ji Jing) y darles una forma octagonal, tal como se puede apreciar en la figura siguiente:

Esta configuración octagonal en particular es conocida como bagua del primer cielo o como bagua de Fu Hsi. En ella se presenta el orden perfecto de las fuerzas naturales en oposición directa una de la otra.

En el interior del bagua están escritos en forma anglicanizada los nombres de los ocho trigramas en el sistema pinyin, que es el sistema oficial de la República Popular de China. Es importante repetir la aclaración antes de proseguir, ya que, aun para los experimentados, los nombres de los trigramas resultan confusos, pues en cada libro que se ha escrito sobre Feng Shui, hasta el momento, los autores escogen la nomenclatura de su preferencia; por lo que entre una publicación y otra los nombres cambian, aunque su significado sea el mismo. Por esta razón recomendamos, tanto a los lectores experimentados como a los novicios, que memoricen la configuración de tres líneas de cada trigrama, así como la caligrafía china que lo describe para evitar confusiones.

2. Otra versión dice que, en un evento muy similar al primero, Fu Hsi descubrió una serie de marcas que formaban un patrón numérico, en el caparazón de una tortuga que emergió del río Lo después de una inundación. Esta secuencia numérica es distinta de la del He Tu y constituye la base de la numerología china. A ella se le conoce como el cuadrado mágico de Lo Shu, ya que para cualquier lugar que sume el resultado siempre es igual a 15. El Lo Shu dio lugar al bagua del segundo cielo o bagua de Weng Wang, que es la que se emplea básicamente en todas las escuelas de Feng Shui existentes.

El cuadrado mágico de Lo Shu es:

4	9	2	
3	5	7	=15
8	1	6	
=	15		

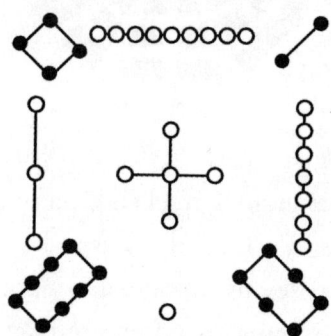

Antiguo

Moderno

Esta versión es más popular que la anterior, sin embargo, incluye muchos elementos mitológicos, por lo que la veracidad de ellos no es comprobable.

Bagua. Las diferentes teorías

Un bagua es un mapa, *ba* significa ocho, *gua* significa trigrama. El ocho tiene un simbolismo muy particular que representa el constante movimiento de la eternidad con la energía cósmica, este sistema se basa en los astros y en las formas.

Alrededor de la Tierra existen veintiocho constelaciones que se dividen en cuatro grupos de siete. Un grupo de estas siete constelaciones forma algo similar al caparazón de una tortuga y el brillo de esas estrellas es de color oscuro, de ahí el nombre de la tortuga negra ubicada o asociada al Norte, otro grupo de estas siete constelaciones forma un ave y el brillo de ellas es rojo de ahí viene el ave fénix que se ubica o asocia al Sur. Otro grupo forma un dragón o una lagartija, y el brillo de esas estrellas es verde su nombre es dragón verde que se ubica o asocia al Este, del otro lado están las constelaciones que tienen forma de tigre y su brillo es blanco. El tigre blanco se ubica o asocia al Oeste, el centro es la Tierra que corresponde a la serpiente porque es un animal que se mueve por la Tierra.

Toda filosofía china parte de dos conceptos primordiales, el Yin y el Yang que forman el todo y la nada. El Yin se considera el polo negativo y el Yang el polo positivo, uno existe gracias al otro y se representa el Yin _ _ con una línea discontinua y el Yang ___ con una línea continua. El Yin es la energía de la Tierra y el Yang es la energía del cielo, de la interacción de estos polos opuestos surge la vida de todo lo que existe en este planeta, gracias a que interactúan existe el día y la noche, luz y sombra, hombres y mujeres, uno le da vida al otro y viceversa. Se representan con el símbolo:

Este símbolo significa el cambio constante, el camino del sendero, lo que significa que la energía Yang quiere llegar hasta su punto máximo y convertirse en energía Yin y viceversa. El punto máximo del Yang es el medio día y el punto máximo del Yin es la media noche; tenemos el amanecer que llega hasta su punto máximo del mediodía y tenemos el atardecer que llega hasta su punto máximo de la media noche. Entonces, el punto significa que para que exista Yang, tiene que haber aunque sea un punto de energía Yin, y para que exista Yin, tiene que haber un punto de energía Yang.

De estas dos fuerzas interactuando surgen cuatro combinaciones:

Una línea Yin con una línea Yang	— —
Una línea doblemente Yin	— —
Una línea Yang con una línea Yin	— —
Y dos líneas Yang	——

Estas cuatro posibles combinaciones se asocian con las cuatro estaciones del año; la etapa del Yin al Yang es la primavera, la etapa más Yin es el invierno, de la etapa Yang al Yin es el otoño, y cuando son dos líneas Yang es verano.

YIN __ __	YIN __ __	YANG _____	YANG _____
YANG _____	YIN __ __	YIN __ __	YANG _____
PRIMAVERA	INVIERNO	OTOÑO	VERANO

Las cuatro estaciones están unidas por un concepto denominado Tierra; entre cada estación del año existe un periodo de veintiún días (que es el traslado de estación), dicho periodo es denominado como un quinto aspecto de la Tierra, periodos entre una estación y otra en cuanto a la posición del Sol y la rotación de la Tierra y basados en la constelación de la Osa Mayor también llamado canícula o transición.

Estos cinco conceptos se asocian con los cinco elementos formadores de todo lo existente en la naturaleza, cada una de las estaciones del año se van a asociar con cada uno de los cinco elementos que conforman a la Tierra:

- La primavera se va a asociar con la madera.
- El invierno se va a asociar con el agua.
- El otoño se va a asociar con el metal.
- El verano se va a asociar con el fuego.
- El quinto elemento es el que conjunta a los cuatro y es la tierra.

Esto es lo que pasa con los periodos de veintiún días que se asocian con el quinto elemento que conjunta todos. Al analizar el bagua hay una tierra central que se representa con Yin Yang, porque el elemento tierra Yin Yang es el que conjunta y une a los otros cuatro elementos por eso siempre está al centro.

En el bagua hay nueve divisiones, al centro se ubica la tierra central y alrededor de ella giran los otros elementos que surgen del Yin y del Yang, los cuales pueden manifestar de la misma forma Yin Yang, es decir, se puede tener madera Yin y madera Yang; agua Yin y agua Yang; tierra Yin y tierra Yang; metal Yin y metal Yang; fuego Yin y fuego Yang.

MADERA YIN	FUEGO YANG	TIERRA YIN
MADERA YANG	☯	METAL YIN
TIERRA YANG	AGUA YIN	METAL YANG

De aquí nacen los diez tallos celestiales de la astrología china y también los números del cuadrado mágico de Lo Shu; de aquí se interpreta todo lo que es filosofía y conocimiento chino, porque de aquí se traduce el I Ching y de estas cuatro combinaciones multiplicadas o agregadas con el Yin y con el Yang nacen los sesenta y cuatro hexagramas del I Ching.

Desde un sistema binario de un paquete de dos líneas que corresponden a la estación de la primavera una línea discontinua Yin _ _ y una línea Yang ___ multiplicado por Yin resulta una línea Yin, una Yang y una Yin, la multiplicación significa agregar, multiplicado por una línea Yang resulta una línea Yin _ _, una línea Yang ___ u otra línea Yang ___. De un paquete de dos líneas se forman dos paquetes de tres líneas cada uno, estos paquetes de tres líneas es lo que se conoce como un trigrama. Un trigrama representa en la cosmogonía china la relación cielo que es la línea de arriba, la línea de en medio representa al hombre y la línea de abajo representa la tierra; como puede verse, esta relación es la trinidad que en todas las culturas se busca integrar. Asimismo simboliza la relación cielo/hombre/tierra; de ahí el que en Feng Shui el nueve es un número mágico porque al multiplicar esta trinidad o cosmogonía por sí mismo el resultado es nueve.

_ _ x YIN ___ = CIELO HOMBRE TIERRA = TRIGRAMAS O TRINIDAD

x YANG

Cada uno de estos paquetes de dos, multiplicados por Yin y Yang resultan ocho paquetes de tres:

| KAN | TUI | KUN | KEN | LI | CHIEN | CHEN | SUN |

Esta tabla corresponde a la representación tradicional de los trigramas.

Tales signos son llamados "trigramas madre"; por su combinación de cada uno con las demás líneas dan por resultado sesenta y cuatro grupos de seis líneas o yaos que corresponden a los sesenta y cuatro hexagramas del I Ching. Este es el libro más antiguo que existe y es conocido como el libro de las mutaciones, el cual contiene toda la filosofía y el conocimiento de la naturaleza. De este libro parten las ciencias orientales.

Cada uno de estos trigramas se asocia con las fuerzas de la naturaleza; a partir de estos hexagramas se conoce qué sucede cuando el agua queda arriba de la tierra o la tierra arriba del fuego, etcétera. Esto se asocia con las actitudes, las acciones y la vida de las personas así como con el comportamiento de la naturaleza misma.

Cada uno de estos trigramas madre se refiere a ocho fuerzas que están presentes en la naturaleza:

KAN	significa	AGUA
SUN	significa	VIENTO
KUN	significa	TIERRA
KEN	significa	MONTAÑA
LI	significa	FUEGO
CHIEN	significa	CIELO
CHEN	significa	TRUENO
TUI	significa	LAGO

Los cinco elementos se asocian con la Osa Mayor que tiene siete estrellas; las otras dos corresponden al Sol y la Luna. Este es un sistema de nueve estrellas de donde surge el Ki de las nueve estrellas, estrella voladora (Xuan Kong Fei Xing) y el número Kua o Gua (Ming Gua) y ocho portentos (Ba Zhai). Se tienen dos polos, el polo más Yin es la energía del agua y el polo Yang es la energía del fuego.

El elemento agua se representa con el número uno y el elemento fuego con el número nueve; el agua es el invierno y el fuego es el verano, después del invierno es la primavera, pero entre una estación y otra existe un periodo de veintiún días que corresponde al elemento tierra; del invierno a la primavera la tierra es fértil, esta energía es Yin, que es energía maternal y de profundidad; a esta tierra Yin le corresponde el número dos. En el número tres está la primavera que corresponde al elemento madera en todo su esplendor; al pasar el tiempo, la madera se va suavizando bajando su energía, este periodo es primavera Yin, que corresponde al elemento madera suave y al número cuatro. El centro corresponde al número cinco y es la tierra Yin Yang en fase de balance. Al unir el invierno con la primavera, de la primavera al nueve que es el verano, después del verano también existe una fase de veintiún días que es el número ocho y es tierra Yang porque esta tierra es la tierra de la cosecha, para entrar al invierno donde se nutre nuevamente para dar paso a la primavera, después del verano y de la tierra Yang entra el otoño. Su energía es débil porque el verano terminó con esta misma energía, a este otoño débil le corresponde el número siete del metal Yin para dar paso al número seis que es metal Yang, nuevamente pasa por la fase de la tierra para iniciar nuevamente el invierno.

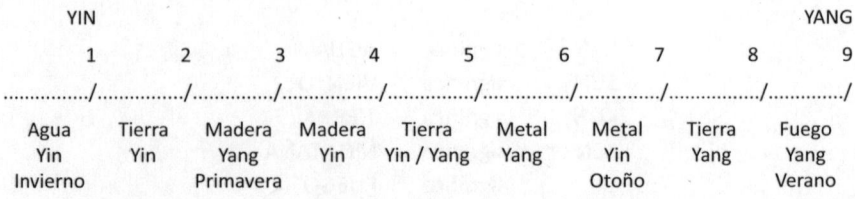

YIN								YANG
1	2	3	4	5	6	7	8	9
Agua	Tierra	Madera	Madera	Tierra	Metal	Metal	Tierra	Fuego
Yin	Yin	Yang	Yin	Yin / Yang	Yang	Yin	Yang	Yang
Invierno		Primavera				Otoño		Verano

De aquí nace el cuadro con el que se ubican las direcciones cardinales. Los trigramas del I Ching representados en el bagua, las áreas del bagua BTB o teoría de las posiciones y la familia cósmica que se refiere a que cada trigrama del I Ching, representa a un miembro de esta familia cósmica conformada por ocho integrantes.

Madera 4 YIN	Fuego 9 YANG	Tierra 2 YIN
Madera 3 YANG	5 YIN YANG	Metal 7 YIN
Tierra 8 YANG	Agua 1 YIN	Metal 6 YANG

Cuadrado mágico del Lo Shu, bagua de Wen Wang.

Cada una de las estaciones del año también se relaciona con una dirección cardinal, de acuerdo con la energía que rige en la primavera se asocia con el Este, porque es la dirección por donde sale el Sol, es donde comienza la vida (en el calendario chino cuando inicia el calendario lunar también inicia para ellos la primavera en el mes de febrero), el agua corresponde al invierno, por ser la energía fría se asocia con el Norte; el otoño es una estación tajante, cortante como el metal y corresponde al Oeste, por donde se oculta el sol y el fuego es el calor, la alegría que viene del Sur y corresponde al verano, del Sur Oeste se recibe energía de tierra Yin, del Oeste energía de metal Yin, del Noroeste energía de metal Yang, del Noreste energía de tierra Yang, del Este madera Yang, del Sureste madera Yin.

Cada uno de los puntos cardinales es asociado con un trigrama: la energía del metal Yang es dura, tajante, cortante, rígida, disciplinada, hablando a nivel cósmico el cielo, número seis, es la energía de los protectores, de los dioses, es el padre y su trigrama es CHIEN; en el área del agua, número uno, corresponde el trigrama KAN; en el número ocho la tierra es sólida y firme, esta tierra es tierra Yang y su trigrama es KEN; en el Este, número tres, la energía madera Yang es impulsiva y rápida y su trigrama es CHEN; en el número cuatro el elemento es madera suave, son plantas de tallo suave y su trigrama que corresponde al viento es SUN, con el número nueve el elemento es fuego y el trigrama es LI; en el número dos la tierra es Yin, suave como la arena, el trigrama es KUN, en el número siete es el metal Yin que es moldeable, suave, el que brilla y es llamativo como el oro y la plata, dentro de la naturaleza está representado por los lagos y su trigrama es TUI.

SE VIENTO SUN HIJA MAYOR 4	SUR FUEGO LI HIJA DE EN MEDIO 9	SO TIERRA KUN MADRE 2
ESTE TRUENO CHEN HIJO MAYOR 3	5	OESTE LAGO TUI HIJA MENOR 7
NE MONTAÑA KEN HIJO MENOR 8	NORTE AGUA KAN HIJO DE EN MEDIO 1	NO CIELO CHIEN PADRE 6

Representación del bagua desde la perspectiva de la teoría BTB del profesor Thomas Lin Yun.

SE VIENTO SUN HIJA MAYOR ——— ——— — — 4	SUR FUEGO LI HIJA DE EN MEDIO ——— — — ——— 9	SO TIERRA KUN MADRE — — — — — — 2
ESTE TRUENO CHEN HIJO MAYOR — — — — ——— 3	☯ 5	OESTE LAGO TUI HIJA MENOR — — ——— ——— 7
NE MONTAÑA KEN HIJO MENOR ——— — — — — 8	NORTE AGUA KAN HIJO DE EN MEDIO — — ——— — — 1	NO CIELO CHIEN PADRE ——— ——— ——— 6

Representación tradicional del bagua de Wen Wang.

A nivel astrológico, el agua Norte corresponde a la cola y boca del dragón, que es por donde entra y sale la energía al planeta y a la vez corresponde al Polo Norte magnético de la Tierra.

Los miembros de la familia cósmica se determinan por las líneas de cada uno de los trigramas; la línea completa es Yang ___, esta línea nos habla de hombre. La línea discontinua que es Yin nos habla de mujer _ _. Basándose en la línea del trigrama que cambia y en el orden en que aparecen se establecen las posiciones de la familia cósmica.

En el lado del padre, la línea completa es Yang teniendo tres líneas completas:

———
———
———

Es el padre CHIEN en el Noroeste, en el equilibrio las tres líneas discontinuas son la madre:

En el Oeste hay dos líneas Yang y una línea Yin, la línea que cambia es Yin y esto habla de una mujer que es la hija menor y así sucesivamente.

Un trigrama se construye como un edificio, la línea más vieja es la inferior, la línea más joven es la superior.

HIJA MAYOR	HIJA DE EN MEDIO	MADRE
HIJO MAYOR		HIJA MENOR
HIJO MENOR	HIJO DE EN MEDIO	PADRE

En el bagua de las ocho direcciones cardinales y fundamento de las teorías tradicionales de Feng Shui, la puerta de entrada de la casa puede estar ubicada y dirigida hacia cualquier punto cardinal. Para dividir en forma de grill sobre el mapa de la casa, se pone la brújula en la línea central de la fachada donde se encuentra la puerta de la entrada, ya sea principal o de alguna habitación, con la puerta cerrada (los metales de los relojes u otro metal en el cuerpo altera las brújulas) se toma la medida exacta viendo hacia afuera de la construcción, ubicando primero el Norte con la aguja magnética y luego ver el grado que tenemos hacia el frente. Se recomienda hacerlo al centro de la fachada, a diferencia de otros autores que sugieren hacerlo en la puerta de entrada, ya que he descubierto que, al hacerlo en la puerta, algunos estudiantes tienen confusión sobre cómo trazar los grados en un plano. Por ello, sugerimos medir en el punto central de la fachada, ya que necesitamos determinar el grado del sector cardinal del cual llega la energía principal a la construcción.

Por ejemplo, si tenemos una casa que tiene la fachada viendo al Noroeste, se traza el bagua dividido en los nueve sectores. La fachada se ubica al centro aunque la puerta esté en el sector Norte (en este punto puede haber confusión por la posición de la puerta), a partir de la posición de la puerta se distribuyen, en el plano dividido, los puntos cardinales.

E	SE	S
NE		SO
N	NO	O

La puerta está ubicada en el sector Norte pero ve al NO

En las teorías o escuelas tradicionales de Feng Shui, todas las plantas de la construcción son iguales, pues se determina hacia dónde ve la puerta de entrada principal, la energía de las direcciones nunca va a cambiar.

El mapa de las posiciones que se emplea en la teoría BTB del profesor Thomas Lin Yun, corresponde a un bagua con nueve posiciones que se relaciona a nueve áreas de la vida, a cada una le toca los mismos trigramas y elementos, sólo que no se basa en las direcciones sino en la posición de la puerta de entrada principal para determinar las nueve áreas energéticas dentro de la construcción: conocimiento, trabajo, benefactores, el área de salud se ubica al centro, hijos y creatividad, amor, fama, fortuna y dinero y familia.

En esta teoría, la puerta de entrada únicamente se puede ubicar en conocimiento, trabajo o benefactores.

Dinero Fortuna	Fama Reputación	Amor Relaciones Sociedades
Familia Ancestros	SALUD	Hijos Creatividad
Conocimiento	Trabajo Autoconocimiento	Benefactores Viajes

Este bagua se aplica en cualquier habitación ubicando la puerta de entrada. Se puede destinar a cualquier espacio a partir de la puerta de entrada, incluso en la cama desde los pies de la cama vista de frente (hacia la cabecera). En un escritorio también se aplica, poniendo objetos simbólicos de aquello que se aspira tener, al dar fuerza en el área energética con aquello que simboliza lo que se quiere obtener se recurre al uso y efecto de talismanes y amuletos para conseguir lo que se busca. La clave del Feng Shui radica en interpretar la reacción inconsciente que el ser humano emite a su entorno y su espacio, aquello que lo rodea, la energía o influencia de las direcciones cardinales, de la astrología y del significado o asociación de los símbolos que percibe.

La posición de los trigramas en el bagua de Wen Wang y en el bagua BTB es diferente ya que el profesor Lin Yun, en su teoría, al voltear la representación o escritura de los trigramas, sostiene que la energía, en la etapa actual, se debe de concentrar del exterior hacia el interior; mientras que, en el bagua de Wen Wang, la energía se concentra del interior al exterior. Es decir, el bagua BTB se lee de afuera hacia adentro y el bagua de Wen Wang se lee de adentro hacia afuera.

Los chinos representan gráficamente el bagua con el Norte hacia abajo o en la parte inferior de una hoja de papel y el sur arriba; a diferencia de la representación gráfica occidental. Esto no quiere decir que los chinos tienen el Norte al revés, como muchos erróneamente lo creen. Simplemente, es una forma de representar las direcciones cardinales, ya que se trabaja con el Norte magnético. Esto obedece al concepto denominado Zhuo Bei Chao Nan que quiere decir "sentado en el Norte viendo al Sur", lo que se asocia con "sentado en el Norte con espalda al Norte y la mirada o el frente dirigido al Sur". Si esto lo trazamos en una hoja de papel y se coloca en una mesa frente a nosotros, el sur queda al frente y, por tanto, en la parte superior de la hoja, y el Norte se sitúa en nuestra posición y, en consecuencia, se ubica al pie o calce de la hoja.

Representación del bagua desde la perspectiva de la teoría BTB del profesor Thomas Lin Yun.

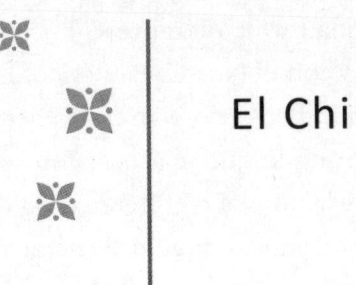

El Chi

La fuerza que une al hombre con su entorno se llama Chi, conocido como el espíritu o aliento cósmico. Es el elemento más importante en el análisis e interpretación de Feng Shui. El Chi da vida a las plantas y a los animales, es la fuerza que forma montañas y volcanes, que determina la forma de árboles y plantas. Es la esencia de la vida, es considerada la fuerza creadora.

El Chi asciende y desciende, circula en todas direcciones. El que asciende desde la tierra se interpreta como energía Yin (-) y el que desciende del cielo se interpreta como energía Yang (+). Se consideran varios tipos de Chi:

- El que circula en la Tierra.
- El que circula en la atmósfera.
- El que circula en nuestro interior.

Sus características y la forma en que se manifiesta es diferente en cada uno de nosotros, por lo que nos da un toque distinto a cada cual. También el Chi es lo que conocemos como nuestra alma, la cual determina nuestra personalidad y carácter, y rige las emociones.

El Chi está en el ser humano desde su nacimiento hasta su muerte. En su etapa embrionaria se llama Ling; al nacer un bebé se convierte en Chi y al morir el ser humano se vuelve a transformar en Ling formando así el ciclo de vida. El Chi debe fluir suavemente a través del cuerpo hacia arriba, hasta la cabeza; si este flujo se bloquea, el cuerpo lo reflejará y se presentarán trastornos y malestares físicos. El Chi fluye por nuestro cuerpo por medio de los chakras de igual forma, el Chi desciende del cielo y fluye por nuestro cuerpo mediante estos centros de energía.

El Chi de la casa es similar al del ser humano, debe circular suavemente; este movimiento se verá reflejado en la atmósfera del lugar, dándole más encanto, comodidad y bienestar. También se dice que el Chi es el alimento esencial para mantener el equilibrio físico, ambiental, y emocional del ser humano y su entorno.

El objetivo del Feng Shui es armonizar el Chi del ambiente para mejorar el flujo de éste en nuestro interior y así también mejorar nuestra vida y destino. El Chi baja del cielo en forma de espiral y sube de la tierra en forma de espiral. El conector de ambos es el ser humano.

Cuando el Chi circula o fluye de manera recta es considerado agresivo y nocivo para el ser humano (Sha Chi); en China se tiene la creencia de que los malos espíritus circulan en línea recta. Se ha partido de esta creencia para buscar las formas curvas y suaves en las construcciones que fomenten un buen Feng Shui o un flujo adecuado de Chi (Sheng Chi).

En resumen, el Chi es la esencia del Feng Shui, es el aliento de vida y lo que forma todo. Es lo que delinea montañas, mueve los vientos, crea las plantas, guía los ríos y distingue nuestra personalidad. Está en nosotros, forma alma, espíritu, circula en el cuerpo e influye en nuestra personalidad. Está en lo que nos rodea, en la naturaleza, en nuestra casa, el entorno, la comunidad, el país, el mundo. También está en el Universo y en el cosmos, es la sustancia que nos vincula al todo y nos permite fluir con él. Es la fuerza que permite que el ser humano se mueva y que sus músculos tengan capacidad física. Existen diversos factores que estimulan o reprimen el Chi y que nos ayudan a mejorar su circulación y obtener beneficios personales, uno de estos factores es la aromaterapia.

El Chi fluye por nuestro cuerpo a través de los chakras, que son los centros energéticos que nos conectan con el entorno. Estos centros de energía se concentran sobre la columna y son ocho principales. A su vez, los chakras son ruedas giratorias de Chi que se renueva y evolucionan. El Chi entra a casa por las puertas y las ventanas, recorre todos los espacios de la misma como se muestra en la ilustración.

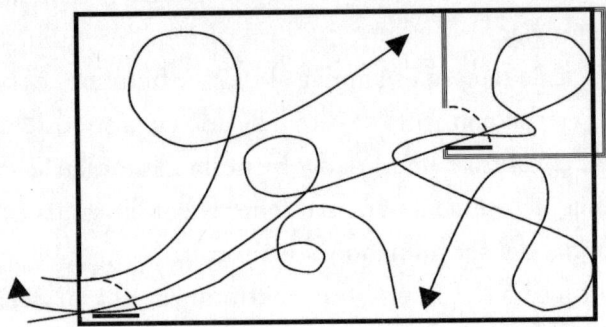

Circulación o camino que sigue el Chi por la casa y habitaciones.

Tao

Dos factores importantes en Feng Shui son la armonía y el balance, es decir, los dos conceptos que unen al hombre con el Universo y a este proceso se le llama Tao. El taoísmo es una filosofía que se basa en los patrones de la naturaleza. Ésta da origen al I Ching (*Libro de las mutaciones*), el cual glorifica la naturaleza, dando sentido a la vida y camino del hombre por la Tierra.

Si se consideran al Yin y Yang como las dos fuerzas que gobiernan el universo, siendo completamente opuestas, que unidas son armonía (= Tao), dependen la una de la otra dándose existencia a sí mismas.

YIN -	YANG +
OSCURO	CLARO
PASIVO	ACTIVO
FEMENINO	MASCULINO
FRÍO	CALIENTE
VIEJO	NUEVO
FLORAL	GEOMÉTRICO

En el I Ching, el Yin se representa: _ _ y el Yang: __

Símbolo del Yin Yang.

TAI - CHI

El símbolo del **TAI CHI** representa al universo y está conformado por las dos fuerzas opuestas y complementarias, **YIN** y **YANG**.

El TAI CHI representa a estas fuerzas opuestas como una sola entidad que coexiste en armonía. Ambas fuerzas no son absolutas, como en realidad es todo en el Universo, ya que dentro del **YIN** hay **YANG** y dentro del **YANG** también existe el **YIN**.

El TAO representa la unidad o el todo y en el lenguaje chino, significa "el camino" o "el sendero" que dirige desde un inicio, hasta que llega el final y sin obstrucciones.

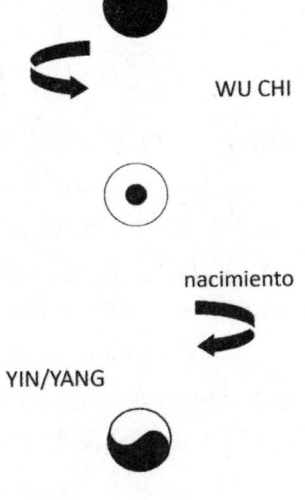

WU CHI

nacimiento

YIN/YANG

emergiendo

las dos fuerzas

TAICHI

YIN -	YANG +
Femenino	Masculino
Material	Sin materia
Pasividad	Actividad
Noche	Día
Sombra	Luz
Tierra	Cielo
Luna	Sol
Agua	Fuego
Frío	Calor
Estático	Movimiento
Energía potencial (poder)	Poder
Autoconsciente	Confianza
Frialdad	Apasionado
Introversión	Extroversión
Diligencia	Impulsividad
Flexible	Necio
Maternal	Paternal
Inseguridad	Aventurado
Dependencia	Independencia
Horizontal	Vertical
Viejo	Nuevo
Floral	Geométrico
Pared lisa	Pared con puertas y/o ventanas
Amargo	Dulce
Hija	Hijo
Suave	Firme
Contracción	Expansión
Descanso	Actividad
Invierno	Verano
Números pares	Números nones

Yin Yang

Son los dos polos opuestos de la energía, donde hay Yin hay Yang y viceversa; todo en nuestra vida pasa por Yin y Yang, la media noche es el punto extremo del Yin y el medio día es el del Yang. De la misma forma, los meses tienen un efecto Yin y Yang, cuando la Luna está más llena la energía es más Yang, cuando está más oscura es más Yin, en Luna nueva somos más estudiosos, introspectivos, hogareños, porque los sentimientos del ser humano se asocian con Yin y el exterior con Yang. En verano, con la influencia de la energía Yang, queremos ir a la playa y estar más activos; en invierno, con la influencia de la energía Yin, somos más amorosos, sentimentales, hogareños, familiares.

Las construcciones también se asocian con Yin o Yang. Un espacio que está muy reducido y alargado se considera Yin, en tanto que un espacio cuadrado se considera más Yang. Por ejemplo, la casa de un muerto se asocia con Yin, ésta es alargada, oscura, sin ventilación, sin movimiento, hay humedad, insectos.

En nuestra forma de vida, una casa con habitaciones alargadas, pasillos muy largos, oscuros, con energía Yin se convierte en conflictiva. Casas con humedad, sin movimiento, espacios que no tienen ventilación o lugares que tienen plagas, pasto que no crece o las plantas no crecen o se secan, reflejan una construcción donde predomina la energía Yin. Este tipo de espacios generará conflictos. También, un exceso de energía Yang crea problemas porque no existe un balance entre las dos energías.

Una casa Yang se caracteriza por tener grandes ventanales, con exceso de ventilación, luces, mucho movimiento, niños, mascotas, los espacios son cuadrados. Mientras que una casa o los espacios demasiado Yin se asocian con enfermedades Yin como SIDA, cáncer, lupus, enfermedades largas, agónicas y difíciles; a diferencia de los lugares con exceso Yang, los cuales se asocian con enfermedades Yang como estrés, presión arterial alta, problemas del corazón, nerviosismo, alergias (esto aplica también a los climas).

En lugares donde el clima es Yin, como Suiza y Europa, el mayor número de enfermedades se asocian con tipo Yin. En lugares de clima Yang como México, el mayor número de enfermedades se asocian con tipo Yang. El Feng Shui sostiene que el entorno en que vivimos influye y se refleja en nuestra salud. Al analizar el lugar en el que vivimos o trabajamos, se busca establecer el equilibrio de energía a través de colores, formas, materiales y estructuras.

Los seres humanos, por nuestras características físicas y nuestro carácter, tendemos a manifestarnos más Yin o Yang. Aunque también existen personas con una tendencia más equilibrada. Las personas Yin suelen ser altas y delgadas, sus facciones son largas, al igual que las manos, los dedos y los pies, los ojos tienden a ser grandes y separados, los labios gruesos, comen lo que desean y no suben de peso fácilmente.

Las personas Yang pueden ser más bajas de estatura, llenitas, propensas a subir de peso, de manos y pies chicos, ojos pequeños y cercanos, labios delgados.

En carácter, las personas con tendencia Yin se manifiestan serias, tranquilas, reflexivas, hacen las cosas por convencimiento propio, interioristas, no se angustian por una emoción de competencia. Las personas que abusan de la energía Yin se pueden volver solitarias, se aíslan de los demás, se sienten solas, se deprimen y lloran; en el grado extremo del Yin se vuelven depresivos. En ese punto extremo pasan al punto extremo del Yang que es la violencia, por eso muchas personas después de una depresión muy fuerte se vuelven agresivas y violentas, o al contrario, después de agresivos pasan a depresivos.

Las personas Yang se caracterizan por manifestarse activas, alegres, hablan mucho, pueden hacer varias cosas a la vez, viven aceleradas, son personas que funcionan con base en la competitividad: si alguien no compite con ellos no se esfuerzan por realizar las cosas y las tareas; son muy comunicativas, directas, francas, aceleradas, empiezan a exagerar o a abusar de la energía Yang cayendo en el estrés y la desesperación; cuando llegan al punto máximo se vuelven violentos y pasan al extremo del Yin que es la depresión y el llanto.

En el sistema de vida que llevamos, la influencia del entorno es fuerte, podemos trabajar el equilibrio en forma personal aplicando los colores y materiales en la ropa que empleamos, los alimentos que consumimos y las actividades que realizamos, para buscar un equilibrio y balance. Si tu tendencia es Yin, el Yang te ayudará y viceversa.

COLORES YIN	COLORES YANG
Colores fríos y obscuros	Blanco
Negro	Amarillo
Azul marino	Tonos brillantes
Gris Oxford	Naranja
Morado obispo	Bugambilia
Tonos pastel	Fresa
Verdes (todos los tonos)	Rojo sangre
Rojo quemado	Verde perico

Dentro del Yang hay Yin y dentro del Yin hay Yang. En la gama de los rojos, el rojo quemado es Yin y el rojo sangre es Yang. El verde es un color Yin y, sin embargo, el verde perico es Yang, mientras que el verde hoja es Yin. Entonces, en un espacio donde se necesita energía Yin se pueden utilizar verdes, aunque si no se quiere demasiado Yin, puede utilizarse el verde Yang, y de esta forma habrá energía Yin y Yang creando un balance y equilibrio en el entorno.

Asimismo, los alimentos también se pueden clasificar y asociar con Yin y Yang, como se enseña a continuación:

ALIMENTOS YIN	ALIMENTOS YANG
Líquidos	Salados
Helados	Carnes
Alimentos crudos	Aves

Hervidos	Vegetales de raíz
Dulces	Papas
Fruta	Alimentos preparados
Alimentos al vapor	Rostizados, fritos o asados
	Vegetales fritos
	Picantes

Las actividades correspondientes se incluyen en la siguiente clasificación:

Actividades Yin: natación, caminata lenta, tai chi, golf, meditación, descanso, masajes.
Actividades Yang: las de alto impacto como futbol, karate, box, aeróbicos.
Actividades Yin-Yang: danza, equitación, esquí, caminar descalzo sobre el pasto, jardinería.

El Yin-Yang nos ofrece una alternativa para ajustar el balance de nuestra vida, tanto en nuestras relaciones sociales como con lo que nos rodea. En algunas ocasiones, todo es más Yin o más Yang de acuerdo con lo que se le compara; por ejemplo, descansar es más Yin que trabajar, pero éste a su vez es más Yang que dormir.

Con base en las fases de la Luna, nuestra actitud se convierte más Yin o más Yang. En Luna llena nos convertimos más Yang y activos, mientras que en los días subsecuentes nos vamos volviendo más Yin, es entonces el momento de cultivar nuestro espíritu y paz interior. Lo mismo sucede con las estaciones del año, como el verano (Yang) o el invierno (Yin).

El recorrido del Sol al amanecer atrae energía Yang a la casa y al atardecer energía Yin, por lo que se recomienda que en el área de la casa donde llega la energía Yang se coloquen las habitaciones de actividades que requieran nuestra energía Yang, y en el lado contrario, las que representen el Yin. Si tú eres una persona demasiado Yang, puedes pasar más tiempo en tus habitaciones Yin, para balancear tu propio Chi y viceversa.

Al practicar este aspecto, podemos llegar a reconocer una persona con mayor tendencia Yin o mayor tendencia Yang, lo que nos permitirá establecer mejores canales de comunicación. ¿Cómo? Al reconocer a una persona de manifestación Yin, comunícate con ella en lenguaje profundo, pausado y sensitivo. Mientras que al reconocer a una persona de manifestación Yang, comunícate con ella en lenguaje rápido, práctico, directo, franco y visual.

En las formas arquitectónicas de los edificios también representamos el Yin y el Yang. Las construcciones altas y delgadas tienen más Chi Yin, en tanto que las bajas y cuadradas son más Yang que el edificio.

Entre más larga y delgada es la forma, más Yin representará, así ocurre con los pasillos largos o habitaciones rectangulares. Entre más compacta es la forma (círculos, octágonos o cuadrados), más Yang será la construcción. Ahora bien, el vacío es considerado Yin y lo sólido Yang.

Lo cóncavo se asocia con Yin y lo convexo con Yang, lo cual representa la constante interacción entre femenino y masculino. Lo mismo nos sucede con la iluminación, una construcción con amplias ventanas es mucho más Yang que aquella con reducidas ventanas y poca ventilación.

A nivel personal, cada uno de nosotros también puede ser más Yin que Yang. Las características de una persona Yin se relacionan con aquellos que son más relajados, sensitivos, creativos e imaginativos; si su energía es demasiado Yin, pueden ser depresivos o aletargados. Por el contrario, las personas Yang son despiertas, rápidas y activas; el exceso de Yang las convierte en irritables, agresivas y enojonas. Esto se puede controlar a través de ejercicios, actividades y alimentos.

Las formas, muebles, colores, pisos y materiales también se pueden clasificar en Yin y Yang. Al reconocer un espacio donde predomina la tendencia Yin, se pueden integrar elementos Yang para establecer el balance o equilibrio, y viceversa. Las formas y texturas consideradas Yin son suaves, curvas y acogedoras. Las formas y texturas consideradas Yang son duras, rígidas, rectas y definidas. Recuerda que dentro del Yin hay Yang y viceversa, por ejemplo, la madera rústica representaría

Yin, mientras que la madera pulida y laqueada representaría Yang. La madera color natural se asocia con Yin, y la madera entintada se vincula con Yang.

	YANG	YIN
Formas	Círculo Octágono Cuadrado	Rectángulo Óvalo Alargado
Colores	Rojo Naranja Amarillo	Azul Verde Gris
Materiales	Cristal Mármol Granito Piedra pulida Piedra Metal	Madera trabajada Madera natural Textiles
Pisos	Mármol Granito Losetas	Tapetes Alfombras Carpetas
Ventanas	Persianas Metal Madera Papel	Tela Cortinas Gasa
Decoración	Esculturas de piedra Espejos Pinturas abstractas/ glaseado Metales	Madera Acolchonado Tapiz de tela Tapiz de papel Tapetes

Fuente: Simon Brown, *Practical Feng Shui*.

	Características físicas	Alimentos	Emociones	Deportes
Yang	Anchos Bajos Dedos cortos Ojos cercanos Labios delgados Cabeza redonda Ojos pequeños	Sal Carne Huevo Pescado Granos Vegetales de raíz Frijoles	Enojo Frustración Irritabilidad Competitividad Ambición Entusiasmo Confianza	Box Karate Futbol Tenis Aeróbicos *Jogging* Caminata
Yin/Yang				Esquiar Surfear Equitación Danza Jardinería
Yin	Medidas proporcionadas Poco vello corporal Ojos grandes Labios gruesos Dedos largos Altos Delgados	Vegetales verdes Tofu Ensaladas Frutas Líquidos Helados Azúcar	Relajados Pacíficos Amables Sensibles Llorones Inseguros Depresivos	Caminata lenta Natación Tai Chi Yoga Meditación Masaje Descanso Dormir

Describimos de la siguiente forma cada una de estas energías:

- La energía Yin es una manifestación suave, tranquila, relajada, interior, sentimental, de descanso, femenina, cautelosa e introspectiva. La energía Yang es dinámica, activa, acelerada, móvil, impulsiva, alegre, exterior, material, masculina, vanguardista y superficial.
- Las habitaciones Yin se relacionan con las áreas de descanso, por ello se sugiere ubicarlas en la parte más protegida del terreno y alejada de la calle.
- Las habitaciones Yang corresponden a las áreas sociales, su posición ideal es al frente del terreno, más cercanas a la calle, de donde proviene el movimiento y la actividad de la casa.
- Un ambiente decorado con una atmósfera Yin nos va a proveer un espacio relajado que va a favorecer la expresión de sentimientos,

la profundidad de pensamientos, la comunicación entre familiares o nuestra pareja, incluso con nosotros mismos; además va a permitir un mejor descanso y va a despertar la manifestación de nuestro aspecto artístico e intelectual.
- Un ambiente con una atmósfera Yang nos proveerá de un espacio dinámico y activo que favorecerá la productividad, la sociabilidad, una mejor relación social y pública, una mentalidad analítica y material.

Ambos ambientes son necesarios en nuestra vida. Si utilizamos las tablas anteriores, podemos diseñar y decorar los espacios y crear en nuestra habitación una atmósfera Yin. Para las áreas sociales (sala, comedor, sala de juegos) crearemos una atmósfera Yang. Aquellos lugares que requieren una atmósfera balanceada (Yin-Yang) son el estudio y la cocina.

Estos espacios de diseño moderno o contemporáneo en donde ubicamos habitaciones para niños que duermen, juegan y estudian, provocan caos y confusión en la persona ya que no hay una tendencia de ambiente definida, por tanto se refleja en rebeldía, poco descanso, falta de concentración, aislamiento, problemas de convivencia, etcétera.

Cada espacio tiene una función específica y su ambientación se debe enfocar a promover una actitud que facilite el desarrollo de esa función, por ejemplo: la recámara es para descansar, la cocina para cocinar, la sala para convivir, ver televisión y realizar actividades como jugar, etcétera.

Los aromas y el Yin/Yang

Hemos establecido la importancia del balance Yin-Yang así como algunas características para ubicarlo y determinarlo. Por medio de otros apoyos como la aromaterapia, se puede recurrir a aromas establecidos como Yin y Yang como una herramienta más para lograr armonía y balance en una habitación o espacio. Cuando determinamos que prevalece el Yang en un lugar, una esencia Yin será de gran ayuda y viceversa. Los aromas Yang se caracterizan por fuertes vibraciones, generalmente se emplean para protección y purificación, el deseo sexual, la salud, la fuerza y el valor. Son esencias que apoyan las funciones de hormonas masculinas, estimulan la concentración mental y el control de los sentimientos. Los aromas Yin son sutiles y suaves. Se emplean para el amor, la belleza, la juventud, la curación, la fertilidad, la riqueza, la felicidad, la paz, el sueño y la espiritualidad; además apoyan las funciones de las hormonas femeninas, abren el alma, relajan, tranquilizan y despiertan el aspecto sentimental.

ESENCIAS YIN	BENEFICIO
Alcanfor	Paz, alivio
Lavanda	Amor, castidad
Aloe	Espiritualidad
Artemisa	Sueños psíquicos
Azahar	Alegría
Cálamo	Armonía
Cardamomo	Éxito, amor
Cascarilla	Armonía
Casia	Amor, dinero
Cerezo	Fertilidad, ganancias
Ciprés	Para pérdidas, brinda consuelo
Comino	Paz
Cúrcuma	Sensualidad
Esclarea	Meditación
Estragón	Confianza, coraje
Eucalipto	Salud, purificación
Fresa	Belleza, fertilidad
Gardenia	Espiritualidad, paz
Gaulteria	Éxito, dinero
Geranio	Confianza, amor
Haba tonca	Dinero, éxito
Hibisco	Tranquilidad
Angélica	Afrodisiaco, dinero
Hierba de Santa María	Calma, paz
Hierbaluisa	Felicidad
Hinojo	Confianza, fortaleza
Hortensia	Pasión, sensualidad

Jacinto	Aflicciones, sueños
Jazmín	Prosperidad
Lila	Amor
Limón	Salud, purificación
Lirio	Tranquilidad
Magnolia	Paz
Manzanilla	Meditación
Mimosa	Amor
Mirra	Sabiduría
Musgo	Magia
Narciso	Armonía
Nardo	Sensualidad, dinero
Nerolí	Salud
Pachuli	Energía, dinero
Palmarrosa	Curación
Toronja	Purificación
Rosa	Amor, belleza
Tulipán	Purificación
Vainilla	Amor
Valeriana	Armonía
Verbena	Buena suerte
Vetiver	Protección, dinero
Violeta	Belleza, amor

ESENCIAS YANG	BENEFICIO
Acacia	Meditación, dinero
Ajenjo	Protección
Ajo	Purificación
Albahaca	Conciencia, dinero
Alcaravea	Energía física
Almendra	Dinero, prosperidad
Angélica	Inspiración, paz
Anís	Juventud
Apio	Poder mental
Aquilea	Valor
Asperilla	Suerte

Azafrán	Amor, sexo
Benjuí	Sabiduría
Caléndula	Salud
Canela	Prosperidad
Cedro	Riqueza
Cilantro	Fertilidad
Clavel	Atracción
Clavo	Salud, memoria
Copal	Consagración
Enebro	Purificación, protección
Eneldo	Armonía, sueños
Hierbabuena	Prosperidad
Hisopo	Dinero, riqueza
Incienso	Sabiduría
Jengibre	Sexo, dinero, valor
Laurel	Armonía
Lima	Purificación
Liquidámbar	Protección
Lúpulo	Consuelo
Madreselva	Honestidad
Manzana	Armonía
Mejorana	Felicidad
Menta	Buena suerte
Naranja	Dinero, prosperidad
Perejil	Iluminación
Pimienta negra	Agilidad mental
Pino	Protección
Poleo	Energía
Romero	Memoria
Ruda	Compasión
Salvia	Dinero
Sándalo	Éxito
Tomillo	Conciencia

Asimismo, si deseas una atmósfera Yin, utiliza aromas Yin; si quieres provocar una atmósfera Yang, te sugiero emplear aromas Yang.

Los cinco elementos

De la interacción del Yin-Yang y asociados con las estaciones del año, surgen o se interpretan los cinco elementos de la metafísica china. Estos elementos son: madera, fuego, tierra, metal y agua, que se consideran la estructura de todo lo existente en el entorno.

Dichos elementos surgen del Yin-Yang en sus diversas combinaciones. El ser humano está compuesto de estos elementos, por lo que se sentirá cómodo si los tiene en su casa y su trabajo, pues de manera inconsciente los busca en su entorno.

Estos elementos también se asocian con: colores, estaciones, direcciones cardinales, emociones, partes del cuerpo, órganos del cuerpo, sabores, aromas, formas, texturas, plantas, constelaciones y planetas. El definirlos y establecerlos nos apoya al hacer un análisis para buscar un perfecto balance.

Los elementos fluyen e interactúan en ciclos en los que pueden generarse y darse vida entre ellos o controlarse y destruirse, al igual que equilibrarse, así como reducir sus efectos excesivos. Como dijimos, cada elemento se asocia con diversos objetos, colores y formas que se enumeran a continuación:

Madera
- Formas alargadas.
- Colores: verde, azul claro.
- Muebles y accesorios de madera.
- Vigas.
- Plantas, flores (naturales o artificiales).
- Tapicería floral.
- Textiles de fibra natural vegetal (algodón, lino).
- Pinturas de bosques, paisajes.
- Pedestales, esculturas (alargados y de madera).

Fuego
- Formas triangulares, pirámides, conos.
- Colores: rojo, naranja, amarillo.
- Aparatos eléctricos.

- Objetos luminosos.
- Velas.
- Pieles.
- Huesos.
- Plumas.
- Fibras textiles naturales animales (seda, lana).
- Mascotas, pinturas de animales.
- Pintura de retrato.
- Luminiscencias.
- Luz natural.
- Chimeneas.
- El ser humano.

Tierra
- Formas rectangulares, cuadradas.
- Colores: café, térreos, ocres.
- Adobe, ladrillo, cerámica, barro.
- Superficies planas.
- Paisajes desérticos y de cultivo.
- Arena.

Metal
- Formas circulares, óvalos, arcos.
- Colores: blanco, pasteles.
- Metales.
- Rocas.
- Piedras.
- Cuarzo y gemas.
- Esculturas de metal.

Agua
- Formas asimétricas.
- Colores: oscuros, gris Oxford, negro, azul marino.
- Ríos, fuentes, albercas.
- Superficies reflejantes.

- Cristal.
- Esferas.
- Paisajes acuíferos.
- Peceras.

Estos elementos se combinan y se complementan balanceándose entre sí; un ejemplo es el acuario, mezcla de los cinco elementos en toda su expresión: arena (tierra), agua (agua), plantas (madera), peces (fuego), piedras (metal); motivo por el cual es considerado un elemento decorativo protector de mala energía. En China hay estanques o acuarios por todos lados, pues existe la creencia de que al colocarlos a la entrada de un lugar aleja robos, protege el lugar, atrae ventas y abundancia.

En casa, la oficina o cualquier espacio construido, puedes lograr una infinidad de combinaciones por medio de colores y objetos que generarán confort y bienestar, al igual que un flujo armónico del Chi, basándote en la interacción de los cinco elementos. Tales elementos son la base en el estudio, interpretación y aplicación de cualquier teoría o escuela de Feng Shui, además de ser considerados la base de la metafísica china.

Puedes observar dentro de casa qué elementos predominan y cuáles faltan, para armonizar el Chi aplicando de preferencia el ciclo de generación de los elementos que nos llevará a un crecimiento y desarrollo del Chi que nos beneficiará. Ésta es una de las formas más completas de obtener un equilibrio esencial.

Como hemos dicho, los elementos se asocian con emociones y reacciones; así, la madera se manifiesta como inquietud, creatividad, impulsividad. La madera fomenta la aventura y los riesgos. En un lugar donde predomina la madera, se genera demasiada impulsividad sin medir los riesgos, incluso a veces mala argumentación y pleito.

El fuego se manifiesta como alegría, fiesta, comunicación, chisme, vanidad. Este elemento fomenta la interacción social, la fama y el reconocimiento. El exceso de fuego provoca demasiada agitación, actividad mental y extremo movimiento, estrés, chismes, incluso violencia o reacciones explosivas.

La tierra se manifiesta como solidez, estabilidad, equilibrio, honestidad, calidez, sensatez y precaución. El exceso de tierra se va a reflejar en arraigo, pesadez, aburrimiento y estancamiento.

El metal se manifiesta como orden, lógica, disciplina, certeza, análisis y estructura. El exceso de metal generara demasiada frialdad y falta de comunicación, crueldad, poca expresividad, sentimientos reprimidos, dureza y rigidez.

El agua se manifiesta como emociones, sentimientos, inspiración artística, profundidad de sentimientos, pensamientos y expresiones, emotividad, sensibilidad, adaptabilidad. El agua en exceso genera inestabilidad, depresión, tristeza, desorden y desequilibrio.

Tales excesos muy marcados se pueden corregir con el elemento que reduce, y mejorarse con el elemento que lo genera y al que le da vida.

En lo que se refiere a los planetas, la madera se asocia con Júpiter, el fuego con Marte, la Tierra con saturno, el metal con Venus y el agua con Mercurio.

En lo concerniente a los animales cósmicos formados por constelaciones, tenemos que el tigre verde se asocia con la madera, el ave fénix roja con el fuego, la serpiente ocre con la tierra, el tigre blanco con el metal y la tortuga negra con el agua.

Con las estaciones del año, vemos: primavera con madera, verano con fuego, transición con tierra, otoño con metal e invierno con agua.

Como mencionamos previamente, los cinco elementos se pueden manifestar en fase Yin o en fase Yang, asociándose con los números de El cuadrado mágico del Lo Shu y las direcciones cardinales. La madera Yang con el número tres y el Este; la madera Yin con el cuatro y el Sureste; el fuego con el número nueve y el Sur; la tierra Yin con el dos y el Suroeste; la tierra Yang con el ocho y el Noreste; la tierra en equilibrio con el cinco al centro; el metal Yang con el seis y el Noroeste; el metal Yin con el siete y el Oeste; el agua con el uno y el Norte.

Los cinco elementos en fase Yin y Yang conforman lo que se conoce o denomina como Los diez tallos celestiales, base del estudio de astrología china o Los cuatro pilares del destino. Asimismo, estos números, totalmente ligados a los cinco elementos, representan estrellas que generan un efecto determinado sobre la dirección y sector cardinal que recorren en su constante ir y venir acorde a ciclos de veinte años, anuales, mensuales y diarios, o bien, de horas.

Estos números también conforman los Ming Gua o trigrama personal, correspondiente a cada persona con base en su fecha de nacimiento y determinando cuatro direcciones cardinales positivas y cuatro negativas a cada Ming Gua.

En lo que correspondería a los órganos del cuerpo humano, la madera Yin se asocia con el hígado y la madera Yang con la vesícula biliar. El fuego Yin con el corazón y el fuego Yang con el intestino delgado. La tierra Yin con el bazo y la tierra Yang con el estómago. El metal Yin con los pulmones y el metal Yang con el intestino grueso. El agua Yin con los riñones y el agua Yang con la vejiga.

Respecto a los orificios, la madera se asocia con los ojos, el fuego con la lengua, la tierra con la boca, el metal con la nariz y el agua con los oídos. Para los tejidos corporales tenemos: madera con los tendones, fuego con las venas y arterias, tierra con los músculos, metal con la piel y agua con los huesos.

En cuanto a las emociones, las correspondecias son: madera con enojo e ira; fuego con júbilo; tierra con meditación; metal con pena y agua con miedo.

Incluso los doce signos zodiacales chinos, conocidos como Las doce ramas terrestres en astrología o Los cuatro pilares del destino, se asocian con un elemento fijo y uno variable. El tigre y el conejo con madera, la serpiente y el caballo con fuego, el dragón, buey, cabra y perro con tierra, el mono y el gallo con metal, el cerdo y la rata con agua.

Los años terminados en cuatro o cinco se asocian con madera; los terminados en seis o siete, con fuego; en ocho o nueve, con tierra; cero y uno, con metal, y dos o tres, con agua.

Para el clima: ventoso, madera; calor, fuego; húmedo, tierra; seco, metal; y frío, agua.

Respecto a la actitud, la madera es controladora; el fuego, visionario; la tierra, pensativa; el metal, discursivo; el agua, receptiva. Sus manifestaciones: la madera, relajada; el fuego, espontáneo; la tierra, cuidadosa; el metal, enérgico; y el agua, silenciosa.

En lo concerniente a animales, la madera se asocia con animales con escamas (peces), el fuego con animales con plumas (aves), la tierra con animales desnudos (el ser humano), el metal con animales con pelo (mamíferos), y el agua con animales que tienen concha (invertebrados).

Con base en los colores, los alimentos, los cuarzos y las piedras, se van a asociar con los siguientes elementos: madera con verde y turquesa; fuego con rojos, naranjas, amarillos; tierra con amarillos, ocres y cafés; metal con blancos; y el agua con colores oscuros.

En cuestión de salud, la madera controla el sistema nervioso periférico que regula la tensión y la actividad muscular, los ligamentos y los tendones. Trabaja con el sistema linfático, elimina dolores musculares y fatiga. El fuego también se relaciona con la mente y las emociones, y controla la circulación sanguínea. Puede relacionarse con la glándula del timo, la pituitaria, el crecimiento, el metabolismo, la inmunidad, la sexualidad. La tierra regula y balancea las cinco energías elementales del cuerpo, su mal funcionamiento se refleja en malestares de todo el cuerpo. El metal se relaciona con el sistema nervioso autónomo y conecta el cuerpo con la mente. El agua funciona con las glándulas suprarrenales regulando la potencia sexual y la fertilidad.

Los aromas, las plantas, la ropa, la moda, los cortes de cabello, las formas del calzado, las actividades económicas y productivas, en fin, todo se asocia con los cinco elementos, incluso las etapas de gestación y de la vida de los seres humanos. Un exceso o carencia de alguno de estos elementos lleva al desequilibrio y desbalance en todos los aspectos de nuestra vida. He ahí la finalidad del Feng Shui: interpretar el tipo de Chi (Sha Chi: agresivo, Sheng Chi: aliento de vida) y buscar su equilibrio y balance (Yin-Yang), asociándolo con los cinco elementos y aplicando e interactuando con sus diversos ciclos.

	ELEMENTOS			
	Promueve	**Ayuda**	**En contra**	**Arriesga**
Agua	Desarrollo interior Tranquilidad Espiritualidad Actividad sexual Sueño Independencia Pensamiento objetivo Concepción	Gente mayor Estrés Insomnio Convalecencia Enfermedades Problemas sexuales	Actividad Expresividad Pasión	El silencio Soledad
Madera	Nuevos proyectos Trabajo Comienzos Actividad Ocupación Ambición Concentración Iniciativa	Gente joven Reconstruir una carrera Falta de confianza Necesidad de comienzo Letargo	Romance Relajación Paciencia Estabilidad Seguridad	Ambición Exceso de trabajo No relaja Hiperactividad
Fuego	Pasión Expresión Fama Fiesta Estimulación mental Nuevas ideas Sociabilidad Espontaneidad	Adultos Dificultad para convivir Falta de inspiración Timidez	Relajación Concentración Detallismo Pensamiento objetivo Estabilidad emocional	Estrés Argumentación Separación Exceso de emociones
Tierra	Estabilidad Estancamiento Seguridad Cuidado Armonía familiar Maternidad Hogar Precaución Pensamiento metódico	Gente joven Comenzar una familia Discusiones familiares Ser muy impulsivo Arriesgado	Pensamiento ágil Ambición Dinamismo Espontaneidad Nueva carrera Nuevo negocio	Volverse lento, aburrido
Metal	Planeación Finanzas Liderazgo Organización Negocios	Madurez Ser organizado Falta de control Falta de inspiración Falta de habilidad para terminar cosas	Dinamismo Expresión Mostrar sentimientos Comenzar proyectos	Ser antisocial Introversión

Fuente: Simon Brown, *Practical Feng Shui*.

Categoría	Madera	Fuego	Tierra	Metal	Agua
Poder	Expansión	Realización	Transición	Contracción	Consolidación
Clima	Viento	Calor	Humedad	Seco	Frío
Estación	Primavera	Verano	Verano tardío	Otoño	Invierno
Dirección	Este	Sur	Centro	Oeste	Norte
Hora	Amanecer	Mediodía	Tarde	Crepúsculo	Medianoche
Estado	Nacimiento	Crecimiento	Madurez	Degeneración	Germinación
Color	Verde	Rojo	Amarillo, ocres	Blanco, plateados	Negro, azul, morado
Olor	Rancio	Picante, quemado	Fragante	Fétido, pescado	Podrido
Sabor	Ácido-agrio	Amargo	Dulce	Gustoso, sazonado	Salado
Sonido	Estrellado	Rugido	Tarareo	Crujiente	Aspirar, chupar

Asociemos los cinco elementos con las formas de las construcciones:

Elemento metal

Es igual a una casa o bodega o domo circular como los hangares, o el Palacio de los Deportes, en la Ciudad de México.

Elemento agua

Es igual a formas libres, caprichosas como la Alberca Olímpica, las láminas de asbesto sin que sea de dos aguas, sólo planas.

Elemento madera
Su forma es alta, casi vertical como los edificios y las columnas.

Elemento tierra
Son las colinas más planas, las construcciones son rectangulares, cuadradas o cúbicas.

Elemento fuego
Como el volcán Popocatépetl en forma de cono, un triángulo al igual que las construcciones de formas picudas, de dos aguas o piramidales.

Respecto a la arquitectura, la forma de la construcción va a corresponder a un distinto elemento, también va a regir la atmósfera interior de cada hábitat.

Es importante decir que el elemento se determina de acuerdo con la escuela que se está aplicando, siendo que la escuela de las formas está determinada por su mismo elemento, no importa el color ni la textura, como material de construcción: formas, color y textura (material de construcción).

Los cinco elementos o las cinco fuerzas transformadoras de la naturaleza presentan una excelente opción o herramienta en el diseño y ambientación de espacios. Cada una de estas fuerzas corresponde a un elemento de la naturaleza con una energía determinada y características propias.

El agua es una energía profunda, analítica, evoca los sentimientos. Promueve la libertad, los viajes y la aventura. Favorece la comunicación profunda y la seriedad. Es muy favorable cuando deseamos integrar un toque de intelectualidad, sentimental, libertad y comunicación profunda al ambiente de un lugar. Puede ser por medio de una fuente, un tazón con agua, un cuadro de un lago, río o marina, algún objeto de forma irregular o asimétrica así como tonos oscuros como negro o morado obispo. Un ambiente con agua crea una atmósfera de sabiduría y docilidad. Pero si se abusa del agua en un espacio, se daña la atmósfera y provoca actitudes de descuido e introversión o encierro, dispersión y falta de motivación.

La madera es una energía alegre, sociable, inquieta, curativa, productiva, creativa, evoca la naturaleza. Favorece la innovación y el desarrollo de proyectos nuevos. Es muy buena cuando deseamos integrar esta energía a un entorno, pues provee un ambiente de salud, frescura, alegría y fertilidad. Puede ser por medio de plantas, fibras textiles como lino o algodón, cuadros de paisajes de bosques y flores, muebles y pisos de madera, formas alargadas o colores verde y tonos azul claro. Un ambiente con madera crea una atmósfera de productividad y benevolencia, una sensación amable. Abusar de la madera daña la atmósfera provocando demasiada calidez, que puede llevarnos a caer en trampas fácilmente.

El fuego es una energía festiva, activa, sociable, alegre, llamativa y brillante. Favorece el desarrollo social, la pasión y la autoestima. Es muy positivo cuando queremos imprimir un toque de alegría y pasión en la atmósfera; también promueve las relaciones interpersonales y la sociabilidad. Se puede lograr por medio de aparatos eléctricos, velas, pirámides, triángulos, fotografías, mascotas, esculturas, luz o colores brillantes como magenta, rojo, naranja o amarillo; y textiles de origen animal como seda o lana. Un ambiente con fuego crea una atmósfera de cortesía y confiabilidad. Abusar del fuego daña la atmósfera provocando actitudes demandantes, demasiado estrés y desarrollo de manías, que nos pueden llevar a ser extremistas, arrogantes y crueles.

La tierra es una energía sólida, estable, segura y precavida. Favorece la precaución, el cuidado y la armonía familiar. Es muy adecuada cuando queremos generar una atmósfera maternal, hogareña, estable y de motivación. Puede ser por medio de objetos y materiales de origen térreo como barro, adobe, porcelana, cerámica o talavera, cuadros de paisajes de campos de cultivo o de fachadas de casas de ladrillo o adobe, formas cuadradas o planas, ocres, amarillos, mostaza, arena, beige y café. Un ambiente con tierra crea una atmósfera de armonía familiar y calor de hogar, de confiabilidad y lealtad. Abusar de la tierra daña la atmósfera y la vuelve turbia, aburrida y pesada, provocando actitudes de alejamiento, dudas e inseguridad.

El metal es una energía de orden, consolidación, organización y liderazgo. Favorece la seguridad, la libertad, el romance y la estabilidad. Es muy bueno cuando queremos imprimir un toque de elegancia, romance, libertad y consolidación. Promueve una atmósfera ordenada, organizada, limpia y superficial. Un ambiente con metal favorece la planeación, las finanzas, el liderazgo. Crea una atmósfera de rectitud y decisión. Abusar del metal daña la atmósfera, la vuelve fría y determinada, provocando actitudes de fuerza y valentía que desembocan en comportamiento dominante e irascible.

El elemento agua nos es de mucha ayuda en casos de personas ancianas, en situaciones de mucho estrés, insomnio; cuando nos encontramos en convalecencia y recuperación de enfermedades, incluso ante problemas sexuales.

El elemento madera es recomendable en habitaciones de gente joven, cuando se desea comenzar o reconstruir una carrera, cuando se necesita confiar o se desee desaparecer el letargo.

El elemento fuego es de mucha ayuda en lugares donde es difícil la convivencia o donde falte inspiración y existe timidez.

La tierra nos apoya en casos de gente joven, cuando se quiera comenzar una familia o en lugares donde existan discusiones. También en casos de personas muy impulsivas y arriesgadas.

El metal es muy adecuado en la etapa de la madurez, en lugares desorganizados, donde se necesite control, inspiración o habilidad para terminar las cosas.

Las habitaciones de la casa se asocian con los elementos dependiendo las funciones para las que están destinadas. El baño y la lavandería se clasifican como representantes de elemento agua, mientras que la cocina corresponde al elemento fuego.

Cuarzos y los cinco elementos

Según los colores y el corte que tengan las piedras se pueden clasificar acorde con cada elemento.

Es necesario tomar en cuenta los colores y formas para encontrar la correspondencia entre las piedras y los cinco elementos:

ELEMENTO	CLASIFICACIÓN DE PIEDRAS
Agua	Cortes asimétricos o piedras de colores oscuros
Madera	Cortes rectangulares, alargados o piedras de colores verdes y azul claro
Fuego	Piedras de corte triangular o de color rojo y naranja
Tierra	Corte cuadrado o de piedras de colores amarillo o café
Metal	Corte circular o piedras de colores blanco pastel y transparentes

Aromas y los elementos

Los aromas que se asocian con los cinco elementos son:

Agua	Jazmín y sándalo
Madera	Toronja, manzanilla y lavanda
Fuego	Romero, ilang – ilang y árbol del té
Tierra	Incienso y limón
Metal	Eucalipto, pino, ciprés y menta

Los cuatro ciclos de los elementos

Existen cuatro ciclos entre los elementos que son: constructivo, reductivo, control y destrucción.

En el ciclo constructivo el agua al regar las plantas genera y nutre a la madera (la madera es el combustible para el fuego), cuando ésta se extingue lo que queda es ceniza. La tierra se compacta y surgen los metales: se condensa, se licua y da origen al agua, éste es un ciclo constructivo.

Agua ⇨ Madera ⇨ Fuego ⇨ Tierra ⇨ Metal ⇨ Agua

El ciclo reductivo (madre-hijo) es el ciclo constructivo al revés, en donde el agua reduce al metal, el metal a la tierra, la tierra al fuego, el fuego a la madera y la madera al agua. Éste es un ciclo de mucha ayuda cuando algún elemento se presenta en exceso o en desequilibrio.

Agua ⇦ Madera ⇦ Fuego ⇦ Tierra ⇦ Metal ⇦ Agua

En el ciclo de control, el orden es igual pero son dos ciclos: control y destrucción; es decir, dos fases distintas de ciclos. Con agua se apagará el fuego, con fuego se funden metales, con metales se corta la madera, la madera se entierra o se incrusta en la tierra, la tierra seca al agua.

En la fase de control y destrucción hay dos ciclos; por ejemplo, en el caso del metal, primero con fuego se puede moldear metal, sin embargo, si se pasa de calor se funde el metal; en otras palabras, por la etapa de control puede moldear y por la etapa de destrucción se funde.

En la etapa de control la tierra representa los límites del agua, y en su fase destructiva la tierra seca al agua. En algunos libros estos ciclos se muestran en forma circular y en otros en forma de estrella.

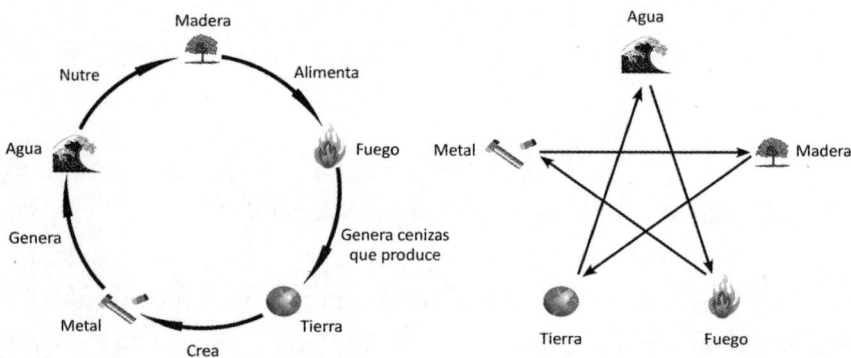

Tanto el viento como el agua se mueven por energía; son éstos los que transportan y mueven el Chi. Recordemos que Feng Shui significa viento y agua. "El Chi cabalga en el viento y se detiene en el límite del agua."

Un quinto ciclo podría ser considerado como el ciclo de mediación entre dos elementos en conflicto; es decir, en control y destrucción. Tal ciclo recurre al elemento que rompe el ciclo de control para convertirlo en ciclo generativo. Por ejemplo, el agua controlando al fuego se rompe con el elemento madera, ya que el agua alimenta la madera y ésta a su vez al fuego. Otro caso sería el fuego controlando al metal; el elemento mediador sería la tierra, ya que el fuego alimenta a la tierra y ésta alimenta al metal.

Ciclo generativo o ciclo de vida en asociaciones

El agua alimenta y nutre a la madera, es decir, para que una planta crezca se nutre de agua. La madera alimenta y nutre al fuego, lo que significa que para avivar el fuego se le pone madera. El fuego nutre y le da vida a la tierra, pues todo lo que se quema se vuelve polvo. La tierra nutre y da vida al metal; los metales y minerales se forman dentro de la tierra. El metal da vida al agua, al fundirse el metal se convierte en líquido; y así vuelve a comenzar el ciclo. En el concepto oriental tenemos cada elemento asociado con:

Agua	Sabiduría
Madera	Benevolencia
Fuego	Cortesía
Tierra	Confiabilidad y lealtad
Metal	Rectitud

Aplicando el ciclo generativo a actitudes lo interpretamos así:

El agua (sabiduría) produce madera (benevolencia), la cual a su vez produce fuego (cortesía), que trae por consecuencia tierra (confiabilidad), ésta crea metal (rectitud) necesario para el agua (sabiduría).

Así comprendemos que estos cinco elementos por sus ciclos rigen todo lo que existe, por eso los denominamos las cinco fuerzas transformadoras. Este mismo conocimiento aplicado a la agricultura nos dice:

Agua	Semilla
Madera	Crecimiento
Fuego	Florecimiento
Tierra	Fruto
Metal	Cosecha

Y aplicado a la vida del ser humano, vemos que:

Agua	Nacimiento y vejez
Madera	Crecimiento e infancia
Fuego	Adolescencia
Tierra	Edad media, adulta
Metal	Madurez

Ciclo de control y destrucción en asociaciones

Se refiere al ciclo de los elementos que se van controlando hasta que se destruyen en su esencia. El agua controla al fuego, si se excede, es decir, si ejerce en demasía ese control, lo apaga. El fuego controla y moldea al metal, en exceso lo funde y lo destruye. El metal da forma al tallar a la madera, si ejerce más fuerza la corta. La madera controla la tierra, un terreno polvoso se domina con plantas, un exceso de plantas le roba sus nutrientes y la destruye (la erosiona). La tierra controla al agua dándole cauce a los ríos y formas a los lagos, demasiada tierra seca al agua y se vuelve lodo.

En cuanto a las actitudes, el agua (sabiduría) controla al fuego (cortesía), éste controla al metal (rectitud), quien a su vez controla la madera (benevolencia), y esta misma controla la tierra (confiabilidad), la cual controla al agua (sabiduría).

Ciclo reductivo en asociaciones

Se refiere al ciclo en el que el elemento "hijo" reduce en espacio y libertad al elemento "madre", es decir al que le da vida. El agua reduce al metal, el metal reduce a la tierra, la tierra reduce al fuego, el fuego reduce a la madera y la madera reduce al agua. Respecto a las actitudes vemos que la sabiduría (agua) reduce la rectitud (metal), la rectitud reduce la confiabilidad y la lealtad (tierra) reduce la cortesía (fuego), la cortesía reduce la benevolencia (madera), la cual reduce la sabiduría.

Con base en el ciclo de vida del ser humano

La vejez y el nacimiento reducen la madurez, la madurez reduce la edad adulta, la edad adulta reduce la adolescencia, la adolescencia reduce la infancia, la infancia reduce la época del nacimiento.

Con el término *reduce* podemos entender que "es su punto débil". Los elementos también rigen órganos del cuerpo y emociones. Como se indica a continuación:

Fuego: corazón, intestino delgado, timo, pituitaria. En emociones se relaciona con la alegría. Un exceso de fuego puede provocar problemas en el corazón y el intestino delgado; asimismo, un mal funcionamiento de las glándulas del timo y la pituitaria. El exceso de fuego se refiere a una vida muy agitada, con demasiados eventos sociales y abuso de fiestas y estrés. En lo que respecta al entorno, se traduce en habitaciones muy angulosas, demasiado color rojo y naranja, o bien, colores muy brillantes. Así como camas ubicadas cerca de estufa y chimenea, principalmente si su ubicación es a menos de tres metros.

La sugerencia para corregir este efecto es colocar algunos tonos azul marino, gris oscuro o negro y luz indirecta; mientras que en las esquinas de la habitación poner objetos pesados de barro, porcelana o talavera. Otra opción sería colocar algunos cuarzos o piedras amarillas o cafés de forma cuadrada con un diámetro de una pulgada en un tazón de porcelana debajo de la cama o en las esquinas de la habitación.

En estas circunstancias se consideran también aquellos casos en que la estufa o la chimenea están sobre la recámara o detrás de la cabecera. Para contrarrestar los efectos, podemos utilizar aromas y piedras asociados con el elemento agua.

Madera: hígado, músculos, vesícula, sistema linfático y nervios. En emociones corresponde al coraje. Un exceso de madera puede dañar el hígado y la vesícula, causar dolores musculares y mucho nerviosismo.

El exceso de madera se refiere a una vida rodeada de alteraciones, enojos, impulsos y corajes. Demasiado ejercicio y actividad, es decir, sobrepasar los límites de la resistencia física. En lo que respecta al entorno se traduce en habitaciones con pisos, techos y muebles de madera, demasiado color verde y exageración en la presencia de plantas y libros, sobre todo en la recámara. La sugerencia es colocar algunas velas de colores vivos, esculturas circulares de metal o cuarzos correspondientes a elemento metal en la habitación. Lo ideal sería quitar de la recámara los excesos, sin embargo, hay situaciones en que el espacio de las casas no lo permite, por lo que se puede recurrir a lo sugerido. Otra opción sería complementar con colores naranjas y blancos.

Tierra: páncreas, bazo, estómago. En emociones corresponden la ansiedad y la concentración. Un exceso de tierra puede dañar el páncreas y el bazo, así como provocar problemas digestivos. El exceso de tierra provoca una vida ansiosa, tediosa, pesada y llena de competencia. En lo que respecta al entorno, se traduce en habitaciones de techo muy bajo, cama con base de concreto o bases pegadas al suelo, muebles de poca altura y exceso de adornos de porcelana, se refleja en sensación de tedio, pesadez y aburrimiento.

La sugerencia es colocar plantas de tallos ascendentes, objetos metálicos y redondos. Respecto a los colores, los tonos verdes y blancos. Otra opción sería utilizar piedras verdes y transparentes en el buró y esquinas de la recámara o aromas asociados con elementos madera y metal.

Metal: pulmones, sistema nervioso, intestino grueso, piel, huesos y dientes. En emociones se asocia con el pesar. Un exceso de metal puede dañar los pulmones y el intestino, alterar los nervios, provocar depresión, debilitar la piel, los huesos y los dientes. El exceso de metal se refiere a una vida angustiosa con demasiadas preocupaciones y tristezas. El metal en exceso reduce nuestras defensas y afecta el sistema inmunológico.

En lo que respecta al entorno, se traduce en habitaciones blancas con muebles metálicos y pisos de mármol y cantera. Tener tuberías muy cercanas a la cama (a menos de un metro y medio de distancia), baños y desagües detrás de la cabecera o lavandería, tinacos, depósitos de agua y baños sobre la recámara. La sugerencia es colocar plantas de tallos altos de menos de un metro en los baños y la lavandería, velas y luz dirigida hacia arriba y tonos rojos, naranjas y amarillos en la recámara. En cuanto a piedras y aromas, se recomienda aquellas asociadas con elementos fuego y madera, van a ser de gran ayuda.

Agua: riñones, vejiga, sangre, órganos sexuales. En emociones, corresponden al miedo y el susto. Un exceso de agua puede dañar los riñones, la vejiga, causar problemas de la sangre y de los órganos sexuales. El exceso de agua se refiere a una vida llena de temores y miedos, personas que se asustan por cualquier situación y se sienten rodeadas de inseguridad.

En lo que respecta al entorno, se traduce en habitaciones de colores oscuros, poca iluminación, habitaciones de forma irregular, rodeadas de cristales. Habitaciones que se encuentran sobre alberca, cisterna, baño, lavandería o *garage*. Habitaciones que se encuentran "volando", es decir, que sobresalen de la construcción en un segundo piso. Además, habitaciones con tuberías o desagües por debajo. Fuentes o peceras detrás de la cabecera, o recámaras con demasiados espejos.

La sugerencia es colocar plantas y objetos pesados como macetas o esculturas de cantera, barro, porcelana o talavera en las esquinas de la habitación; poner piedras de río debajo de la cama (una a cada lado de cada pata), utilizar pisos de madera. Quitar las fuentes o peceras y los espejos excesivos. En lo que se refiere a colores, los tonos verdes y amarillos serán muy eficaces. Respecto a piedras y aromas, se recomiendan los que se asocian con elementos tierra y madera.

Un entorno exterior agradable y natural se reflejará en un ambiente equilibrado y sano para los habitantes de ese entorno. Al observar y analizar la presencia de los elementos en la naturaleza, se puede establecer por regiones el tipo de energía que rige y le da características particulares a los habitantes de esos espacios.

En México, el paisaje y la topografía manifiestan que prevalece el elemento tierra. Esto determina una cultura tradicional, materna, amable, de raíces sólidas y firmes como montañas, cálida como sus playas.

Suiza, por ejemplo, se representa por sus Alpes nevados y blancos, asociados al elemento metal. Nos habla de una cultura organizada, líder en las finanzas, acostumbrada a la planeación y la firmeza.

En Estados Unidos, con sus paisajes de lagos y bosques, predominan los elementos agua y madera. Ambos le dan la característica de una cultura vanguardista, libre, aventurera y en constante crecimiento.

Éstos son algunos ejemplos de la interpretación de los elementos en el entorno y la naturaleza.

Diversas teorías o escuelas

Escuela de las formas (Luan Tou Pai)
Es considerada la forma más antigua de aplicación de Feng Shui. En la antigüedad se analizaba la forma de toda estructura o formación geológica y la asociación con las implicaciones hacia los habitantes de un lugar, determinada por la posición o ubicación de una construcción incluyendo en este aspecto la posición o ubicación de una tumba y la suerte generada hacia sus descendientes, principalmente, la tumba de emperadores, buscando generar un linaje o dinastía perdurable. En este análisis interviene la forma de las montañas, los valles, cauces de agua, buscando encontrar la mejor posición de la construcción respecto a estos factores naturales, incluyendo aspectos de iluminación natural y ventilación, así como la vegetación y la circulación del viento.

Dos factores primordiales en el estudio y aplicación del Feng Shui son la iluminación natural y el viento o ventilación del lugar de manera natural, si se consideran todas las posibles teorías, escuelas y aplicaciones de Feng Shui.

Las antiguas construcciones chinas tenían su orientación basada primordialmente en el respaldo hacia el Norte y la fachada hacia el Sur, pues buscaban, entre otras cosas, el mejor aprovechamiento de la luz natural y la protección de los vientos fríos del Norte. Asimismo, se asociaba a la posición del planeta respecto a las constelaciones, es decir, la tortuga negra de respaldo y el ave fénix rojo hacia el frente. El dragón verde hacia la izquierda (viendo de atrás hacia adelante) y el tigre blanco a la derecha. Un ejemplo de esto es la Ciudad Prohibida o

Gu Gong en Beijing. Lugar que representa la antigua asociación china de sus construcciones respecto al planeta y las constelaciones de su entorno, ya que en la conciencia china lo que es arriba es abajo y lo que es adentro es afuera, aspectos que interactúan desde lo más pequeño hasta lo más extenso.

Dentro del planeta, estas constelaciones se asocian a montañas, valles y cauces de agua. En la interpretación moderna se pueden representar con construcciones traseras, laterales y calles, llevando esta asociación del macro al micro. Por ejemplo, ese conocimiento puede ser aplicado a la posición de la cama respecto a las paredes, la cabecera, los burós o mesas de noche y puerta de acceso, así como al escritorio, la silla, el respaldo, las paredes y la puerta de acceso al espacio de trabajo.

Formas exteriores

Dentro de la Escuela de las formas se interpreta el Chi de todo elemento ambiental, del paisaje, de las formas, edificios, porque todo representa energía. A esta energía se le denomina como un ser totalmente neutro o imparcial, que no distingue entre lo bueno y lo malo; dicha energía circula a través del viento y a través del agua en todas las direcciones y llega a nosotros, a nuestra casa, oficina, negocio o espacio. El interés es analizar qué tipo de Chi es el que llega; como bien se sabe, la energía no se crea sino se transforma, por lo que esta energía se va transformando dependiendo de los lugares por los que transita, puede ser a través de un parque, un panteón, una escuela, un lugar residencial. Este Chi que se mueve por todos los lugares, entre más cerca se ubique de un lugar considerado de energía conflictiva, está más expuesto a recibir ese tipo de energía o vibración e interactuar con la energía personal, reflejándose en eventos o experiencias.

Las construcciones manifiestan energía en forma natural, la cual viaja de una forma suave y ondulante; este Chi pasa en su trayecto por diferentes lugares que circundan nuestra residencia, oficina o negocio. Éste es el Chi ambiental. También es importante observar la fauna: insectos, gatos, perros, ardillas, moscas, plagas; por ejemplo, los gatos se sienten atraídos por energía negativa, los perros buscan la energía positiva. Antes de cambiarse de casa es recomendable conocer la historia de ella dado que las experiencias de sus habitantes anteriores son un reflejo de la tendencia energética de una construcción.

La comunicación que tenemos con el mundo que nos rodea se consigue por medio de los sentidos. En la mente inconsciente es donde se almacenan nuestras actitudes, miedos, temores (en pocas palabras, nuestra programación), pero la comunicación con el exterior se da mediante nuestros sentidos, ya que a través de ellos se generan las respuestas. Y como a toda acción corresponde una reacción, un olor, un color, entendemos por qué una forma genera en nosotros respuesta. La mayoría de estas soluciones son de tipo inconsciente, pues no nos percatamos que estamos reaccionando ante una situación; es probable que pase mucho tiempo antes de darnos cuenta de que nuestra conducta ha variado. Hacia todo lo que vemos, oímos y sentimos, estamos generando respuestas inconscientes. Pongamos un caso: si hay una puerta e inmediatamente existe un muro, a nivel de Chi el muro está obstruyendo y rechazando el flujo de energía hacia la casa o propiedad; en lenguaje coloquial diríamos que nos topamos con un muro o un obstáculo. Cuando las cosas no salen bien, cuando nos encontramos con personas con quienes no podemos hacer un negocio, cuando las situaciones se ponen difíciles, cuando nos encontramos con impedimentos, este muro es sinónimo de un obstáculo, de un problema, pues a nivel inconsciente somos seres que aprendemos por asociaciones. Cada persona puede tener una asociación diferente, hacia los colores, las formas, las texturas sin ser necesariamente consciente de ello. Tenemos asociaciones inconscientes creadas, entonces no es casualidad que una persona que se encuentra viviendo o trabajando en un lugar, después de un tiempo manifieste la respuesta a ese bloqueo.

Lo más recomendable, desde el punto de vista del Feng Shui, es que la construcción que nos interesa sea paralela a la calle y se encuentre al mismo nivel de ésta o un poco más alta. No hay que olvidar que la calle se asocia con ríos o agua, es decir, con llegada de energía o aliento de vida activo y oportunidades.

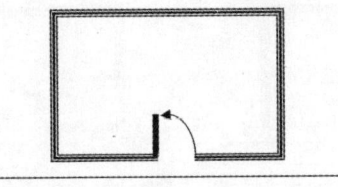

Se considera muy sano para la energía de la casa que se ubique un pequeño jardín o alguna planta antes de la puerta principal. Tal sitio representará una desconexión de la vida laboral y los problemas cotidianos del trabajo, permitiendo a los habitantes disfrutar de su hábitat, relajarse y descansar (función primordial de la casa). Este concepto se denomina en Feng Shui "Ming Tang", y se refiere a un espacio que retenga y contenga el Chi para la casa o construcción, lo que se reflejará en oportunidades, crecimiento, abundancia, para los habitantes del lugar. Ese Ming Tang se sugiere de tal forma que retenga la energía o Chi, es decir, que no esté en declive, que no se perciba mucho viento, que tenga iluminación natural o que no esté agredido. El Ming Tang es uno de los conceptos más importantes de una construcción desde la perspectiva de Feng Shui; el objetivo primordial al aplicar Feng Shui es retener el Chi o aliento de vida, pues se reflejará en una vida sana.

Si analizamos construcciones antiguas como catedrales, iglesias, palacios, o la Ciudad Prohibida, en la mayoría de las diferentes culturas, siempre hay una plaza o explanada frontal importante, ése es el Ming Tang. De hecho, en su aplicación moderna, por ejemplo, en Hong Kong, se presentan diversos casos de la presencia de este Ming Tang en edificios corporativos importantes, como el HSBC Bank.

El Chi o energía adquiere el flujo de velocidad del río, es decir, de la calle. En la interpretación del flujo de Chi o energía, el que es lineal tiende a tomar velocidad, lo que lo convierte en Sha Chi. Los chinos consideran que los espíritus negativos se mueven en forma lineal, por lo que es recomendable que el flujo de energía de la calle sea ondulado y suave. Las plantas nos ayudan a convertir un flujo lineal en uno más suave.

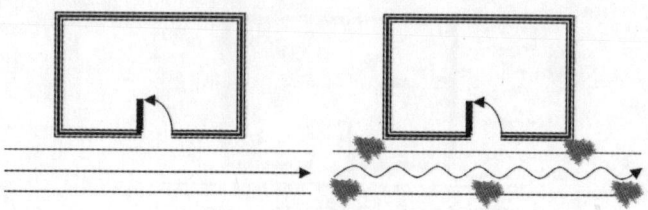

Hay que considerar de extremo cuidado que la construcción no cierre la calle, porque provocará un bloqueo y la energía chocará de golpe, reflejándose en un estilo de vida conflictivo y accidentado. En estos casos se sugiere colocar plantas que suavicen la velocidad del Chi hacia la construcción; puede ser una fuente o una escultura de forma circular, pues complementarán la ayuda que brindan las plantas. Estas opciones nos pueden ayudar a redirigir el flujo de Chi que llega a una construcción cuando se presentan situaciones ya existentes para ésta.

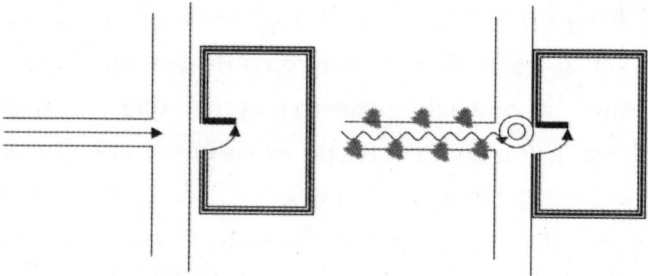

Cuando la casa tiene una calle en la parte trasera, puede generar a la construcción un ambiente de tensión y de mucha actividad, aspecto que impide el descanso necesario para los habitantes. Sembrar árboles en la parte trasera de la casa o construir una barda alta y sólida cumplirá la función de darle soporte y protección. Recordemos que la parte más cercana a la calle se considera la parte Yang de la construcción, y que la parte trasera se considera la parte Yin. Al tener calle en ambas secciones, no existe un respaldo sólido o un área Yin en la construcción, lo que se refleja en desbalance energético que afecta el descanso, las emociones y la concentración para los habitantes.

    Otro ejemplo de proyección no muy recomendable de Chi hacia una construcción es cuando el Chi se proyecta hacia la casa por fuerza centrífuga.

Cuando el Chi viaja transportado por el viento es un Chi ondulante, pero cuando viaja a través del agua, de las calles o de los ríos, sigue la trayectoria que tiene delimitada esa calle o río. La casa representa lo equivalente a una habitación y la calle representa un pasillo, siguiendo el concepto de las Escuela de las formas, es decir, lo que se aplica en el exterior se lleva al interior de la casa: la calle se convierte en pasillos, andadores, escaleras, todas las partes por donde se transita. La casa vendría siendo una recámara, una cocina, un estudio, etcétera. Una casa al final de la calle será una casa problemática porque está en medio de la trayectoria del Chi y lo está recibiendo también, un pasillo o una calle, mientras más angosto sea más aprisiona y acelera el Chi, en lugar de que este Chi viaje en forma ondulante viaja en forma recta y acelerada y es cuando se convierte en un Sha Qi o Sha Chi. Esta energía es agresiva, negativa y puede tener consecuencias graves, en algunos casos. En un pasillo de un metro de largo, no es tan agresiva la energía; si mide más de dos metros empieza a reflejarse en accidentes pequeños como cuando nos pegamos con las cosas o tenemos tropiezos constantes. Cuando hay una casa así, se asocia con golpes en el coche y accidentes constantes y fuertes. Una manera de minimizar este efecto es hacer un cambio de texturas, por ejemplo, en un pasillo colocar un tapete o provocar un cambio de movimiento; es decir, colocar plantas para que en lugar de un camino recto se genere un camino ondulante. El efecto será diferente si la calle es pavimentada o es empedrada; será más agresivo si es pavimentada, ya que la textura rugosa del empedrado reduce la velocidad de tránsito.

El estudio de Feng Shui nos hace conscientes de los factores ambientales que tienen influencia en nuestras vidas y que se reflejan en nuestra salud o suerte. El Feng Shui es una filosofía que busca asociar todo, tomando en cuenta la manera en que interactúa como un ser o sistema completo. Su finalidad primordial es sanar a través de la armonía, el balance y el equilibrio. El efecto de sanar, equilibrar y balancear la energía se va a reflejar en un estilo de vida más armónico, sano y equilibrado, teniendo por consecuencia un fluir más sencillo en todos los aspectos de nuestra vida: amor, abundancia, salud, etcétera.

Desde la perspectiva del Feng Shui, existe el concepto de lo adecuado o recomendable. Cuando las condiciones no se presentan, algunas teorías o escuelas ofrecen opciones que se han denominado curas o adiciones, las cuales se enfocan en tratar de modificar el flujo del Chi para lograr obtener, lo mejor posible, las condiciones recomendables.

La energía de las plantas es ascendente, ellas nos ayudan a absorber y redirigir el Chi; por su parte, los árboles representan elementos infiltrables y ayudan a mejorar la energía de un lugar. En el caso de una casa, es necesario tener una barrera de árboles; si se trata de una recámara, es bueno tener una planta antes de llegar a la puerta para desacelerar el Chi. Imaginar una avalancha de nieve que sólo puede ser detenida por los árboles o por el propio terreno nos ayuda a entender el efecto o la interpretación de las construcciones ubicadas en "T" respecto a la calle.

Si la puerta principal no está alineada directamente con la calle es menor la fuerza del Chi, sin embargo, sigue siendo agresivo para la construcción.

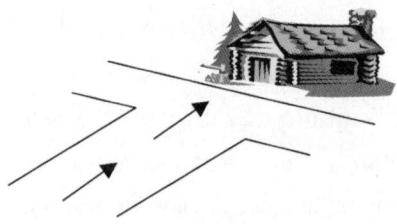

Como se mencionó, una casa con calle al frente y una calle atrás es un caso no recomendado, puesto que se sugiere que toda casa tenga una pared más alta atrás o un respaldo que representa la tortuga (asociación de los animales cósmicos).

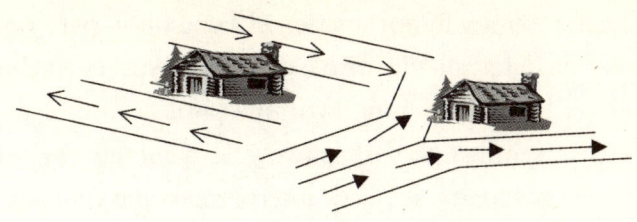

Las montañas se asocian a las construcciones aledañas de nuestra casa. Por ello es importante que veamos el entorno en el que estamos viviendo, empezando con nuestra calle, siguiendo con nuestra colonia y llegando a la ciudad que es lo que la rodea, incluyendo el tipo de montañas que existen. Cuando nos damos cuenta de todo esto podemos interpretar las situaciones que viven los países. En cada lugar rige un determinado elemento o dos, y eso le da las características de la cultura de ese lugar, de esta forma nos damos cuenta de por qué en cada país la gente reacciona de manera diferente, por qué somos seres que actuamos a través de asociaciones y reacciones, cómo es que todo lo que nos rodea nos lleva a una determinada reacción, ya sea favorable o desfavorable. De ahí la importancia que cobra el entorno.

En la Escuela de las formas vamos a observar el entorno, la forma que tienen las montañas y aplicaremos ese conocimiento a nuestra forma de vida occidental; es decir, a las montañas las vamos a asociar con construcciones, a los ríos con las calles. La montaña nos va a representar el soporte, es decir, debemos verificar si atrás de nuestra casa o negocio hay un edificio. A nivel inconsciente buscamos ese soporte, esa protección. El soporte está en todas partes: en una cama es la cabecera; por ello es muy importante que todas las camas tengan cabecera, de no ser así, las personas duermen intranquilas a nivel inconsciente, porque no perciben un respaldo, una protección que va a ser la asociación que los chinos representan como una tortuga negra. Las calles o los ríos son los que transportan la energía a nuestro espacio, de esta forma llegan las oportunidades, los proyectos, el conocimiento, la energía del amor, el crecimiento: toda la energía se conduce a través de los ríos que denominamos calles. La parte trasera o punto de asiento de una construcción se asocia con la solidez, el respaldo, la salud; mientras que el frente o entrada de la energía se relaciona con llegada de oportunidades y vida.

El agua es muy importante en el Feng Shui, pero en determinadas áreas y de determinada forma, el agua se asocia con abundancia, vida, dinero. El viento es muy favorable para nuestro espacio. Si el viento es suave, ventila nuestro espacio y lleva energía nueva a nuestra casa, pero si es muy fuerte, se puede interpretar como conflicto. Cuando ese viento llega a nuestra casa de golpe y con mucha fuerza, se va a traducir en falta de comunicación, por eso se dice que la casa debe estar en la parte baja de la montaña, entre más alto se construye una casa en una montaña, más fuerte llega el viento. En estos casos se construyen barreras con árboles mínimo a tres metros de distancia de la puerta principal; si un árbol está a menos de tres metros, va a afectar los órganos sexuales, los riñones, la vejiga, porque es la línea de agua de la casa, siempre la fachada de la casa es la línea de agua, la llegada de oportunidades y nuestra vida se va a sentir estancada y detenida. Todo será más perjudicial si el árbol está frente a la puerta de la entrada, para ello es recomendable que los árboles no toquen la fachada. Los árboles y cualquier planta que se pega a las paredes se reflejará en la salud de la casa y de sus habitantes. Las paredes de la casa se asocian con la piel, mientras que la puerta principal es la boca, la puerta trasera va a ser la parte trasera del cuerpo.

Es recomendable que la construcción esté protegida por montañas, y es aquí donde se ubican el dragón verde y el tigre blanco; del lado izquierdo siempre va a estar representado el dragón verde y del lado derecho el tigre blanco, incluso en el interior de la casa, desde la puerta principal de la casa viendo de adentro hacia afuera, de la misma forma en una habitación de adentro hacia afuera en dirección a la puerta de entrada a la habitación. En una habitación el lado izquierdo que corresponde al dragón se enfatiza con objetos más altos, con luz, flores o cuadros. En la parte exterior de la casa se enfatiza con luz de abajo hacia arriba o con árboles que sean más altos. Por jerarquía, el dragón es más importante que el tigre, cuando el lado derecho es más alto, el tigre corresponde a la mujer y ella empieza a dominar más que el hombre en casa. Esta altura en la parte exterior de la casa incluye tinacos, antenas, árboles, bardas o macetas.

El Feng Shui sugiere que las construcciones se ubiquen atrás y a los lados (tortuga negra, dragón verde y tigre blanco), y que al frente exista un espacio amplio (Ming Tang) con un pequeño montículo (ave fénix) y un río de agua limpia y de cauce ondulante.

Calles y entradas

En Feng Shui, las calles y avenidas se asemejan a los ríos, que son las que abastecen de Chi a la casa. Aquéllas que siguen contornos naturales son mejores, ya que llevan un Chi armónico al lugar.

Entre más cerca estén las avenidas transitadas de la casa, más esfuerzo se debe hacer para nivelar la llegada de este Chi, sobre todo cuando llega de manera abrupta y violenta. En estos casos, la presencia de plantas y jardines ayuda a mejorar la situación.

Las plantas y árboles son favorables, al igual que las bardas que protegerán el Chi del lugar. Las entradas de los coches también son importantes conductoras del Chi, pues unen la casa con la calle y conducen el Chi a la entrada principal. Es importante que la salida sea acorde a la circulación de la calle para generar armonía del Chi interior con el Chi exterior.

Una entrada en forma de tenedor se puede relacionar con problemas y discusiones con los hijos. Para mejorar este aspecto, se recomienda pintar el camino que conduce a la construcción de color rojo, o poner piedra roja sobre éste. Dicha forma se interpreta como energía que la ensarta.

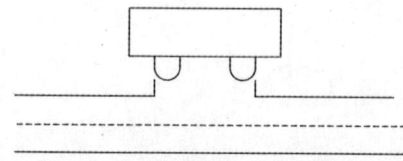

Si la entrada se reduce y ensancha al final, ésta se asocia con que se detiene la llegada de oportunidades a la casa; digamos que reduce el acceso de Chi a la construcción, pues simula un efecto embudo. Para ello se sugiere colocar postes de luz que amplíen el campo energético y eliminen el efecto de opresión.

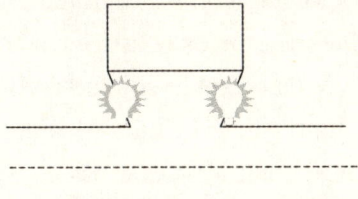

Cuando las entradas son circulares o semicirculares se consideran recomendables; si se colocan fuentes con flores y plantas, atraerán la armonía y la buena fortuna a la construcción. Poner una fuente o estanque es una manera de integrar, de manera artificial, el aspecto recomendable de presencia de agua al frente de una construcción.

Por el contrario, no es recomendable que una montaña o edificio tape o cubra la vista de nuestra entrada, ya que nos obstruye el Chi y restringe la llegada de oportunidades. Para evitar ese daño, se recomienda iluminar, colocar plantas y rechazar con un espejo que lo refleje. Lo mismo sucede con las esquinas prominentes que apuntan hacia la puerta de entrada o alguna parte de nuestra construcción; para combatirlas, se cuelga un espejo plano o convexo que reflejará y rechazará la agresión.

Se sugiere que la puerta principal abra hacia el interior para recibir amablemente el Chi a la casa. Es adecuado que la casa esté a la altura de la calle o un poco más arriba, ya que representará la jerarquía; de lo contrario, se asocia con que las oportunidades de trabajo serán difíciles y escasas. De no ser así, se sugiere una luz iluminando desde el techo hacia la calle y desde la parte baja de la casa a la calle.

El Feng Shui dice que el ave fénix se ubica al frente de nuestra casa o negocio, y ésta debe ser más pequeña que la parte de atrás. Si la construcción del frente es más alta, se considera una montaña, esto se traduce en un obstáculo, un bloqueo, también puede aplicarse al abrir la puerta de la entrada principal de la casa. Si existe una pared es la misma montaña que la de enfrente de la casa. Estas montañas simbolizan los grandes esfuerzos para salir adelante venciendo obstáculos constantes.

Para balancear el aspecto sería bueno tener una montaña o construcción más alta al frente, se acostumbra emplear o colocar espejos chinos que son octagonales con los trigramas, y al centro un espejo cóncavo o convexo. Dichos espejos se asocian a la protección de todo aquello que es negativo; este espejo sólo se recomienda ubicarlo en el exterior de la casa. La tradición China recomienda evitarlos en interior de construcciones; cuando se compra el espejo tiene un papel sobre él, a esto se le llama "espejo dormido", se le debe quitar el papel o plástico al colocarlo.

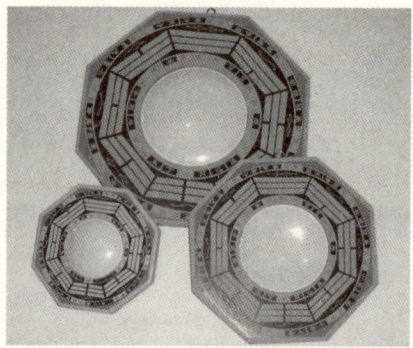

Este espejo tiene la representación del bagua, que tiene los tres yaos completos (trigrama Chien) en la parte de arriba y los tres incompletos abajo (trigrama Kun). Este espejo corresponde al bagua de Fu Hsi. Generalmente, se coloca arriba de la puerta principal, ya sea en la pared o en el marco de la puerta, debe estar fijo, sin que se mueva, viendo hacia el frente para que la energía de la montaña que se encuentre al frente sea reflejada por el espejo, tal colocación no afecta a las personas que viven en ese lugar.

Se dice que este espejo ayuda a proteger la casa. Si existen iglesias cerca que tengan criptas, funerarias, panteones, hospitales, centros de rehabilitación, lugares donde se maneja energía densa, centros de alcohólicos anónimos, centros de terapias de adicciones, la energía de esos lugares es energía difícil y hay que combatirla. En el caso de historias de terrenos donde haya existido un panteón, con el transcurso del tiempo más o menos de cien años, ese panteón se convierte en tierra fértil que es prosperidad y progreso.

El espejo cóncavo es panzón hacia "adentro" y minimiza o hace pequeñas las cosas. Si nos vemos reflejados en él, nos vemos de cabeza y chiquitos, por eso se considera que minimiza cualquier efecto negativo.

En los casos de aquellas construcciones que tengan esquinas y estén apuntando, ya sea a puertas o ventanas de nuestra construcción, manifiestan casos de niños rebeldes, personas con insomnio y migrañas constantes. Esa esquina es tan fuerte que logra traspasar el muro y apunta a la persona que ahí permanece por algún tiempo, después se siente cansada, estresada, o agotada. Esta esquina es tan agresiva que es como si alguien estuviera apuntando con un cuchillo todo el día; el subconsciente está alerta todo el tiempo y se convierte en una guerra de poder, provocando un desgaste de energía, debilitamiento del cuerpo y enfermad en el organismo. Es entonces importante observar las esquinas, tanto del exterior como las del interior. Los techos de dos aguas también forman esquinas agresivas que apuntan a otras construcciones, así como anuncios espectaculares o torres de luz.

Las esquinas agresivas que forman las construcciones vecinas o las sombras que se proyectan de éstas pueden apuntar hacia otra construcción y reflejar tensión, alejamiento y conflictos para los habitantes. Sembrar plantas o árboles que interfieran en la trayectoria de la esquina y la construcción suavizará bastante la energía directa y violenta (Sha Chi).

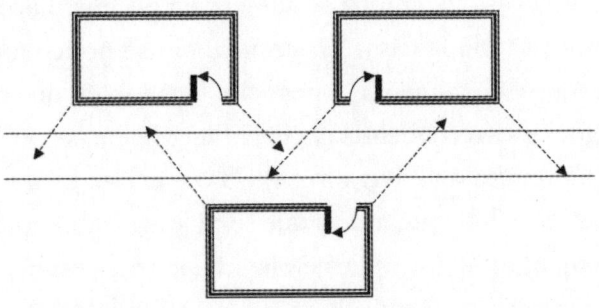

Para no tener las fachadas llenas de espejos, se sugiere sembrar árboles o plantas, o bien, colocar espejos planos o texturas reflejantes como metálicas. Otra solución es poner un espejo convexo (hacia afuera) que amplía y dispersa la energía. Al vernos reflejados en ese espejo, la cara se ve grande y lo mismo hace con la energía. Hay que tener cuidado también en el uso de este espejo, ya que atrae y amplia la energía, no colocarlo para reflejar panteones como ya se mencionó. Se puede colocar si la construcción que está a un lado de la casa es más de dos pisos más alta que la nuestra, pues se convierte en una montaña perjudicial. Se puede colocar en la azotea de la casa y también se puede usar un espejo cóncavo o plano para reflejar la energía que oprime la casa. La gente que vive o trabaja en ese lugar puede llegarse a sentir muy presionada por la opresión que genera esa construcción aledaña.

Otra opción es colocar una veleta al centro de la casa, lo cual representa algo que se está moviendo constantemente; como la energía de la Tierra asciende al cielo en forma de espiral y pasa por nuestros chakras también en forma de espiral y sale hacia el cielo, de igual forma la energía del cielo baja en forma de espiral, pasando por el mismo lugar llegando a la Tierra. Con la veleta, la energía de la casa crece y contrarresta muchos efectos negativos. El punto más importante de una casa es el centro, es lo que va a regir y a generar armonía a toda la casa.

En Hong Kong todos los edificios tienen antenas; eso es una forma de darle altura y jerarquía a una construcción cuando está por debajo de los demás: algo que es más alto le va a dar más jerarquía y algo que tiene más jerarquía es algo que tiene más poder, algo que tiene más poder provoca que las cosas vayan saliendo en el momento preciso.

En una casa, la antena se sugiere en el centro porque es ahí donde se nutre toda la casa. En un negocio se pone en el área del dinero, porque éste alimenta el negocio. Cuando en una casa está el propio negocio, se recomienda al centro una veleta, se pone una cosa u otra. Una premisa del Feng Shui es: "Lo que está bien no se toca." Primeramente se debe preguntar qué se quiere cambiar o atraer en la vida. El Feng Shui que se aplica en las casas tiene la función de retener la energía dentro del espacio, por eso se usan plantas y esferas, ya que la energía se escapa por los ventanales, como el dinero, la salud y el amor. Se utilizan herramientas que buscan retener la energía que la misma forma de la construcción no permite retener. En la arquitectura china se colocan biombos de acuerdo a los elementos y, de esa forma, retienen la energía dentro de los templos y palacios.

Otra forma de darle jerarquía a una construcción, en caso de que no se pueda poner una antena o veleta, es haciéndolo con luz. Lo más recomendable es que la casa esté al mismo nivel de la calle o un poco más alta. Las casas de un piso que están hacia abajo se consideran con poca jerarquía. La gente que vive en ellas percibe que sus planes y proyectos se retrasan de manera constante, y en su vida su única prioridad va a ser lo que los demás quieren. La luz en el exterior de la construcción se sugiere dirigida hacia arriba para darle mayor jerarquía o destacarla, energéticamente hablando, entendiendo que aquello que se busca destacar se ilumina. Si es un departamento, se sugiere colocar luz con lámparas de antorcha en el interior en las esquinas de la construcción.

Calles y puertas

Es importante observar la dirección de los coches al circular por la calle. Se recomienda que la puerta principal abra hacia un espacio amplio porque por ahí es por donde va a entrar la energía, y la forma en que se atraiga esa energía; si la puerta abre a un espacio pequeño es como entrar a un cubo pequeño, lo cual dificulta la distribución del Chi hacia el resto de la construcción.

La puerta debe abrir hacia el sentido de los carros en la calle para invitar la entrada de la energía de manera suave y armónica. Una calle de doble sentido tiene ventajas y desventajas porque la energía va y viene; esto se puede reflejar en demasiado trabajo por realizar de manera cotidiana por el exceso flujo de energía hacia la entrada.

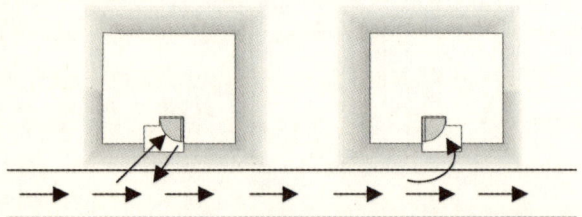

Es importante ubicar la puerta de la entrada principal para que la energía entre a la casa, también tratar de que la puerta nunca abra en sentido inverso, es decir, hacia el exterior. Se sugiere que la puerta principal tenga como mínimo medio metro hacia los lados de la persona más gruesa que viva en la casa, y medio metro por arriba de la cabeza de la persona más alta que viva ahí, esto es para que su cuerpo energético se sienta libre y no perciba opresión o restricción.

En el caso de que la puerta tenga un acceso o posición conflictiva o extraña, se sugiere colgar un espejo convexo (hacia afuera) o algo metálico con forma convexa en la esquina que ve hacia la puerta para que atraiga la energía y la expanda hacia el interior de la construcción.

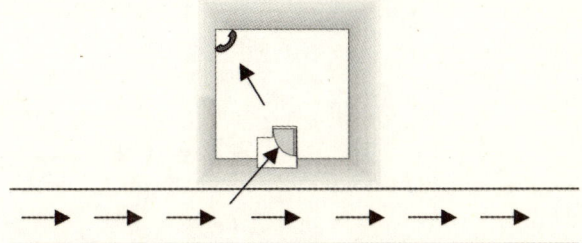

También es importante que la puerta principal sea la más grande de la casa, puesto que las puertas simbolizan la jerarquía de los padres. Si las ventanas son más grandes que la puerta principal, los hijos son quienes tienden a tener el mando en la casa.

La puerta principal se sugiere muy iluminada en la noche. Se recomienda que la puerta principal esté en muy buen estado, esta puerta se debe utilizar todo el tiempo en lugar de la puerta de servicio o la del garaje o la puerta de la cocina. Cuando la puerta de servicio está en constante actividad, más que la puerta principal, no se tiene jerarquía en el trabajo ni en lo que se realiza. Para lograr una vida de oportunidades constantes, jerarquía y progreso, se utiliza la puerta principal.

Los chinos ponen un marco rojo en la puerta, pues para ellos simboliza que todo aquél que pasa por debajo de un marco de color rojo adquiere poder y jerarquía.

Cuando se está construyendo la casa, antes de poner el marco de la puerta, se puede pintar de rojo tanto la pared como el marco. La puerta roja se utiliza en China para atraer poder, en ese país las usan en los templos y palacios; sin embargo, no en todas las orientaciones las puertas rojas son favorables, al Norte, al Oeste y al Noroeste no son favorables; para las casas que ya están construidas, se pinta una línea delgada roja en el contorno del marco por dentro.

La definición del poder que aquí se menciona es una persona libre, con decisión en la vida, que sabe conducirse en la vida con precisión, para esto sirve poner el marco rojo en la puerta.

La energía de la puerta principal se asocia con el área Yang de la construcción. Esta energía se mueve y acelera. La puerta, al estar bien iluminada, atrae oportunidades de crecimiento profesional y económico. Lo ideal es que sea iluminación natural.

Puerta principal y edificios

Los departamentos más recomendados en un edificio, desde esta perspectiva, son aquellos que tienen la misma posición u orientación con la puerta principal del edificio, porque reciben la energía que llega de la calle en la misma dirección. Si están en contra de la puerta principal, se encuentran con una montaña y las ventanas son agua, esta posición se considera al revés, energéticamente.

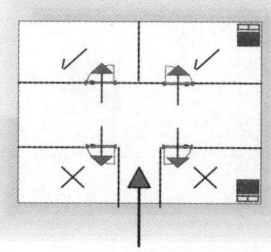

En las recámaras, las cabeceras se sugieren de la misma forma que la puerta principal del edificio, nunca en contra de ella, ya que esto es darle la espalda a la llegada de oportunidades en la vida. Si es una oficina, ocurre similar a la recámara, es recomendable no darle la espalda a la puerta principal del edificio. Hay que considerar esta posición para los cuartos de estudio en las casas. La puerta principal es la fuente de energía de todo un lugar. Dominar visualmente la puerta de entrada al estar en un espacio es conocido como posición de poder.

Los pasillos actúan igual a las calles que van a conducir la energía a los espacios; los pasillos se sugieren muy iluminados, ya que los oscuros se asocian a la representación de cajas de muerto, donde la energía que prevalece es Yin, energía muy suave; entonces, la energía Yang que entra a la casa se convierte en energía muy lenta.

Para combatirlo se pone un espejo convexo (hacia afuera), para que la energía entre a la construcción cuando la posición de la puerta principal sea contraria a la puerta del edificio. Cuando se detecta el lugar donde se percibe la energía bloqueada, se disipa tocando campanas en ese lugar; cuando la energía se limpia, llega nueva energía y con ella cosas nuevas. Cuando hay pagos retrasados o algún tipo de bloqueo también se recomienda sonar campanas.

Si la cabecera de la cama no se puede cambiar de posición, se sugiere una cabecera grande y fuerte que proteja la cabeza. Tal situación en el caso de los niños es muy importante, ya que la puerta es la calle y la cama es la construcción; y si la puerta de la recámara está directa a la cama, la energía que entra choca con los pies y desestabiliza la energía personal. Todo lo que choca es agresivo y afecta la salud.

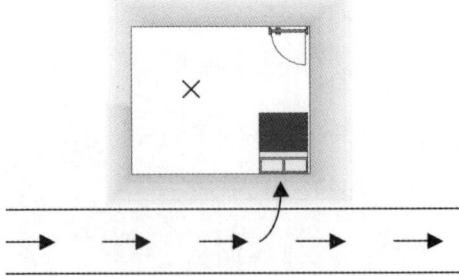

Esta posición de la cama es la misma que la de una calle con una casa al final de ella; de ahí la importancia de una cabecera y una piecera, ya que la falta de ambas partes puede generar en el niño falta de concentración, complicaciones para dormir y mucha inquietud. Una cabecera debajo de una ventana tampoco es recomendable, porque equivale a poner una montaña y agua juntas.

Forma de los terrenos

Las formas más recomendables son las rectangulares, cuadradas, paralelepípedo, una forma que tenga una especie de sobrante en la parte trasera o cilíndrica.

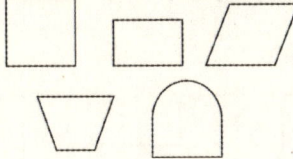

Las formas circulares también son favorables, sólo que en las recámaras o formas completas de casas no del todo, más bien las formas circulares son adecuadas para templos. Un círculo es una energía en movimiento y con esta energía no se cubren las necesidades de una recámara, que debe ser cuadrada, puesto que los cuadrados y las formas rectangulares representan estabilidad. Las figuras circulares representan la energía del cielo, las cuadradas, la energía de la Tierra.

Las formas no recomendables son aquellas en las que tienen la parte de atrás más angosta, pues esa parte trasera se considera el área de poder y, al estar más reducida, sus habitantes carecen de esa estabilidad; un ejemplo sería una construcción con forma de rombo.

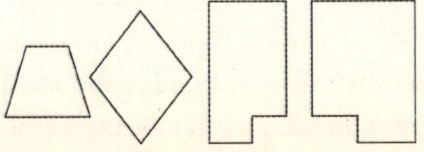

Cuando un terreno o construcción está en una esquina y la puerta se ubica en ese triángulo, representa la energía de fuego que se manifiesta en agresión, robo y violencia.

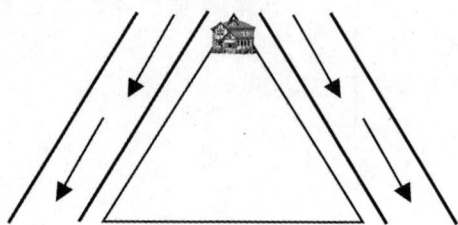

Un faltante al frente, ya sea en casa, terreno o habitación, no es una forma adecuada. Otra forma es en U, con un faltante en la parte de atrás; sin embargo, si esa forma está en la parte de adelante es benéfica porque tendría la energía de una silla con antebrazos y un respaldo grande que protege como el caparazón de una tortuga, se está recibiendo todo lo que llegue con la protección de una montaña en la parte de atrás.

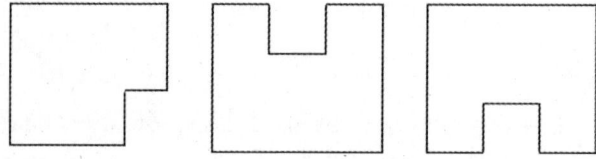

Otra forma no recomendable es en forma de T, porque significa exactamente lo mismo que una casa al final de la calle. La forma más peligrosa es la triangular, aunque en un restaurante es recomendable, ya que es la energía del fuego misma que usan para trabajar.

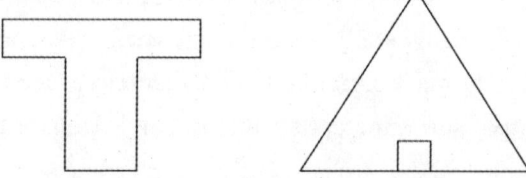

Cuando la civilización creció, el hombre modificó el paisaje con calles y edificios y enfrentó un nuevo ambiente, de ahí surgieron nuevas reglas para su armonización. Los ríos se convirtieron en las calles y las montañas, en edificios y formas de terreno. Las mejores son formas de terreno cuadradas y rectangulares porque representan estabilidad.

Es importante considerar que si el terreno tiene un declive, en este caso la casa debe estar en lo más alto, aunque esto generará que las oportunidades y el dinero "rueden" de regreso. Se recomienda colocar un poste de luz en la parte baja del camino que retendrá el Chi dentro del lugar.

Los terrenos trapezoides nos favorecen cuando se les da forma de almeja para así retener el Chi y el dinero, ya que al simular un recogedor de basura genera pérdidas y problemas para los habitantes.

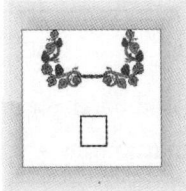 

Se recomienda construir al centro del terreno, ya que es donde se concentra la abundancia del lugar. Los terrenos irregulares representan un reto para la creatividad y construcción de formas favorables, por ejemplo:

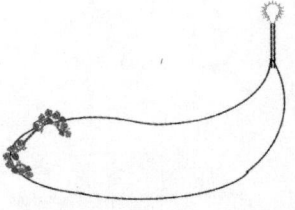

Terreno en forma de escorpión.
Cura: una luz que retenga el Chi y plantas que completen el área.

El terreno en escorpión es bueno para restaurante o tienda, ya que por su agresividad "atrapará a su presa", es decir, clientes para el negocio; sin embargo, para casa, su forma ahuyentará las oportunidades trayendo problemas económicos a los habitantes.

La posición de la construcción en el terreno se puede reflejar en suerte, abundancia y salud. Si la casa está muy pegada a la calle, la recomendación es colocar un foco entre una y otra, o poner un molinillo de viento o veleta en el techo al centro de la construcción para que circule el Chi y así se evite que se reprima su entrada al terreno. Para balancear el aspecto de carencia de Ming Tang.

Cuando la construcción no se ubica al centro del terreno se sugiere sembrar un árbol o colocar una luz o piedra en el extremo trasero del mismo, para promover estabilidad a la casa y atraer la buena fortuna.

Cura

Otra forma de mejorar una construcción mal balanceada con el terreno es colocar tres luces armónicas en el espacio más angosto, en ambas esquinas y al centro del más amplio, iluminando desde el techo.

Algunas formas adecuadas de terreno son:

Circular	Genera oportunidades de crecimiento personal
Cuadrada	Desarrollo profesional y prosperidad
Rectangular	Igual a la cuadrada
Semicircular	Providencial, atrae dinero y éxito
Romboide	Desarrollo profesional

Algunos casos difíciles son:

Diamante: si la construcción no es paralela a los lados del terreno o si la puerta ve al ángulo o vértice.

Cura: colocar un árbol o veleta o luz detrás de la casa, de lo contrario se asocia con accidentes, problemas legales o desastres.

Triangular: la puerta no debe ver al vértice o la situación económica fallará, al igual que puede provocar agresiones y asaltos para los habitantes.

Cura: colocar una veleta o planta para esconder las esquinas del terreno.

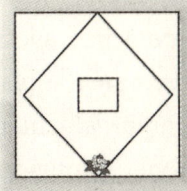 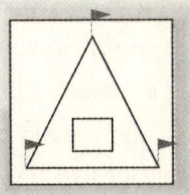

En forma de "L": carece de un área y no es favorable, se sugiere construir en perpendicularidad, colocar un árbol detrás y sembrar plantas que completen el faltante apoyará en balancear esa forma incompleta.

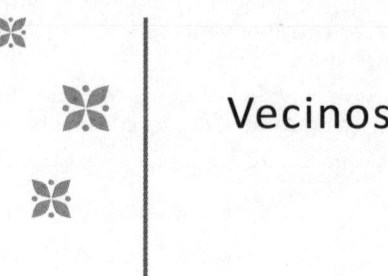

Vecinos

En Feng Shui es importante el concepto de la privacidad, por tanto, hay que buscarla en el hogar y el trabajo, para percibir confort y tranquilidad. La privacidad se refleja en sensación de libertad.

Podemos llegar a ver nuestro Chi afectado por la presencia de funerarias, edificios o esquinas agresivas que emanan Chi Yin; en esta situación, un pequeño espejo reflejando una puerta o ventana que nos agrade es favorable; un perro guardián (Fu dog) protegerá el lugar de ese Chi Yin.

Si lo que nos molesta es un edificio o funeraria, un espejo cóncavo contrarresta el efecto de opresión que genera; es necesario que la construcción se refleje en él. Cuando tenemos una iglesia que tiene criptas cercana a nuestra construcción, se recomienda plantar arbustos o árboles al frente de la casa, que protegerán del Chi Yin que ésta emana y entra a nuestro hábitat, ya que al tener criptas se asocia con un panteón.

Una fuente puede ayudar también, ya que el agua reflejará –al igual que un espejo– todo aquello "Yin" que se desee rechazar, aunque es recomendable ubicar las fuentes con base en la escuela de estrellas voladoras (Xuan Kong) para obtener el mayor beneficio de ellas.

Árboles y plantas

Los árboles y plantas se consideran una gran herramienta en Feng Shui, nos apoyan para completar áreas faltantes o para disimular esquinas agresivas. Pueden proteger el Chi del lugar y retirar la sensación de vecinos no agradables. También generan armonía, bienestar y buen Chi al hogar. A un lado de la casa se consideran auspiciosos y de buena suerte.

Si detrás de un lugar hay una montaña o edificio demasiado alto, un árbol en la parte trasera de la casa armonizará el efecto de opresión que provoca sobre el Chi del lugar. Árboles en grupos de tres, seis o nueve, protegerán la casa del Sha Chi que proviene de las avenidas y vecinos adyacentes.

No es recomendable que las ramas de un árbol cubran una ventana o puerta, ya que obstruirá la entrada de oportunidades y enredará la salida armónica del Chi. Éstos deben estar bien cuidados y sin plagas. Se sugiere evitar las cactáceas con esquinas cerca de la puerta de entrada por sus espinas agresivas, ya que son dardos o agujas que provocan problemas y discusiones en la familia.

Los árboles representan la fortaleza familiar y cuando se secan se cortan o se podan; pueden afectar la salud en órganos o dientes de los residentes. El bonsái se recomienda en casos de personas enfermas en casa, de naranja o de toronja ayudan bastante en la región de dinero, ya que son frutos que se asocian con abundancia por sus cualidades alimenticias para el ser humano. Si se colocan en la parte trasera de la construcción, apoyarán a concretar y aterrizar proyectos. ¿Sabías que la técnica del trabajo de bonsái es de origen chino y se llama penjing?

Si los árboles se encuentran al lado de la entrada principal de la casa, se considera que los habitantes serán famosos y prósperos en su profesión y desempeño social. Un árbol atrás de la casa estabilizará a la familia y favorecerá la armonía y convivencia entre sus miembros.

Formas interiores

Otros aspectos importantes por considerar para crear determinados ambientes interiores se analizan a continuación.

La presencia de esquinas y vértices de muebles puede provocar una atmósfera de tensión y estrés que puede desencadenar pleitos, discusiones y diferencias muy marcadas entre las personas que comparten el espacio. Lo más recomendable para combatirlo son las formas curvas, suaves y las esquinas redondeadas en paredes y muebles para promover un ambiente suave, agradable y de armonía. Al estar expuestos al primer tipo de paredes y vértices, nuestra mente inconsciente está percibiendo un mensaje de agresión, es como sentirse señalado, en consecuencia nuestra mente va a emitir una respuesta de defensa que se va a manifestar con aquellas personas que lo rodean.

Otro detalle para enfatizar respecto a los ambientes es que un espacio que se percibe amplio, que permite caminar y moverse con libertad, va a reflejar una atmósfera de creatividad, seguridad, prosperidad y libertad; aspecto que nos ayudará a manifestarnos como seres libres e independientes, de decisiones firmes y claras, que sabemos establecer nuestras metas y guiar el camino para obtenerlas.

Un espacio saturado de objetos y muebles tiene una atmósfera contaminada de excesos que deriva en cansancio, tedio, demasiadas actividades y sensaciones de falta de atención, tiempo personal y libertad.

Los techos bajos, sobre todo los que tienen vigas, generan una atmósfera de pesadez y letargo, se pueden contrarrestar colocando luz en las esquinas iluminando hacia arriba. Este tipo de luz representa fe y esperanza. Balanceando la energía de este entorno en particular promovemos un ambiente cálido, de seguridad y protección.

Las ventanas con vista agradable y que permiten la entrada de luz al espacio contribuyen a generar sensación de libertad, creatividad y planeación a futuro. Lo ideal es que las ventanas se dirijan a lindos jardines o espacios abiertos, lo que nos permite tener el control visual de aquello que nos rodea.

Las ventanas que tienen vista exterior a paredes y bardas limitan nuestros parámetros visuales, reflejándose en una sensación constante de bloqueo y falta de inspiración profesional. Una solución para quitar ese efecto es poner plantas en esa pared o barda, o pintar un mural de un jardín de plantas frondosas. El tipo de iluminación también contribuye a diseñar una atmósfera determinada.

La luz brillante y directa promueve ambientes dinámicos y activos generadores de motivación, convivencia y alegría, muy favorable para los espacios sociales. La luz suave e indirecta crea una atmósfera relajada y romántica que provoca una actitud de comunicación profunda, armonía, descanso y cariño. Es ideal para la recámara.

Tener una ventana grande muy cercana a la cama o detrás de nuestro asiento no es muy benéfico, ya que a nivel inconsciente estamos percibiendo falta de respaldo y apoyo, lo que se refleja en miedo e inseguridad constante para tomar decisiones y controlar nuestra vida.

Por la misma situación no es recomendable colocar sillones y sillas dando la espalda a una puerta. Las puertas son la boca de la energía, y lo ideal es que, al entrar a un espacio, se perciba visualmente amplitud y recepción, es decir, que vea de frente los asientos. Se refleja en una actitud de apertura y bienvenida a todos aquellos proyectos y personas que nos pueden brindar ayuda para salir adelante.

Las puertas son un punto muy importante en el ambiente de nuestro hogar. Una puerta amplia nos provee la sensación de entrar con libertad, una puerta muy pequeña genera una actitud de encogimiento y restricción.

El primer punto visual que se observa al entrar a un lugar por la puerta es de gran trascendencia, ya que representa el primer mensaje que se recibe al llegar a casa. Por ello se sugiere colocar cuadros de motivos alegres que simbolicen las metas a lograr por los habitantes de la casa. Otra buena opción es colocar un jarrón con flores frescas a la entrada de la casa y las habitaciones. Las flores frescas promueven una atmósfera alegre y sana, son la bienvenida ideal a un espacio.

Una puerta bloqueada simboliza el "cerrarnos las puertas" al crecimiento y la prosperidad; así que es recomendable que las puertas permitan el paso a un área que se perciba amplia y ordenada.

Los baños y las áreas de lavado también pueden tener una atmósfera especial. Generarles un ambiente fresco y limpio es muy importante, ya que son espacios donde es necesaria la ventilación y la presencia de la luz natural. Los tonos más adecuados para paredes, mosaicos, toallas y accesorios son blancos, azul marino y verdes. Plantas naturales o de seda imprimirán un toque de energía viva y naturaleza, incluso cuadros de plantas y flores alegres. Se sugiere cubrir los desagües con tapas de plástico, tapetes o tapas metálicas para evitar que se fugue la energía.

La cocina representa el espacio de abundancia y prosperidad, decorarla con bonitas botellas de aceite de olivo y pastas italianas, verduras de cerámica, plantas o frutas de colores, promoverá una atmósfera libre y fresca. Se sugiere limpia y amplia, evitar la saturación de muebles y objetos de cocina, iluminar bastante bien y mantener la estufa y el fregadero en perfecto estado. Es el espacio en el que se preparan los alimentos que nos nutren de lo necesario para fortalecer nuestro cuerpo, por lo que una atmósfera agradable se reflejará en buena salud y prosperidad económica.

Las texturas suaves y afelpadas como madera, textiles y alfombras, contribuyen a un ambiente Yin relajado y de convivencia agradable y amena; por ello son muy adecuadas en salas y recámaras.

Al contrario de las texturas firmes y duras como cristal, mármol y metal, que promueven un ambiente Yang, más dinámico y activo, muy adecuado para recibidores, cocinas y áreas de juegos y sociales.

La madera es muy adecuada para camas, mesas y escritorios, ya que favorece la concentración y genera una atmósfera natural y sólida. Una cabecera de madera sólida, fija a la cama o a la pared, contribuirá a dar firmeza, consolidación y decisión a nuestros pensamientos, planes y proyectos. Las camas deben contar con un espacio inferior para que la energía fluya y circule por debajo de ellas, así se reflejará en un mejor funcionamiento de nuestros chakras y distribución del Chi en el cuerpo, promoviendo un mayor descanso y buena salud física y mental.

El uso de persianas en la ambientación de un espacio se sugiere en áreas de energía Yang; son más recomendables verticales por simbolizar crecimiento, más que horizontales. Las cortinas son ideales en áreas de descanso y concentración, su textura suave favorece un ambiente Yin.

Los cuadros y esculturas que hay en casa emiten un mensaje que percibimos y vivimos diariamente, por lo que debemos colocar los motivos artísticos de nuestro entorno, con base en la atmósfera que deseamos y las metas que buscamos.

Un punto importante para la atmósfera de salud es colocar la cama en la recámara de tal forma que quede protegida. Me refiero a evitar que se ubique entre una puerta y una ventana, porque esta posición provoca inestabilidad y desequilibrio en nuestra energía al dormir. Podemos armonizar este caso con biombos o una piecera en la cama.

Las fotografías familiares y amigos se colocan en las áreas de convivencia. Las personales y de pareja en la recámara contribuyen a un ambiente de intimidad y amor; el mismo efecto provocan los objetos en pares. Es importante evitar colocar fotografías sobre chimeneas, al estar presente el elemento fuego se pueden desatar discusiones acaloradas que deriven en pleitos.

La cocina se describe como un espacio de abundancia para el hogar. Cuando tenemos el baño o la lavandería sobre ella se refleja en problemas económicos y financieros ya que el agua apaga el fuego. En estos casos se sugiere colocar una planta de menos de un metro en el baño o la lavandería.

Los desagües succionan la energía de la casa. Es recomendable ponerle una tapa de plástico a las coladeras; mientras que en aquellos casos que tengamos baño sobre baño habría que decorar con plantas para contrarrestar el efecto negativo del desagüe. También es muy favorable colocar un espejo en las puertas de los baños, puede ser hacia adentro para evitar que la energía del baño salga, o hacia el exterior del baño para que la energía de la casa no entre al baño. Los espejos reflejan la energía y por ello son muy eficaces en los casos ya mencionados.

Las escaleras son otro accesorio importante de la construcción, su función es conectar la energía de las plantas arquitectónicas de la casa. Lo ideal es que se perciban sólidas y firmes, pues nos provocarán una sensación inconsciente de estar dando pasos firmes y sólidos en la vida. Aquellas escaleras de apariencia frágil provocarán el efecto contrario en los habitantes de la casa. Una manera de nivelar esta situación es colocar un jardín debajo de ellas o algunas macetas con plantas. La tierra representará la solidez que necesita la escalera para hacernos sentir estables en nuestro camino. Debajo de la escalera se puede aprovechar el espacio como clóset de blancos. Por el contrario, no es recomendable que ese espacio sea alacena o medio baño. Tanto la alacena como el medio baño son áreas que necesitan iluminación y ventilación, y debajo de escaleras se convierten en lugares húmedos y estancados. Colocarles una pequeña luz de seguridad, un extractor o un ventilador será muy adecuado si es que ya se ubican en ese espacio. Las escaleras se deben percibir amplias. Las que son como un cajón oscuro provocan sensación de opresión y encierro. Esto se puede balancear colocando cuadros o espejos que lo hagan parecer más amplio.

Al hablar de diseñar ambientes especiales, los cuadros y las obras artísticas tienen un papel importante. Nuestra mente capta a nivel inconsciente el mensaje emitido por ellos y nuestras actitudes se ven influidas por el mensaje que se recibe constantemente el estar en nuestro entorno. Es importante sugerir que elijamos los motivos y las obras artísticas con base en la atmósfera que deseamos promover.

Para una atmósfera de salud se recomiendan motivos de fruta abundante, campos de cultivo, flores frescas o referidas al simbolismo. A continuación se ofrecen las siguientes opciones:

MOTIVO	BENEFICIO
Pinos	Longevidad
Floreros	Paz
Tortugas	Longevidad

Grullas	Longevidad
Fruta	Salud
Ancianos	Longevidad
Palomas	Larga vida
Monos	Salud

Para una atmósfera de prosperidad, son muy adecuados los paisajes acuíferos, los paisajes boscosos o todo aquello que represente lo que queremos obtener en la vida.

SÍMBOLO	REPRESENTACIÓN
Peces	Éxito
Agua	Riqueza
Flores	Prosperidad
Venados	Riqueza y suerte
Dragones	Poder
Perros	Prosperidad
Faisanes	Buena fortuna
Cisnes	Prosperidad y éxito
Ranas y sapos	Riqueza

Para una atmósfera de amor, romance e intimidad se sugieren pares, parejas contentas, alegres. Algunos símbolos:

SÍMBOLO	REPRESENTACIÓN
Flores	Amor
Velas	Esperanza
Grullas	Fidelidad
Dragones	Fecundidad
Dos pájaros	Amor romántico
Mariposas	Amor y alegría
Patos	Fidelidad
Gansos	Fidelidad conyugal
Unicornios	Fecundidad

Para una atmósfera de concentración y motivación es favorable tener imágenes de mapas, libros históricos. Algunos símbolos son:

SÍMBOLO	REPRESENTACIÓN
Elefantes	Sabiduría
Fénix	Sabiduría
Nubes	Sabiduría y bendiciones
Ancianos	Sabiduría
Osos	Fuerza y coraje
Caballos	Perseverancia

Lo que tiene mayor influencia sobre nosotros es lo primero que observamos y vemos frente al escritorio, al entrar a casa, al dirigirnos a nuestra habitación y al levantarnos de la cama por la mañana, por lo que te sugiero rodearte de aquello que simbolice lo que deseas, anhelas y quieres obtener.

Materiales en la construcción

Algunos aspectos importantes que influyen en la salud del ser humano son su tipo de alimentación, el espacio donde habita, su comportamiento, las formas, colores, texturas y materiales que lo rodean. Estos aspectos tienen un papel decisivo en nuestro desarrollo personal, mental, profesional y en la salud.

El ser humano es un todo que coordina cada parte de sí; el buen desempeño de cada parte asegura el buen funcionamiento del todo. Sus partes se complementan, apoyan y nutren: cuerpo, mente y espíritu. Forman un equilibrio que se alimenta de su entorno y se mantiene como tal.

Cada cultura construía sus viviendas de acuerdo con el entorno, tomando en cuenta las condiciones de su espacio, empleando materiales naturales. En la era moderna cambió el concepto de diseño de las construcciones y fabricación de productos. Esta época ha sometido al ser humano a un exceso de materialismo y ha predominado el deseo de controlar y alterar la naturaleza en lugar de aliarse y fluir con ella, provocando su contaminación, degradación y erosión. El planeta es un ser vivo, cuyas partes forman un todo coordinado, si una falla, éste se rompe. El ser humano es uno de esos componentes.

A partir de la década de 1940 se comenzó a construir con materiales prefabricados y sintéticos o artificiales. En la actualidad estamos viviendo las consecuencias, pues esto afecta nuestra salud. La técnica moderna ha creado fibras, pinturas, esmaltes tóxicos que emiten vaporizaciones que contaminan y alteran la salud. Las ciudades occidentales han crecido sin planeación ni control, provocando graves problemas ecológicos, por lo que ahora vivimos las consecuencias: aire y agua contaminada, vapores químicos, materiales sintéticos de construcción, campos electromagnéticos muy fuertes provocados por plantas de luz, torres de energía eléctrica y aparatos electrodomésticos.

En la siembra y cosecha de vegetales y frutos se emplean fertilizantes químicos, también en la alimentación de engorda de animales. Todo esto representa un daño a nuestra salud al vivir en entornos contaminados y consumir alimentos en mal estado, ambos aspectos están muy lejos de ser naturales y sanos.

Sin embargo, ahora ha surgido un movimiento de preocupación por la salud y estamos buscando mejorar nuestra calidad de vida volviendo a rodearnos de alimentación y materiales naturales. A partir de estas preocupaciones surgen la baubiología, la geobiología, las técnicas o medicina alternativa, la arquitectura bioclimática, la ecología clínica y la medicina ambiental. Estas disciplinas comparan las construcciones con organismos y sus materiales con la piel.

Se diseñan así edificios que cubren nuestras necesidades, y sus materiales interactúan en armonía con el ser humano, el entorno y la naturaleza. Se considera la casa como un espacio que debe respirar de manera natural para tener un ambiente sano interior. La baubiología, por ejemplo, sugiere volver a los métodos de construcción tradicionales con elementos naturales como madera maciza y adobe. Esta disciplina combina tradiciones antiguas con un enfoque nuevo, a la vez que promueve la construcción amable, equilibrada y armoniosa, une la ecología y la salud, nos ofrece un cambio en nuestra construcción que mejorará la calidad de vida, fortaleciendo nuestro cuerpo y espíritu. Se emplea la ecoarquitectura para instalar sistemas de calefacción y ventilación.

Para profundizar más en este tema recomiendo al lector dos excelentes textos: *El libro de la casa natural*, de David Pearson, y *La casa ecológica*, de Maurizio Corrado. En ambos se explica con amplitud el concepto de diseñar y construir hábitats sanos y naturales.

Para elegir un buen lugar para vivir es adecuado analizar el entorno, las construcciones aledañas, la dirección de los vientos, incluso determinar la historia geológica, la flora, la fauna, las direcciones cardinales favorables y no favorables para los habitantes, así como establecer los anhelos, deseos y metas de ellos. Es ahí donde interactúa un buen practicante de Feng Shui con un arquitecto.

En cuanto a lo que ya esta construido, tratar de adaptar, remodelar o trabajar en el diseño de los ambientes, es también una buena opción para mejorar nuestra calidad de vida.

En lo referente al subsuelo no son muy recomendables los compuestos de arcilla, barro, yesos fosfáticos, estratos carboníferos y minerales ferrosos, ya que sobrecargan el ambiente de las radiaciones naturales de la Tierra y del cosmos. Los subsuelos de arena, grava, arenisca, aluvión y calcáreos son más recomendables, ya que retienen a profundidad la radiación natural y generan un ambiente tonificante. Otros aspectos del subsuelo que pueden dañar la salud son la presencia de agua, grutas y cuevas subterráneas, juntas y fallas geológicas que se convierten en vías de salida para la descarga de energía geológica y gases radiactivos que enrarecen el ambiente.

La Tierra tiene un sistema de radiación natural que permite la vida, sin embargo, la presencia de radiaciones excesivas afecta la salud, principalmente el hígado. Las radiaciones excesivas se pueden producir por la presencia de agua, grietas, grutas, juntas o fallas coincidentes con una intersección o nudo H de las retículas electromagnéticas o geomagnéticas de la Tierra (la más utilizada es la de Hartmann, que se distingue por toda la superficie terrestre). Este tipo de radiaciones excesivas se reflejan en debilidad, agotamiento, problemas cardiacos, renales, circulatorios, respiratorios y estomacales. Las estructuras metálicas se convierten en imanes y, al igual que los aparatos y máquinas eléctricas, atraen este efecto electromagnético convirtiendo los espacios en jaulas, conocidas como jaulas de Faraday, que no permiten que el interior de ellas interactúe con el exterior, atrapando solamente campos magnéticos que provocan debilidad y agotamiento constante a los habitantes del lugar.

Esto se puede generar a través de televisores, hornos de microondas, aparatos eléctricos, torres de luz o enchufes eléctricos muy cercanos a las habitaciones donde pasamos la mayor parte del tiempo. Algunas opciones sencillas para controlar este tipo de efectos y daño son:

- Mover la cama y sillas o sillones de lugar.
- Evitar estructuras metálicas en el interior.
- Utilizar plantas naturales.
- Utilizar hilos de cobre con toma de tierra, entretejidos en cobertores o colchones tipo futón.
- Evitar colchones de muelles metálicos.
- Utilizar madera, corcho, bambú o lana en la habitación.

Este tipo de fallas se pueden detectar con aparatos, uno de ellos es el galvanómetro, otro es el geomagnetómetro. La radiestesia que emplea péndulos y varillas de cobre también es muy eficaz.

Un espacio con demasiados aparatos eléctricos promueve una mayor presencia de iones positivos que pueden agotar la energía de los habitantes, se recomienda evitarlos en recamaras así como colocar la cama al menos a cincuenta centímetros de cualquier conexión eléctrica. Una manera de promover una mayor presencia de iones negativos que favorecerán el descanso es con agua. Rociar agua con un aspersor que contenga unas gotas de aceite esencial de eucalipto, hierbabuena o romero será de mucha ayuda.

La iluminación de un espacio es muy importante, se recomienda lo más posible la iluminación natural (solar). En lo que respecta a la artificial, se pide que sea indirecta y variada, entre brillante y suave para crear un ambiente estable. El exceso de luz brillante acelera nuestras emociones y provoca estrés y cansancio. La iluminación muy tenue nos relaja en exceso y puede provocar aburrimiento, tristeza y depresión.

La ventilación es otro aspecto muy importante. Los espacios cerrados saturan nuestros sentidos, estancan y dañan la atmósfera del espacio y afectan la salud. Por supuesto, se recomienda ventilación natural.

Las instalaciones de gas como calentadores y estufas deben estar en lugares bien ventilados. De esta manera es recomendable abrir las ventanas de la cocina y tratar de que esta sea un espacio amplio.

Un garaje debajo de una habitación para dormir amplifica el efecto electromagnético, por lo que se sugiere evitar integrarlo a la casa o evitar dormir en una habitación ubicada sobre él. Una manera de controlar o anular el efecto de estas líneas Hartmann es dormir con la cabecera hacia el Norte.

Los materiales más recomendables para construir y decorar un espacio, así como para vestirnos, son los naturales como tierra, ladrillo, adobe, tierra batida, madera, piedra, arcilla, cal, arena, pigmentos y solventes naturales, pintura con base en aceites naturales, resinas de árboles, cera de abeja, almidón, lino, algodón, lana, seda, cáñamo, yute, cartón, corcho, cuero, linóleo, goma, caucho, vidrio y poco cemento.

Hay que evitar el aglomerado, chapado, contrachapado o imitación respecto a la madera; barnices plásticos, tapices sintéticos, resinas sintéticas, derivados del petróleo, productos sintéticos químicos, pinturas, plomo, rayón, acetato, poliéster, acrílico, nylon, prolipropilenos.

El sonido es importante respecto a la ambientación de espacios. La música suave, tranquila, en volúmenes bajos, así como el sonido de agua calmará y relajará un ambiente; mientras que sonidos violentos, música estridente en volúmenes altos así como sonidos de coches y máquinas cercanas lo alterará y tensionará; en este caso las plantas y los jardines son de mucha ayuda. La música rítmica y bailable promoverá una atmósfera de alegría en el espacio.

Para finalizar este capítulo, quiero agregar información importante respecto a los colchones para dormir. Se recomiendan los de lana, látex, caucho, algodón y crin. Es importante evitar los de muelles. Una forma de mitigar los daños que provocan (reumatismo, artritis) es colocar debajo de la sabana una cubierta de lana.

Para fumigar se recomiendan sustancias naturales. La mayoría de los pesticidas provienen de sustancias químicas que resultan muy poco favorables para la salud. Respecto a jabones y sustancias de limpieza se recomiendan los biodegradables.

Desconectar los aparatos eléctricos cuando no se están usando es de mucha ayuda y evitar estar cerca de ellos, al menos dos metros, cuando estén funcionando.

Teoría BTB (Black Tantric Buddhism) del profesor Lin Yun

El bagua se puede aplicar en un terreno, casa, recámara, muebles o persona. Se basa en una figura geométrica regular: un octágono dividido en ocho aspectos importantes de la vida del ser humano: matrimonio, fama, dinero, familia, benefactores, trabajo, conocimiento, hijos y el Tao o centro es la salud. A través de él se determinan las áreas a corregir por medio de "curas" desde la perspectiva o teoría BTB, a la que se denomina como una teoría o escuela de posiciones, no de direcciones.

Está formado por trigramas del I Ching que representan la conexión entre el destino del hombre y la naturaleza.

6	*Cielo*	2	Tierra
3	*Trueno*	8	Montaña
9	*Fuego*	4	Viento
7	*Lago*	1	Agua

Estos trigramas se asocian con otros conceptos, como los puntos cardinales, los puntos de cambio o las relaciones familiares, así como con los cinco elementos.

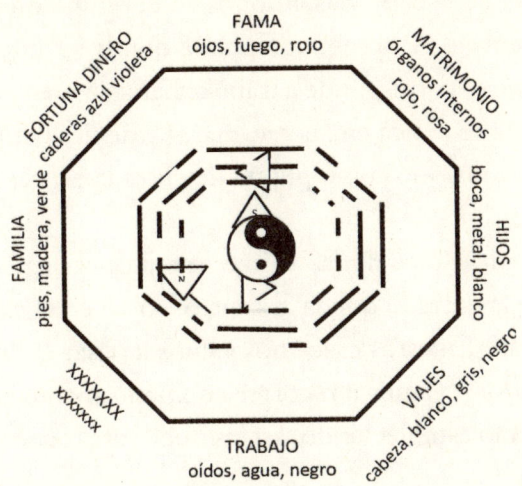

Para aplicar el bagua desde la perspectiva de la escuela BTB, es primordial la posición de la puerta de entrada, considerada la boca del Chi que va a determinar dónde se sitúan los ocho "gua" en una habitación o espacio construido.

Al colocar el bagua en un lugar sólo hay tres posibles posiciones de entrada.

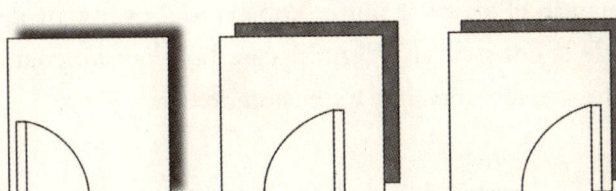

Una puerta de entrada en conocimiento beneficiará las cuestiones de estudio. Al tenerla en trabajo, se reflejará en trabajo constante y en benefactores, lo que facilitará la llegada de oportunidades y relaciones favorables a nuestra vida.

Dentro del concepto bagua, tenemos el macro bagua y el micro bagua, esto se refiere a que el macro se aplica a los espacios grandes como el terreno, la planta baja de la casa en general y la planta alta de la casa o construcción en general. Sin embargo, aquí surge una duda: ¿cómo se aplica el bagua a la planta alta de la construcción?

Vamos a tomar como boca de entrada la escalera que conecta ambas plantas de la casa. Basándonos en el último escalón, éste será la puerta de entrada a la segunda planta donde se gira el bagua para alinear el lado que corresponde a trabajo, benefactores y conocimiento. El micro bagua se aplica en las recámaras y demás habitaciones de la construcción, tomando como puerta de entrada el acceso o puerta de la habitación.

Aquí surge otra duda, ¿cómo se aplica el bagua en construcciones donde la entrada queda al centro, como en el caso de algunos departamentos? En estos casos nos vamos a basar en la forma de salida del elevador y vamos a recorrer energéticamente la puerta hacia la base del plano estableciendo, así las nueve áreas energéticas del espacio.

Y, ¿qué hacemos en aquellos casos donde la entrada principal queda en esquina? ¿Cómo aplicamos el bagua? En estas situaciones nos basamos en la fuente de mayor energía o Chi para la casa, me refiero a la calle o avenida que tenga mayor circulación o mayor tránsito o mayor tamaño. El bagua puede alargarse o aplanarse para adaptarse a cada espacio y determinar si éste es completo o sobran y faltan áreas.

Cuando el área sobrante (construida) es mayor de la mitad simétrica de la construcción, entonces está faltando; cuando ésta es menor, entonces tenemos una extensión de ella.

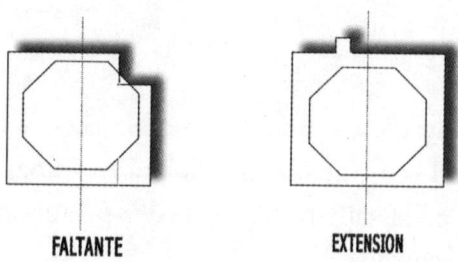

FALTANTE **EXTENSION**

Si el garaje está pegado a la casa y se encuentra techado, éste se integra y completa el bagua.

BENEFACTORES
TRABAJO
CONOCIMIENTO

Cuando tenemos un área faltante representa problemas y repercute en aspectos de nuestra vida; para solucionarlo se recurre a cualquiera de las nueve curas básicas que propone la escuela BTB, para completar esa área y corregir el problema energético.

En muchas construcciones, formas de recámara, o formas de habitaciones que tienen pedazos de más, se necesita determinar si son sobrantes o faltantes; cuando es sobrante hay un beneficio siempre y cuando no sea un baño, el área de lavado o un cuarto de servicio.

Si hay un sobrante en una habitación y éste se "activa", se obtiene el doble de beneficio energético. Una cosa es activar y otra es armonizar, activar es poner a trabajar la energía para lograr lo que se quiere, mientras que armonizar es crear el balance y la armonía con la naturaleza corrigiendo la forma de construcción.

Para determinar un sobrante o un faltante a partir de la puerta principal se traza un eje de simetría, es decir, el bloque construido se divide en dos partes iguales; cuando la parte construida es más pequeña que la mitad simétrica es un "sobrante", y si la mitad simétrica de la superficie construida es más grande o del mismo tamaño que la mitad simétrica, tenemos un "faltante".

Sobrante

Área del amor faltante
Luz hacia arriba o muro de espejo

Los desagües se arreglan a través de elementos y colores, por ejemplo con una línea verde alrededor; o bien, si se está construyendo la casa antes de montar los baños y los desagües, se pinta el tubo de color verde, o de rojo o amarillo. El color verde es madera, la madera es crecimiento y genera que la energía que va hacia abajo ascienda y no se vaya por el desagüe. El color rojo por su vibración tonal vibra hacia arriba. Cuando dos fuerzas jalan hacia los opuestos se anulan, el color amarillo es el color de la tierra y la tierra controla el agua; este color ayuda a que la energía no sea drenada por el agua. Para la cultura china el agua se asocia con dinero y abundancia.

Los faltantes se arreglan con muros de espejo en la esquina interior, porque el espejo amplía el tamaño o un espacio y hace sentir esa amplitud, si ese espejo no queda atrás de la cabecera y no se refleja a quien duerme ahí, no hay ningún problema. Otra solución es colocar en esa esquina una luz de lámpara iluminando hacia arriba o una escultura o un objeto pesado de acuerdo al área que corresponda; asimismo, se puede poner un windchime o campana de viento, una esfera facetada colgada a tres o nueve pulgadas o un árbol.

"OJO", si al abrir la puerta de entrada de la casa hay un espejo, es recomendable quitarlo, ya que el espejo refleja la energía que pudiera entrar a la casa, la refleja y la aleja. Cuando hay un muro al entrar, lo más conveniente es ubicar un cuadro de un paisaje que nos invite a entrar, un paisaje profundo, un cuadro de familia o sillones a los lados que inviten a entrar. Es muy importante que las puertas no tengan ningún obstáculo al entrar y que abran a 90°, si es menos, las oportunidades se reducen mucho. En el caso de que por algún motivo no se pueden abrir a los 90°, se colocan unas campanitas, ya sea en la parte de adentro o afuera en la manija. El sonido de las campanas clarifica la energía.

Las puertas de dos hojas se deben abrir en ambas partes, pues si sólo se abre una se están abriendo la mitad de las oportunidades a la vida. Una puerta que abre al revés está cortando la energía; si la puerta abre hacia fuera y no es posible cambiarla, se coloca un windchime en el arco que forma la puerta al abrirla, tocándolo para que suene. Éste es un paliativo, mas no la mejor solución.

En una casa las paredes se asocian con la piel, las ventanas con los ojos y si hay árboles frente a las ventanas pueden ocasionar problemas, la puerta se considera la boca de la construcción.

A continuación se explica cómo interpretar un sobrante o faltante en la construcción:

- Un sobrante en el área del trabajo beneficiará nuestra situación profesional, promoverá mayores y mejores oportunidades.
- Un faltante en el área del trabajo afectará nuestra cuestión profesional, provocará falta de estabilidad y constantes cambios de trabajo.
- El área del trabajo se fortalece con las áreas de fortuna y de amor en el bagua, se sugiere armonizarlas y activarlas en conjunto.
- Un sobrante en el área del conocimiento favorecerá las cuestiones de estudio y preparación cultural. También ayuda al autoconocimiento, al definir y establecer metas, y eleva nuestra autoestima.
- Un faltante en el área del conocimiento afectará nuestra solidez para tomar decisiones, promoverá la falta de motivación y se reflejará en problemas de concentración.
- El área del conocimiento se fortalece con las zonas de fortuna e hijos en el bagua, se sugiere armonizarlas y activarlas en conjunto.
- Un sobrante en el área de familia generará a los habitantes una buena relación familiar, unión con abuelos, tíos y padres.
- Promueve una familia unida, sólida y estable.
- Un faltante en el área de familia afectará la comunicación y la convivencia familiar, dificultad para llegar a acuerdos y constantes conflictos familiares así como falta de unión familiar.
- El área de familia se fortalece con las áreas de benefactores y de amor del bagua, se sugiere activarlas y armonizarlas en conjunto.
- Un sobrante en el área de fortuna promoverá facilidad para incrementar los ingresos económicos de los habitantes de la construcción, así como éxito en aquello que realizan.
- Un faltante en el área de fortuna se reflejará en inestabilidad económica, mala distribución de los ingresos y pérdidas constantes de dinero.

- El área de fortuna se fortalece con las áreas de amor y trabajo del bagua. Coloca objetos sólidos en estos tres puntos y observa lo que sucede.
- Un sobrante en el área de fama de la construcción provocará demasiada atención pública respecto a los habitantes de la casa y sus actos.
- Un faltante en el área de fama puede reflejarse en falta de reconocimiento y atención social hacia los habitantes de la casa en sus proyectos, intereses y propuestas.
- El área de fama se fortalece con las áreas de conocimiento y benefactores, se sugiere activarlas y armonizarlas en conjunto.
- Un sobrante en el área del amor favorecerá los aspectos sentimentales de los habitantes. Promoverá equilibrio y estabilidad para parejas.
- Un faltante en el área del amor se reflejará en conflictos fuertes en el matrimonio, problemas de comunicación y alejamiento.
- El área del amor se fortalece con las áreas de familia y benefactores del bagua, se sugiere activarlas y armonizarlas en conjunto.
- Un sobrante en el área de hijos del bagua de la construcción fomentará la creatividad y romance para los habitantes.
- Un faltante en el área de hijos del bagua puede reflejarse en conflictos en la relación padres e hijos, incluso problemas para lograr embarazos o desarrollar proyectos sólidos en el aspecto profesional.
- El área de hijos se fortalece con las áreas de fortuna y conocimiento, se sugiere activarlas y armonizarlas en conjunto.
- Un sobrante en el área de benefactores favorecerá los viajes y las buenas relaciones sociales, así como consolidar proyectos importantes y sólidos de los habitantes.
- Un faltante en el área de benefactores puede generar una atmósfera desequilibrada y descontrolada para los habitantes, así como una sensación de soledad y frustración por falta de apoyo en el aspecto social.
- El área de benefactores se fortalece con las áreas de amor y familia del bagua, se sugiere activarlas y armonizarlas en conjunto.

Cuando los sobrantes tienden a ser demasiado largos no es muy favorable, ya que pueden generar un exceso referente a la energía del área respectiva, reflejándose en actitudes exageradas y obsesivas de los habitantes, que estresan el ambiente y la armonía del hogar.

Las nueve curas básicas

Este tema se refiere a aquellos objetos que nos van a ayudar a generar un flujo de Chi más armonioso y saludable dentro de un espacio que ya está construido y que no cumple con las recomendaciones adecuadas de Feng Shui.

Estas nueve curas se conocen como básicas y se apoyan con otra cura, que se menciona como mística y trascendental y se denomina "los tres secretos". Ambas son necesarias para mejorar el Chi humano, generando salud, alegría y buena fortuna al hogar.

Curas básicas (ru-shr):

- Objetos brillantes: espejos, esferas de cristal facetadas, luces.
- Sonidos: windchimes (campanas de viento), música.
- Objetos vivos: plantas, flores, acuarios o peceras, mascotas.
- Objetos móviles: móviles, molinos de viento, veletas, fuentes.
- Objetos pesados: piedras o estatuas.
- Objetos eléctricos: aire acondicionado, estéreo, televisión.
- Flautas de bambú.
- Colores.
- Creatividad.

Los espejos se consideran importantes en esta escuela de Feng Shui por el uso que tienen, pues se emplean tanto para atraer el Chi favorable de la calle, como para rechazar el Chi de un edificio vecino muy alto que perjudique. Digamos que nos apoyan a redireccionar el flujo del Chi.

El espejo cóncavo rechaza todo aquello que queremos alejar como panteones, funerarias u hospitales al tener un efecto minimizador. Los espejos deberán colocarse a tal altura que reflejen la cabeza de los habitantes, pues de lo contrario les crearían dolores de cabeza.

Colocados en lugares estratégicos donde reflejen un bonito jardín o paisaje en la casa, tendrán un efecto de buen Chi, luz y ampliación del campo visual en el lugar y en interiores; entre más grande sea el espejo, mejor efecto tendrá. También nos ayudan a completar áreas faltantes en el bagua de la casa y para restarle agresividad a un vértice muy pronunciado al reflejarlo o cubrirlo con espejos.

Las esferas de cristal aumentan el flujo de Chi en un lugar. Son armonizadoras y catalizadores de dicha energía. Por su forma, la refracción de la luz se proyecta hacia todas las direcciones y nos permite corregir aquellos casos donde el Chi corre a gran velocidad, como sería en un pasillo o una puerta frente a una ventana.

La luz es una cura presente en cualquier ambiente. Nos ayuda a completar áreas faltantes y a evitar la pérdida del dinero. También detiene el flujo acelerado de Chi tanto en pasillos como en ventanas muy grandes.

Los windchimes o campanas de viento se consideran moderadores del flujo de Chi. Se usan para atraer Chi positivo y ahuyentar malos espíritus o malas influencias de una construcción. Son armonizadores a través del sonido.

Las plantas simbolizan naturaleza, crecimiento, vida y conducen el Chi por la habitación, también son indicadores de buen Feng Shui; en la entrada de la casa, generan y atraen buen Chi. Fuera de un negocio o restaurante, traerán clientes y dinero. Dentro de la casa contrarrestarán desbalances, ángulos muy marcados, esquinas o lugares de almacenamiento. Los bonsái son muy efectivos en casos de personas enfermas, ya que al representar crecimiento detenido será el efecto que hará con la enfermedad.

Las peceras o acuarios son representantes de vida y el agua del dinero. En la casa se usan para favorecer el Chi del dinero y en oficinas absorben accidentes y mala suerte.

Los objetos móviles o eléctricos estimulan la circulación del Chi y controlan los efectos de corredores largos y angostos donde predomina el Chi Yin.

Las fuentes generan dinero y activan el Chi, también sirven de protección y favorecen los buenos proyectos profesionales y económicos.

Los objetos pesados nos ayudan a darle solidez y estabilidad a una situación de trabajo o matrimonio, colocados en esas áreas son una cura muy efectiva.

Las flautas de bambú por su significado religioso traen paz, seguridad y estabilidad a un lugar. Colgadas en una viga cortan su efecto opresivo y permiten el paso del Chi. Alejan los robos y retiran los malos espíritus de la casa.

El color nos ayuda notablemente colocado en las áreas correspondientes del bagua, nos armoniza la energía y levanta el Chi del lugar.

La creatividad es otro elemento importante, ya que con su buena aplicación logramos un ambiente de armonía, confort y bienestar.

La siguiente cura (chu-shr) consiste en tres secretos, y es indispensable para que cualquier cura chu-shr sea efectiva. Comprende una bendición activa que abarca el cuerpo, el habla y la mente, corresponde al camino trascendental. El profesor Lin Yun sostiene, en esta escuela, que los tres secretos consisten en:

- Cuerpo: hacer mudras (movimientos trascendentales del cuerpo).
- Habla: pronunciar algún mantra (palabras sagradas muy poderosas).
- Oración acorde con su religión, por ejemplo: OM MA NI PAD ME HUM.
- Mente: visualizar lo que se quiere mejorar al colocar una cura en ese lugar.

En esta cura el elemento más importante es la fe y la fuerza que se le imprima. En el diseño de atmósferas, las curas pueden ser de gran ayuda para generar un ambiente de dinamismo, salud y armonía.

El color
El color tiene propiedades curativas debido al efecto inconsciente que genera en nuestra mente y espíritu. El color trabaja en todos los planos.

Nuestras ondas mentales se proyectan en color, de ahí la influencia del mismo alrededor.

Más adelante hablaremos de los chakras y su conexión con el Feng Shui. Cada chakra vibra y resuena con un color. El meditar centrando la visualización del chakra en su respectivo color lo limpiará y activará su mejor conexión. Algunas opciones terapéuticas de ayuda pueden ser:

- Uso de luz cromática.
- Ingerir alimentos del color representativo de cada chakra.
- Baños de color (sales de color con aroma).

El color nos ofrece una alternativa para darle encanto a cualquier aspecto de nuestra vida, mejora el carácter, estimula la mente, incrementa la efectividad en el trabajo y la sociedad, favorece la salud física y mental; de esa misma forma funciona la aromaterapia. El color define lo que existe y lo que no, nos abre las puertas de la salud y la fortuna. La aromaterapia nos evoca recuerdos agradables, experiencias pasadas o motiva nuestras emociones y sensaciones. El color inspira emociones al igual que los aromas.

COLOR	EMOCIÓN
Verde	Vitalidad
Rojo	Justicia
Blanco	Pureza, destrucción, despedida, muerte
Negro	Pesar, grandeza, profundidad

El color también guía nuestro comportamiento. Ningún color es universalmente favorable, cada uno embona en diferentes contextos y situaciones. Este efecto es similar a la relación inconsciente ante una armonía determinada. Aplicar el color adecuado ayuda a obtener felicidad, riqueza y armonía sentimental. Sus efectos son parcialmente favorables si combinamos e integramos los ciclos generativos y destructivos de los cinco colores: blanco, verde, negro, rojo y amarillo, con la teoría china de los cinco elementos: metal, madera, agua, fuego y tierra.

A través de la historia, el color ha tenido gran trascendencia religiosa, medicinal y artística. En efecto, en Feng Shui el color es considerado una de las nueve curas básicas. La fuerza que nos une al color es el Chi. El Chi personal tiene diferentes características entre una persona y otra. Un factor que estimula o deprime el Chi es el color, otro es la aromaterapia; ambos producen una respuesta inconsciente del ser humano. Digamos que influyen en nuestra actitud.

Los chinos le dieron un importante papel en la práctica de la política y la religión. La indumentaria se reconocía acorde con el color. El color imperial era el amarillo. Para el segundo milenio antes de Cristo, utilizaron el color para indicar puntos cardinales, estaciones, ciclos del tiempo y órganos del cuerpo humano.

Las propiedades del color son físicas y emocionales, mientras que las de la aromaterapia son emocionales y sensoriales. En cuanto al color, también buscamos el concepto Tao. Existe la clasificación de colores Yin y colores Yang, así como aromas Yin y Yang.

YIN	YANG
Verde	Rojo
Azul	Amarillo
Púrpura azul	Púrpura rojo
Gris	Naranja

Podemos combinarlos para crear atmósferas de balance Yin-Yang. Las relaciones entre elementos, color, dirección y órganos son:

ELEMENTO	COLOR, DIRECCIÓN Y ÓRGANOS
Fuego	Raciocinio, comportamiento Rojo Verano Sur Corazón
Tierra	Honestidad Amarillo, naranja, café Centro Páncreas, bazo

Madera	Benevolencia Verde Primavera Este Hígado, vesícula biliar
Metal	Rigidez Blanco Otoño Oeste Pulmones
Agua	Interior Negro Invierno Norte Riñones

Estos elementos corresponden a las cinco energías transformadoras de la naturaleza que ya hemos mencionado. Dicha relación establece la interacción de la teoría de los cinco elementos proveniente de la cultura china, con actitudes del ser humano, direcciones, estaciones del año, colores, direcciones cardinales y órganos que se manifiestan en el bagua, representando así la compenetración del ser humano, personalidad, ubicación, salud y entorno, todo esto es ese constante ciclo de evolución y cambio englobados en una sola filosofía: Feng Shui.

Los seis colores verdaderos representan la figura sagrada y se consideran capaces de dar poder al espíritu; cada color se relaciona con cada una de las sílabas del mantra conocido como las seis palabras verdaderas.

OM	Blanco	ME	Azul
MA	Rojo	HUM	Negro
NI	Amarillo		
PAD	Verde		

Los siete colores del espectro también se pueden aplicar como una cura para mejorar las diferentes áreas de casa: rojo, naranja, amarillo, verde, índigo, morado. Un hilo de piso a techo en el área de la casa que se desea mejorar o fortalecer, mejorará la energía del lugar; este hilo debe contener los siete colores y representará una conexión entre la Tierra y el Ser supremo.

Colores y sus asociaciones

El color es de gran importancia en Feng Shui, pues ayuda o afecta el Chi de las personas y de la casa. Los colores más recomendados son los puros, los brillantes como el rojo, naranja, ciruela, gris, verde, negro, morado y azul.

Los tonos pastel generalmente reducen la energía, sin embargo, en casos en que se necesite tranquilizar o armonizar con los elementos éstos son empleados como representantes del metal. Se les considera tonos sedantes y, en algunos casos, son de gran ayuda para promover romance y relajación.

ROJO	
FAVORABLE	DESFAVORABLE
Para llamar la atención (señales) Distrae Calienta Activa Alegra	Instituciones mentales Recámaras Oficinas Lugares públicos muy estrechos

El color sanguíneo, flujo de vida, también se asocia con violencia y agitación; no obstante se le considera representante del poder, ideal para atmósferas de pasión.

AMARILLO	
FAVORABLE	DESFAVORABLE
Alegre Crea esperanza Oportunidades Vitaliza Eleva actividad mental Calienta Activa la exploración	Centros nocturnos Reflejado en la cara Baños Cajones Habitaciones para meditar

El amarillo es el color del Sol, es el centro y la riqueza. Clarifica la percepción y revitaliza el Chi. Favorece el crecimiento. Ideal para atmósferas de alegría.

AZUL	
FAVORABLE	DESFAVORABLE
Misterio Meditación Unidad Frío Seriedad	Espacios con necesidad de alegría Cuando se necesita agilizar Lugares fríos Sala y comedor En pasillos

El azul es el color del agua y el cielo. Es un color extraño, misterioso y aventurero; genera frialdad y controla las emociones. Ideal para atmósferas de concentración.

NARANJA	
FAVORABLE	DESFAVORABLE
Unir a la persona con el lugar Comunicación Pensamiento Espiritualidad Compañerismo	Autocracia Áreas de descanso

Naranja es también el color del Sol. Activador, energetizador, generador de movimiento. No muy recomendable en interiores por su exceso de energía. Ideal para atmósferas de amistad.

VERDE	
FAVORABLE	DESFAVORABLE
Naturaleza Paz Rejuvenecer Calmante Juventud Crecimiento	En casos donde no se desea el crecimiento del cáncer Interior de vehículos

El verde es el color de la vida. Generador de salud y crecimiento. Ambientador, conector con la naturaleza. Rejuvenece y se asocia con inmadurez. Ideal para atmósferas de creatividad.

BLANCO	
FAVORABLE	DESFAVORABLE
Limpieza	Climas fríos
Pureza	Teatros y cines
Frescura	Cafeterías estudiantiles
Transparencia	Funerarias
Honestidad	Salas de espera
Tristeza	Cuarto de niños

El blanco es la presencia de todos los colores. Nada lo influencia. Trae tristeza y depresión aplicado en la entrada de las casas. Ideal para atmósferas de romanticismo.

NEGRO	
FAVORABLE	DESFAVORABLE
Independencia	Espacios infantiles
Intriga y misterio	Hospitales
Irradia calor	Comunicación
Fuerza	Áreas de servicio
Solidaridad	Áreas de lectura

El negro es el color del misterio y la fuerza. No revela nada y deja todo a la imaginación. Ideal para una atmósfera intelectual.

MORADO	
FAVORABLE	DESFAVORABLE
Altos procesos mentales	Calentadores
Poder	Salones de belleza
Eleva autoestima	Lugares donde el ego pueda chocar
Espiritualidad	
Transmutación	

El morado es un color de realeza, evoca el ego, la autoestima, el amor propio y la espiritualidad. Su lado negativo es el coraje y la soberbia.

Es el color que activa el Chi del dinero. Ideal para atmósferas de abundancia y pasión.

El color nos ayuda a diferenciar lo que existe de lo que no existe, ejerce influencia en nuestro estatus, salud, emociones y estructura, así como en nuestro comportamiento. Estimula la mente, la efectividad y mejora nuestra vida, lo cual se logra a través del efecto que genera en el Chi por medio de su vibración.

USANDO EL COLOR	
Levanta la energía	Amarillos, rojos, turquesas, colores brillantes
Baja la energía	Cafés, ocres, oxidados, colores oscuros
Suaviza la energía	Rosas, claros, corales, pasteles
Dirige la energía	Rojos, dorados, morados
Neutraliza la energía	Blanco, beige, bronceados
Mejora la creatividad	Naranjas, turquesa, azules brillantes
Incrementa la espiritualidad	Morado, violetas, blanco
Tonos cálidos	Rojo, naranja, amarillo, amarillo verdoso
Tonos fríos	Azules, azul verde, lavanda
Tonos románticos	Rosas, rojos, naranjas, verdes cálidos
Tonos sexuales	Rojos, negro, naranjas, fucsia
Colores térreos	Rojos, cafés, dorados, beige
Colores de poder	Dorados, negro, morados, rojo, azul rey
Colores suavizantes	Verde azul, durazno

Si aplicamos el color de forma adecuada y lo combinamos con la decoración y acomodo de muebles, comenzamos a crear ese espacio personal diseñado exclusivamente para cada quien. Si a esto le añadimos un aroma en particular, fortalecemos nuestra intención material uniendo la fuerza mental con la respuesta física y emocional de nuestros sentidos, con nuestra posición de armonía en el entorno, englobando nuevamente el aspecto místico o trascendental con el aspecto material y tangible.

Activando áreas

En Feng Shui es muy importante activar las áreas que consideramos estancadas o problemáticas en nuestra vida. La puerta de entrada es importante, ya que si queda en conocimiento, es favorable para el desarrollo cultural de las personas que habitan en el lugar y traerá confort al hogar. En trabajo generará que exista demasiado que hacer y nunca terminarán las labores de casa. La mejor posición de ingreso es en benefactores, pues traerá clientes, amigos y protectores al hogar.

El diseño de jardines internos y externos, nos traerá buena suerte, al igual que los espejos que reflejen jardines arreglados y coloridos en el hogar. Para activar la armonía es necesario considerar el efecto Yin-Yang, es decir, buscar un balance positivo-negativo (equivalencia), ya que el exceso de cualquiera de ambos producirá desarmonía y desequilibrio como ya se mencionó anteriormente.

En el caso de que exista demasiado Yang, hay que agregar Yin, algunas sugerencias son:

- Emplear menor cantidad de luz.
- Usar muebles bajos que no compitan con la altura del lugar.
- Recurrir a colores opacos y oscuros.
- Fuentes.
- Muebles y adornos con líneas curvas.
- Tapicería y texturas suaves, sedosas y acolchadas.
- Apagar los ventiladores y ductos que "inquietan" al viento.
- Agregar paz, eliminar ruidos.

Si el caso es contrario y se necesita Yang, se recomienda lo siguiente:

- Acrecentar la luz.
- Emplear muebles altos.
- Usar colores brillantes.
- Recurrir a un deshumidificador para secar el ambiente.
- Telas sólidas, gruesas y de líneas verticales.
- Agregar movimiento y sonidos no violentos.

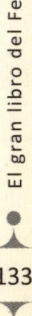

- Poner ventiladores y agregar ventanas que dejen circular el aire.
- Realizar reuniones y eventos sociales en casa.

Cuando sentimos demasiada agitación, vitalidad y estrés en ese lugar encontramos exceso de Yang; pero si al contrario nos sentimos desmotivados, cansados y apagados se debe considerar prevaleciente el Yin. Podemos considerar lo siguiente, acorde a lo mencionado sobre este tema:

YIN	YANG
Colores oscuros, opacos	Colores claros, brillantes
Líneas curvas	Líneas rectas
Luz difusa	Luz brillante (directa)
Humedad	Seco
Bajo	Alto
Callado	Ruidoso
Suavidad	Dureza
Muros vacíos	Libreros llenos
Decrecimiento	Crecimiento
Escondites	Espacios abiertos
Frío	Calor
Quietud	Movimiento
Olores	Fragancias

Otra manera de generar armonía es a través de los cinco elementos, la forma de lograrlo se describe a continuación.

Exceso de ruido y actividad	Agregar agua
Necesidad de transmitir ideas	Agregar agua
Necesidad de descanso	Agregar tierra y agua
Necesidad de establecerse	Agregar tierra
Necesidad de reprimir lágrimas	Agregar tierra
Demasiada quietud	Agregar fuego
Necesidad de inspiración	Agregar fuego
Necesidad de pensar	Agregar fuego, madera y metal
Necesidad de romper con la timidez	Agregar madera
Necesidad de sentir felicidad	Agregar madera
Necesidad de comunicación	Agregar metal
Necesidad de crecimiento cultural	Agregar metal

Al activar áreas es importante emplear objetos y movimiento que provocan circulación del Chi favorablemente para nosotros. Se sugieren los colores representativos de cada área en el bagua, como activadores, ya sea en muros o adornos. Otras curas o soluciones para cada área del bagua BTB pueden ser:

Benefactores	Espejo Luz Fuente Windchime Metal Gris Acuario Fotografías de benefactores
Hijos	Fotografías de hijos Metal Windchime o campana Esfera Blanco Plantas
Amor	Parejitas Retratos en pareja Par de patos chinos del amor Plantas Flores rojas o rosas Rojo o rosa Luz
Fama	Esfera Fuego Luz Rojo Diplomas Retratos
Dinero	Fuente Acuario o pecera Luz Plantas Móviles Morado Dorado Rojo

Familia	Verde Madera Esfera Plantas Fotografías familiares
Conocimiento	Aparatos eléctricos Libros Luz Esfera Plantas Azul
Trabajo	Agua Negro Luz Windchime o campana Móviles

Si se desea estabilizar un área determinada, se recomienda colocar objetos pesados como geodas, piedras o estatuas en ella.

Las veletas se recomiendan en la parte exterior más alta de la casa para mover el Chi y para quitarle el efecto de estrés que provocan los techos bajos. Los jardines al frente, detrás y dentro de la casa con estanques o bambú son auspiciosas. Los sonidos, olores y sensaciones son de gran importancia también en el aspecto de provocar o generar actitudes en el ser humano.

El sonido se puede emplear para promover relajación, ceremonias, concentración y emociones, al igual que para evitar tristeza, nerviosismo y coraje. Sonidos apropiados en casa:

- Ventiladores.
- Música.
- Windchime o campana.
- Hojas de árboles.
- Agua (fuentes).
- Tazones cantantes.

Los aromas y las áreas del bagua BTB

Trabajo
- Pimienta negra: seguridad, perdurabilidad, protección, energía física, coraje, motivación.
- Canela: fuerza, energía física, prosperidad.
- Pachuli: dinero, vigor, estimulante.

Conocimiento
- Eucalipto: concentración, estimulante, balance, pensamientos lógicos, meditación, libertad.
- Limón: concentración, purificación, claridad, conciencia.
- Menta: alerta, concentra, regenera, refresca, vitaliza.

Familia
- Pimienta: confort.
- Canela: alegría.
- Clavo: sana, creatividad, alegría.
- Eucalipto: sana.
- Geranio: alegría.
- Uva: alegría, paz.
- Jazmín: paz, alegría.
- Toronja: alegría, balance.
- Pino: paciencia.
- Rosa: amor, paz, sexo, belleza.

Dinero
- Bergamota: confianza, autoestima, fuerza, motivación.
- Ciprés: creatividad, sabiduría, fuerza, generosidad, poder.
- Jengibre: fuerza, confianza, coraje, calidez.

Fama
- Jazmín: espiritualidad, euforia, intuición, profundidad, alegría.
- Manzanilla: meditación, sanación, paciencia, relajación.
- Sándalo: meditación, balance, conexión, unidad, confort, armonía, serenidad.

Matrimonio
- Geranio: creatividad, confort, balance, buen humor, seguridad.
- Toronja: claridad, vigor, frescura, alegría, confianza, espontaneidad.
- Naranja: purificación, alegría, energía física.
- Pino: aceptación, comprensión, perdón, confianza.
- Sándalo: alegría, descanso, sexo, creatividad.

Hijos
- (Igual que en familia).

Benefactores
- Lavanda: aceptación, integridad, compasión, seguridad, relajación, balance.
- Limón: aceptación, versatilidad, estimulación, claridad mental, calma.
- Menta: comunicación, penetración, vitalidad.
- Pino: perdón, aceptación, comprensión, paciencia, humildad, confianza.

Salud
- Clavo: sana, creatividad, alegría, protección.
- Lavanda: salud, amor, paz interior, descanso, compasión, balance, confort.

- Naranja: alegría, felicidad, calor, balance.
- Pino: comprensión, paciencia, aceptación, sanación, confianza.
- Rosa: amor, paz, sexo, belleza, confort, armonía, pasión, cooperación, perdón.
- Manzanilla: paz, alegría, sanación, relajación, calma.
- Sándalo: alegría, descanso, sanación, balance, calor, unidad, confort, confianza.

Los olores generan sensaciones, confort y bienestar en el hogar, algunas sugerencias son:

Manzana	Disminuye la presión sanguínea.
Eucalipto	Limpia las vías respiratorias y reduce la sobrecarga emocional.
Geranio	Alivia la tensión premenstrual y es antidepresivo.
Jazmín	Mitiga el sufrimiento emocional
Lima limón	Mejora el estado de ánimo, quita el cansancio.
Menta	Elimina la fatiga mental.
Naranja	Estimula la autoestima.
Sándalo	Levanta el espíritu.

Las texturas suaves nos generan comodidad, calor, confort, caso contrario, superficies duras que producen frío y timidez. Las texturas también pueden dar la sensación de estatus e importancia, por ejemplo, el abrir una puerta con una perilla latonada impresiona más que abrir con una de aluminio.

El Tao o área de la salud se debe activar para generar salud y sanar el Chi del lugar, esto se puede hacer con: plantas, esfera, amarillo, naranja, fuente, acuario o pecera.

Algunas recomendaciones

- Las esferas de cristal se cuelgan con hilo, cordón o cuerda roja de tres o nueve pulgadas o unidades.

- No se recomiendan las antigüedades por las diversas energías que han absorbido con el paso del tiempo. Se pueden limpiar energéticamente con incienso y aceite esencial de algún cítrico como naranja, limón o mandarina.
- No se debe exagerar en la cantidad de curas en una sola área, ya que se genera desarmonía y desequilibrio.
- Evitar objetos rotos, descompuestos, que no tienen uso en casa, pues éstos estancan el Chi y reducen la llegada de oportunidades.
- Las cerraduras, puertas y ventanas no deben "rechinar". Es parte del mantenimiento del lugar, una persona que cuida lo que tiene demuestra una actitud de estar preparado para recibir más.
- Tener todo en buen estado dentro de casa.
- No debe haber vidrios rotos o focos fundidos.
- Se sugiere mucha limpieza y evitar amontonar los objetos y muebles que provocan desfavorable circulación del Chi.
- Todo se debe bendecir con los tres secretos, cuando hablamos de rituales y de curas o métodos trascendentales desde la perspectiva de la escuela BTB.
- Cuando se visita un hospital, un juzgado o funeraria, se recomienda llevar cáscaras de naranja en el bolsillo para que absorban el efecto del Chi Yin que prevalece en esos lugares.

El ritual del sobre rojo

¿Qué es? ¿Cuál es su importancia? ¿Cómo aplicarlo adecuadamente?

El profesor Lin Yun generalmente se veía rodeado de personas con preguntas personales y peticiones de transfusión de Chi; cuando esto sucedía, les entregaba sobres rojos. El número de los sobres varía según las personas, pero el rango es generalmente de uno a nueve.

Esta escuela sugiere que cuando sus discípulos comparten cualquier método trascendental o cura, deberán pedir a quien asesoraron sobres rojos con dinero en el interior, que deberán quemar más adelante. Esta tradición ha sido respetuosamente practicada por discípulos y maestros.

Se considera que cuando el maestro provee de soluciones trascendentales o transfusiones del Chi, está otorgándonos sabiduría sagrada y conocimiento divino más allá de lo terrenal.

Este ritual tiene tres propósitos

1. La demostración sincera de respeto del donador por el conocimiento sagrado.

2. Proteger al maestro de ser castigado al revelar la información sacra (cuestión karmática).

3. Fortalecer e incrementar la efectividad de las curas trascendentales transmitidas.

El maestro colocará los sobres rojos debajo de su almohada por la noche y aplicará los tres secretos antes de dormir. Es importante que los sobres sean nuevos y contengan dentro de cada uno dinero para la persona que compartió su conocimiento sagrado.

Formas interiores y soluciones

Antes de entrar al tema de los interiores de la casa o construcción, es importante mencionar, según cada área, el elemento correspondiente y el color recomendado con base en ellos y el bagua BTB.

Familia ⇨	Madera ⇨	Azules, verdes
Dinero ⇨	Madera ⇨	Azules, verdes, rojos, morados
Fama ⇨	Fuego ⇨	Rojos
Matrimonio ⇨	Tierra ⇨	Rojos, rosas, blanco
Hijos ⇨	Metal ⇨	Blanco, pasteles
Benefactores ⇨	Metal ⇨	Blanco, gris, negro
Trabajo ⇨	Agua ⇨	Negro, oscuros
Conocimiento ⇨	Tierra ⇨	Negro, azules, verdes
Salud ⇨	Tierra ⇨	Amarillos, térreos

Las bendiciones son de gran importancia en la cultura china y, en particular, en el Feng Shui. Las conocidas como bagua se emplean para celebrar cualquier comienzo tal como una casa nueva, un bebé, matrimonio o nuevo trabajo. Éstos se realizan en interiores y exteriores, para proteger y conservar buenos deseos y el buen Chi de las personas que viven o trabajan ahí.

Las bendiciones en interiores se deben hacer entre las personas que viven o trabajan en el lugar. Se necesitan nueve velas, ya sea en diferentes colores del bagua o blancas. Además de colocar cada vela en cada área del bagua y otra en el Tao.

La bendición se inicia en el área de la familia, se enciende la vela meditando y reflexionando en los deseos, esperanzas y metas respecto a la familia, después hay que expresarlas en voz alta. Continuar en el área del dinero y repetir lo mismo y así con cada área, siguiendo el bagua. Finalmente, encender la vela del centro recordando todo lo que se ha dicho y pedido, percibiendo el Chi de toda la habitación. Esta bendición se completa con una oración final, un mantra, o bien, dando gracias por el bien recibido y el bien que está por venir.

Las bendiciones exteriores se realizan con semillas que simbolizan las promesas de una nueva vida. Se usa una vela para el Tao del lugar, que se puede colocar antes de empezar el rito, o usarse durante el recorrido por uno de los participantes. Esta bendición sigue el mismo método que la anterior. Se comienza a cierta distancia del área de la familia de la construcción, visualizando los deseos, esperanzas y aspiraciones para la familia, diciéndolas en voz alta y arrojando semillas hacia la casa, sellando así la bendición. Se procede así con cada área del bagua y, al finalizar, se deben tirar semillas hacia la construcción, lo cual simboliza los buenos deseos para el lugar en el presente y en el futuro. Para continuar al Tao del lugar, hay que encender la vela y recordar todo lo que se ha pedido terminando con la oración, mantra o gracias.

Una bendición es una manera de obtener fuerza en las situaciones difíciles; todas las situaciones de la vida representadas en el bagua se conectan una con otra; si se fortalece una, se fortalecen todas.

En esta escuela de Feng Shui es muy importante el orden, la simplificación y la limpieza. No debe haber objetos rotos ni cosas innecesarias, al igual que debemos evitar el almacenamiento y estancamiento. Algunos elementos nos sirven para detectar el Chi del lugar:

- Pasto y plantas: si son verdes, entonces el Chi es bueno y saludable; si están secas o moteadas son indicativas de que el Chi no es favorable. Para construir, debemos buscar lo que se conoce como "puntos del dragón", lugares verdes donde la vegetación es bella y sana.

- Animales: los animales bonitos, tranquilos, coloridos, denotan un buen Chi; los cuervos, perros agresivos, insectos, alacranes, etcétera, indicarán un mal Chi o Chi agresivo.
- Vecinos: es importante observarlos, la forma en que viven es indicativo del Chi del lugar.

El lugar más adecuado para vivir son los valles, con las montañas en la espalda y a los lados; abrazando la casa, la protegerán, y un río que pase al frente traerá buen Chi y buena fortuna al lugar.

Las puertas y ventanas se consideran la entrada del Chi. El flujo de Chi debe ser suave, ya que a través de ellas penetran las oportunidades a la casa. Su forma, tamaño, posición y orientación representan un buen Feng Shui y simbolizan la voz de los padres y los hijos en un hogar. Cuando la puerta principal está en posición incorrecta atrae mala suerte.

El ideal es entrar a una habitación amplia, alumbrada con una sensación de bienestar. No debe haber obstáculos para la circulación del Chi. Además de tener las puertas en buen estado y con chapas aceitadas atraen buen Chi al lugar.

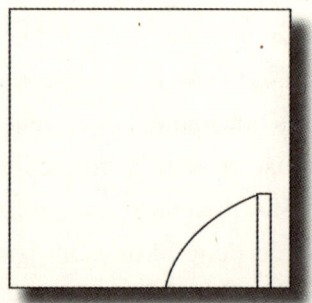

Entrada ideal a una casa o habitación

Cuando el caso es a la inversa, se sugiere colocar un espejo en el muro que reprime la entrada del Chi o, en su defecto, un cuadro de algún paisaje que amplíe el campo visual al entrar y evite sentirnos aprisionados.

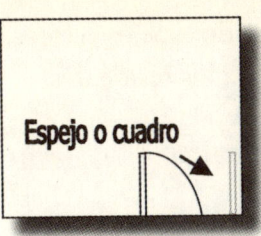

Si al abrir una puerta encontramos un muro enfrente, se recomienda colocar un cuadro, ya que nos detiene la entrada a las oportunidades y repercute en problemas en general.

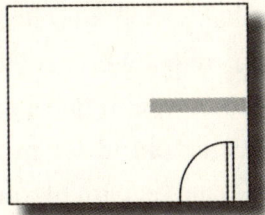

Si la entrada da a un pasillo, se sugiere que éste debe permanecer bien iluminado para nivelar el paso del Chi, ya que si es oscuro y largo, genera energía que se detiene y repercute en complicaciones. También se sugieren espejos que den amplitud a éste y una campana o esfera que armonice el flujo de Chi.

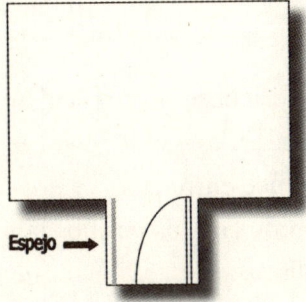

Al encontrar dos puertas alineadas una frente a otra, se corre el riesgo de problemas de salud y de dinero, sobre todo si se trata de puertas de baño; para curar esta situación, se colocan espejos en cada una de ellas.

Las puertas paralelas traslapadas crean una sensación de contracción y expansión, por lo que es necesario darles la ilusión de un mayor espacio por medio de espejos o fotos, trayendo balance y una perspectiva más enfocada a los residentes.

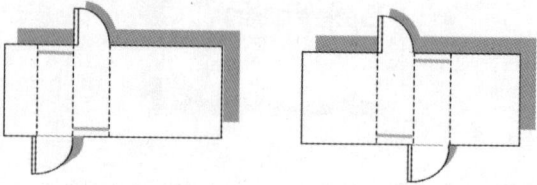

Si tenemos dos puertas paralelas, siendo una más grande que la otra, nos generará conflictos en la salud y el amor. Es importante que la puerta más grande abra hacia una habitación, y la chica hacia un clóset o baño; pero si sucede lo contrario, afectará las actividades de los residentes, por lo que se recomienda usar espejos que amplíen el campo visual o, en su defecto, fotos que den amplitud al marco de la puerta pequeña y un espejo en la puerta más ancha para bloquear tal efecto.

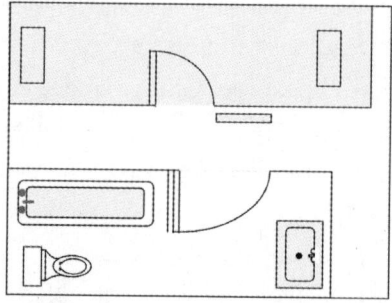

Las puertas colocadas caprichosamente pueden producir inestabilidad y quebraduras de huesos. En este caso, colocar una esfera o campana en el punto medio del cruce entre ellas.

Algo similar sucede con los pasillos largos con varias puertas, esto generará estrés y discusiones, al igual que diversidad de opiniones; para ello se recomienda colocar espejos en las puertas y una luz o campana al final del pasillo que detendrá el paso acelerado del Chi, provocando un flujo balanceado de éste.

Un pasillo largo provoca tensión y estrés, y si al final hay una puerta, se asocia con accidentes y surgen problemas intestinales para los habitantes; asimismo, bloquea oportunidades para crecer. En tal caso se sugiere colocar un espejo al final del corredor y/o una esfera en el pasillo.

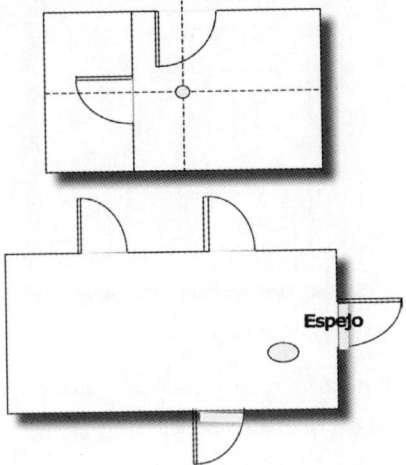

Los pasillos conducen el Chi y los muebles lo canalizan por la casa. Se recomienda un Windchime (campana de viento) en la puerta principal, para armonizar la entrada del Chi y enfatizar la autoridad de los padres sobre los hijos; al abrir la puerta, se escuchará el sonido que limpiara el Chi y bendecirá el lugar.

También es adecuado el uso de un espejo chino con trigramas viendo hacia el exterior, para atraer protección al lugar. Éste sólo debe colocarse en la parte exterior de la casa, pues puede provocar accidentes a los habitantes si se coloca en el interior.

Una flauta de bambú o dos en la parte superior del bagua, sobre el marco de la puerta, traerá buenaventura, suerte y alejará cualquier tragedia de la casa. Del mismo modo, evitará robos y asaltos, y atraerá bendiciones al hogar.

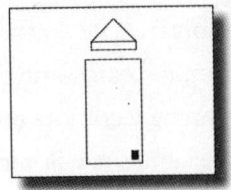 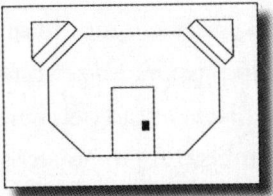

Tres ventanas o puertas en línea crean una ráfaga que dispersa el Chi demasiado rápido y se refleja en la salud de los habitantes, las relaciones personales y la armonía interior. Para ello, colocar una esfera o campana a la mitad del pasillo.

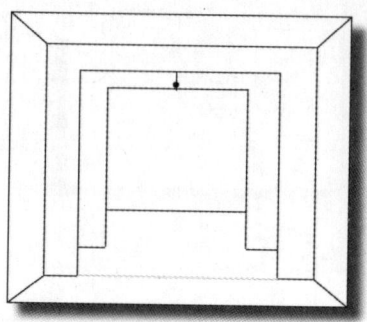

Las ventanas se consideran los ojos de la casa y, con las puertas, son las encargadas de crear un flujo armónico de Chi. Si éstas son muy grandes, el Chi saldrá rápidamente descompensando el balance del lugar. La parte superior de la ventana debe ser más alta que los habitantes, en caso contrario deprimirá su Chi y generará dolores de cabeza.

Si la ventana es muy grande en alguna área de la casa, se verá completamente afectada; por ejemplo, si se encuentra en el área de la fama, producirá chismes y problemas con amistades y vecinos. La cura sugerida es colocar una esfera en la parte media de la ventana, la cual armonizará el flujo, salida y entrada al lugar.

Las ventanas muy grandes se asocian con la exposición, es decir, exponen demasiado ante los demás la vida privada de los habitantes. También representan la voz de los hijos y pueden producir actitudes de rebeldía y desacuerdos entre padres e hijos, cuando son muy grandes, en este caso, una esfera al centro es de gran ayuda.

Si al abrir la puerta principal tenemos una ventana al fondo, el flujo de Chi será tan rápido que desarmonizará y llevará todo el Chi del lugar a su paso. Aquí se sugiere, como en los casos anteriores, poner una esfera a la mitad del marco de la ventana y colocar un biombo, muebles, plantas o algún objeto de arte entre la puerta y la ventana; una campana entre las puertas y la ventana también es favorable.

Cuando tenemos ventanas vecinales que inhiben la privacidad, se recomienda un pequeño espejo fuera de la ventana que refleje el Chi innecesario que afecta nuestro hogar; también colocar plantas, agua o persianas, nos ayudará a contrarrestar ese efecto.

Una ventana rota se reflejará en problemas de la vista, se deben evitar los cristales rotos o despostillados. En casa no es recomendable nada roto, parchado o desarreglado, pues esto genera sensación de descuido, reflejándose en nuestra actitud y desencadenando escasez de dinero, mala salud o decepciones amorosas.

Declives o inclinaciones

Las paredes, vigas, pasillos o puertas en inclinaciones representan energía reprimida o presionada; esto afecta sólo si la persona pasa gran parte del tiempo debajo de ese techo en la parte más baja. Las vigas acarrean problemas de salud para la persona si duerme debajo de ella y su altura es menor a 2.5 metros.

Las inclinaciones deprimen el Chi y pueden provocar sensación de opresión en las personas, bajando su capacidad de descanso, concentración y rendimiento. La forma de curar este caso es colgar una cortina de flecos o borlas rojas o colocar plantas y flores. Otra sugerencia es poner una luz desde lo más alto que ilumine la parte más baja de la inclinación, esto ampliará el espacio energético y creará sensación de mayor altura.

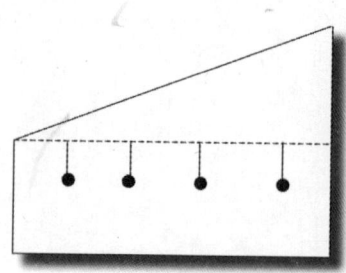

En el caso de las puertas y los pasillos con techos inclinados, se recomienda colgar una esfera, una planta o una luz como se mencionó anteriormente. En las inclinaciones provocadas por escalera, se recomienda ubicar plantas formando un pequeño jardín interior, al igual que iluminar el espacio debajo de ésta.

Los techos se recomiendan altos y bien iluminados para favorecer el Chi, techos bajos lo reprimen y los inclinados lo atrapan, generan enfermedades y dolores de cabeza. La manera sugerida de curar estos casos es iluminar bien y colocar espejos en las paredes para expandir el espacio.

En el caso de los techos bajos y planos, una veleta al centro del techo en el exterior ayudará a la buena circulación del Chi, reduciendo la sensación de estancamiento u opresión. Las vigas en el techo se consideran estructuras que oprimen y afectan el flujo del Chi y se reflejan en la suerte de los residentes. Afectan la economía y la salud de los habitantes. Dormir debajo de una viga puede provocar dolores de cabeza y problemas de salud en las personas.

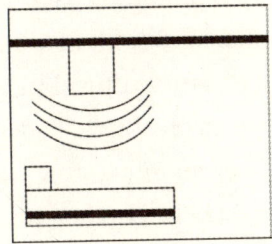

La forma sugerida de balancear este efecto es colocar dos flautas de bambú con hilos o cuerda roja que simulen la parte superior de un bagua. Iluminar la viga o pintarla de verde o del color del techo puede ayudar para este caso. Un fleco o hilo rojo a lo largo de la viga es recomendable.

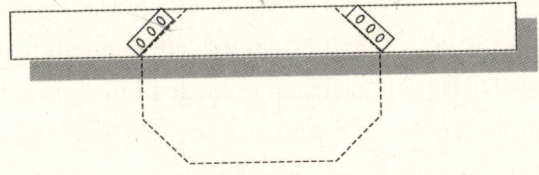

Se debe mover la cama, la estufa y la mesa de debajo de una viga y colocar un espejo que refleje la viga para rechazar su efecto negativo. El poner un techo falso de cristal opaco o traslúcido entre vigas bien iluminado, favorecerá la circulación del Chi.

# Escaleras

Las escaleras son las que conducen el Chi de un piso al otro en la casa, por ello deben ser amplias e iluminadas. No es adecuado que sean de escalón abierto, ya que dispersan la subida del Chi. En el caso en que sean angostas y oscuras, se recomienda colocar luz y poner alfombra verde o pintar los pasamanos de verde. También se puede poner un espejo en las paredes para dar sensación de amplitud al lugar y así quitar el efecto de opresión.

En las escaleras de escalón abierto –además de todo lo anterior– se sugiere tener plantas. Si están muy estrechas y pegadas al muro, un espejo en éste ampliará el espacio visualmente.

Asimismo, no son recomendables las escaleras de caracol, ya que el Chi sube muy rápidamente. La cura puede ser iluminar desde la parte de arriba y pintar el barandal verde o una enredadera verde en él, alfombrar o pintarla toda de ese color.

Una escalera frente a una puerta de entrada daña la suerte y el dinero; genera que el Chi se regrese hacia el exterior. Para ello, se recomienda colocar una esfera en el último escalón, o bien, poner un biombo entre la escalera y la puerta o un espejo que refleje la escalera. Para estas formas, las plantas llegan a ser de gran ayuda, lo mismo sucede en el caso de tener una ventana frente a la escalera.

En casas con desniveles, la cama y las habitaciones deben estar en lo más alto. Un baño no se recomienda en la parte superior de la puerta de entrada, ya que pone en peligro la salud y la profesión. En esta situación una esfera y plantas entre el baño y la habitación, sirven para balancear la problemática.

Columnas y chimeneas

Las columnas pueden estancar o estorbar en el flujo del Chi dentro de la casa, las redondas son las más favorables. En casos en los que son cuadradas, es necesario curarlas, sobre todo por los vértices. Algunas sugerencias son: forrarlas de espejos, colocar plantas alrededor, disimular los vértices con algún objeto o redondearlas. Las columnas altas y cuadradas generan una sensación amenazante hacia los habitantes.

Las chimeneas como las columnas pueden estancar el flujo del Chi y favorecer su fuga cuando están apagadas, por eso es importante simular que están encendidas o que el espacio está ocupado, ya sea colocando velas que decoren o una planta dentro de la boca de la chimenea. También se sugiere colocar un espejo sobre la chimenea (en el tiro) y nueve plantas a su alrededor que ayudarán armonizar el Chi de la habitación. La chimenea es un elemento asociado con la energía del fuego, lo que se refleja en ambiente de tensión, estrés que deriva en discusiones y pleitos.

En el tema de las curas básicas, denominadas también como adiciones menores, hay algunas que dan la impresión de que visualmente no son adecuadas o agradables. En ese sentido, quiero expresar mi punto de vista, resultado de algunos años de práctica y aplicación del tema. El mejor Feng Shui no se ve, se siente; por lo que lo más importante es entender el concepto para elegir la aplicación de alguna solución, la cual no tiene que ser extraña.

¿A qué me refiero? En la información que hemos presentado acerca de espacios interiores y las curas básicas, un ejemplo es la presencia de espejos, campanas y esferas. Este tipo de objetos pueden generar una sensación visual extraña cuando buscamos diseñar un ambiente. Al entender el concepto de su funcionamiento o aplicación y al entender el problema o aspecto que buscamos mejorar, podemos elegir o sustituir el empleo de estos objetos por otros que formen parte de la ambientación de un espacio. Las esferas apoyan a romper una forma lineal y recta en curva o esférica, algo agresivo se suaviza con algo circular. Si en lugar de colocar una esfera, colocamos algo que cambie la textura, el efecto es el mismo, ¿cierto? Es decir, en un pasillo largo, en lugar de colocar una esfera se puede elegir poner un tapete que tendrá el mismo efecto de suavizar el flujo del Sha Chi que genera el pasillo. Finalmente, buscamos armonía, equilibrio y balance, y esto no significa que tu espacio parezca un restaurante chino. Este punto me parece importante compartirlo, pues existe la creencia de que el Feng Shui son estos objetos y no es así. Los objetos son una opción para buscar distribuir o mejorar el flujo del Chi en los espacios, cuya distribución es problemática; en otras palabras, son una herramienta. El Feng Shui es la filosofía que analiza el entorno e interpreta el Chi y su manifestación en el entorno, lo que buscamos es alinearnos a estos principios del Feng Shui y buscamos herramientas o formas de armonizarlo en el espacio donde habitamos y trabajamos. La finalidad de todo ello es sanar espacios. Hay tres conceptos importantes que comprender y diferenciar al hablar del tema de Feng Shui y la implicación o aplicación que se ha formado a su alrededor, estos conceptos son: interpretación, sanación y activación.

Si estudiamos los principios del Feng Shui, se realiza la interpretación y diagnóstico del esquema energético de un lugar, lo cual radica en una serie de observaciones, análisis, cálculos que llevan a detectar los aspectos favorables y no favorables de un lugar determinado. Tanto la interpretación y el diagnóstico se buscan opciones que puedan apoyar a sanar lo más posible los aspectos detectados. El aspecto ideal no es que se busque sanar el lugar, sino que el lugar tenga los aspectos favorables de manera natural; sin embargo, este aspecto es difícil de obtener, ya que en nuestro sistema de vida la mayoría de las situaciones están presentes y no es fácil realizar ciertos cambios, por lo que se integran opciones que llamaremos virtuales, para integrar a un espacio y así lograr las condiciones adecuadas para que el Chi se retenga, distribuya y fluya en armonía, balance y equilibrio, reflejándose en el estilo de vida de los habitantes; por ejemplo, integrar luz en lugares oscuros y largos, colocar una barda alta donde no hay una montaña, crear un espacio que genere sensación de amplitud, etcétera. En este libro te ofrezco la mayor parte de opciones para lograr el propósito, no obstante, también te invito a aplicar la creatividad y el ingenio para elegir cómo aplicar todo esto en tu espacio y lograr la meta: diseñar un ambiente de armonía, equilibrio y balance que te apoye e impulse a nivel inconsciente.

Ya que se sanó lo más posible un espacio y se diseñó un ambiente de armonía con la naturaleza y el entorno (cabe aclarar que los chinos denominan el entorno como todo aquello que influye en la naturaleza incluyendo cuestiones astrológicas, que más adelante en este libro vamos a explicar), entonces se procede a activar. ¿Qué es activar? Es colocar símbolos, objetos, colores, formas que asociemos con aspectos que queremos atraer, por ejemplo, colocar objetos en pares para favorecer la energía de amor de pareja o símbolos y figuras asociadas con riqueza para atraer abundancia. Si caemos en la creencia de que por colocar símbolos chinos nuestra vida va a cambiar, estamos en un completo error. Lo más importante de todo esto es interpretar y sanar nuestro espacio, ya que lo hicimos, entonces cualquier símbolo o asociación de aquello que queremos atraer es bienvenido en tu espacio. Por ejemplo, si estás buscando favorecer el aspecto del trabajo en tu vida y llenas el área del trabajo o tu casa de símbolos asociados con el atraer trabajo incluyendo figuras y símbolos chinos, pero tu cama no tiene una cabecera de material sólido y tu casa no tiene un respaldo sólido… todo lo que coloques no tendrá el efecto adecuado.

Más herramientas para armonizar tu entorno

Aromaterapia

La aromaterapia es el arte de crear esencias naturales a partir de flores, plantas, semillas y cortezas. Es un arte que surge en épocas ancestrales y su poder curativo antecede a la medicina. Desde el neolítico se empleaban las plantas con aplicaciones medicinales y curativas.

La aromaterapia es un tratamiento natural que beneficia al ser humano por medio de su entorno, mediante lo que percibe con los sentidos. Los aceites esenciales, fundamento de la aromaterapia, provienen de la esencia de la planta y contienen todas sus propiedades, y cada una funciona de manera diferente en cada caso y persona. La aromaterapia es aplicable al ámbito físico, mental y emocional; los aceites esenciales que emplea son poco grasosos, tienen aroma y son volátiles. Su elaboración es compleja, ya que hay un momento especial para la recolección de las plantas. Las esencias son sensibles a cambios de temperatura y humedad, por lo que deben guardarse en frascos de cristal oscuros y almacenarse en lugares frescos y secos.

Cada esencia es diferente, pues cada planta contiene un aroma distinto y característico que se emplea para obtener diversos beneficios. Existen diferentes métodos para la obtención de los aceites esenciales. En general, el aceite lleva el nombre de la planta de procedencia.

La aromaterapia penetra en el cuerpo a través del olfato de una manera rápida, favoreciendo las emociones, las sensaciones, la actitud mental y la salud. El olfato es el sentido que tiene una conexión inmediata con el inconsciente, despertando una respuesta casi instantánea en su percepción.

Los aceites esenciales ayudan a generar bienestar, tranquilidad, armonía y paz; contribuyen a provocar un excelente ambiente en casa; incluso, los aromas pueden recrear un jardín en el interior de ésta. Así se convierten en un gran aliado del Feng Shui, siendo uno de sus objetivos principales crear ambientes agradables en nuestro entorno.

Los diferentes métodos que existen para obtener los aceites esenciales son la destilación, la absorción, el prensado y la extracción del disolvente. Los aceites esenciales deben ser de la mejor calidad y, por supuesto, de origen natural. El uso y la aplicación de la aromaterapia es amplio, puede darse a través de inhalación, vaporización, baños, masajes y compresas.

Recomiendo en particular la inhalación para el Feng Shui, ya que por medio de los nervios olfativos nos conectamos a la parte cerebral que rige las emociones, la memoria y la intuición, provocando cambios de actitud en la persona que la llevan a mejorar su comportamiento y rendimiento personal.

La forma de emplear este método puede ser con un difusor que esparcirá el aroma por la casa, habitación, oficina, incluso un elevador. También puede ser por vaporización o a través de un atomizador.

Tú puedes crear tus propias mezclas y obtener grandes resultados. Hay que recalcar que la aromaterapia nos ofrece una alternativa para mejorar el estado de ánimo, la salud, las emociones, las sensaciones y el ambiente de un lugar. Cuando el caso es grave se sugiere consultar a un especialista o a un terapeuta, sobre todo en situaciones relacionadas con la salud.

Feng Shui y aromaterapia

El entorno en que vivimos se convierte en el medio ambiente personal; de ahí la necesidad de hacernos un espacio diseñado especialmente para nosotros. Esto lo logramos a través de lo que nos rodea. Por lo tanto, los aromas que percibimos también van a influir en nuestra salud, sensaciones, emociones, estabilidad, etcétera. Por medio de las esencias naturales podemos cambiar nuestro estado de ánimo, mejorar la salud, controlar emociones y activar las nueve áreas del bagua para obtener lo que deseamos.

Hay que recordar que en el ámbito del Feng Shui, lo que es adentro es afuera y lo que es afuera es adentro. Así, la fachada y exterior de nuestro hábitat describe cómo nos ven los demás, mientras que el interior habla de cómo nos perciben los demás y cómo sentimos nosotros la vida y anhelos más íntimos.

Encontramos en la aromaterapia una herramienta de apoyo para corregir y nivelar aquello que encontramos deficiente en nuestra vida, ayudándonos con Feng Shui a crear un entorno diferente que nos impulsa y motiva a cambiar actitudes.

Existen diversos factores que estimulan o reprimen el Chi y que nos ayudan a mejorar su circulación y obtener beneficios personales, uno de estos factores es la aromaterapia.

El Chi fluye por nuestro cuerpo a través de los chakras (centros energéticos que nos conectan con el entorno). Estos centros de energía se concentran sobre la columna y son ocho principales. Los chakras son ruedas giratorias de Chi que se renueva y evoluciona.

Chakras

Cada chakra vibra, gira y resuena en una distinta frecuencia. Es un medio para obtener un balance energético en el cuerpo. Cada uno se refiere a un distinto aspecto físico, emocional y espiritual y la manera en que el Chi fluya óptimamente a través de ellos nos generará una vida personal en balance. Los chakras son canales receptivos de Chi, a través de los cuales emitimos y recibimos Chi creativo y sano, o daño y destrucción. Se convierten incluso en una conexión con el subconsciente y nos permiten romper con patrones inconscientes y dañinos para nosotros, con actitudes y sentimientos archivados desde la vida intrauterina. Existen ocho chakras principales que se ilustran a continuación:

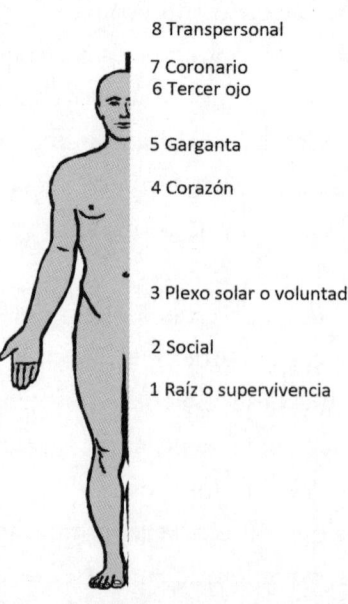

De estos chakras surgen catorce meridianos que van por brazos, piernas, torso y cabeza. La sangre lleva al cuerpo oxígeno y nutrientes, el Chi distribuye a nuestro cuerpo los pensamientos, ideales, emociones, los sueños y anhelos que tenemos en la vida. Al armonizar y trabajar con los chakras estamos sanando nuestro cuerpo energético y esto se va a reflejar en mejorar nuestra salud espiritual, física y mental.

La aromaterapia representa un medio para mejorar el funcionamiento adecuado de cada chakra. De esta manera generamos un ciclo de armonía y balance corporal, a través del Chi personal con el Chi de nuestra casa, que a su vez forma un ciclo con lo que lo rodea hasta alinearse con el cosmos. Los chakras tienen tres necesidades básicas:

- Liberar.
- Manifestar.
- Conectar.

Cada chakra resuena y vibra a un distinto color:

Chakra 1. Raíz o supervivencia.
Color: rojo.

Chakra 2. Social.
Color: naranja.

Chakra 3. Plexo solar o voluntad.
Color: amarillo.

Chakra 4. Corazón.
Color: verde.

Chakra 5. Garganta.
Color: azul cielo.

Chakra 6. Tercer ojo.
Color: índigo.

Chakra 7. Coronario.
Color: púrpura.

Chakra 8. Transpersonal.
Color: luz blanca/dorada.

Fuente: *Chakras and Feng Shui*. Nancy Santopietro.

Podemos fortalecer cada chakra a través de baños de sales del color del chakra que queremos trabajar. Otra opción es apoyarnos en aromas y piedras. Antes de entrar a este punto, hablaremos de la relación de los chakras con las áreas del bagua en Feng Shui.

Chakras y Feng Shui

Con base en la función de cada chakra se establece una conexión energética con las distintas áreas de nuestro mapa del bagua. Para determinar esta relación emplearemos la energía de cada área asociándola con cada chakra y con la manera en que los aspectos exteriores del entorno influyen en nuestro cuerpo, reflejándose en actitudes positivas o negativas que nos generan bloqueos, aperturas y llegada de nuevas oportunidades, así como la forma o disposición que manifestamos para generar y recibir beneficios.

Al relacionar cada chakra con una distinta área del bagua, podemos determinar que cuando un área de nuestro hábitat no es muy favorecida o nos presenta un conflicto, desde el punto de vista del Feng Shui, se va a reflejar en un desbalance y desequilibrio en nuestro cuerpo energético, lo que afectará la manifestación personal, social y profesional, así como la salud. Ahora revisemos la asociación chakras-bagua.

El primer chakra se relaciona con las áreas de trabajo y dinero del bagua. Se refiere a todo lo que implique supervivencia, salir adelante, proveerte de lo necesario para cubrir tus necesidades básicas como persona y ser vivo. Es el centro que nos conecta a la tierra, por eso se le llama también raíz. Le corresponden los órganos genitales, piernas, rodillas, pies y sexualidad. Se relaciona con la madre y archiva información de nuestra convivencia con ella.

El segundo chakra se relaciona con el área del matrimonio y la familia del bagua. Se refiere al aspecto cultural, familiar y el sentido de personalidad en el mundo, además de la autoestima. Se considera el centro de las sensaciones y rige las emociones. Aquí archivas recuerdos, traumas y adicciones. Le corresponden el bajo intestino, ovarios y espalda baja. Se asocia con el padre.

El tercer chakra se relaciona con las áreas de dinero y trabajo de la casa. Tiene que ver con la fuerza de voluntad y aptitud para enfocar la energía a nuestros deseos y propósitos. Se almacena la intelectualidad y el razonamiento, guarda la capacidad de análisis y creatividad. Retiene los miedos y corajes. Se refiere al estómago, intestinos, hígado, bazo, vesícula, glándulas adrenales y espalda media.

El cuarto chakra es el centro de los sentimientos, es una conexión con la divinidad y el universo. Se dirige a las áreas de familia, salud, hijos y amor del bagua. Aquí radica el poder personal, la seguridad y la confianza. Rige el pecho, hombros, brazo, manos, pulmones y espalda alta.

El quinto chakra guía benefactores e hijos en el bagua. Rige la identidad personal y nuestra imagen en el mundo, la comunicación, la creatividad, la autoridad, la enseñanza, el liderazgo y las habilidades. Abarca la adolescencia y controla la garganta y el cuello, almacena nuestras vivencias en esa etapa de nuestra vida.

El sexto chakra se refiere al área de conocimiento del bagua y guía la intuición, la verdad, la clarividencia. Sus órganos del cuerpo son los ojos, la nariz y los oídos.

El séptimo chakra abarca el área de fama en el bagua. Es el que guía nuestro camino y nos conecta con el Ser Supremo. Rige el cráneo, el cerebro y la glándula pituitaria.

El octavo chakra es la conexión con los ángeles, la divinidad y los guías espirituales. Es por donde entra y sale la luz espiritual a nuestro cuerpo; por esa razón se le relaciona con el área de benefactores en el bagua.

Esta relación de los chakras con las áreas del bagua retoma los puntos de vista de Jami Lin y Nancy Santopietro. Ambas posturas son muy interesantes y completas, por lo que se sugiere consultar a estas autoras para profundizar en el tema.

A través de la meditación es posible trabajar con los chakras. Para esto, algunas herramientas muy favorables son los colores, los aromas y las piedras, incluso la presencia de un altar. De esta forma se sana y armoniza el Chi del cuerpo humano. ¿Cómo podemos aplicar esta información de manera práctica? Un ejemplo es el siguiente:

El caso de una persona que tiene constantes problemas de trabajo y por consiguiente conflictos económicos. Determinamos que los chakras asociados con esos aspectos de su vida son el chakra raíz y el plexo solar, establecemos las áreas de trabajo y de dinero en el plano de su hábitat. Colocamos en esas dos áreas piedras y cuarzos asociados con ambos chakras y empleamos en su entorno personal, aromas que fortalecen precisamente el chakra raíz y el plexo solar.

De esta manera, estamos combinando la energía personal con la energía de la casa, fortaleciendo ambos aspectos para generar cambios profundos y radicales en actitud, que se van a reflejar en mejores oportunidades profesionales y económicas para esta persona. Establecemos así un trabajo más completo entre la persona y su entorno.

Procedamos a conocer las piedras que benefician a cada chakra, ya que con lo hasta aquí presentado las podemos asociar con cada área del bagua.

Chakras y las piedras

Las piedras poseen la propiedad de amplificar pensamientos, ideas, deseos y elevar el Chi de la persona. Traerlas con nosotros puede mejorar el flujo de Chi en los chakras y nos representan la fuerza y la sabiduría de la madre tierra.

Es importante limpiar la energía de las piedras antes de usarlas. Un método sencillo es colocarlas una hora en agua con sal, una hora en agua con azúcar, una hora a la luz de la Luna y una hora a la luz del Sol.

Si rociamos la piedra con esencia nos ayudará en nuestras meditaciones, o por el simple hecho de traerlas con nosotros canalizará y armonizará la energía personal. Se convierten en canalizadoras y potencializadoras de la energía o Chi.

A continuación se presenta información de las piedras y las esencias más adecuadas para cada chakra y área del bagua.

	Piedra	Esencia	Área del bagua
Chakra 1	Ágata Cuarzo blanco Fluorita Turmalia negra	Sándalo Romero Lavanda Geranio Pachuli	Trabajo Dinero
Chakra 2	Citrino Cuarzo blanco Cuarzo rutilado Cuarzo ahumado	Jazmín Romero Romero y rosa	Matrimonio y familia
Chakra 3	Cuarzo blanco Hermatita Malaquita Pirita Sodalita	Romero Pimienta negra Pino Cedro	Trabajo Dinero
Chakra 4	Aventurina Cuarzo blanco Esmeralda Jade Rodocrosita Cuarzo rosa Turmalina verde Turmalina rojiza Turmalina rosa	Sándalo Romero Cardamomo y pino Jengibre Romero y rosa Geranio y pachuli	Familia Salud Hijos Amor
Chakra 5	Cuarzo blanco Aguamarina Turmalina azul	Romero Eucalipto Geranio y pachuli	Benefactores Hijos
Chakra 6	Cuarzo blanco Turmalina rosa Lapislázuli	Romero Eucalipto Geranio y pachuli	Conocimiento
Chakra 7	Amatista Cuarzo blanco Cuarzo turmalina	Aquilea Romero Geranio	Fama
Chakra 8	Cuarzo blanco	Romero	Benefactores

Fuente: Nancy Santopietro, *Harmony by Design*.

Piedras y Feng Shui

Las piedras son receptoras y canalizadoras del Chi astral. Orientarlas o aplicarlas adecuadamente generará una atmósfera energética propicia que conecta el universo material con la energía cósmica. Las piedras cuentan con características magnéticas de atracción y repulsión, lo que les da la cualidad de canales energéticos.

Desde la antigüedad, el empleo de las piedras ha tenido gran importancia espiritual y mística, hecho que les da un enfoque trascendental entre lo material y lo espiritual.

En el estudio de la escuela BTB de Feng Shui, el método trascendental es de gran importancia, ya que en la escuela de Feng Shui que precede el profesor Thomas Lin Yun se sostiene como una teoría fundamental la conexión espiritual con lo material. A esto se le llama método trascendental.

Como seres humanos no podemos negar la presencia de energía en nuestra vida y la energía divina que guía nuestra búsqueda de verdades tangibles y explicaciones lógicas a lo que impregnamos de fe. El tiempo mismo es una energía que conduce nuestro espíritu en ese afán de búsqueda material, he aquí la conexión entre ambos: el método trascendental. En la antigüedad, la adoración a las piedras se dio como veneración a la naturaleza y representación de la creación misma.

Las piedras cuentan con la propiedad de sanar, estabilizar y conectar el orden físico, mental y trascendental, similar al orden cosmogónico de cielo, tierra, hombre. Se convierten en conectores del

hombre con su creación: la madre naturaleza, proveedora de grandes canales receptivos, esa energía cósmica madre de la propia naturaleza.

Existe una fuerte relación entre piedras y astrología, de ellas surgen emanaciones de luz y rayos que influyen en la energía de los seres vivos y se funden con esas emanaciones cósmicas.

Por ejemplo, en el Nuevo Testamento se mencionan como piedras bíblicas: amatista, berilio, calcedonia, cornalina, crisoprasa, esmeralda, jacinto, jaspe, sardónice, topacio y zafiro.

A través de un buen manejo de las piedras, los chakras, puntos de entrada de energía al cuerpo, pueden ser armonizados o enriquecidos por la energía cósmica o universal, regida o determinada por los planetas, teniendo así, a su vez, gran fuerza astrológica (zodiacal). Cada chakra es afín a diferentes piedras, como se mencionó en el capítulo anterior, así como las piedras lo son a un determinado aroma.

He aquí la relación chakras, Feng Shui, piedras y esencias que forman una conexión con la naturaleza, el ser humano, la mente inconsciente y energías cósmicas, logrando así una mejor armonización cósmica-personal que se involucrará con la armonización persona-casa, y que a su vez se conecta a la integración persona-casa-cosmos, obteniendo así la conexión trascendental con la energía creativa de la esencia misma del gran espíritu universal. Al percibir cada aroma habrá una reacción a través de nuestra mente inconsciente.

Procedamos entonces a conocer la aplicación de los diversos aceites esenciales a nivel persona-energía-conexión inconsciente que pueden contribuir a mejorar y corregir nuestra postura y reacción inconsciente ante diversas situaciones emocionales. A continuación se presentan aromas y su función básica para emplearse en nuestro entorno según las necesidades que se presenten.

Esencias y sus aplicaciones

Esencia	Aplicaciones
Albahaca	Antidepresiva, antiséptica, edificante, clarifica procesos mentales.
Alcanfor	Analgésico, antidepresivo, antiséptico, diurético, estimulante.
Amaranto	Amor.
Amaro	Afrodisíaco, sedante.
Angélica	Desinflamatoria, sedante.
Árbol del té	Estimulante mental y del sistema inmunológico, desinfectante.
Azahar	Afrodisíaco, antidepresivo.
Benjuí	Cordial, expectorante, diurético.
Bergamota	Analgésica, cicatrizante.
Cardamomo	Afrodisíaco, estomacal.
Cayepati	Estimulante.
Cedro rojo	Astringente, sedante.
Ciprés	Sedante.
Enebro	Purificante, estimulante, cicatrizante.
Espliego	Antidepresivo, antitóxico.
Eucalipto	Depurativo, estimulante.
Geranio	Antidepresivo.
Hierbabuena	Estimulante, limpiadora, refrescante, vigorizante.
Hierbaluisa	Estimulante, limpiadora, tonificante.
Hinojo	Antiséptico, digestivo.
Hisopo	Digestivo, cicatrizante, regula la presión sanguínea.
Hojas de abeto	Refrescantes, limpiadoras.
Ilang-Ilang	Antidepresivo, sedante.
Incienso	Astringente, digestivo, cicatrizante.
Jazmín	Antidepresivo, afrodisíaco.
Limón	Astringente.
Manzanilla	Sedante, calmante, antidepresiva.
Madera de cedro	Relajante, disminución del estrés.

Madera de sándalo	Disminución del estrés, sensual, sedante, ayuda a liberar el miedo.
Mandarina	Refrescante, edificante.
Mejorana	Muy relajante, disminuye la ansiedad.
Melisa	Antidepresiva, sedante.
Menta	Analgésica, estimulante, astringente.
Mirra	Estimulante, fortificante, inspiradora.
Neroli	Disminución del estrés, calmante.
Pachulli	Antidepresivo, afrodisíaco.
Pimienta negra	Estimulante, analgésica.
Romero	Estimulante, limpiador, mejora el rendimiento en los estudios.
Rosa	Antidepresiva, estimulante, depurativa.
Sándalo	Antidepresiva, estimulante, expectorante.
Toronja	Estimulante.
Tomillo	Estimulante, fortificante, activador.

Afrodisíacos
Salvia, hinojo, jazmín, neroli, pachuli, rosa, romero, sándalo e ilang-ilang.

Calmantes
Bergamota, manzanilla, lavanda, menta, romero y árbol del té.

Antidepresivos
Albahaca, bergamota, manzanilla, salvia, geranio, jazmín, lavanda, melisa, neroli, naranja, pachuli, rosa y sándalo.

Alivia dolores
Pimienta negra, manzanilla, salvia, eucalipto, hinojo, lavanda, mejorana, naranja, rosa y romero.

Domésticos
Cedro, ciprés, hinojo, geranio, toronja, lavanda, limón, pachuli y salvia.

Estimulantes físicos
Pimienta negra, geranio, rosa, romero y tomillo.

Estimulantes mentales
Albahaca, eucalipto, limón, menta, árbol del té y tomillo.

Tranquilizantes
Manzanilla, salvia, mirra, mejorana, neroli, sándalo e ilang-ilang.

Fortalecen el bienestar
Albahaca, incienso, geranio, limón, melisa, mirra, rosa y sándalo.

Esencias, chakras y bagua

A continuación se presenta la relación de los chakras con las áreas del bagua y los aceites esenciales que pueden contribuir a armonizar y crear un ambiente de bienestar y confort a ese espacio de casa, que a su vez, por medio del aroma, se conectará con el aspecto inconsciente emocional de cada chakra, estableciendo una conexión casi imperceptible entre emociones-ser humano-Chi-entorno.

RAÍZ / TRABAJO Y DINERO	
Geranio	Protección.
Jengibre	Coraje, energía física, fortaleza.
Naranja	Energía física.
Pachuli	Energía física, dinero, vigor, estimulante.
Pino	Protección, energía física, dinero.
Vetiver	Aterrizar, centrar fuerza, protección, dinero, integridad, conector mente-cuerpo.

SEXUAL / MATRIMONIO Y FAMILIA	
Bergamota	Complementación, creatividad.
Cardamomo	Amor, sexo.
Ciprés	Creatividad.
Geranio	Creatividad.
Jengibre	Calor, sexo, amor.
Jazmín	Sexo, amor.
Limón	Energía física, creatividad.
Naranja	Purifica, energía física, alegría.
Pachuli	Sexo, energía física.
Pino	Perdón, energía física, aceptación.
Sándalo	Sexo, creatividad.
Toronja	Claridad emocional, vigor.

PLEXO SOLAR / DINERO Y TRABAJO	
Bergamota	Confianza, certeza, creatividad.
Ciprés	Confianza, certeza.
Geranio	Autoestima, positivismo.

Jengibre	Fuerza, confianza, positivismo, coraje.
Toronja	Liberación, confianza, positivismo.
Jazmín	Autoestima.
Lavanda	Autoestima.
Limón	Salud, positivismo, sanación.
Naranja	Confianza, autoestima.
Pino	Autoimagen.
Sándalo	Autoimagen, autoestima, creatividad.
Vetiver	Positivismo, autoestima.

CORAZÓN / FAMILIA, HIJOS, SALUD Y AMOR

Benzoin	Alegría.
Bergamota	Paz, alegría, felicidad.
Ciprés	Sanación.
Eucalipto	Salud, sanación.
Geranio	Alegría.
Toronja	Alegría, balance.
Jazmín	Alegría, paz.
Lavanda	Salud, amor, paz, descanso.
Limón	Salud, sanación, alegría.
Mirra	Sanación.
Naranja	Alegría, felicidad.
Pino	Comprensión, paciencia, aceptación, sanación.
Rosa	Amor, paz, sexo, belleza.
Sándalo	Alegría, descanso, sanación.
Menta	Sanación, protección al dormir.

GARGANTA / BENEFACTORES E HIJOS

Cardamomo	Claridad.
Ciprés	Generosidad.
Geranio	Comunicación, aceptación, asistencia.
Toronja	Generosidad, comunicación.
Jazmín	Asistencia.
Lavanda	Asistencia, aceptación, integridad.

Limón	Comunicación, claridad de pensamiento, aceptación.
Pino	Perdón, entendimiento, aceptación.
Manzanilla	Generosidad, perdón, comunicación.
Rosa	Aceptación.
Vetiver	Convicción, integridad.

TERCER OJO / CONOCIMIENTO	
Eucalipto	Alerta, concentración.
Toronja	Alerta.
Jazmín	Sueños psíquicos.
Lavanda	Mente consciente.
Limón	Enfoque, concentración.
Naranja	Concentración.
Manzanilla	Concentración, meditación.
Menta	Concentra, alerta, regenera, vitaliza.

CORONARIO / FAMA	
Ciprés	Autodespertar.
Geranio	Autodespertar.
Jazmín	Espiritualidad, sueños psíquicos.
Mirra	Espiritualidad, meditación.
Manzanilla	Meditación.
Sándalo	Espiritualidad, meditación.

TRANSPERSONAL / BENEFACTORES	
Albahaca	Clarifica.
Geranio	Autodespertar.
Limón	Claridad.
Mirra	Espiritualidad, meditación.
Sándalo	Espiritualidad, meditación.

Fuente: Nancy Santopietro, *The Essence of Feng Shui* y Jami Lin, *The Chakras and the Bagua*.

La forma de aplicar esta herramienta es creando nuestras propias mezclas y rociándolas en el ambiente dependiendo el área del bagua y chakra que queremos fortalecer. Al realizar las mezclas es recomendable no emplear más de tres aromas para no provocar contaminación olfativa.

Esencias y las emociones

A continuación se enlistan algunos aceites esenciales que estimulan nuestras emociones:

ALEGRÍA
Geranio, lima, naranja, rosa y sándalo.

ENERGÍA Y ACTITUD MENTAL
Eucalipto y lima.

PAZ
Bergamota, manzanilla, mirra y rosa.

CONFIANZA Y AUTOESTIMA
Ciprés, jengibre, toronja, jazmín, lavanda, pino y sándalo.

CREATIVIDAD
Ciprés, geranio, iris y sándalo.

INTROSPECCIÓN
Ciprés y sándalo.

ESPIRITUALIDAD
Iris, mirra y sándalo.

AMOR
Rosa, cardamomo y ciprés.

PURIFICACIÓN
Eucalipto, limón y nerolí.

DAR Y RECIBIR
Pachuli, jengibre y pino.

ATRACCIÓN
Pachuli, sándalo y cardamomo.

ÉXITO EN LOS NEGOCIOS
Menta, bergamota, albahaca y pachuli.

AFLICCIÓN

Benjuí, hisopo, melisa y ciprés.

AGOTAMIENTO

Albahaca, cilantro, geranio, tomillo y limón.

ANSIEDAD

Albahaca, jazmín, melisa, pachuli y rosa.

CONFUSIÓN

Eucalipto, menta, pachuli, ciprés y geranio.

CONMOCIÓN

Geranio, melisa, nerolí, manzanilla, menta y rosa.

DESCONFIANZA

Benjuí, rosa y manzanilla.

ARMONÍA

Manzanilla, lavanda, geranio y rosa.

MEDITACIÓN

Manzanilla, mirra y sándalo.

CULTIVAR Y ELEVAR EL CHI

Manzanilla romana.

RENACER

Jengibre, vetiver y naranja.

AVENTURA, EXPERIENCIAS

Geranio, jazmín, lavanda, manzanilla romana y rosa.

MOTIVACIÓN

Bergamota, clavo, ciprés, toronja, limón y pino.

INSPIRACIÓN

Bergamota, toronja, jazmín y rosa.

VISUALIZACIÓN Y REGENERACIÓN

Manzanilla romana, lavanda, nerolí y rosa.

LIBERACIÓN

Bergamota, toronja, lima, lavanda, mandarina, rosa y aceite de árbol del té.

MEMORIA

Albahaca, cardamomo, clavo, geranio y tomillo.

GRATITUD

Naranja.

LONGEVIDAD
Clavel, romero e hinojo.
IRA
Manzanilla, rosa y melisa.
ESTIMULAR LA MENTE
Albahaca, azafrán, hisopo, menta, ruda, tomillo, laurel, pimienta negra y romero.

Salud

Este listado de aceites esenciales se refiere a los aromas que nos ayudarán a sentir bienestar respecto a la salud.

CIRCULACIÓN
Ciprés, limón y lavanda.
SISTEMA DIGESTIVO
Manzanilla romana y naranja.
ENDOCRINO
Manzanilla romana, jazmín, lavanda, rosa y pachuli.
SISTEMA INMUNOLÓGICO
Eucalipto, lavanda y limón.
NERVIOSO
Bergamota, manzanilla, lavanda, sándalo y jazmín.
RESPIRATORIO
Eucalipto, pino, sándalo y mirra.
PIEL
Lavanda, limón, manzanilla, geranio, rosa y neroli.
INSOMNIO
Bergamota, manzanilla, sándalo, lavanda y naranja.
PARA PURIFICAR LA HABITACIÓN DE UN ENFERMO
Eucalipto, romero y enebro.

Esencias para las habitaciones

RECÁMARAS
Lavanda, geranio y rosa.
RECÁMARA DE NIÑOS
Lavanda y naranja.
ESTUDIO
Romero, hierbabuena y bergamota.
SALA DE TRABAJO
Eucalipto, hierbabuena y romero.
SALA DE ESTAR
Mandarina, bergamota y pino.
COCINA
Limón y toronja.
COMEDOR
Limón, toronja y mandarina.
BAÑO
Hierbabuena, pino y rosa.
SALA DE MEDITACIÓN
Sándalo.

Fuente: Denise Linn, *Hogar sano*.

Si deseamos purificar y cambiar la energía de una habitación, colocar algunas hojas o gotas de esencia de eucalipto, limón, albahaca o pino en un aspersor con agua y rociarlo en el lugar, ionizará el espacio y la energía se tornará más suave y agradable.

Recuerda que los aceites esenciales, a través de su aroma, mejoran nuestro estado de ánimo y nos permiten percibir un ambiente más agradable en cada espacio que nos rodea, nos evocan a nivel inconsciente la presencia de la naturaleza.

Esencias y su manejo en Feng Shui

El manejo de esencias evoca sensaciones. Incluso a nivel inconsciente pueden cambiar la actitud personal a un estado más positivo y en algunos casos tornarse en una situación negativa.

Los olores se consideran Yin y los aromas se consideran Yang. El olfato es un sentido que no duerme, siempre está activo y nos afecta en un aspecto mental muy profundo; por eso es que la aromaterapia se convierte en un medio de comunicación casi imperceptible para el inconsciente. Es importante analizar las situaciones que, con la aplicación del Feng Shui, se quieran plantear para lograr un resultado favorable a través de esta herramienta. Hay varias formas en que podemos proveer un espacio de aromas:

Directa	Rociar la sustancia directa.
Difusores	Eléctricos o velas aromáticas.
En sistemas de ventilación	Como parte del sistema de temperatura.
Inciensos	

Un ejemplo sería el siguiente:

El aroma a menta ayuda a eliminar la fatiga mental y activa el pensamiento. Su aplicación es excelente en oficinas donde se requiere creatividad, como es el de una agencia de publicidad. Esto se puede lograr por medio del sistema de ventilación, a través de él se transporta el aroma en el medio ambiente, provocando una reacción de actividad mental creativa y positiva a nivel inconsciente en las personas que laboran en ese lugar.

O bien:

La canela disipa la frialdad emocional y la soledad. Se recomendaría aplicarla en habitaciones de personas ancianas que vivan en un asilo para darles una sensación de mayor calidez. Se puede propagar el aroma por medio de difusores o vaporizadores, incluso con inciensos.

De forma personal podemos elaborar los aceites esenciales. Es importante que sean de buena calidad para obtener el resultado que buscamos. Al emplearlos en casa, recomiendo hacerlo mediante el rociado. Hay que presionar el atomizador tres veces en el área o habitación, visualizando lo que se quiere obtener. Este procedimiento se repite por nueve veces con una oración o mantra de preferencia, y se presiona tres veces más el atomizador. Este método lo aprendí de Jami Lin y he comprobado lo eficaz que puede resultar, así como los excelentes cambios que he obtenido en mi experiencia y en la de quien lo ha practicado. Este procedimiento involucra el aspecto espiritual, la intención y la fuerza que podemos imprimir a nuestro deseo, asimismo representa los tres secretos del Feng Shui y la conexión con nuestro ser superior.

Recuerda: la perseverancia es muy importante para obtener todo lo que desea. Pensar, desear, pedir, es igual que actuar.

Las velas y el Feng Shui. ¿Qué papel desempeñan las velas dentro del Feng Shui?

Las velas representan el elemento fuego en la teoría de los cinco elementos. Significan la luz interior del ser humano que se eleva y se une con la luz divina. Se convierten en el medio para hacer nuestras peticiones, iluminar nuestra fe y restaurar la fuerza interior. El fuego es el elemento que clarifica y purifica el ambiente. Es el que abre los caminos, favorece el desarrollo mental y la creatividad; asimismo, da calor y representa esperanza. Por ello, una vela se vuelve imprescindible en un altar y en el hogar.

El elemento fuego nos va a ayudar a promover lo siguiente:

- Pasión
- Expresión
- Fama
- Fiesta
- Estimulación mental
- Nuevas ideas
- Sociabilidad
- Espontaneidad
- Sanación del hogar

Emplear una vela en la recámara principal beneficiará la relación matrimonial. En lugares en que se dificulta la convivencia o existe falta de inspiración, emplear velas en la decoración contribuirá a fomentar la creatividad y la expresión, al igual que la sociabilidad. En el bagua, el área ideal para colocar velas es en el de la fama. Las demás áreas en las que favorecerá el fuego son: conocimiento, salud, familia, dinero y amor.

Dentro del aspecto ritualista, cada día de la semana se ilumina con una vela. Cada día es de un diferente color, al igual que cada área del bagua. Las velas se pueden preparar y colocar en áreas especiales para hacer nuestras peticiones y darle un aspecto de devoción y conexión con lo divino a nuestro espíritu y deseos.

En este caso, las velas se convierten en una herramienta para fomentar una atmósfera determinada que provocará una situación favorable para nosotros.

Colores de velas y esencias recomendadas para cada día de la semana

DÍA	COLOR	ÁREA DEL BAGUA	ESENCIA	PIEDRA
Lunes	Blanco	Benefactores / hijos	Avellana	Perla
Martes	Rojo	Fama	Clavel	Granate
Miércoles	Amarillo	Salud	Sándalo	Ágata
Jueves	Morado	Dinero	Jazmín	Turquesa
Viernes	Rosa o azul	Amor / trabajo	Lilas	Lapislázuli
Sábado	Verde oscuro	Familia / trabajo	Amapola	Obsidiana
Domingo	Naranja	Conocimiento / salud	Rosas, manzanilla o romero	Ámbar

CHAKRA	PLANETA
Coronario	Luna
Sexual	Marte
Corazón	Mercurio

Tercer ojo	Júpiter
Garganta	Venus
Raíz	Saturno
Plexo solar	Sol

Podemos encender la vela correspondiente al área del bagua acorde con el día de la semana, ungirla con la esencia que le corresponde y colocar su piedra cerca. Este ritual apoyará nuestros deseos y reafirmará la voluntad para obtenerlos, fomentando un ambiente más favorable a la energía, necesaria para fortalecer nuestro deseo de cambio.

Velas y colores

- Vela naranja: protege la salud, atrae alegría, paz y tranquilidad. Promueve la prosperidad y la creatividad (conocimiento y salud).
- Vela blanca: fortalece la imaginación, la fertilidad y la creatividad, protege a los hijos y fomenta la intuición, favorece los viajes (benefactores e hijos).
- Vela roja: favorece la autoridad, la juventud, el inicio de empresas y proyectos (fama).
- Vela amarilla: representa el orden, el comercio, movimiento y razonamiento. Protege y favorece todo tipo de transacciones y la salud (salud).
- Vela morada: rige y promueve el aspecto espiritual, permite desarrollar fuerza de voluntad para crecer. Simboliza la autoridad y el poder. Impulsa el desarrollo empresarial, comercial y espiritual (dinero).
- Vela rosa o azul: totalmente ligada al aspecto sentimental, nos acerca a la pareja, fomenta las uniones y las reconciliaciones. Corresponde a la armonía y equilibrio del corazón. Impulsan a ver el lado positivo, elevan la autoestima, la determinación y la conquista (amor y trabajo).
- Vela verde oscuro: simboliza la estabilidad, solidez, constancia, fidelidad, perseverancia, profundidad y trascendencia (familia y trabajo).

De esta forma se presenta una conjunción sobre las velas, los aspectos ritualísticos y su asociación con el Feng Shui, principalmente con el bagua y con cada una de sus áreas. Todo ello con la finalidad de crear ambientes armónicos y agradables empleando lo que, posible y cotidianamente, está a nuestro alcance. El uso de velas aromáticas también es una excelente herramienta para lograr ambientes íntimos, románticos, sanadores, personales y de meditación. Si fabricamos nuestras propias velas para peticiones y ambientes especiales utilizando esencias, flores, piedras y frutas, podemos obtener diseños creativos, personales y muy útiles para fomentar un buen Feng Shui. Los materiales que se necesitan para fabricar velas son:

- Aceite vegetal para untar al molde.
- Cera/parafina.
- Colorantes.
- Esencias.
- Pabilo.
- Aguja de canevá larga para perforar la vela e introducir el pabilo.
- Moldes.
- Olla de peltre o aluminio para fundir la cera/parafina.

Se sugiere emplear tres o cuatro gotas de esencia para hacer tus velas aromáticas. Dependiendo de tu objetivo, tendrás que escoger la esencia:

Alegría	Geranio
Paz	Rosa
Confianza	Jazmín
Creatividad	Sándalo
Espiritualidad	Mirra
Amor	Rosa
Purificación	Eucalipto
Atracción	Pachuli
Autoestima	Lavanda
Calma	Menta
Antidepresivo	Neroli

A continuación se indica cómo fundir y vaciar la cera en los moldes para elaborar tus velas, también se mostrará el terminado y el pulido.

1. Introduce la cera en la bolsa especial de fundición, ciérrala muy bien para que no entre agua.

2. Preparación del molde: en el interior del molde (en las dos mitades) coloca una capa delgada de aceite vegetal; esto te facilitará el desmolde de la vela. Ata el pabilo a un palito y pásalo por la ranura del molde. Junta las dos partes del molde haciendo coincidir los registros y fija el palito al molde con cinta canela, de manera que el pabilo quede centrado y tenso. Coloca las costillas plásticas a los lados del molde. Corta un poco el otro extremo del pabilo que se encuentra en la parte inferior del molde y fíjalo a éste por un lado con cinta canela; cuida que el pabilo quede muy bien protegido. Pon las otras costillas en la parte inferior del molde y fíjalo en forma transversal a su base.

3. En una sartén eléctrica vacía un tercio de agua, introduce la bolsa con la cera y fúndela a baño María, a temperatura baja (agrega más agua conforme se vaya consumiendo); para que la bolsa no se incline y se hunda, coloca a sus lados dos utensilios de cocina que no se quemen. Cuando la cera esté totalmente derretida, agrega el colorante o pigmento. Con el termómetro mide la temperatura de la cera cuidando que no exceda los 75° C. Si deseas agregarle esencia, deja enfriar la cera restante en baño María a temperatura baja.

4. La cera del molde se contrae al enfriarse, por lo que se formará un pozo, que hay que rellenar una o dos veces con la cera sobrante. Antes tienes que romper con un palillo la costra superficial que se forma. Deja enfriar la vela del molde a temperatura ambiente aproximadamente seis horas.

5. Retira la cinta canela y la costilla que sujetan el molde, ábrelo y saca la vela con mucho cuidado. Toma en cuenta que la vela está invertida, es decir, la parte superior del molde es la base de la vela y el pabilo o mecha está por el otro extremo.

6. Con la parte sin filo del cuchillo corta el excedente y la base de la vela. Para dejar plana la base, frótala en una sartén de teflón o en una tapa caliente.

7. Pule la vela con una media de nailon hasta sacarle brillo.

8. Al terminar tu vela puedes decorarla como más te agrade.

Las plantas

Un aspecto muy importante para crear ambientes especiales son las plantas. Las plantas simbolizan vida y representan la naturaleza, remitiéndonos a nivel inconsciente con nuestra esencia y origen.

Del observar y estudiar la naturaleza y las plantas parten la alimentación y la medicina, pues de ella extraemos nutrientes, inclusive aceites esenciales de aromaterapia.

Las plantas representan no sólo un detalle estético en nuestra decoración interior y exterior del entorno, sino una alianza para sanar el espacio y nuestra energía personal.

Asimismo, asociamos las flores con belleza, incluso decimos que representan un lenguaje a través del significado de sus formas y colores. En capítulos anteriores hemos hablado de los cinco elementos, éste no será la excepción.

Las plantas, por sus formas, tamaños, tonalidades y color se catalogan de acuerdo con la teoría de las cinco fuerzas transformadoras de la naturaleza, brindándonos así información importante para diseñar ambientes de armonía, amor, balance, motivación y salud.

A nivel inconsciente asociamos las plantas a crecimiento, desarrollo, aspectos importantes para motivarnos y obtención de prosperidad. También representan frescura y libertad, sensaciones necesarias para el ser humano. A través de esta última es que la persona desarrolla su creatividad y su potencial físico y mental para establecer y alcanzar metas.

Los árboles, por sus troncos y raíces, nos hacen sentir sólidos y protegidos, alejados de influencias nocivas y dañinas. El simple hecho de observar un bosque o un jardín nos despierta una sensación agradable que provoca una reacción inmediata en nosotros.

Procedamos a conocer, desde el punto de vista del Feng Shui, la influencia de sus formas y su presencia en el espacio en que habitamos.

Las plantas de hojas triangulares, como el maple japonés, se catalogan como elemento fuego. También los árboles de forma triangular como el pino, representan este mismo elemento.

Dicho tipo de plantas son muy adecuadas para vigorizar la energía de un espacio, también activan el pensamiento y promueven la generación de ideas. Contribuyen a una atmósfera más sociable. Son ideales para lugares donde se necesite fomentar la espontaneidad. Colocar un jarrón con flores frescas de pétalos triangulares será de mucha ayuda para crear una atmósfera de fuego en un espacio. Un ejemplo de este tipo de flores son las lilis y las begonias. Si aplicamos el bagua BTB se pueden colocar en las áreas de conocimiento, amor y fama. A continuación se presenta una lista de plantas y árboles que por su forma se pueden considerar elemento fuego:

Acalypha hispida	Cola de gato roja
Aechmea fasciata	Bromelia
Agapanthus	Lino africano
Aloe	Sábila
Alyogyne huegeli	Trompeta
Amaryllis	Amarilis
Anthuriom	Cuna de Moisés roja
Araliaceae	Aralia china elegantísima
Araucaria excelsa	Araucaria
Asparagus sprengeri	Espárrago
Asparagus umbellatus	Asparagus
Aspidistra elatior	Aspidistra
Azaucaria heterophylla	Arancaria
Begonia rex	Begonia de hoja
Bougainville glabra	Bugambilia
Browallia speciosa	Mata violeta
Cactus	Cactus (Muy agresiva)
Caladium	Romeo
Callistemon citrinus	Limpia botellas
Campanula isophylla	Campánula italiana
Capsicum annuum	Pimentera ornamental
Cattleya	Especie de orquídea
Celosía argéntea	Plumosa
Cissus	Hiedra de uva
Clerodendrum paniculatum	Flor pagoda
Clerodendrum thomsoniae	Enredadera de corazón sangrante

Clivia miniata	Alivia
Codiaeum rariegatum	Riña o crotón
Coleux blumei	Coleo
Cordyline fruticosa	Compacta purpúrea, bonsái hawaiano, kiwi o nieve
Corynocarpus laevigata	Laurel de Nueva Zelanda
Cryptanthus	Estrella de la tierra
Cupressus lindleyi	Cedro blanco
Cupressus macrocarpa	Ciprés del interior
Cupressus sempervirens	Ciprés italiano
Curcuma zedoaria	Jengibre, curcuma, yuquilla
Cymbidium	Orquídea
Cyperus papyrus	Papiro
Dahlia coccinea	Dalia
Dieffenbachia maculata	Camilla
Dracaena	Maicera
Dracaena deremensis	Sorpresa
Dracaena draco	Drago (muy agresiva)
Dracaena reflexa	Canción de la India
Dryopteris erythrosora	Helecho escudo o adarga japonesa
Echeverría	Rosetas carnosas
Euphorbia pulcherima	Nochebuena
Fatshedera lizei	Hiedra aralia
Fatsia japonica	Aralia
Ficus benjamina	Foliole
Fucsia	Aretillo
Gloriosa rothschildiana	Lili gloria
Heliconia	Pinzas de langosta
Hypoestes phyllostachia	Hipoestes o payasito
Impatiens hawkerio	Flore de Nueva Guinea
Ipomoea quamoclit	Enredadera de ciprés
kalanchoe	Kalancoe
Kalanchoe tormentosa	Orejas de gato
Ledera helix	Hiedra común
Liquidámbar styraciflua	Liquidámbar
Mandevilla laxa	Jazmín chileno
Musa acuminata	Bananero enano
Narcissus	Narciso
Nephrolipis exaltata	Helecho espada

Osmunda regalis	Helecho real
Pachystachys coccinea	Guardia del cardenal
Pentas lanceolata	Racimo de estrellas
Philodendron	Rojo imperial
Philodendron scandens	Filodendro
Phoenix canariensis	Palma de canarias
Sansevieria trifasciata	Sanseviera
Saxífraga stolonifera	Geranio de fresas
Schefflera arborícola	Trinette
Selenicereus grandiflorus	Reina de la noche
Solanum pseudocapsicum	Cereza de Jerusalén
Sparmannia africana	Cáñamo africano
Spathi phyllum	Cuna de Moisés
Sthephanotis floribunda	Jazmín de Madagascar
Strelitzia reginae	Ave del paraíso
Strobilanthes dyerianus	Escudo persa
Syngonium podophyllum	Singonio
Thuja orientalis	Tulia
Thunbergia grandiflora	Enredadera de trompeta azul
Tradescantia	Amor de hombre
Washington filifera	Palmera de abanico del desierto
Yucca elephantipes	Yuca
Yucca gloriosa	Daga española
Zantedeschia	Alcatraz
Zebrina péndula	Judío errante

Las flores de color rojo y naranja también se asocian con el elemento fuego. Aquellas plantas de tamaño pequeño y bajas, de forma cuadrada y los bonsái, se consideran elemento tierra. Son de formas compactas, ideales para generar una sensación de estabilidad y equilibrio, promueven una atmósfera de convivencia y seguridad, así mismo contribuyen a generar armonía familiar en un espacio.

También se recomiendan en casos en que se quiera mejorar la salud, favorecer la maternidad y la precaución. Las flores de colores amarillos por lo general se asocian con el elemento tierra.

A continuación se presenta una lista de plantas y árboles que se vinculan al elemento tierra:

Acer	Arce
Achillea	Aquilea
Alyssum	Aliso o canastillo
Beaucarnea recurvata	Pata de elefante
Betula	Abedul
Brugmansia	Campanilla
Calceolaria	Calceolaria
Camellia	Camelia
Catalpa	Catalpa
Cercis	Árbol del amor
Cyathea	Helecho herbóreo
Chaenomeles	Membrillo japonés
Eustoma grandiflorum	Genciana de la pradera
Felicias amelbides	Felicia, aster o margarita azul
Forsythia	Campanita china
Fucsia	Aretillo
Gleditsia	Acacia de tres espinas
Hemigraphis alternata	Hiedra roja
Hibiscus rosasinensis	Rosa china
hyacinthus	Jacinto
Impatiens	Belén
Juniperus	Enebro
Juniperus communis	Junípero
Labarnum	Ébano falso
Magnolia	Magnolia
Malus	Manzano silvestre
Prunus	Cerezo
Quercus	Roble
Ramia furfuracea	Palma zamia
Rhododendro	Azalea
Rhododendro	Azalea japonesa
Rosa xhibrida	Rosal enano
Saintpaulia	Violeta africana
Sorbus	Serbal
Tagetes erecta	Cempazúchitl
Thymus	Tomillo
Ulmus	Olmo
Viola wittrockiana	Pensamiento

Empleando el bagua BTB se pueden colocar en las áreas de benefactores, hijos, conocimiento, salud y amor.

Las plantas de hojas circulares, así como los árboles de forma circular, se asocian al elemento metal. Este tipo de plantas son muy útiles cuando deseamos integrar al entorno una atmósfera de refinamiento, gracia, romance, liderazgo, orden, planeación y organización. Las flores de color blanco y tonos pastel se consideran elemento metal. Otra sugerencia para simbolizar este elemento es podar arbustos o ficus de forma redonda. Un ejemplo sería el eucalipto dólar o la planta conocida como siempreviva. Empleando el bagua BTB se pueden colocar en el área de trabajo, benefactores e hijos.

A continuación se presenta una lista de plantas, flores y árboles que se asocian con el metal:

Acacia retinoides	Acacia amarilla
Achimenes	Achimenes
Adiantum raddianum	Culantrillo
Aeoniom	Rosa verde
Aeonium arboreum	Roseta verde
Alcea	Malva
Alyssum matitinum	Panalillo
Allamanda cathartica	Trompeta dorada
Allium	Alium
Antigonom leptepus	Coralia
Armería	Armería
Bacopa	Cola de nieve
Begonias	Begonia
Bellis	Margarita menor
Calathea picturada	Argéntea
Calceolaria	Planta zapatilla
Caléndula officinalis	Mercadela
Camelia	Camelia
Clitoria ternata	Guisante de mariposa
Crassula ovata	Siempreviva
Crisantemo	Crisantemo
Epipremnum pinnatum	Mármol rey
Eucalyptus	Eucalipto
Evonimus japonicus	Evónimo

Ficus deltoidea	Higuera muérdago
Ficus lyrata	Árbol lira
Ficus pumila	Ficus rastrero
Ficus repens	Moneda
Ficus retusa	Laurel de la India
Fittonia verschaffeltii	Fitonia
Hibiscus	Malvón
Hydrangea macrophylia	Hortensias
Labiacaea	Coleos
Leptospermum	Árbol del té
Licuala	Licuala
Lithops	Cacto piedra
Lobelia erinus	Lobelia colgante
Lonicela	Madreselva
Maranta leuconeura	Maranta
Miltonia	Orquídea
Paeonia	Peonía
Papaver	Amapola
Pelargonuim	Geranio
Pellaea rotundifulia	Helecho botón
Peperomia caperata	Cola de rata
Pittosporum tabira	Clavito
Pittosporum tobira	Tobira japonés
Polyscias guilfoylei	Cafeto silvestre
Rododendro	Rododendro
Soleirolia	Lágrima de niña
Streptocarpus saxorum	Falsa violeta africana
Surfinea	Petunia
Thuja	Árbol de la vida
Thunbergia alata	Ojo morado
Tibouchina urvilleana	Mata de gloria
Tropaeolum	Capuchina
Verbena	Verbena
Viola	Violeta o pensamientos

Aquellas plantas de forma y hojas irregulares se consideran elemento agua. Este tipo de planta nos ayudara a promover un ambiente de relajación, desarrollo interior, tranquilidad y espiritualidad. Son muy útiles para calmar ambientes tensos y agresivos, en casos de insomnio, convalecencia, incluso problemas sexuales. Las flores de tonos morados y azules representan a este elemento.

Acorde con el bagua BTB se pueden colocar también en las áreas de trabajo, familia y fortuna, o dinero. A continuación se presenta una lista de plantas y árboles que se asocian con este elemento:

Aeschynatus lobbianos	Enredadera de lápiz de labios
Alchemilla	Pie de león
Asplenium antiquum	Helecho japonés
Calathea croacata	Croacata
Calathea lancifolia	Planta de serpiente de cascabel
Caryota	Cariota
Cataranthus roseus	Pervinca de Madagascar
Clerodendrum ugandense	Gloria azul
Ctenanthe pilosa	Mosaico dorado
Ciclamen persicum	Lirio
Dendrobium	Orquídea
Dianthus carophyllus	Clavel
Ficus carica	Higuera
Gentiana	Genciana
Hoya bella	Flor minúscula de cera
Hoya carnosa	Planta de cera
Iris germanica	Lirio
Jacobinia carnea	Corona real
Jatropha podagrica	Tártago
Kohleria amabilis	Campanela
Leea guineensis	Borgoña
Malphigia coccigera	Acebo enano
Malva	Malva
Medinilla magnífica	Medinilla
Monstera deliciosa	Costilla de Adán o balazo
Oncidium	Piñanona
Paphiopedilum	Orquídea
Pelargonium	Zapatito de venus
Solanácea	Petunia
Phyllitis scolopendrium	Lengua de ciervo o escolopendra
Platycerium bifucatum	Cuerno de ala regio
Polypodium filix max	Helecho macho
Pyrostegia venusta	Flor de fuego

Rodochiton atrosanguineum	Enredadera de campanillas púrpuras
Sedum morganianum	Sedo burrito o cola de borrego
Selaginella lepidophylla	Selaginella
Streptocarpus	Estreptocarpo

Aquellas plantas y árboles altos, alargados, arbustos de forma rectangular representan el elemento madera. Este tipo de plantas promueven una atmósfera de crecimiento, nuevos proyectos, actividad, ocupación, ambición e iniciativa. Son muy adecuadas cuando se necesita fomentar sensación de confianza y creatividad en un ambiente. Todas las plantas de hojas alargadas y tallos altos, como el bambú, se van a considerar madera. Aplicando el Bagua BTB se pueden colocar en las áreas de familia, fortuna o dinero y fama.

A continuación se presenta una lista de árboles y plantas que se asocian con este elemento:

Acanthaceae	Acanto
Acanthus	Acanto
Aconitum	Acónito
Aizoaceae	Rocío o cortina
Alpinia púrpura	Jengibre rojo
Alstroemeria	Azucena peruana
Anthurium andreanum	Anturio
Anthurium crystallium	Anturio de cristal
Araliaceae	Aralias
Areca lutescens	Areca
Artemisia	Ajenjo
Bambusa	Bambú
Buxus	Arrayán
Buxus	Boj
Calathea zebrina	Planta cebra
Caléndula	Caléndula
Campanula	Campanilla
Canna indica	Platanillo
Carpinus	Carpe
Centranthus	Milamores
Cestrum nocturnum	Huele de noche

Cissus	Cissu
Clorophytum comosum	Cintas o mala madre
Coffea arábiga	Cafeto
Crocus	Azafrán
Cuphea hyssopifolia	Trueno de Venus
Chryssanthenum frutscens	Margaritas
Delphinium	Espuela de caballero
Dianthus	Clavel
Dieffenbachia seguire	Nieve del trópico
Dracaena fragrans	Drácena del maíz o Palo del Brasil
Eschscholzia	Amapola de California
Euphorbia trigona	Árbol africano de leche o corona
Fagus	Haya
Fraxinus udhei	Fresno
Gladiolus	Gladiola, gladiolo
Hibiscus	Rosa
Howeia forteriana	Palma centinela, palma del paraíso
Ilex	Acebo
Imatiens	Hierba de santa Catalina
Iris	Lirio
Jasminum officinate	Jazmín
Lantana camara	Salvia amarilla
Ligustrum	Alheña
Ligustrum ovaliforum	Trueno dorado
Lilium	Azucena
Lonicera caprifolium	Madreselva
Lupinus	Altramuz
Monarda	Bergamota
Muscari	Nazareno
Miosotis	No me olvides
Nandina doméstica	Bambú sagrado
Narcissus	Narciso
Nicotiana	Tabaco
Pasiflora	Pasionaria
Picea	Abeto falso
Plumbago	Celestina, jazmín azul
Populus tremuloides	Álamo
Pteris crética	Helecho orlado

Pyracantha coccinea	Piracanto
Rosácea	Rosas
Salix bonplandiana	Ahuejote
Salvia	Salvia
Sambucus	Saúco
Sinensis	Tulipán
Stromanthe sanguínea	Stripe star
Tagetes	Maravilla
Tulipán	Tulipán
Tuxus	Tejo
Verbascum	Gordolobo
Verbena	Verbena

Colocar jarrones con flores frescas en las habitaciones contribuirá a mejorar la salud de la casa y sus habitantes. De la misma forma, algunas hierbas nos ayudan a sanar nuestro cuerpo.

HIERBAS	BENEFICIO
Hojas de salvia	Dolor de garganta y gripe
Dientes de ajo	Gripe y resfriados
Hojas de romero	Limpieza de heridas
Flores de manzanilla	Relajación
Flores secas de lavanda	Calmante
Flores secas de lúpulo	Calmante
Hojas de menta	Digestivos

Podemos usar hierbas en el baño. Si llenamos una bolsa de gasa con hierbas, la colgamos de la llave del agua o la regadera y la exprimimos disfrutaremos del gran beneficio de la naturaleza.

HIERBAS	BENEFICIO
Estimulantes	Lavanda, albahaca, laurel, hinojo, hierbaluisa, romero, salvia, tomillo, eucalipto, menta.
Relajantes	Manzanilla, jazmín, tilo, verbena.
Tonificantes	Margarita, diente de león, caléndula, ortiga.

Al diseñar jardines es importante incorporar elementos de la naturaleza como piedras y lagos, o fuentes de agua. Diseñar jardines con caminos que inviten a recorrerlos nos servirá de ayuda para disfrutar de la naturaleza y fusionar nuestra energía con ella.

Las plantas y los árboles se convierten en una excelente ayuda cuando queremos corregir problemas derivados de la arquitectura y el paisaje de un lugar.

Las ocho direcciones

Las ocho direcciones se define como otra teoría o escuela de Feng Shui, digamos que es la base para las escuelas tradicionales. Este estilo, al igual que los demás, se basa en el Yin-Yang, la teoría de los cinco elementos y los ocho trigramas. Todos los estilos parten de un concepto primordial denominado Chi, que se define como el aliento de vida cósmico, como lo hemos visto a lo largo del libro.

El Chi fluye por nuestro cuerpo a través de los chakras, aspecto del que ya hablamos con anterioridad. En el entorno, el Chi transita a través de los espacios y penetra en ellos por puertas y ventanas.

Hemos aplicado el bagua de las ocho aspiraciones (BTB) al espacio, así como hemos analizado la asociación inconsciente de cada habitación con la vida cotidiana de las personas. Ahora tocaremos el punto de cada dirección cardinal que imprime características especiales al Chi.

Así como existen ocho posiciones basadas en la boca de la habitación (puerta), también hay ocho direcciones cardinales que determinan la energía o Chi dominante en cada sector de las habitaciones, de acuero a su ubicación en el espacio. Para establecer estos ocho sectores requerimos de una brújula.

Se sugiere trazar un plano a escala de la construcción, pegar ese plano en una cartulina y recortarlo. Con un alfiler encontrar y marcar el punto en donde la cartulina se sostiene. Ése será el centro de la casa.

Para trazar las ocho direcciones o sectores de la construcción, debes pararte con una brújula, de espalda a la casa, y con la puerta cerrada. Evita tener metales cerca ya que pueden alterar tu medición. Anota el grado donde la brújula apunta a la puerta. Con un transportador geométrico marca sobre el plano el grado y, a partir de ahí, ubica el centro de la fachada paralela a la puerta, así localizarás las direcciones en el plano.

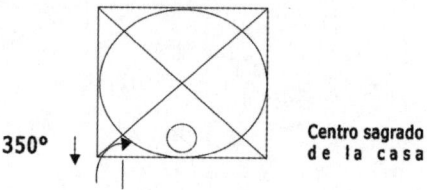

Conociendo que el Norte abarca desde 337.5° hasta 22.5°, el Noreste desde 22.5° hasta 67.5°, el Este desde 67.5° hasta 112.5°, el Sureste desde 112.5° hasta 157.5°, el Sur desde 157.5° hasta 202.5°, el Suroeste desde 202.5° hasta 247.5°, el Oeste desde 247.5° hasta 292.5° y el Noroeste desde 292.5° hasta 337.5°.

Cada división cardinal abarca un rango de 45° a partir del grado exacto de la dirección cardinal, es decir, el Norte se encuentra a 0°. Estos 0° recorren 22.5° hacia cada lado, dándonos este sector de 45°, que corresponden del grado 337.5° al 22.5°.

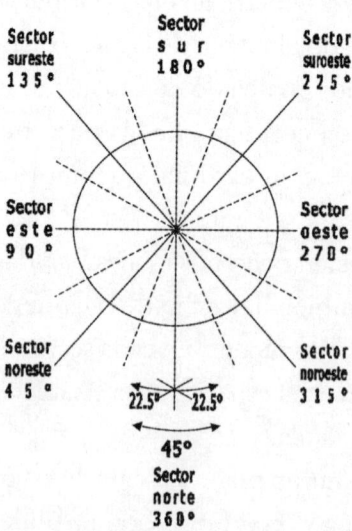

Calcular 22.5° a cada lado para establecer sectores.

Según el grado en que se ubica la fachada principal, trazar a partir del centro los ocho sectores.

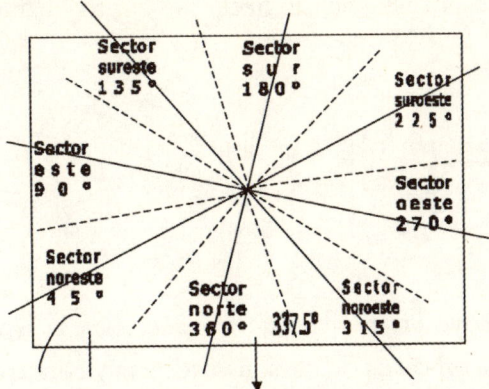

Así ubicamos los ocho sectores cardinales de nuestra construcción. Con esto determinamos la energía que caracteriza cada sector de nuestro espacio. A continuación hablaremos del bagua o mapa de las ocho direcciones.

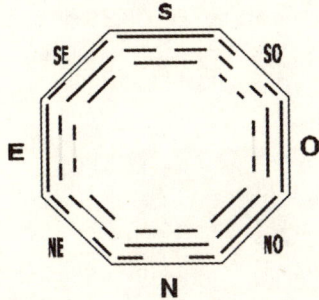

Norte. El Norte se representa con el trigrama Kan, que significa agua. En la familia cósmica simboliza al hijo de en medio.

La energía del agua es una energía tranquila, suave, dócil, libre y profunda.

La energía del Norte favorece la flexibilidad, la independencia, la creatividad, el crecimiento interior y la espiritualidad.

Es un sector ideal para ubicar recámaras, sala de meditación, sala de relajación, cuartos de televisión, clóset y alacena. También es una dirección ideal para favorecer el descanso entre la pareja, la sexualidad y la concepción tanto de ideas como proyectos sustentados en el estudio y la capacidad de análisis.

Si deseamos aprovechar la energía de este punto, podemos ubicar en ese sector nuestra habitación o la cabecera de la cama, o bien, ubicar nuestro escritorio viendo hacia ese punto cardinal.

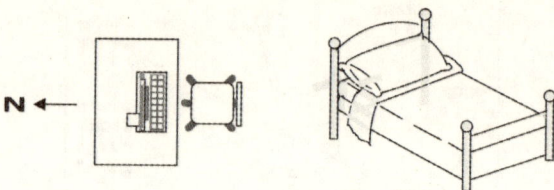

El norte contribuye a fomentar la introspección y la espiritualidad. Es de mucha ayuda en casos de personas adultas y con problemas de insomnio. En los casos en que abusamos de la energía del norte podemos tener la sensación de aislamiento, soledad, tristeza e inseguridad. No es una dirección recomendable para espacios como la sala, la cocina o el comedor.

Es un espacio favorable para baños. Se puede decorar en tonos blancos que contrasten con tonos oscuros como azul marino o gris y plantas naturales de hojas de forma irregular.

También las hojas de forma circular y las plantas de tallos altos y ascendentes serán de mucha ayuda. Si deseamos darle movimiento a la energía y evitar el estancamiento, podemos decorar con tonos de verde y lámparas de poste alto con iluminación ascendente.

Es el sector ideal para colocar fuentes y peceras. Las fuentes con chorro de agua hacia arriba promoverán una atmósfera dinámica y fresca, mientras que las fuentes de caída suave generan un ambiente de descanso y relajación. De igual forma, podemos incluir en la decoración y ambientación objetos y esculturas de metal, de madera, formas circulares, ondulantes y alargadas. Tapices y telas de fibras textiles naturales de origen vegetal: lino, henequén o algodón, dibujos o patrones textiles de círculos o rayas.

Es una dirección ideal a la que debemos ver cuando necesitamos realizar análisis o profundidad, tomar decisiones importantes, meditar o incluso descansar y relajarnos. El Norte se asocia con la energía del trabajo y del desarrollo profesional, fundamentado en nuestra capacidad de análisis y decisión acertada.

Noreste. Se representa con el trigrama Ken, que significa montaña. En la familia cósmica es el hijo pequeño. Se asocia con el elemento tierra en su manifestación Yang. La energía de la tierra Yang es una energía firme, decidida y cortante. Estable y pasiva, observadora pero inesperada. Generadora de cambios imprevistos y explosivos. Representa la tenacidad y la perseverancia. Es una energía de cosecha a través del esfuerzo. Esta energía favorece la motivación, la competitividad, la agudeza y la perseverancia.

Es un sector ideal para ubicar el cuarto de juegos, clóset, armarios, almacenes y estantes de vajillas y tazas. Favorece el estudio, la concentración, la tenacidad y el pensamiento metódico. Si deseamos aprovechar su energía podemos ubicar en ese sector la biblioteca o estudio o colocar nuestro escritorio viendo a esa dirección.

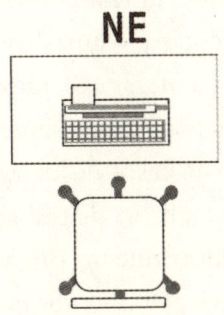

También fomenta la competitividad y la motivación para ganar premios y competencias, al igual que la concentración y el deseo de retomar el camino y control de nuestra vida.

No es una dirección recomendable para cocina, sala, recámara o comedor. Se puede decorar con tonos pálidos de amarillos y naranjas así como tonos blancos. Usar textiles suaves y cómodos. Plantas naturales de tamaño bajo (pertenecientes al elemento tierra).

Todo aquello que se presentó con anterioridad como elementos fuego, metal y tierra, serán de mucha ayuda para armonizar el sector de la casa regido por la energía del Noreste. Es el punto ideal para colocar televisores y aparatos eléctricos, libros, mapas y todo lo relacionado con estudio y preparación. También podemos poner fotografías, trofeos y premios.

El Noreste se asocia con la energía del conocimiento profesional, personal, íntimo de pareja y social. Es una energía que nos permite establecer metas y definir los caminos para obtenerlas.

Este. Se representa con el trigrama Chen, que significa trueno. En la familia cósmica representa al hijo mayor. Se asocia con el elemento madera en su manifestación Yang. Es la energía del inicio y la primavera.

La energía de la madera Yang es creativa, rápida, impulsiva, sólida y vanguardista, generadora de inicios, ideas para negocios y carreras. Nos ayuda a sentirnos más creativos y activos. Es una energía que representa la auto confianza y el optimismo. La energía este se asocia con el amanecer, favorece las profesiones, la actividad y realizar nuestros sueños.

Es un sector ideal para ubicar chimeneas, el comedor, recámaras de gente joven y niños, cocina, gimnasio y estudio. Es una dirección ideal para gente joven, para generar esperanza, iniciar una carrera profesional, despertar la ambición y el crecimiento. Si deseamos aprovechar su energía, sobre todo en casos de letargo, podemos ubicar en ese sector de la construcción una mesa de trabajo viendo a esa dirección.

Contribuye a impulsar nuevos proyectos, el trabajo, la actividad, la ocupación, el interés por obtener metas. Promueve a generar nuevas ideas y proyectos. Despierta el ímpetu y la iniciativa, recobra la fe y la esperanza. No es un punto recomendable para la sala y recámara de adultos por su exceso de dinamismo y actividad.

Se puede decorar con tonos azules y verdes. Luz suave e indirecta, textiles afelpados. Plantas de tallos altos (madera) o de hojas irregulares (agua). Detalles de colores brillantes y cuadros u objetos decorativos que representen y simbolicen nuestras metas y anhelos por obtener.

Todo aquello que presentamos antes como elementos agua, madera y fuego serán de mucha ayuda para armonizar el sector de la casa regido por la energía del Este. Es el punto ideal para colocar cuadros y motivos artísticos, películas y todo lo que se asocie con creatividad. Podemos colocar objetos y aparatos deportivos.

El Este se asocia con la energía de dinamismo y acción. Es una energía que nos impulsa y despierta al crecimiento personal y profesional, nos permite esforzarnos para lograr nuestras metas y deseos.

Sureste. Se representa con el trigrama Sun, que significa viento. En la familia cósmica representa a la hija mayor. Se asocia con el elemento madera en su manifestación Yin.

Es una energía más suave y diplomática que la del Este. Se caracteriza por ser energía de creatividad, armonía, comunicación, liderazgo, elegancia y progreso, con mayor balance que nos permite oportunidades para viajar y relacionarnos. También es generadora de perseverancia, alegría, hiperactividad y ambición. Nos ayuda a sentirnos más libres y relacionarnos con facilidad y seguridad. Es una energía que representa la confianza, las buenas relaciones y el optimismo.

La energía Sureste se asocia, al igual que el Este, con el amanecer. Sus características son muy parecidas a dicha dirección. Favorece el aspecto profesional, la buena comunicación, aumenta la creatividad, activa el crecimiento y la vida social más sutilmente que el Este.

Es un sector ideal para ubicar la sala, chimenea, comedor, recámaras infantiles, área de juegos, jardines, salas de convivencia. Es una dirección ideal para reconstruir y volver a iniciar o retomar el camino de aquello que se ha detenido o estancado: proyectos, metas, profesiones, sueños y anhelos.

Si deseamos aprovechar la energía Sureste, podemos ubicar en ésta un espacio personal de creatividad, como el área de trabajo infantil y juvenil. También mejora nuestras relaciones sociales, por lo que es una buena ubicación para la sala, comedor, sala de juegos, televisión y área de música. Se puede utilizar todo aquello que se ha presentado como elementos agua, madera y fuego. Igual que en el Este, ayudarán para armonizar y balancear, así como impulsar energía.

La energía del Sureste es suave y elegante, despierta la simpatía y la convivencia armoniosa, nos impulsa a obtener lo que deseamos en paz y alegría.

Sur. Se representa con el trigrama Li, que significa fuego. En la familia cósmica simboliza a la hija de en medio. Se asocia con el elemento fuego. Su naturaleza es Yang.

Es una energía fuerte, decidida, cálida. Se caracteriza por ser una energía de alegría, fama, éxito y pasión. Es una energía de fiesta que promueve la estimulación y la agilidad mental. Nos ofrece oportunidades para destacar y obtener reconocimiento público.

Generadora de nuevas ideas, de sociabilidad y espontaneidad. Nos ayuda a mejorar nuestra imagen social y pública, así como las relaciones en comunidad. Representa el brillo, el orgullo y la fiesta. Se asocia con el verano y con el mediodía. Favorece la autoestima y la comunicación.

Es un sector ideal para ubicar la sala, áreas de entretenimiento, sala de televisión y recepción. Si deseamos aprovechar su energía, sobre todo para mejorar nuestra autoestima y obtener reconocimiento público hacia nuestro trabajo, podemos ubicar en este sector de la casa fotografías de nosotros, con un marco de color verde, viendo hacia el Sur. Es de mucha ayuda en casos de adultos o personas con problemas para relacionarse con los demás.

También es una buena herramienta para contrarrestar la timidez e integrar la energía de inspiración en un espacio. Se puede decorar con tonos de violeta, fucsia, verde, azul claro y amarillo claro. O bien, textiles de dibujos triangulares, alargados o cuadrados. Y plantas pertenecientes a elementos madera, fuego y tierra.

Es el sector ideal para colocar fotografías personales, trofeos, reconocimientos y metas por obtener. La energía del Sur es alegre, dinámica e inquieta, despierta, favorece la autoestima y la determinación, nos impulsa a mejorar nuestra imagen y a relacionarlos más en el aspecto social. Abusar de esta energía nos puede llevar a la argumentación y al exceso de emociones, que pueden desembocar en inestabilidad personal y actitudesególatras y egoístas.

Suroeste. Se representa con el trigrama Kun, que significa tierra. En la familia cósmica representa a la madre. Se asocia con el elemento tierra en su manifestación Yin. La energía de la tierra Yin es suave, tierna, dulce y fértil. Protectora y precavida, estable y segura.

Generadora de calidez y armonía familiar por excelencia; es considerada la energía promotora del amor. Representa el cuidado y la maternidad, provee la sensación de hogar y de seguridad.

La energía de esta dirección favorece la comprensión, el respeto, el cariño, la unión y fortaleza familiar. Es un sector ideal para ubicar las recámaras, una salita familiar, una sala de descanso, una habitación para meditar, sala, comedor, chimenea y cocina. También es una dirección ideal para favorecer la armonía familiar, la maternidad, el ahorro de dinero, las amistades profundas, el crecimiento y progreso constante aunque lento y progresivo.

Si deseamos aprovechar su energía para fortalecer nuestro matrimonio, podemos colocar jarrones pesados de talavera o porcelana, en pares, en este sector de la construcción.

Contribuye a fomentar la precaución y la prudencia, por lo que es de mucha ayuda en casos de gente joven que gusta de los riesgos excesivos. No es una dirección recomendable para estudios, bibliotecas u oficinas. Se puede decorar con tonos violetas, morados, naranjas, amarillos, rosas, rojos oscuros y blanco. Plantas naturales correspondientes a los elementos fuego, tierra y metal. Formas cuadradas y redondas. Velas y aparatos eléctricos.

Todo lo que se presentó con anterioridad como elementos fuego, tierra y metal será de mucha ayuda para armonizar la energía del Suroeste. Es el sector ideal para colocar fotografías de parejas y todo aquello que simbolice amor fraternal y de pareja. Esta energía se asocia con la fecundidad, la maternidad y la sensación de hogar. Es una energía que nos permite desarrollar nuestros anhelos y deseos sentimentales en toda su profundidad.

Oeste. Se representa con el trigrama Tui, que significa lago. En la familia cósmica representa a la hija menor. Se asocia con el elemento metal en manifestación Yin. La energía del metal Yin es tranquila, quieta y profunda, reflexiva, suave, sensible.

Generadora de profundidad, de sentimientos de alegría, calma y tranquilidad. En ocasiones es considerada promotora de la sensación de libertad, el romance y la consolidación económica. La energía de esta dirección favorece la diversión, el coqueteo y la estabilidad. Es un sector ideal para ubicar sala, área de juegos, comedor y recámara de adultos. Esta dirección es ideal para favorecer los sentimientos románticos, obtener abundancia, placer y entretenimiento.

Si deseamos aprovechar su energía para fomentar el romance, podemos colocar fotografías de nuestra pareja y nosotros en portarretratos de metal en estos sectores de la casa.

El Oeste contribuye a fomentar la elegancia, el buen gusto y el glamour, por lo que es de mucha ayuda en aquellos casos en los que queremos mejorar nuestra manifestación social. No es una dirección recomendable para cocinas, chimeneas, asadores y recámaras de niños. Se puede decorar con tonos amarillos, arenas, térreos, blanco, tonos pastel, detalles de azul marino y colores oscuros. O con plantas naturales correspondientes a los elementos tierra, metal y agua.

Las formas cuadradas, redondas y asimétricas, como fuentes y adornos de metal, peceras, son ampliamente recomendables. Todo aquello perteneciente al elemento tierra, metal y agua será de mucha ayuda para armonizar la energía de este sector de la casa. Es el punto ideal para colocar lo que nos simbolice romance y lo que queremos obtener o que nos represente consolidación económica.

Noroeste. Se representa con el trigrama Chien, que significa cielo. En la familia cósmica representa al padre. Se asocia con el elemento metal en su manifestación Yang. La energía del metal Yang es firme, decidida, clara, directa y tajante.

Generadora de disciplina, orden, rigidez y organización. Es considerada la energía promotora del liderazgo. Representa la madurez, el control, la inspiración y la solidez.

La energía de esta dirección fortalece las finanzas, el respeto, la frialdad, las cualidades de liderazgo, la habilidad para organizar, la responsabilidad. Es un sector ideal para ubicar escritorios, salas de estudio, biblioteca, oficina y entrada. Es una dirección ideal para favorecer la disciplina, la sabiduría, el respeto, la confianza y el control.

Si deseamos aprovechar su energía para fortalecer nuestro carácter, podemos colocar objetos metálicos redondos. El Noroeste contribuye a fomentar la disciplina, la inspiración, la mentalidad analítica y la decisión para obtener y terminar los proyectos que se empiezan, por lo que es de mucha ayuda en casos de personas desordenadas, confundidas, con falta de decisión.

No es una dirección recomendada para recámara matrimonial, recámara infantil, comedor, sala, cocina, chimenea o asadores. Se puede decorar con tonos amarillo, arena, ocres, térreos, blancos, plateados y algunos detalles en tonos oscuros.

Las plantas naturales corresponden a los elementos tierra, metal y agua, así como las formas cuadradas, redondas, arqueadas y asimétricas. Todo lo perteneciente a elementos tierra, metal y agua serán de mucha ayuda para armonizar la energía de este sector de la casa. Es el punto ideal para colocar lo referente a planes, proyectos y metas por obtener.

Su energía se asocia con la fortaleza, la paternidad, el liderazgo, la planeación y la disciplina. Nos permite establecer metas y esforzarnos por obtenerlas.

Espacios

Existen diversas escuelas y puntos de vista para aplicar y lograr un buen Feng Shui; sin embargo, ésta es una filosofía que se convierte en una forma de vida que crea ambientes y espacios de armonía y balance para atraer amor, prosperidad y salud a nuestra vida. Nos hemos acostumbrado a llenar de objetos, recuerdos, adornos y muebles nuestros espacios, de ropa nuestros clósets, lo cual impide que haya espacio para cosas nuevas, esto se refleja en nuestra vida: no tenemos espacio para oportunidades nuevas y para sentirnos libres.

Cuando nosotros limpiamos y salimos de gran cantidad de objetos innecesarios en nuestros espacios, experimentamos una sensación de respirar un nuevo aire. Cada espacio de nuestra casa se relaciona con un aspecto diferente de nuestra vida: la sala es el aspecto social, esas salas donde al entrar lo primero que observamos es un sillón dando la espalda no invita a entrar y se refleja en una vida e imagen social reservada. Caso contrario, si la sala se presenta como un espacio abierto que invita a sentarse y convivir atrae una vida social activa y mejores relaciones sociales que generan mejores proyectos de trabajo, mejor convivencia familiar y una relación amorosa armónica.

El comedor se asocia con la armonía y la relación familiar. Un comedor con frutas abundantes o flores frescas al centro promueve frescura. Una mesa circular u ovalada genera una mejor comunicación y convivencia entre los miembros de la familia, y qué mejor que un cuadro de alegría para decorar este espacio de nuestra casa.

La cocina representa la abundancia y la prosperidad en casa. Una cocina limpia, ordenada, sin objetos rotos ni despostillados contribuirá a ello. La estufa limpia y un horno que se use incrementará los ingresos económicos a nuestra casa. Un fregadero limpio y sin fugas de agua evita muchas discusiones de pareja, al mismo tiempo que colabora en mucho a mejorar la autoestima de los habitantes.

En la recámara principal vamos a asociar la relación de pareja, un ambiente cálido con luz ténue, un par de velas y objetos en pares pueden cooperar a estabilizar nuestro matrimonio. Un tapete de lana participa en una energía de pasión, mientras que las sábanas de algodón contribuyen a una atmósfera de creatividad.

El clóset es nuestro espacio íntimo y nos habla de todos los sentimientos, temores y miedos que podemos guardar en nuestro corazón. Un clóset saturado se asocia con una persona saturada de emociones, cuyo corazón se protege y el cuerpo sube de peso. Limpia tu clóset y es muy posible que te sientas liberado y empieces a tener mayor control sobre tus emociones y peso corporal.

En fin, el Feng Shui está lleno de sabiduría relacionada con nuestra propia naturaleza, hay tantas teorías, escuelas y posturas, no obstante, todas están enfocadas en promover bienestar y armonía para el ser humano.

Recámara

La recámara es el lugar donde descansamos, por ello lo más recomendable es que sea armónica y balanceada para dar tranquilidad y confort al ocupante.

Las formas más aconsejables son las figuras completas, pues no les faltan áreas que configurar, es decir, cuadradas o rectangulares. La mejor posición de la cama es en contra esquina de la puerta, para tener el dominio visual completo sobre la misma, a lo que se conoce como "posición de poder". Si no se tiene control visual de la puerta, se reflejará en sensación de inquietud e inestabilidad al ocupante. La cama no debe tener los pies dirigidos directamente hacia la puerta y mucho menos a la de un baño, ya que esto puede inducir la falta de descanso, y los problemas de insomnio, que se reflejarán en malestares físicos y enfermedades. En caso de no cambiar la posición de la cama, se recomienda colocar un biombo entre la cama y la puerta, una esfera de cristal y bloquear el baño con un espejo en la puerta, o mantener la puerta del baño cerrada.

También se sugiere colocar espejos estratégicos donde, desde la cama se domine la puerta de entrada evitando que la persona que duerme se refleje en él. Es muy importante la presencia de una cabecera, ya que se considera que ésta contribuye a la estabilidad y coherencia de nuestros pensamientos. La cabecera es considerada uno de los tres puntos más importantes de influencia en la vida de una persona.

Una cama *king size* con dos *box* o base separada puede provocar desacuerdos de pareja y alejamiento, para balancear este aspecto se recomienda poner una sábana roja que cubra las dos bases debajo del colchón.

Una cama con base cajonera no es muy recomendable, ya que se requiere que la cama tenga un espacio debajo, una base pegada al piso impide el libre flujo o circulación del Chi.

Por el contrario, no se recomienda la presencia de aparatos eléctricos en la recámara, pues provocan intranquilidad debido al efecto electromagnético que afecta el óptimo descanso de las persona; así que los aparatos se deben cubrir, desconectar o tener en muebles donde se guarden.

Las literas son otro aspecto poco aceptable, pues oprimen el Chi del que duerme en la cama inferior, afectando su salud por la falta de un óptimo descanso. Cuando no tenemos otra opción, se recomienda más el cambiarla por lo que se denomina la cama canguro en lugar de la litera.

El bagua se puede aplicar o ubicar en la cama y las áreas se ubicarán como se muestra a continuación:

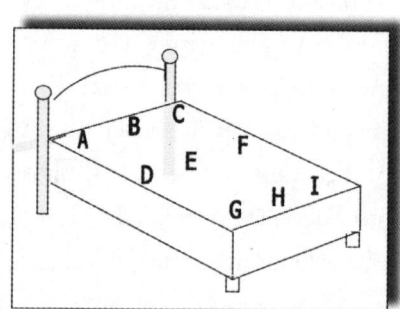

A. Dinero: morado.
B. Fama: rojo.
C. Amor: rosa.
D. Familia: verde.
E. Salud: (Tao) amarillo.
F. Hijos: blanco.
G. Conocimiento: azul.
H. Trabajo: negro.
I. Benefactores: gris.

La recámara es uno de los espacios más íntimos y personales de cada individuo. En esta habitación de la casa es donde encontramos el microespacio lleno de emociones, sentimientos y vivencias de un ser humano. Es el lugar donde descansamos y nos relajamos de la tensión exterior adquirida durante el día. Por consiguiente, es recomendable que la recámara tenga una atmósfera relajada y calmada, ideal para dormir y descansar.

Una recámara ordenada, ventilada, limpia y cómoda se reflejará en una vida emocional clara, franca, sincera y honesta. Cuando observamos espacios de desorden, comenzamos a perder el control de nuestras decisiones y emociones. Por ello, es importante establecer lugares para cada aspecto en nuestra vida y, de la misma forma, de nuestras cosas.

La atmósfera que podamos crear en nuestra recámara debe hablar de nosotros, de nuestros gustos, deseos y nuestras metas. Destinemos un espacio en nuestra habitación para colocar los libros y revistas; de acuerdo con la escuela BTB, el área ideal es la de conocimiento del bagua de la habitación; con base en la escuela de las ocho direcciones, sería el noreste de la habitación. Energéticamente hablando, ése es el espacio que activa la energía del estudio y del conocimiento, el desarrollo personal y el análisis de nosotros mismos, es decir, la introspección.

Otro espacio de la habitación podría destinarse para nuestro aspecto sentimental, colocando en el área del amor del bagua BTB, objetos que simbolicen aquello que esperamos de nuestra relación sentimental; te aconsejo que sea en pares, ya que representan intimidad. Si lo ubicas a través de las ocho direcciones, debes usar la esquina o el área suroeste de tu habitación.

Otro espacio que podemos dedicar en nuestra habitación es el reservado para fortuna, dinero y éxito. En este lugar podemos poner aquello que deseamos obtener; te recomiendo no utilizar fotografías o imágenes de billetes o monedas. Es importante establecer que el dinero es un medio, no el fin. Colocar fotografías de billetes o monedas pueden generar que empecemos a obsesionarnos con él. Tiene una mejor respuesta usar fotografías de aquello que deseamos adquirir mediante el dinero.

En ésta área puede colocarse también una pequeña caja con espejos interiores, en la que guardemos nuestro dinero, con la intención energética de duplicar nuestros ingresos económicos a través del simbolismo del espejo que duplica. Ubicamos este espacio, acorde al bagua BTB, en el área de dinero y fortuna; de acuerdo con la escuela de las ocho direcciones, es el sector Sureste de la habitación.

Aquellos proyectos importantes que deseas concretar y aterrizar en tu vida, los puedes manejar en el área de benefactores del bagua BTB o en el sector Noroeste de la recámara; colócales una piedra de río encima, lo que nos ayudará a representar solidez. Otra opción es guardarlos en una caja de metal o de color gris.

Una observación importante es que tu cama debe tener un espacio en la parte de abajo, para que circule la energía; de otra manera, puede provocar daños en tu salud o ciertos malestares físicos desde la perspectiva de esta filosofía. Por supuesto, debes evitar almacenar objetos debajo de la cama.

El emplear alfombras sintéticas no es muy adecuado. Estas alfombras, con el tiempo, emiten vaporizaciones que pueden provocar alergias, dolores de cabeza, asma o sinusitis. Es mejor tener alfombras o tapetes de materiales naturales como lana o algodón.

Evita tener conexiones eléctricas a los lados de tus cabeceras. El efecto electromagnético que emiten los aparatos eléctricos y las conexiones, acelera la energía y es posible que provoque tensión y estrés constante, así como insomnio.

La cama debe tener espacio libre encima, es decir, no debemos tener vigas o la parte más baja del techo sobre nuestro cuerpo o cabeza al dormir, ya que daña nuestra energía personal. Coloca tu cama debajo de la parte más alta del techo.

La luz indirecta en la recámara o habitación promoverá una atmósfera de mayor relajación y descanso en tu habitación. Es importante que las esquinas de los muebles de la recámara, sean redondeadas y suaves; de otra forma, se convierten en una agresión al dormir, impidiendo el descanso y provocando dolores musculares. En las ventanas, lo más recomendable es utilizar cortinas en lugar de persianas, así crearán una atmósfera más suave.

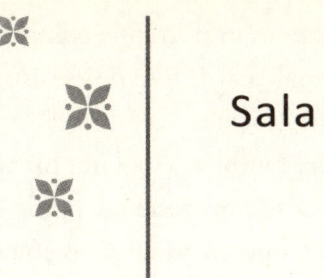

Sala

La sala debe sentirse espaciosa, la distribución de los muebles debe ser armónica y confortable. No son recomendables los muebles aislados o muy separados, pues generan sensación de frialdad al lugar; así como su cercanía de la puerta de entrada, ya que creará sensación de inestabilidad y los invitados querrán irse muy pronto. Tanto los invitados como el anfitrión deben dominar la puerta de entrada.

Los arreglos geométricos del mobiliario generan un ambiente cálido y confortable. Si se colocan espejos que reflejen jardines bien cuidados, traerán suerte, armonía y crecimiento al hogar. Una chimenea bien solucionada dará una sensación acogedora al lugar.

Un aspecto valioso en el Feng Shui es la atmósfera. De ello depende crear espacios de éxito y prosperidad. El ambiente que se percibe en un espacio puede tener tanto una influencia favorable como desfavorable para los habitantes de la casa. Es bueno integrar a la casa la energía del amor, fuerza impulsora que permite lograr y obtener todo aquello que queremos: el amor es el motor que nos hace sentir bien y nos impulsa a buscar cosas nuevas y atraerlas a nuestra vida.

La sala es el área de la casa que se asocia con nuestro aspecto social, la relación con nuestros amigos y la manera en que nos conducimos socialmente. También es el área de la vida familiar y se convierte en el soporte de la mayor parte de las actividades de la casa. Por lo regular, la sala es el lugar de entretenimiento, las fiestas y las celebraciones familiares, así que debe ser espaciosa, es decir, evitar que esté sobrecargada de adornos y muebles; en ella debemos sentir libertad y comodidad.

El acomodo de los sillones es importante; colocarlos en forma atractiva, evitando que den la espalda al acceso de ese espacio reflejará la armonía y las buenas relaciones sociales.

El aspecto social se refiere también a mejores proyectos y oportunidades de desarrollo y crecimiento profesional, por lo que la sala se vuelve un espacio importante en nuestra vida. Es recomendable que sea un lugar iluminado, mejor si es con luz natural y ventilado. Debe transmitir comodidad, seguridad, libertad y alegría.

En cuestión de materiales, hay que evitar las alfombras, ya que emiten químicos que pueden dañar nuestra salud; son preferibles los materiales naturales en tapetes, como el algodón o lino, así como alfombras de fibras naturales como la lana. Los pisos de textura firme, brillante, de colores claros, atraerán movimiento, actividad y dinamismo, mientras que los tapetes generan una atmósfera más relajada.

Los sillones suaves, acolchados son relajantes y favorecen una convivencia más tranquila, emotiva y sentimental. Los sillones duros y firmes promueven un comportamiento más activo, bromista e inquieto. Se recomienda usar muebles y accesorios que promuevan amplitud en la habitación. Colocar plantas frondosas y de tallos altos y largos promoverá el crecimiento social. La luz ascendente y vertical como la que emiten las lámparas de poste alto, representa fe y esperanza.

Las cortinas en la sala deben estar abiertas, ya que la oscuridad estanca el flujo de energía (Chi) y detiene el desarrollo constante de las ideas y los proyectos profesionales. Los cuadros y adornos se sugieren en colores contrastantes y de motivos alegres y motivadores, por ejemplo, aquello que represente lo que queremos atraer a nuestra vida.

En cuanto al uso de colores, los tonos térreos generarán una atmósfera de unión familiar, de convivencia y armonía; los tonos verdes y azules incluirán un ambiente de frescura y juventud; los tonos blancos, beige y rojizos oscuros, orden y limpieza, comportamiento rígido y liderazgo; los tonos pastel, morados y vino promoverán al romanticismo. El rojo promoverá la pasión; los tonos oscuros, como azul marino, grises y verdes oscuros, crearán una atmósfera de profundidad y análisis, así como sobriedad.

Coloca flores frescas y plantas naturales para dar un toque de vida y alegría a la habitación. Es importante evitar flores secas, *sachets*, caracoles marinos y trofeos de cacería en exceso, ya que promoverán una atmósfera pesada y un poco lúgubre.

La sala al norte de la construcción tendrá una energía demasiado pasiva y relajada, por ello es recomendable activar la atmósfera con tonos magentas, morados, verdes o tapices de líneas verticales. Colocar luz brillante balanceará esta energía.

La sala al Noreste de la casa se puede armonizar con tonos térreos y rojizos, sillones de color blanco con cojines dorados u ocres, velas triangulares y flores amarillas y blancas.

Al Este tendrá una energía activa y dinámica. Es preferible recurrir a tapices que tengan matices azul oscuro o tonos oscuro, cortinas en tonos verdes, plantas y luz brillante, así como flores de colores para crear un efecto muy agradable, esto también se aplica a la sala que esté ubicada en el Sureste de la casa.

Cuando la sala está al Sur promueve una atmósfera demasiado agitada, es recomendable armonizar con tonos térreos, esculturas pesadas, algunos tonos oscuros y plantas.

Para la sala al centro de la casa y al Suroeste, se recomienda el mismo estilo y tipo que lo descrito en el caso de la sala al Noreste, ya que el tipo de energía que domina en estas tres direcciones pertenece a la misma naturaleza: tierra. La diferencia es que en el Noreste es tierra en fase Yang, mientras que en el Suroeste es tierra en fase Yin, el centro es el balance de ambas.

La sala al Oeste y al Noroeste puede tener una atmósfera demasiado rígida. Se recomienda balancearla con luz tenue o indirecta, tonos térreos y cálidos contrastados con blanco, sillones suaves y acolchados, así como flores o adornos de colores naranjas y amarillos.

Las chimeneas son elementos de la casa con los que hay que tener cuidado; por ello es recomendable colocarles plantas a los lados o alrededor, y no colocar fotografías familiares en los cantos de éstas, para evitar discusiones acaloradas entre los integrantes y, si es posible, instalar luz en el interior de la chimenea.

Comedor

El comedor no debe estar muy cerca de la entrada, pues invitará a comer y nada más, en este caso, una pantalla o puerta corrediza, biombo o esfera de cristal ayudará para provocar una sensación de alejamiento entre ambos. Un huésped distinguido se debe sentar viendo hacia la puerta.

Los espejos que reflejen la loza en el comedor duplicarán la buena fortuna y la abundancia de la familia, para esta filosofía los alimentos se consideran abundancia.

El comedor es el lugar de la casa en que se generan las mejores ideas y se obtienen los razonamientos más sensatos y favorables en cuestión de estudio y trabajo, sobre todo si se ubica en el "gua" del conocimiento o en el Noreste de la casa. Las formas de mesa más convenientes son:

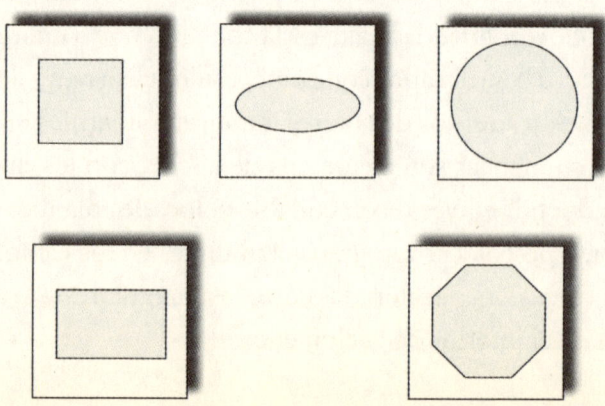

El comedor es una de las áreas más importantes de nuestra casa. En este espacio asociamos la energía de la relación familiar. Acorde con la decoración, acomodo, distribución, adornos y la frecuencia con que usemos el comedor, será la armonía entre los miembros de la familia.

Para la cultura oriental, tanto el lugar donde preparamos los alimentos como el lugar donde los consumimos, rigen la abundancia de un lugar, ya que el alimento es el que nutre al cuerpo y le da la fortaleza para trabajar.

Si colocamos un espejo en la pared del comedor o en la vitrina, éste reflejará los alimentos y duplicará su simbolismo de proveer los nutrientes necesarios para salir adelante y obtener nuestras metas.

El comedor debe ser un espacio ventilado e iluminado, con detalles y símbolos de alegría y felicidad. Se puede colocar un centro de mesa con frutas abundantes o un jarrón con flores frescas de colores alegres.

Los muebles se sugieren de materiales fáciles de limpiar, la madera es ideal, puesto que su naturaleza es suave y confortable, y promoverá una atmósfera de relajación y convivencia.

Es importante observar que los muebles o la mesa no tengan esquinas o bordes muy afilados, ya que se consideran como espinas o alfileres que lastiman y dañan tanto la salud como la armonía. He ahí el porqué el Feng Shui recomienda muebles y mesas con esquinas o bordes redondeados que simbolizan la forma suave y amable de la energía. Y son asociadas con el lado femenino y maternal, la energía que cobija y abraza.

La forma de las mesas se sugiere considerando la atmósfera que se quiera promover. Una mesa ovalada o alargada de esquinas suaves provocará un ambiente de convivencia y comunicación; en tanto que una mesa redonda o cuadrada promoverá una energía dinámica, alegre pero acelerada.

En cuestión de materiales, la madera es relajante y reconfortante, el cristal y el metal son fríos, estimulantes y emocionantes.

La madera suave, como el pino o el roble, es más favorable para comidas familiares; mientras que la madera brillante y oscura, como el nogal, es muy adecuada para ocasiones formales.

La luz brillante promoverá alegría y felicidad, la luz suave y el uso de velas contribuirán a una atmósfera romántica.

Se considera importante comer al menos una vez al día en el comedor, cuando los miembros de toda la familia se encuentren en casa, con el fin de favorecer y fortalecer la confianza, la armonía y la convivencia familiar, aspecto que se reflejará en una imagen social y un crecimiento personal sólido de cada integrante de la familia.

En lo que se refiere a pisos, es importante hacer notar que es preferible tener pisos de materiales naturales, como madera o loseta, en lugar de alfombras; ya que éstas, al ser fabricadas de materiales sintéticos, pueden emitir gases químicos que dañan la salud de las personas. Los pisos de madera natural tienen un efecto neutro en la energía, además de ser fáciles de limpiar en casos de derrame de líquidos o alimentos.

Para generar una atmósfera grata durante el almuerzo o las comidas informales, se recomiendan los colores o tonos suaves, considerados Yin, y los azules, verdes, tonos gentiles como los pastel o amarillos tenues. Para ocasiones formales y estimulantes se recomiendan los colores o tonos considerados Yang: rojizos, violetas, naranjas y amarillos, así como tapices de líneas rectas.

Las flores frescas naturales de color rojo promoverán pasión y amor; las anaranjadas, amistad; las amarillas, alegría; las azules, comunicación; las rosas, cariño; las blancas, pureza y limpieza; y las moradas, pasión.

El color de servilletas y manteles también contribuye a crear un ambiente determinado. Los tonos claros, como el beige o el crema, se asocian con relajación; el blanco es estimulante, el verde es vitalidad, el azul favorece la comunicación, el color frambuesa despierta pasión, el rojo y el naranja promueven romance, mientras que el amarillo atrae calidez a un espacio.

Finalmente, hay que considerar la posición del jerarca de la familia al sentarse a la mesa, por ello se recomienda que sea en la posición de poder. Esta posición corresponde a aquel lugar más alejado de la mesa y desde donde se domine el acceso a esa habitación.

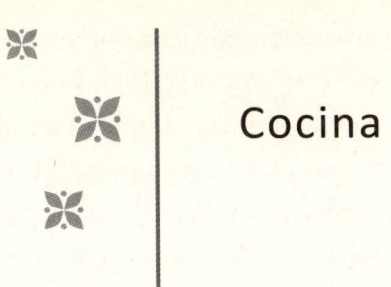

Cocina

La cocina es un lugar importante, ahí radica la buena fortuna y la salud de la familia. Ésta debe ser amplia, espaciosa, iluminada y bien ventilada.

La estufa representa el dinero y quien cocina debe dominar la puerta para cocinar con tranquilidad; si el caso es contrario, se pueden colocar espejos estratégicos que la reflejen; así, quien prepara los alimentos observará lo que sucede a su espalda.

Desde la perspectiva de la escuela BTB, se sugiere un espejo que refleje todas las hornillas, pues duplicará la entrada de dinero. Todas las hornillas se deben usar para una buena circulación del Chi y estar muy limpias.

Una esfera o campana de viento entre la puerta de entrada a la cocina y la estufa armonizará el Chi y mejorará la suerte de los habitantes de la casa.

El fregadero representa el amor, por tanto, debe estar impecablemente limpio, ya que refleja la situación interna y espiritual de los habitantes.

La presencia de plantas generará un ambiente más armónico y confortable, al igual que dará vida al lugar.

Quien cocina no debe ser sorprendido e intranquilizado, pues afectará la elaboración de la comida y alterará el ciclo del rendimiento laboral de la persona para quien se prepara el alimento interfiriendo en la abundancia en el hogar.

La cocina es ese espacio de nuestra casa que va a representar la abundancia y la prosperidad en nuestra vida. En la cultura oriental se considera un lugar de mucha importancia, ya que es donde se preparan los alimentos que nos nutren de energía y promueven una buena salud; la cual, a su vez, se refleja en una vida ordenada y próspera. Es un espacio que debe ser ventilado, ordenado, limpio, brillante y seco.

La estufa y el fregadero tienen un significado importante en el Feng Shui de la cocina: el fregadero se asocia con el amor propio y la autoestima, así como con el amor de pareja; la estufa se asocia con la llegada de dinero y la opinión social y pública sobre nosotros. Por lo mismo deben estar muy limpios, y las hornillas y el horno encender con facilidad. Asimismo, es recomendable evitar almacenar sartenes y ollas en el horno y no dejar teteras sobre las hornillas.

Es importante que la estufa se encuentre en un lugar tranquilo, alejada de una ventana o del paso de una puerta. Debe dominar la puerta de entrada a la cocina; puede colocarse un espejo en el que, al estar cocinando, se refleje la puerta, para así observar quién entra y sale, aspecto que se asociará con seguridad y confianza al cocinar, y que generará una buena y nutritiva preparación de los alimentos.

También recomendamos que la estufa y el fregadero no se ubiquen uno al lado del otro porque representa conflicto económico. Para solucionar esto, podemos colocar una planta o una tabla de madera para picar verduras entre ambos si fuera el caso. En aquellas situaciones en que el fregadero o la estufa se encuentren debajo de una ventana, se sugiere emplear lo que se conoce como una "cura" en el Feng Shui: una esfera de cristal faceteado, de cristal austriaco y colgada en el centro del marco superior de la ventana con hilo rojo que mida tres o nueve pulgadas; sirve como un armonizador de energía que detiene la salida apresurada de la energía del amor y del dinero por la ventana.

En lo que se refiere al refrigerador, debe estar limpio y ventilado, evitar acumular alimentos en mal estado o verduras y frutas en estado de descomposición. Asimismo, debe rodearse de madera o colocarle una tabla o adorno de madera encima, también se puede recurrir a una planta. Las plantas en la cocina generarán una atmósfera limpia, fresca y natural; la iluminación más recomendable es la natural, debe ser un espacio brillante; también se pueden iluminar las esquinas con *spots* de luz brillante para evitar el estancamiento de la energía en las esquinas y generar un movimiento y crecimiento constante de proyectos de trabajo y sentimentales.

Las frutas frescas y abundantes, así como las semillas, promoverán un ambiente agradable, al igual que las verduras limpias y saludables. Decora con hermosas botellas de aceite de oliva para imprimir un toque de distinción y elegancia en este importante espacio de la casa.

El material más recomendable para preparar y elaborar los alimentos es la madera en los muebles o mesas de trabajo. El metal y la cerámica generan movimiento y no favorecen la concentración necesaria para cocinar. Se sugiere evitar acumular la basura en la cocina, además, se deben guardar los basureros dentro de muebles para evitar tenerlos a la vista.

En cuanto a los colores y tonos favorables, van a ser aquellos claros como beige o crema para tranquilidad, tonos térreos como naranja y amarillo para calidez, aunque nos arriesgamos a fomentar tendencia a comer constantemente. Los tonos de verde promoverán crecimiento económico y el azul se recomienda en tonos claros para fomentar comunicación.

En las cocinas muy húmedas o con poca iluminación natural, se recomienda colocar tazones pequeños de porcelana, con sal de grano en las esquinas, para absorber la humedad y evitar el estancamiento de la energía.

Las despensas y lugares donde se almacenan los alimentos, deben ser espaciosos y bien ventilados. Es importante que no estén ubicados debajo de escaleras, pues pueden generar demasiada humedad y desaprovechar los nutrientes naturales de los alimentos, así como facilitar la aparición de plagas en este espacio.

En aquellos casos donde la cocina se ubique cerca de la puerta principal de la casa, se desarrolla una tendencia constante a comer entre alimentos. Una forma de solucionar este conflicto sería colgar campanas de tubos que tienen sonido agradable y se conocen como "campanas de viento" o "espanta espíritus" entre la puerta de la cocina y la puerta principal.

Es importante tener cuidado con los desagües en la cocina y patios, ya que representan aspiradoras que succionan la energía y se reflejan en conflictos y problemas referentes a la distribución del dinero, afectación de las finanzas y alejamiento de la pareja. Una manera de solucionarlo es colocar una tapa de plástico sobre las coladeras o en su defecto una pequeña planta. También pintar una línea roja, verde o amarilla rodeando las coladeras y desagües sería una solución a través del color.

Los alimentos que consumimos producen actitudes y reacciones en nosotros, éstos se catalogan dentro del principio Yin-Yang del balance y la armonía perfectos. En el caso de personas de temperamento demasiado relajado, tranquilo, pacífico, amable y sensible es importante consumir alimentos como vegetales de raíz, granos, frijoles, pescado, huevo, carne y alimentos salados, condimentados y picantes. También alimentos fritos o asados para balancear su energía personal y evitar la inseguridad y la depresión.

Para aquellas personas de temperamento confiado, alegre, entusiasta, ambicioso y competitivo, se sugieren alimentos como vegetales verdes, tofu (queso de soya), ensaladas, frutas, líquidos, alimentos dulces y agridulces, así como alimentos preparados al vapor o frescos, para balancear su energía personal y evitar la irritabilidad, el enojo y el reaccionar de forma agresiva y violenta.

Los alimentos que fortalecen nuestro corazón, el timo y nuestro intestino delgado son: trigo, centeno, avena, lentejas, chícharos, ejotes, vegetales verdes, pimientos verdes, brócoli, frutas cítricas, pollo y aquellos alimentos de color verde. Los que fortalecen el hígado, el sistema nervioso, los músculos, los ligamentos y los tendones son: frijoles, algas marinas, cerezas negras, cerezas azules, uvas moradas, sandía, pescado y todos los alimentos de color oscuro.

Los que benefician al páncreas, bazo y estómago son: maíz, endibias, mostaza, tomates, escalopes, fresas, cerezas, duraznos, barbacoa, borrego y camarones, así como los alimentos de color rojo.

Para mejorar los pulmones, el sistema nervioso autónomo, el intestino grueso y la piel, se recomiendan: frutas dulces, nueces, atún, pez espada, aves y alimentos amarillos o de colores térreos. Referente a los riñones, la sangre, la vejiga, el sistema inmunológico así como los órganos y hormonas sexuales, son favorables: arroz, frijoles de soya, tofu (queso de soya), cebollas, nabos, rábanos, coliflor, col, peras, pavo, apio, carne de res y los alimentos de color blanco y tonos pastel.

En aquellos casos en que tenemos un baño sobre la cocina podemos tener conflictos de trabajo y logro de proyectos. Para combatirlo, se recomienda colocar dos plantas menores a un metro de altura en la cocina.

Si deseamos mejorar nuestra imagen social, se sugiere colocar cortinas de tonos rojizos en el área de fama de la cocina.

Como parte de la decoración, colocar persianas enrollables en las ventanas de la cocina contribuirá a generar un ambiente cálido, limpio y agradable.

Colocar plantas pequeñas como las violetas, en la cocina, contribuirá a consolidar la energía de abundancia para los habitantes de la casa.

Para imprimir un toque de alegría, se sugiere colocar frutas y verduras de papel maché de colores brillantes, arriba de las gavetas.

Algunos maestros de Feng Shui sugieren que el mejor lugar para colocar altares es la cocina.

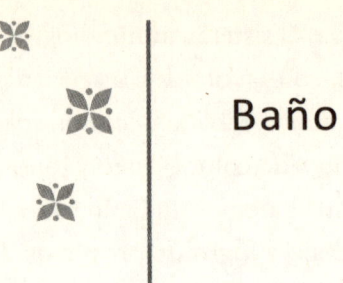

Baño

Es el lugar con más agua de toda la casa y el agua es dinero. Por ello, debe ser tranquilo, bien limpio y ordenado, pues es donde radica el aseo de los habitantes.

La taza siempre debe estar tapada, evitar las fugas de agua y las goteras, ya que por ahí se esfuma la energía del dinero. La mejor posición de la taza es escondida, que no se vea al abrir la puerta. Si el caso es contrario, un biombo que tape la taza ayuda, una esfera entre una y otra es recomendable o en su defecto una campana de viento.

La presencia de espejos y plantas armonizará el lugar y ayudará a mejorar la situación económica de los ocupantes. El color recomendado para el baño es verde o azul, o acorde al área que le corresponde del bagua. Un espejo por la parte de afuera de la puerta bloqueará el baño y contrarrestará el efecto del desagüe. También los accesorios del color del "gua", en que se encuentra el baño, fomentarán un buen flujo de Chi.

El baño también es uno de los espacios importantes a considerar en el Feng Shui. Pues se refiere al lugar en el que nos limpiamos y, en algunos casos, meditamos. El baño se puede ambientar y decorar como un sitio agradable de la casa para crear armonía y balance.

Un aspecto que no se considera favorable de los baños son los desagües, ya que se asocian con aspiradoras que succionan y se llevan la energía de la casa.

El baño debe dar una sensación espaciosa, libre, limpia y ordenada. Asimismo, es recomendable que se sienta seco y ventilado.

Aquellos baños que tienen ventanas por donde entra iluminación natural son muy favorables ya que en la perspectiva del Feng Shui un baño iluminado es de mucha ayuda.

La presencia de plantas naturales dentro del baño contribuirá a generar una atmósfera sana y limpia.

Siguiendo la escuela de las formas, no es agradable que la taza del baño o inodoro, se vea inmediatamente al abrir la puerta. De igual manera, si lo primero que observamos al entrar a nuestra casa o habitación es el baño, se desarrollará una tendencia inconsciente a ir constantemente al baño.

Desde la perspectiva de la escuela de BTB, encontramos "curas" para solucionar el problema de la taza. Una opción es colocar una esfera de cristal faceteado, colgada en el techo, sobre el inodoro, con hilo rojo de tres o nueve pulgadas de longitud.

Podemos decorar el baño considerando el área de la casa en que se encuentra, para diseñar un espacio armonioso y agradable, que contribuya a promover un buen flujo de energía en nuestra casa.

Si el baño se encuentra en el Norte de la casa o en el área de trabajo del bagua, se sugiere pintar en tonos frescos y alegres de verde. Los muebles de baño deben ser de color blanco, con un espejo brillante y limpio, así como adornos metálicos plateados.

Si el baño se encuentra en el Noreste de la casa o área del conocimiento del bagua, lo recomendable es que sea de color blanco con accesorios en color lila o violeta. Los muebles en color vino y un espejo brillante.

Si el baño se encuentra en el Este de la casa o habitación, o en el área de familia y ancestros del bagua, se sugiere que éste sea de tonos verdes, al igual que los muebles de baño, apoyados con toallas y accesorios en color azul marino y naranja.

Si el baño se encuentra en el Sureste de la casa o habitación, o en el área de dinero del bagua, se aconseja que el baño sea de tonos verdes, lilas o violetas, con toallas y accesorios en tono vino y colocar flores de seda en colores brillantes como naranja y amarillo.

Si el baño se ubica al Sur de la casa o habitación, o en el área de fama del bagua, el color verde en el baño o en accesorios es muy favorable. Colocar accesorios de bambú o madera así como plantas será también muy saludable.

Si el baño se encuentra en el Suroeste de la casa o la habitación, o en el área del amor del bagua, se aconseja pintar de color blanco, colocar los muebles de baño en ese mismo color y colocar accesorios y adornos metálicos en pares, dos flores de seda en color rojo o morado.

El baño en el Oeste y Noroeste de la casa o habitación, o en el área de hijos y creatividad del bagua, se armonizará con tonos blancos, toallas y accesorios en tonos pastel. Pónganse jarrones pequeños o accesorios de barro o talavera. Un espejo con marco plateado, brillante y limpio.

Otra herramienta para crear una atmósfera agradable es a través de aromas o inciensos. Los aromas se pueden colocar en un quemador de aromaterapia o en un *spray* con aromas de aceites esenciales naturales y rociar el baño. Los aromas se pueden emplear para provocar reacciones y cambios de actitud a nivel inconsciente en las personas.

Si deseas emplear aromas para crear una atmósfera agradable y fresca, los más adecuados son hierbabuena, pino o rosa.

Si deseas una atmósfera de meditación usa aromas de manzanilla romana, lavanda, nerolí o rosa.

Para clarificar la energía del baño; es decir, evitar el estancamiento de la energía, te recomiendo aromas de albahaca, jazmín, melissa, pachuli o rosa.

Si tu baño es un espacio muy húmedo, colocar tazones pequeños de porcelana con sal gruesa en las esquinas, ayudará a absorber esta humedad.

Tips

- Si quieres limpiar la atmósfera de la recámara, lo más recomendable es colocar en la misma una planta sana de hojas suaves y circulares u ovaladas de menos de un metro de altura. Las plantas de hojas suaves, redondeadas, de tallos altos y ascendentes promoverán que nuestros planes profesionales y personales crezcan.

- Cuando colocamos jarrones con flores frescas y naturales limpiamos el aura de la casa y sus habitantes durante los primeros tres días.
- En aquellos casos que deseemos una sensación de respaldo, protección y solidez en nuestro espacio, se sugiere sembrar un árbol de raíces sólidas y tronco firme en la parte trasera del terreno de la casa.
- En los espacios interiores que percibas sin vida o aburridos, se puede colocar un tazón con agua y tres velas flotantes, esto simboliza la armonía de los elementos de la naturaleza (si las velas son de color verde, es mejor).
- Quemar salvia seca en la estufa ayudará a limpiar y desestancar la energía atorada de un espacio (a través del humo).
- Un espacio saturado de objetos y muebles genera un estilo de vida cansado, tedioso, sin motivación y poco próspero.
- Colocar tazoncitos de porcelana con sal de grano en las esquinas de las habitaciones absorberá la energía negativa y estancada de la casa.
- Los cuadros y motivos artísticos de casa se sugieren de temas motivantes y alegres, símbolos de aquello que queremos obtener.
- Sonar campanas en las esquinas de las habitaciones evitará que la energía se atore y no fluya en estas áreas.
- Música armoniosa y suave contribuirá a generar una atmósfera sentimental, emotiva y artística que contribuirá a un buen descanso y relajación.
- Música rítmica y alegre promoverá una atmósfera de fiesta y convivencia ideal para atraer proyectos nuevos y productividad.
- Colocar un tazón de cerámica o cristal con sal gruesa de cocina debajo de la cama va a absorber la energía de enfermedades y conflictos.
- Aromatizar la casa con aroma de manzana, canela y azúcar atraerá armonía, prosperidad y abundancia a una casa.
- Colocar tazones de cristal con cristales de cuarzo cerca de las ventanas atrae riqueza.

- Un tazón con agua, cuarzos de colores y una flor de loto de seda flotante promoverán una atmósfera de paz y tranquilidad.
- Es importante que lo primero que veas al entrar a cada habitación sea alegre, motivante y agradable.
- Lo que percibes al entrar a tu casa habla de cómo están tus emociones.
- Como percibes la fachada de tu casa se asocia con la forma en que te perciben los demás.
- El tamaño recomendado para puertas es al menos treinta centímetros entre la cabeza de la persona más alta de la casa y treinta centímetros a los lados del cuerpo, esto es con la finalidad de respetar el espacio áurico personal.
- El árbol de ciprés simboliza realeza. Coloca tres de ellos a los lados de la puerta principal, al menos a un metro de la fachada de la casa.
- Coloca una escultura metálica pesada a un lado de la puerta principal para "aterrizar" nuevos proyectos en tu vida.
- Iluminar la puerta principal atrae prosperidad y buena suerte a los habitantes del lugar.
- Dos plantas a los lados de la entrada principal limpiarán la energía que llega a casa.
- Colocar noventa y nueve monedas en una maceta pesada a la entrada de casa atraerá prosperidad a los habitantes.
- Si deseas atraer oportunidades de crecimiento y negocio, diseña un camino de ocho piedras bola de río que guíen hacia la entrada de tu casa.
- Para atraer abundancia a tu vida coloca a la entrada de casa una planta de hojas de forma irregular (garra de león).
- Una campana de viento de cinco tubos huecos en la entrada principal armonizará la energía que llega a casa.
- Para atraer energía de alegría y fiesta coloca cerca de la puerta principal plantas de hojas triangulares.
- Para atraer energía de consolidación diseña un camino ondulante hacia la entrada principal flanqueado por arbustos y flores de color amarillo.

- Para atraer dinero a casa coloca a los lados de la puerta principal plantas de hojas redondas (siempre viva).
- Para atraer alegría y felicidad a casa coloca flores de colores cerca de la puerta de entrada.
- Para atraer amor coloca flores de color rojo cerca de la puerta de entrada.
- Para impulsar la energía del trabajo se sugiere colocar objetos de color blanco, gris, rojo chino o rosa pálido al Norte de la casa o en el área del trabajo del bagua BTB.
- Para mejorar en los estudios colocar tres velas de color rojo o morado brillante en el Noreste de la habitación de estudio o en el área del conocimiento del bagua BTB.
- Para aterrizar un proyecto importante de trabajo colocar una piedra bola de río en el Norte del estudio o en el área de trabajo del bagua BTB.
- Si quieres controlar el exceso de trabajo coloca una maceta pesada con una planta de tallos altos (ascendentes) al Norte de la casa o en el área de trabajo del bagua BTB.
- Si quieres mejorar tu concentración, coloca una luz que ilumine de abajo hacia arriba en el Noreste de la casa o en el área de conocimiento del bagua BTB de la casa.
- Para mejorar la relación familiar coloca tres velas de color verde en el Este de la sala o en el área de familia y ancestros del bagua BTB de la sala.
- Coloca un cuadro con motivos de personas alegres y festivas al este de la casa o en el área de familia del bagua BTB de la casa para fortalecer los lazos familiares.
- Sembrar bambú al Este del jardín o en el área de familia y ancestros del bagua BTB del jardín acrecentará los principios morales y fortalecerá la unión familiar.
- Para la falta de motivación coloca un cuadro de una montaña en el Noreste de la casa o en el área del conocimiento del bagua BTB de la casa.

- Para falta de motivación en los niños se recomienda colocar ocho piedras bola de río en el área del conocimiento del bagua BTB del estudio o de su recámara.
- Para fomentar estudio y concentración se recomienda colocar un globo terráqueo en el área donde se estudia.
- En casos de soledad, colocar plantas de tallos altos y ascendentes al Norte del jardín.
- Una fuente al interior de casa incrementará la vitalidad, colocarla en el Sureste de casa o en el área del dinero del bagua BTB, así mismo favorecerá la comunicación y la creatividad.
- Para favorecer el optimismo, coloca un windchime (campanas de viento) de cinco tubos en la esquina Este de tu recámara o en el área de familia del bagua BTB de tu recámara.
- Para fomentar la perseverancia y la tenacidad se recomienda colocar una escultura al Noreste de la habitación o en el área del conocimiento del bagua BTB.
- Para realizar tus sueños, es favorable colocar una fuente al Este de casa o en el área de familia del bagua BTB de la casa.
- Si deseas progreso sostenido, se pueden colocar dos piedras bola de río en el Suroeste de casa o en el área del amor del bagua BTB de casa.
- Para romance, coloca al Oeste de la sala siete figuras en tonos amarillo, blanco, azul o tonos pastel, también las puedes colocar en el área de hijos y creatividad del bagua BTB de la sala.
- Si quieres promover una atmósfera de organización, coloca en el sector Noroeste o en el área de benefactores del bagua BTB de la casa un windchime (campana de viento) de seis tubos huecos.
- Si quieres generar respeto, confianza y control, coloca seis piedras o seis cuarzos en una vasija de porcelana en el Noroeste de la casa o en el área de benefactores del bagua BTB de la casa.
- Para obtener sabiduría coloca un espejo redondo con marco de metal plateado al noroeste del estudio o en el área de benefactores del bagua BTB del estudio.

- Para mejorar en nuestro trabajo es recomendable colocar una estatua de cristal con curvas en el Norte de la casa o en el área del trabajo del bagua BTB de la casa.
- Si deseas controlar un ambiente de tensión y discusiones, coloca sal marina en tazoncitos de porcelana al Noreste de casa o en el área de conocimiento del bagua BTB de la casa.
- Si existe exceso de conflictos y murmuraciones a tu alrededor, coloca nueve carbones vegetales o nueve cuarzos boleados en el Sur de la casa o en el área de fama del bagua BTB de la casa.
- Para despertar tus cualidades de liderazgo, coloca un reloj en el Oeste de tu habitación o en el área de hijos del bagua BTB de tu recámara.
- Para despertar la creatividad, coloca un windchime (campana de viento) de tubos de colores en el Oeste de la habitación infantil o en el área de hijos del bagua BTB de la recámara infantil.
- Para fortalecer la abundancia coloca en el área del dinero del bagua BTB una escultura de cochinito sobre monedas en color dorado.
- Coloca tres cojines de color morado en el Sureste de la sala o en el área del dinero para atraer prosperidad.
- Si deseas mejorar la relación familiar, ubica el Este de la sala o el área de familia y prende tres velas de color verde.
- Es importante evitar aparatos eléctricos cerca de los sillones, de lo contrario pueden provocar irritabilidad en las personas.
- Colocar un espejo con un marco decorativo en el tiro de la chimenea controlará la fuga de energía por ese conducto.
- Para crear una atmósfera de romance, coloca objetos simbólicos de romance al Oeste de la sala o en el área de hijos, éstos objetos pueden ser mariposas, tonos pastel, flores, pájaros o patos.
- Si la sala tiene un espacio muy pequeño se recomienda usar colores y tonos claros para generar una sensación de amplitud.
- Para crear una atmósfera de relajación coloca muebles y sillones curvos y suaves.
- Colgar un cuadro de un amanecer tendrá efectos psicológicos positivos en las personas.

- Para tener una imagen social elegante y estilizada se recomienda adornar la sala con un arreglo de flores u orquídeas en el Sur o en el área de fama.
- Si se desea promover la comunicación entre los miembros de la familia es favorable colocar una fotografía de todos los integrantes en el Sureste de la sala o el área del dinero.
- Una atmósfera alegre se puede crear con cuadros de mariposas o mariposas de colores en la sala.
- Para atraer buena fortuna, coloca nueve plumas de faisán (pavo real) en un jarrón de línea estilizada en la sala.
- Colocar figuras de los tres sabios chinos Fuk, Luk y Sau en la sala viendo hacia la puerta principal para promover protección.
- La presencia de plantas naturales en la sala integrará una atmósfera viva en ese espacio.
- Colocar plantas de hoja de forma irregular fomentará comunicación y convivencia.
- Las plantas de hoja redondeada fomentarán disciplina y orden.
- Las plantas de tallos altos fomentarán una atmósfera creativa.
- Las plantas de hojas y vértices marcados tipo triangular fomentarán una atmósfera activa y alegre.
- Las toronjas simbolizan fertilidad, las mandarinas riqueza y las peras longevidad. Colócalas al centro del comedor en grupos de tres para atraer este tipo de energía.
- Una lámpara de cristales que ilumine el comedor al centro de la mesa contribuirá a mejorar la comunicación y la relación familiar. En su defecto, se puede colocar una esfera de cristal faceteado colgada con hilo rojo que mida de largo tres o nueve pulgadas.
- El uso de manteles de colores lisos promoverá una atmósfera más cordial y relajada.
- Manteles de patrones y figuras triangulares promoverá una atmósfera de alegría y festividad.
- Manteles de dibujos circulares favorecerá una atmósfera ordenada, limpia y clara.
- Manteles de figuras cuadradas fomentará una atmósfera cálida y maternal.

- Colocar al centro de la mesa un jarrón de base ancha con flores frescas de color amarillo contribuirá a que la abundancia se consolide para la familia.
- Si en la decoración del comedor se emplean plantas y tonos verdes se contribuirá a una atmósfera fresca, dinámica, creativa y de comunicación.
- Para una cena romántica y sensual recurre a velas y luz suave e indirecta con manteles de tonos pastel como rosas pálidos contrastados con tonos rosa magenta.
- En el caso de que desees incrementar la prosperidad en tu vida, utiliza tus mejores copas, vajillas y cubiertos de vez en cuando, en comidas o cenas familiares.
- Colocar frutas frescas al centro de la mesa del comedor promoverán abundancia.
- Si las sillas de papá y mamá en el comedor son de respaldo alto y antebrazos, simbolizarán jerarquía y respeto familiar.
- Una vitrina iluminada en su parte interior favorecerá el movimiento de la energía que puede atorarse en este pequeño espacio reflejándose en constante llegada de oportunidades nuevas de crecimiento y desarrollo para todos los miembros de la familia.
- El Norte de la cocina es el área energética ideal para ubicar alacenas.
- La cocina bien iluminada incrementa la prosperidad de la familia, colocar un *spot* de luz de abajo hacia arriba, en cada esquina de la cocina contribuirá a evitar que haya estancamiento en este espacio.
- Colgar una esfera de cristal al centro de la cocina armonizará la distribución de la energía de abundancia para la familia.
- Colocar botellas bonitas con semillas en la cocina simboliza el crecimiento y el florecimiento de nuestros planes.
- La superficie más recomendable para preparar y elaborar los alimentos es madera o bambú.
- Es recomendable que la despensa sea un espacio ordenado y limpio, con recursos abundantes; es decir, bien surtida, para simbolizar abundancia.

- En aquellos casos donde existe un baño sobre la cocina podemos tener conflictos de trabajo y en el logro de proyectos, se recomienda colocar dos plantas menores a un metro en la cocina.
- Si deseamos mejorar nuestra imagen social se sugiere colocar cortinas de tonos rojizos en el área de fama de la cocina.
- Como parte de la decoración, colocar persianas enrrollables en las ventanas de la cocina contribuirá a generar un ambiente cálido, limpio y agradable.
- Colocar plantas bajitas como violetas en la cocina contribuirá a consolidar la energía de abundancia para los habitantes de la casa.
- Para imprimir un toque de alegría se sugiere colocar frutas y verduras de papel maché de colores brillantes arriba de las gavetas.
- Algunos maestros de Feng Shui sugieren que el mejor lugar para colocar altares es la cocina.
- No es adecuado que la cocina quede ubicada debajo de un baño o área de lavado, en este caso, se recomienda colocar un espejo en cada esquina del techo de la cocina o decorar en tonos de verde el baño y colocarle plantas naturales.
- Para evitar las fugas de energía por medio de los desagües, pinta las coladeras y la orilla inferior del inodoro de color verde, rojo o amarillo.
- Cuando el baño queda frente a la cocina puede generar daños en la salud, en este caso se sugiere colocar un cristal faceteado de cuarenta milímetros. Colgado con hilo rojo de tres o nueve pulgadas entre el baño y la cocina.
- Un baño sobre la puerta principal puede provocar problemas relacionados con la prosperidad de la familia, colocar plantas en el baño y usar ese baño lo menos posible ayudará a corregir el problema energético generado por esta situación.
- Si el baño es oscuro y encerrado, se le puede poner un extractor y una pequeña luz de seguridad siempre encendida para iluminar y ventilar el lugar.
- Si al abrir la puerta del baño, lo primero que ves es el inodoro, se sugiere colocar una planta natural pequeña sobre la caja del agua.

- Si al abrir la puerta del baño, lo primero que ves es el inodoro, puedes colocar una esfera de cristal faceteada, colgada en el techo con hilo rojo de tres o nueve pulgadas sobre la taza.
- Si al abrir la puerta del baño, lo primero que ves es el inodoro, una campana de viento de tubo hueco, colgada en el techo sobre el inodoro será de mucha ayuda.
- Si deseas emplear aromas para crear una atmósfera agradable y fresca, los más adecuados son hierbabuena, pino o rosa.
- Si deseas una atmósfera de meditación usa aromas de manzanilla romana, lavanda, nerolí o rosa.
- Para clarificar la energía del baño, es decir, evitar el estancamiento de la energía te recomiendo aromas de albahaca, jazmín, melissa, pachuli o rosa.
- Si tu baño es un espacio muy húmedo, colocar tazoncitos de porcelana con sal gruesa en las esquinas ayudará a absorberla.
- La presencia de plantas naturales en el baño contribuirá a generar una atmósfera de limpieza.
- La cama debe tener una cabecera sólida y firme. Lo ideal es ubicarla al menos a dos metros de distancia de una ventana muy grande.
- Si el baño queda sobre una recámara, coloca dos plantas de menos de un metro de altura en la recámara.
- El baño detrás de la cabecera provoca insomnio. Se sugiere cambiar la cama de posición.
- Las camas deben tener un espacio entre la base y el piso para que fluya la energía de las personas que duermen en ellas y tengan un óptimo descanso.
- En aquellos casos en los que sientas soledad en tu vida, pinta el muro frente a la cama de color verde.
- Para mejorar la comunicación en pareja, coloca dos sillones de color azul con una mesa circular al Norte de la habitación o en el área de trabajo del bagua BTB de la recámara.
- Para mantener la energía del amor, puedes colocar una olla de barro con carbón vegetal debajo de tu cama al centro.

- Si quieres fomentar la capacidad de profundizar en el autoconocimiento, coloca un objeto pesado en el Noreste de tu recámara.
- Si quieres fomentar prosperidad futura, coloca cuatro velas largas de color verde en un candelabro de cristal en el Sureste de la recámara o en el área de dinero y fortuna del bagua BTB de la habitación.
- Para mejorar la confianza en tu propia capacidad, coloca una fotografía tuya con un marco azul marino al Este de tu recámara o en el área de familia del bagua BTB.
- Evita tener televisiones, aparatos eléctricos y computadoras dentro de tu recámara.
- Es importante que tu cama quede al menos a setenta metros de distancia de la calle para evitar problemas de salud.
- Dormir cerca de la cocina puede provocar obesidad, aléjate al menos un metro y medio.
- Para mejorar la concentración en los infantes es recomendable colocar su escritorio viendo al Noreste.
- Cuando dos niños comparten la recámara, posicionar sus camas paralelas fomentará armonía entre ellos.
- Si deseas mejorar tu relación con tus hijos, una fórmula es colocar tu cabecera en la misma dirección que la de ellos.
- Para contribuir a un sano crecimiento en los niños se puede colocar una pequeña fuente en el lado Este o Sureste de su recámara.
- Si deseas promover una energía de desarrollo personal en la habitación infantil se sugiere que la iluminación sea hacia el techo.
- Si el niño tiene problemas para dormir intenta colocar la cabecera al Oeste o al Norte.
- Si la cama del niño tiene la cabecera hacia el Noreste, esta energía puede provocar que el niño sea berrinchudo y caprichoso. En este caso te sugiero decorar su recámara en tonos suaves y claros para balancear la energía.
- Una buena dirección para ubicar la cabecera de un bebé recién nacido es el Norte.

- La cabecera del niño hacia el Suroeste le puede provocar timidez, para balancear esta situación puedes decorar con edredones o colchas en tonos morados y dibujos circulares.
- Un niño que duerme en el sector Noroeste de la casa puede ser un niño controlador y rebelde, para balancear decora la habitación con tonos azul marino y amarillo.
- Para un niño demasiado inquieto utiliza tonos amarillos y te sugiero que la cama sea de baja altura, objetos y muebles cuadrados con esquinas redondeadas.
- Si quieres incrementar la sensatez en un niño, cuelga un cristal faceteado en el techo a la altura de su cabeza con hilo rojo que mida nueve pulgadas (el hilo).
- Coloca dos esferas de cuarzo rosa en el área del amor del mapa BTB de la recámara principal para atraer una pareja estable.
- Adorna con mariposas en pares el área del amor de la casa o en el sector Suroeste.
- Colocar en el área del amor o en el Suroeste una escultura de un dragón y un ave fénix, ya que representan la pareja cósmica, esto fortalecerá el amor.
- Evita guardar en casa objetos relacionados con relaciones pasadas.
- Mantén iluminada el área que conduce y guía hacia la recámara para generar dinamismo en la relación sentimental.
- Coloca tazones con chocolates en las distintas áreas del amor por BTB en la casa.
- Decora la recámara principal con objetos en pares.
- En aquellos casos donde la relación sexual es carente de pasión con pérdida de romanticismo y reflejo de desmotivación, lo recomendable es colocar dos plantas en la habitación, decorar con tapices de líneas verticales o integrar colores y tonos de verde; la presencia de dos velas rojas es indispensable.
- Para fomentar creatividad y aventura en una relación utilizar edredones y sábanas de lino y algodón despertará nuestro sentido del tacto y aumentará nuestras emociones.

- Para una atmósfera de complicidad, utilizar tonos azul marino y verde, así como colocar un docel con tela de gasa creará un ambiente íntimo y amable.
- Si es una relación excesivamente pasional que generalmente está rodeada de conflictos y discusiones se pueden utilizar tonos térreos, ocres o dorados, y decorar con algunos objetos de talavera.
- Si la relación es aburrida y lenta se sugiere colocar dos tapetes al lado de la cama de lana o piel, así como velas de colores rojo, naranja o amarillo; sábanas de seda y una escultura de una pareja entrelazada de metal.
- Si la relación es demasiado rígida, fría y falta de comunicación recurrimos a formas asimétricas, sábanas y edredón combinando azul marino y blanco, dos plantas naturales y, por supuesto, dos velas triangulares para fomentar la pasión.
- Si la relación está atravesando por una etapa de inestabilidad, desequilibrio y alejamiento se sugiere colocar un tazón de porcelana con piedras y cuarzos de formas circulares.
- Si la relación ha caído en constante competitividad, explosiones de pasión, orgullo, ego y vanidad se puede decorar con tonos amarillos, térreos, dos jarrones de talavera o porcelana. Flores frescas de colores naranja y amarillo y colocar debajo de la cama al centro un tazón de porcelana con carbón vegetal.
- Cuando nuestra relación sentimental y sexual es agredida y lastimada por chismes y comentarios ajenos, se sugiere colocar un tazón de porcelana con sal de grano en las esquinas de la recámara.
- Si hace falta romanticismo y libertad se puede colocar un jarrón con flores frescas de muchos colores y una escultura metálica agradable. Cojines de tonos pastel, sábanas en tonos frescos y suaves. Un edredón blanco es ideal para estos casos.
- En los casos en que deseamos planear unas vacaciones o un fin de semana romántico también podemos elegir con base en lo que deseamos. En situaciones que sea necesario platicar, profundizar, aventurarse y sentir en lo más profundo de nosotros para fomentar una relación sexual fundamentada en la interacción,

el romanticismo y la comunicación, es ideal viajar a lugares de clima frío, lagos, mar o ríos.
- Si nuestro deseo es incorporar la actividad sexual creativa, alegre, franca, basada en nuestros impulsos y emociones así como atraer alegría y diversión lo ideal son lugares de clima fresco, con vientos, bosque y el campo. Si buscamos un fin de semana o unas vacaciones llenas de pasión, alegría, fiesta y comunicación lo recomendable son sitios de clima caliente y desértico. El romanticismo, la libertad y la consolidación sexual se nutre en un lugar de clima seco, montañas nevadas o valles.
- El uso de aromas también contribuye a crear atmósferas especiales, por ejemplo, comunicación y profundidad de sentimientos: jazmín o sándalo; creatividad, frescura, alegría, motivación: toronja, manzanilla o lavanda; pasión, atracción, afrodisiacos: rosemary, ilang-ilang, árbol del té o pachuli; estabilidad, calidez, amor, ternura y cariño: incienso o limón; solidez, romanticismo, organización, elegancia y equilibrio: eucalipto, pino o ciprés.
- Si queremos sanar nuestra relación sentimental y sexual, deshacernos de emociones reprimidas, tristezas, decepciones y conflictos así como elevar nuestra autoestima y sentir libertad, así como respirar frescura y limpieza, limpia tu clóset y saca todo aquello que no utilizas y que asocias con malos momentos. ¡Funciona de maravilla!

Los primeros pasos para generar cambios en nuestra vida son los siguientes:

- Mantén tus canales de comunicación abiertos.
- Haz un esfuerzo por desarrollar tus proyectos y obtener tus deseos con constancia.
- Haz lo que amas y ama lo que haces.
- Sé compasivo y tolerante contigo mismo y con los demás.
- Comprométete contigo mismo y con tus acciones.
- Asume la responsabilidad de tu vida y tus actos.
- Trata de entender a los demás y a tu pareja.

- Esfuérzate en entenderte y establecer tus necesidades.
- Quiérete y consiéntete.
- Si quieres recibir lo mejor, date lo mejor.
- Evita que los árboles y las plantas toquen o se recarguen en muros y fachada de la casa. Pueden provocar problemas de salud.
- Para evitar reumatismo, debilidad, resfriados y dolores musculares, es recomendable ubicar las tuberías y desagües al menos a un metro de distancia de camas y escritorios.
- Si las ramas de un árbol tocan las ventanas se puede reflejar en problemas visuales para los habitantes de la casa.
- Una casa iluminada, ventilada y ordenada representa oportunidades constantes de crecimiento y prosperidad.
- Para generar prosperidad coloca una moneda antigua debajo de cada pata de tu cama.
- Si deseas incrementar tu capacidad de análisis y profundidad, siéntate en el estudio viendo al Norte para leer y trabajar.
- Para corregir la sensación de inestabilidad, siembra arbustos al frente de la casa.
- Otra opción para corregir la sensación de inestabilidad es colgar un windchime (campana de viento) por dentro de la casa a un metro de la puerta principal.
- Colocar objetos en pares fomentará una atmósfera de intimidad.
- Colocar cuadros de elefantes en casa representará sabiduría.
- Colocar cuadros de peces simboliza éxito.
- Para los chinos, los murciélagos rojos se asocian con buena suerte, alegría y larga vida.
- Los cisnes representan prosperidad y éxito.
- Un unicornio simboliza longevidad, fecundidad y alegría.
- Para incrementar la paciencia en una persona utiliza colores azul claro, rojo, ocre o café.
- Para mejorar las calificaciones en los exámenes se recomienda usar colores negro, negro con verde o verde.
- Para corregir el sonambulismo utiliza colores verde y verde claro.

Medidas ideales de Feng Shui. Escala geomántica

Estas medidas se basan en medidas de la naturaleza acorde a las plantas y las flores. Desde la dinastía Sung en China se usaban para diseñar y fabricar los muebles en los palacios y templos.

Esta escala o regla geomántica se divide en ocho secciones, cuatro favorables y cuatro desfavorables. Cada sección se divide en cuatro subsectores con significados particulares. Después del octavo sector se vuelve a comenzar con el primero y así sucesivamente.

A continuación se presenta esta información con la que puedes fabricar reglas de medidas armónicas o ideales de Feng Shui y aplicarlo en distintos ámbitos: muebles, tarjetas de presentación, etcétera.

Escala geomántica. Escala (mm)		
DIMENSIONES DE MALA SUERTE	ESCALA	DIMENSIONES DE BUENA SUERTE
	0	Chai buena suerte 0-54 mm (13.5 mm) Suerte monetaria, 13 mm Cofre de joyas, 27.0 mm Buena suerte, 40.5 mm Abundancia, 54mm
Pi mala suerte 54-08 mm (13mm) Pérdidas financieras, 54-66 mm Problemas legales, 80 mm Mala suerte, 93.5 mm Muerte conyugal, 108 mm	100	Los constructores chinos antiguos usaban medidas de suerte en las dimensiones de puertas, ventanas, corredores, casas e incluso muebles.
Li separación 108 mm 162 mm (13.5 mm) Problemas difíciles, 108-121.5 mm Pérdida de dinero, 135 mm Personas indeseables, 148.5 mm Saqueo, robo, fuego, 162 mm	150	

	200	**Yi suerte de benefactores (13.25 mm) 162-215 mm** Suerte con los hijos, 162-175.25 mm Ingresos inesperados, 188.5 mm Hijos exitosos, 201.75 mm Buena fortuna, 215 mm
	250	**Kwan suerte poderosa, 215-170 mm (13.75 mm)** Exámenes exitosos, 215-228.75 mm Suerte en juegos, 242.5 mm Suerte en trabajo, 256.25 mm Honores para la familia, 270 mm
Chieh pérdidas desastrosas, 270-324 mm (13.5 mm) Muerte y pérdidas, 270-283.5 mm Pérdida total, 297 mm Desgracia y exilio, 310.5 mm Bancarrota, 324 mm	300 350	
Hai muy mala suerte, 24-374 mm (12.75 mm) Desastre y desgracias, 324-336.75 mm Muerte, 349.5 mm Enfermedad crónica, 362.5 mm Escándalos y peleas, 375 mm	400	**Pun afluencia próspera, 375-432 mm** Abundancia financiera, 375-389.25 mm Buena suerte en proyectos, 403.5 mm Abundancia en joyas y regalos, 417.75 mm Prosperidad y felicidad, 432 mm

Punto de asiento

El punto de asiento se refiere a la parte trasera directamente opuesta a la puerta principal o a las posiciones donde nos sentamos con la espalda hacia esa dirección. El punto de asiento es considerado de suma importancia, ya que se asocia con salud, estabilidad, consolidación y ahorro para los habitantes de un lugar.

Podemos utilizar el punto de asiento para aprovechar la energía de las ocho direcciones cardinales. Presentamos a continuación algunas sugerencias con respecto a este tema.

Punto de asiento al Sur viendo al Norte

Esto se puede interpretar como una casa con la fachada viendo al Norte, por consiguiente, la parte trasera o punto de asiento es el Sur. También puede ser una silla con el respaldo hacia el Sur, lo que nos permite ver al Norte.

Esta posición nos ayuda a actuar, realizar actividades o tomar decisiones bien fundamentadas a partir de un análisis profundo. Dichas sugerencias se pueden aplicar para posicionar un sillón de lectura, un asiento de meditación o la posición de nuestro escritorio o mesa de trabajo.

Punto de asiento Suroeste viendo al Noreste

Esta posición es recomendable cuando necesitamos fomentar y despertar nuestra fuerza interior para tomar o iniciar nuevos caminos y dirección en nuestra vida, fundamentados a través de la motivación.

Punto de asiento Oeste viendo al Este
Esta posición es recomendable cuando necesitamos promover y despertar en nosotros el gusto, la intención y la fuerza interior para realizar nuestros proyectos e ideas a través de la creatividad.

Punto de asiento Noroeste viendo al Sureste
Esta posición es recomendable cuando necesitamos un flujo de energía creativa unida a liderazgo; es una posición ideal para tomar el control de las decisiones y nuestra vida.

Punto de asiento Norte viendo al Sur
Esta posición es recomendable cuando necesitamos mejorar nuestras relaciones sociales, deseamos expresarnos y comunicarnos favorablemente con quienes nos rodean; imprime un toque de espontaneidad e inspiración en la vida.

Punto de asiento Noreste viendo al Suroeste
Esta posición es recomendable cuando necesitamos concretar proyectos e ideas, así como fomentar la profundidad y estabilidad en la relación familiar y de pareja.

Punto de asiento Este viendo al Oeste
Esta posición es recomendable cuando deseamos disfrutar de nuestros logros. Es la posición ideal cuando buscamos cosechar lo sembrado a través del esfuerzo y el trabajo.

Punto de asiento Sureste viendo al Noroeste
Esta posición es recomendable cuando necesitamos promover y mejorar la armonía, la convivencia y la comunicación con los miembros de nuestra familia. Es muy adecuada cuando deseamos fomentar sensatez, para solucionar malos entendidos y diferencias de opinión entre los miembros de la familia.

羅盘 Lo pan

El lo pan es el instrumento que emplea un practicante de Feng Shui tradicional.

La brújula es uno de los grandes inventos de la antigua China. Probablemente su historia se remonta hasta el reinado de Huang Di (黃帝), el emperador amarillo (siglo XXV a. de C.). Las leyendas cuentan que durante una batalla contra un clan enemigo, Huang Di y sus tropas se perdieron cuando una espesa niebla envolvió las montañas en las que se encontraban, de tal forma que la Dama de los nueve cielos lo asistió con una brújula, la cual le permitió encontrar su camino y eventualmente derrotar a sus contrincantes.

Huang Di, el emperador amarillo.

Antes de la invención de la brújula, los antiguos chinos ya tenían noción de las direcciones; sin embargo, no contaban con un instrumento para indicarlas, de tal forma que lo hacían con un reloj solar. Durante el periodo de la dinastía Zhou y de los estados Beligerantes (475-221 a. de C.) se inventaron los primeros prototipos de lo que hoy en día se conoce como un lo pan.

 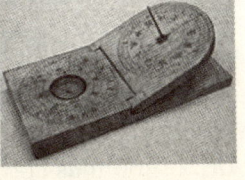

Lo pan de cuatro anillos y reloj solar (Colección de Mónica y Bruno Koppel).

Estos primeros instrumentos se conocen como Zhi Nan (指南) y consisten en una placa cuadrada con grabados que contienen los ocho trigramas y los caracteres de ocho de los diez tallos celestiales (excluyendo a Wu y Ji), las doce ramas terrestres (las veinticuatro montañas), así como los caracteres de los cuatro grupos de siete constelaciones cada una (las veintiocho constelaciones chinas).

 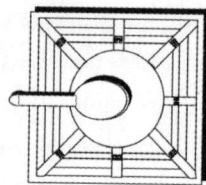

Sin embargo, lo que más destaca de un Zhi Nan es que no contiene una aguja y en su lugar se utilizaba una cuchara magnetizada, hecha de ferrita (Fe3O4), la cual apunta siempre hacia el Sur magnético, de ahí el nombre de Zhi Nan (指南), que se puede traducir como "apuntando al Sur".

Posteriormente, ya en la era cristiana, el Zhi Nan dio paso al Zhi Pan (指盘), el cual es un instrumento muy parecido al Zhi Nan, pero en este caso, la cuchara magnetizada se sustituyó por un disco central giratorio (montado sobre un pivote), llamado "plato celestial" (Tian Pan 天盘), con un diagrama de la constelación de la Osa Mayor o Bei Dou (北斗星).

Fue hasta los tiempos de la era de la dinastía Song del Sur (1127-1279 d. de C.), cuando el lo pan comenzó a tomar su forma actual y se fue enriqueciendo con un diseño más complejo, hasta la era de la última dinastía, la dinastía Ching (1640-1911 d. de C.).

La cantidad de anillos en un lo pan puede variar significativamente; de hecho, no existe un número estándar de anillos, pues la cantidad de éstos y la información o fórmulas que contienen, depende en gran medida del diseñador (maestro de Feng Shui) y del linaje que sigue.

Pueden encontrarse lo pans con tan sólo cuatro o cinco anillos y brújulas con un sólo anillo hasta los más complejos que pueden llegar a tener hasta treinta y seis o más.

Brújula con las divisiones de las veinticuatro montañas.

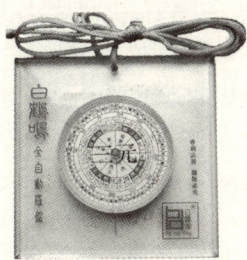

Brújula automática con cordel San Yuan del maestro Pak Hok Ming.

En síntesis, el lo pan es definitivamente la herramienta esencial para el practicante moderno de Feng Shui, pues en la actualidad solamente la escuela BTB es la única que no depende de las direcciones para su análisis de Feng Shui, lo que quiere decir que todo el resto de las escuelas o teorías de Feng Shui requieren, indispensablemente, de un lo pan. Por ello es que el practicante profesional no puede depender de una simple brújula de explorador.

Lo anterior no quiere decir que una brújula de explorador no sirva como instrumento de medición. Si la brújula es de calidad, su medición podrá ser fidedigna; no obstante, una brújula convencional carece de la información que un lo pan puede contener en sus distintos anillos, de ahí la insistencia de que el profesional de Feng Shui posea, por lo menos, un lo pan, así como las tablas complementarias que suplan el posible hecho de que su lo pan no contenga uno u otro anillo en particular.

Actualmente existen diversos diseños de lo pan y es posible encontrarlos en las tiendas de artículos chinos. Aunque solamente recomendamos este tipo de lo pan con un fin didáctico, ya que en la mayoría de los casos, este tipo de bajo precio no tiene una aguja de calidad, por lo que la medición que proporciona no es tan fidedigna.

Tres diferentes tipos de lo pan

En occidente se le conoce bajo el nombre genérico de "Escuela de la brújula" a toda teoría o aplicación de Feng Shui que haga uso de una brújula o lo pan. Sin embargo, es importante hacer precisiones con respecto a esta noción.

No existe como tal una Escuela de la brújula, es decir, todas las escuelas clásicas de Feng Shui utilizan siempre un lo pan y se pueden dividir en dos grandes ramas: San Yuan y San He. San Yuan es una escuela que maneja estrellas y trigramas en fórmulas de agua enfocadas en interior y susceptible a las formas exteriores; mientras que San He emplea las ramas terrestres en fórmulas de agua y es una escuela más de aplicaciones y uso de exteriores en combinación con las formas presentes en el paisaje.

San Yuan Pan (lo pan de la escuela San Yuan)

El lo pan San Yuan puede ser distinguido fácilmente porque el anillo terrestre de las veinticuatro montañas se encuentra simétricamente dividido en doce montañas Yang y doce montañas Yin.

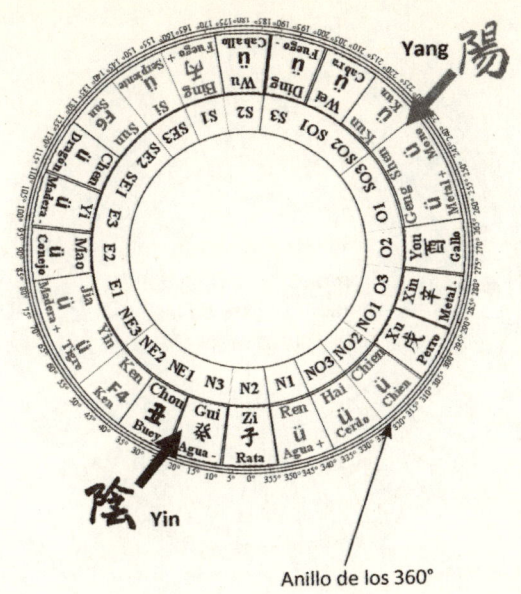

Anillo de los 360°

San He Pan, el lo pan San He

El lo pan de la escuela San He (San He Pan) puede distinguirse con gran facilidad, ya que, en primera instancia, contiene forzosamente tres anillos de las veinticuatro montañas (terrestre, humano y celestial). Aunado a lo anterior, la distribución Yin-Yang de las veinticuatro montañas varía con respecto al lo pan San Yuan.

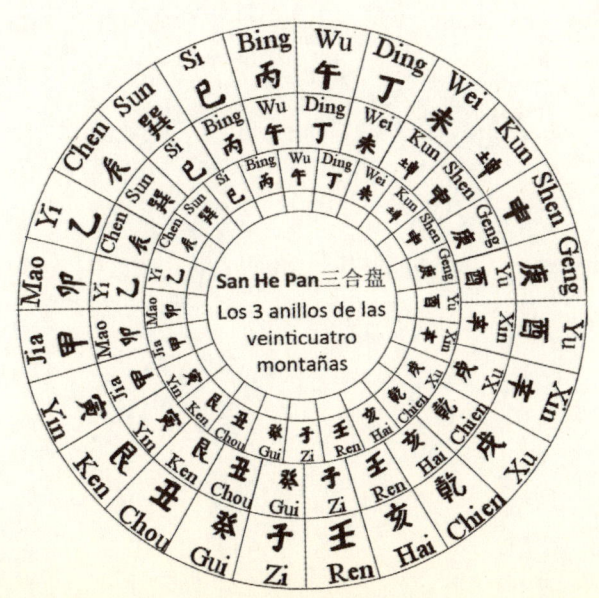

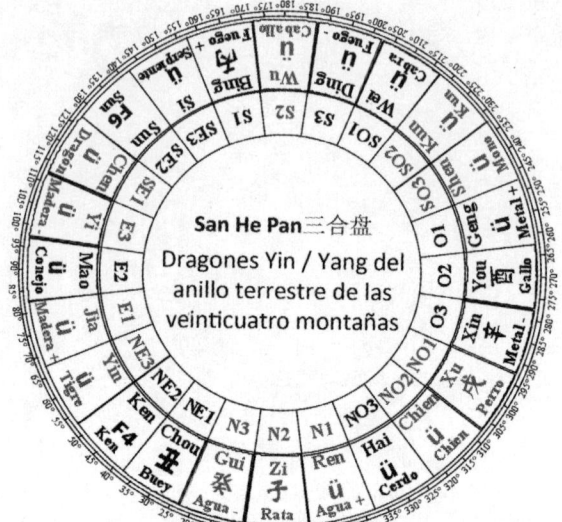

Escuela Ba Zhai

La escuela Ba Zhai se considera una teoría de San Yuan. Con base en la fecha de nacimiento podemos establecer cuatro direcciones cardinales más favorables y cuatro menos favorables para cada persona, esta práctica corresponde a la escuela denominada Ba Zhai (ocho mansiones o portentos).

Desde el punto de vista del Feng Shui tradicional, es recomendable que la puerta de entrada principal, la cabecera y la posición hacia donde ve la estufa (la puerta del horno) vean hacia las direcciones favorables de los jerarcas de la familia (los padres). Para establecer estas direcciones se aplica la fórmula del número Kua.

En el caso de los hombres, aplicamos la fórmula Yang. Es necesario establecer en el calendario solar el año de nacimiento de la persona, ya que el calendario solar chino inicia cada año el día 4 de febrero, por lo que si una persona nació antes del 4 de febrero de un año determinado, empleará el año anterior para el cálculo de esta fórmula. Ya determinado el año de nacimiento, hay que sumar todos los dígitos del año de nacimiento hasta reducirlos a un solo dígito. Después restarlo de una constante de once, por ejemplo:

18 de marzo de 1977
Año solar de nacimiento: 1977
Sumar los dígitos del año: $1 + 9 + 7 + 7 = 24$

Reducir a un solo dígito: 2 + 4 = 6
Restarlo de una constante de 11: 11 − 6 = 5

En el caso de las mujeres, aplicamos la fórmula Yin. Establecer el año solar de nacimiento. Sumar todos los dígitos del año de nacimiento. Reducir a un dígito. Sumarle una constante de cuatro. Por ejemplo:

18 de marzo de 1977
Año solar de nacimiento: 1977
Sumar los dígitos del año: 1 + 9 + 7 + 7 = 24
Reducir a un solo dígito: 2 + 4 = 6
Sumarle una constante de 4: 4 + 6 = 10 (1)

En el caso de los hombres cuya resultante sea el número Kua cinco, van a adoptar el número dos; en el caso de las mujeres, adoptarán el número ocho debido a que al número cinco no le corresponde ningún trigrama y ninguna dirección cardinal. El número Kua o Ming Gua corresponde al trigrama personal de nacimiento de una persona. Las direcciones favorables se denominan y describen de la siguiente manera:

Sheng Chi: dirección de prosperidad y dinero.
Tien Yi: dirección de salud, riqueza y buenos amigos.
Nien Ken: dirección de longevidad, armonía y amor.
Fu Wei: dirección de protección.

A cada número Kua le corresponde un trigrama y un elemento		
NÚMERO KUA	**TRIGRAMA**	**ELEMENTO**
1	Kan	Agua
2	Kun	Tierra
3	Chen	Madera
4	Sun	Madera
6	Chien	Metal
7	Tui	Metal
8	Ken	Tierra
9	Li	Fuego

Basado en el miembro de la familia cósmica correspondiente a cada trigrama, ya mencionado con anterioridad en este libro, esta teoría del Feng Shui establece dos grupos de direcciones: el grupo Este y el grupo Oeste. A cada uno de estos grupos le corresponden cuatro números Kua, cuatro direcciones favorables y cuatro desfavorables.

Grupo Este		
NÚMERO KUA	DIRECCIONES FAVORABLES	DIRECCIONES DESFAVORABLES
1	Norte	Oeste
3	Este	Noreste
4	Sureste	Suroeste
9	Sur	Noreste

Grupo Oeste		
NÚMERO KUA	DIRECCIONES FAVORABLES	DIRECCIONES DESFAVORABLES
6	Noroeste	Oeste
7	Oeste	Noreste
8	Noreste	Suroeste
2	Suroeste	Noreste

Cada número Kua representa una dirección cardinal	
Número Kua	Dirección cardinal
1	Norte
2	Suroeste
3	Este
4	Sureste
6	Oeste
7	Noreste
8	Sur

En la siguiente gráfica, dependiendo de tu número Kua, presentamos tus cuatro direcciones cardinales favorables.

KUA	PROSPERIDAD SHENG CHI	SALUD TIEN YI	AMOR NIEN KEN	PROTECCIÓN WU KWEI
1	SE	E	S	N
3	S	N	SE	E
4	N	S	E	SE
9	E	SE	N	S
2	NE	O	NO	SO
6	O	NE	SO	NO
7	NO	SO	NE	O
8	SO	NO	O	NE

N = Norte, S = Sur, E = Este, SE = Sureste, O = Oeste, NO = Noroeste, NE = Noreste, SO = Suroeste.

Las direcciones no favorables se denominan y describen de la siguiente manera:

Ho Hai: accidentes y pérdidas.
Wu Kwei: incendios, robos y pleitos.
Liu Sha: problemas legales, discusiones y enfermedades.
Chueh Ming: pérdida de salud y dinero (pérdida total).

En la siguiente gráfica, según tu número Kua, presentamos tus cuatro direcciones cardinales desfavorables:

KUA	HO HAI	WU KWEI	LIU SHA	CHUEH MING
1	O	NE	NO	SO
3	SO	NO	NE	O
4	NO	SO	O	NE
9	NE	O	SO	NO
2	E	SE	S	N
6	SE	E	N	S
7	N	S	SE	E
8	S	N	E	SE

En este aspecto intervienen dos conceptos importantes, la dirección favorece en "posición" y " dirección". El término posición se refiere a ubicarse en ese sector cardinal, mientras que el término dirección corresponde a sentarse o pararse "viendo" hacia esa dirección cardinal.

Se sugiere ubicar bodegas, baños, escaleras, jardines y fuentes en aquellas áreas no favorables para la persona que genera el ingreso económico de la familia y, al mismo tiempo, ubicar la puerta principal, la cama, la cabecera de la cama (se mide hacia donde queda dirigida la cabeza al dormir o acostarse), además de aquellos espacios donde pasamos más tiempo en los sectores favorables de ésta.

Con respecto a la cocina, se sugiere ubicarla en un sector negativo con la estufa viendo a una dirección positiva para la señora de la casa. Se establece que la estufa "ve hacia" donde ve la puerta del horno o el frente de la estufa. El punto de asiento de la estufa se refiere a la parte trasera de la cocina.

Para impulsar la energía positiva de cada persona en cada dirección cardinal, se puede ubicar con una brújula en el plano de la casa o la oficina los sectores cardinales correspondientes y colocar lo siguiente:

1. Ubica en tu habitación tu dirección personal de prosperidad y coloca un tazón de cristal o vidrio con agua y tres velas flotantes para atraer prosperidad (el agua se debe cambiar a diario).
2. Ubica tu dirección personal del amor en tu habitación y coloca objetos en pares para fomentar intimidad y comunicación.
3. Ubica tu dirección personal de protección en tu habitación y coloca una deidad (cuadro o escultura) que vea hacia la entrada de la habitación.
4. Ubica tu dirección personal de salud en tu habitación y coloca un jarrón que siempre tenga flores frescas.

Para disminuir el efecto negativo de tus direcciones cardinales personales negativas, ubica con una brújula los sectores cardinales en tu casa u oficina y coloca lo siguiente:

1. En la dirección que corresponde a Chueh Ming coloca una pequeña fuente de agua.
2. En la dirección cardinal que corresponde a Liu Sha coloca una planta natural sana y de hojas redondeadas.
3. En la dirección cardinal que corresponde a Ho Hai coloca una vacija con cuarzos de colores.
4. En la dirección cardinal que corresponde a Wu Kwuei coloca un jarrón de cerámica o talavera con flores amarillas.

Tips

- Al asistir a una cita de negocios, trata de llegar antes y colocarte sentado viendo a la dirección que promueve tu prosperidad personal (Sheng Chi).
- Coloca en tu dirección personal de éxito en el amor objetos en pares o una escultura de un dragón y un ave fénix (Nien Ken).
- Coloca debajo de tu cama, en el sector cardinal correspondiente a tu energía personal de prosperidad, un pequeño caracol marino (Sheng Chi).
- Coloca debajo de tu cama, en el sector cardinal correspondiente a salud, un pequeño tazón con sal gruesa de cocina (Tien Yi).
- Coloca en tu sector cardinal de protección de la sala una imagen de una deidad, un ángel o una virgen; la cultura china colocaría una escultura del dios Kuang Kong o una diosa Kuan Yin (Fu Wei).
- Coloca en tu sector personal de salud una escultura de una tortuga dragón (Tien Yi).
- En la dirección cardinal que te provoca miedos de tu oficina o área de TV o estudio coloca un jardín zen (Wu Kwei).
- En el sector cardinal que corresponde a tu energía de éxito en el amor coloca un juego de peces dobles o esculturas de cigarras (Nien Ken).
- En tu sector cardinal correspondiente a éxito en el amor puedes colocar el símbolo de la doble felicidad de origen chino (Nien Ken).

- Si tu cabecera se dirige a tu Sheng Chi, colócale color verde detrás; si se dirige a tu Tien Yi colócale amarillo; si se dirige a Nien Ken colócale plateado; si se dirige a Fu Wei colócale verde.
- Si tu cabecera se dirige a tu Wu Kwei, colócale amarillo detrás; si se dirige a Ho Hai colócale plateado; si se dirige a Liu Sha colócale verde; si se dirige a Chuen Ming colócale negro.

Feng Shui predictivo: I Ching y las direcciones cardinales

El I Ching es el libro base de toda la filosofía china. Los chinos consideran que contiene la conciencia, el inconsciente y la mente del hombre, así como la sabiduría de la naturaleza y su comportamiento. Los sesenta y cuatro hexagramas representan el ritmo del mundo. Esta teoría pertenece a San Yuan.

Según la orientación de la puerta de entrada (principal) y el grado de desviación a partir del Norte, se puede determinar simbólica y predictivamente la suerte de un lugar, ya que estos grados se asocian con diferentes hexagramas y pueden representar éxito o fracaso con base en la interpretación del hexagrama correspondiente.

Esta información es importante cuando tenemos la posibilidad de girar y estructurar nuestras puertas de entrada a casa, oficina y recámaras, incluso si estamos diseñando la construcción de una casa.

Ésta es una de las herramientas que nos ofrece el Feng Shui tradicional chino. Para realizar el cálculo es necesario pararse en la puerta de entrada viendo hacia el exterior, hacia el horizonte, y medir con una brújula los grados exactos a los que ve la puerta de la casa o de las habitaciones.

A continuación presentamos los elementos necesarios para interpretar nuestra medición.

HEXAGRAMA		GRADOS (A PARTIR DEL NORTE)	SIGNIFICADO
Kun	Norte	0	Gran capacidad y vigor, problemas esporádicos.
Fu		5.625	Inseguridad y crecimiento libre.
Yi		11.21	Crecimiento y progreso moderado.
Chun		16.875	Progreso y desarrollo aunque con dificultades.
Yi		22.5	Progreso moderado.
Zhen		23.125	Retrasos, con tenacidad se obtienen logros.
Shi Ke		33.75	Fuerza en balance con debilidad.
Sui		39.375	Firmeza y progreso.
Wu Wang	Noreste	45	Motivación y fuerza, progreso moderado.
Ming yi		50.625	Poco crecimiento e inactividad.
Ben		56.25	Éxito moderado y retrasos constantes.
Ji Ji		61.875	Éxito limitado y frenos constantes con retrasos.
Jia Ren		67.875	Constancia y éxito.
Feng		73.125	Desarrollo y éxito.
Li		78.75	Cambios y progreso.
Ge		84.375	Ventaja y satisfacción, cambios para progresar.
Tong ren	Este	90	Progreso y armonía.
Lin		95.625	Florecimiento y soporte.
Sun		101.25	Retroceso y poco progreso.
Jie		106.875	Control y perseverancia para obtener logros.
Zhong Fu		112.5	Honestidad y sinceridad para obtener logros.
Gui Mei		118.125	Pausa y reconsideración, cuidado para negociar.

Kui		123.75	Poco éxito y obstrucción.
Dui		129.375	Éxito y progreso obtenido a través de perseverar.
Lu	Sureste	135	Satisfacción, algunos retrocesos.
Tai		140.625	Buena fortuna y éxito.
Da Chu		146.25	Renovación y fuerza.
Xu		151.875	Paciencia y éxito.
Xiao chu		157.5	Poco progreso y éxito.
Da		163.125	Constancia y fuerza.
Zhuang		168.75	Vigor y futuro brillante.
Da You Kuai		174.375	Resurgimiento y crecimiento lento.
Qian	Sur	180	Éxito y firmeza sorprendente.
Hou		185.625	Retrasos constantes.
Da Guo		191.25	Flexibilidad y cambios moderados.
Ding		196.875	Progreso y éxito.
Heng		202.5	Éxito y constancia.
Sun		208.125	Logros, promedios y éxito.
Jing		213.75	Estímulos y falta de voluntad para concretar.
Gu		219.375	Destrucción y decadencia.
Sheng	Suroeste	225	Progreso, aunque con muy poco crecimiento.
Song		230.625	Obstrucción y aprensión, preocupación.
Kun		236.25	Mejoras a través de sacrificios, retrocesos.
Wei Ji		241.875	Éxito muy limitado, logros esporádicos.
Jie		247.5	Movimiento y manifestación.
Huan		253.125	Dispersión y progreso.
Kan		258.75	Cambios y retrocesos.

Meng		264.375	Firmeza y confianza, aunque con algunas dificultades.
Shi	Oeste	270	Control y dedicación, altas y bajas constantes.
Dun		275.625	Poco éxito y progreso.
Han		281.25	Influencia y éxito.
Lu		286.875	Cuidado y crecimiento.
Xiao Guo		292.5	Retrocesos y pocos éxitos.
Jian		298.125	Lento y tedioso, éxitos eventuales.
Jian		303.75	Dificultades e incertidumbres.
Ken		309.375	Frenos y consideración.
Qian	Noroeste	315	Progreso y éxito.
Fou		320.625	Desbalance y desarmonía.
Cui		326.25	Incertidumbres y rejuvenecimiento.
Jin		331.875	Brillo y paz.
Yu		337.5	Control, disciplina y éxito.
Guan		343.125	Gran éxito superficial, progreso moderado.
Bi		348.75	Buena fortuna y progreso.
Bao		354.375	Frenos e inseguridad, bloqueos.

El dragón de agua

Un aspecto importante de la escuela de la forma es el estudio de los modelos de agua. Las fórmulas de dragón de agua pueden pertenecer a San Yuan o a San He. Se considera dragón de agua todo aquello en lo que intervengan los conceptos dragón (montaña) y agua (ríos).

La escuela de la forma se desarrolló en una parte del Sur de China. Chiang Ping-Chieh, filósofo de la dinastía Ming, catalogó diferentes modelos de agua en su libro *El clásico del dragón de agua*, donde indica los mejores lugares para construir cerca del agua.

Principios básicos del dragón de agua

Es una buena extensión de agua frente a la casa. Este estanque, llamado Ming Tang, garantiza una extensión llana y abierta frente a la casa. Representa riqueza y vida.

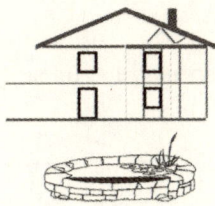

El agua en ángulo hacia el lugar trae riqueza.

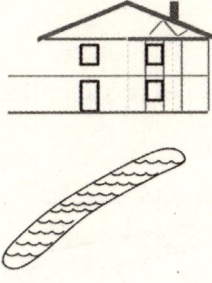

El agua no debe fluir en línea recta a la casa.

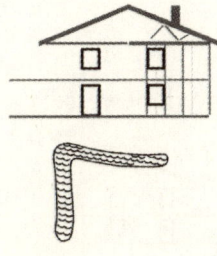

Lo ideal es que se esconda después para completar el dragón de agua ideal. Si el agua llega al lugar y forma un estanque profundo y fluye el agua, significa la acumulación de gran riqueza.

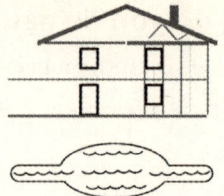

Cuando se unen dos corrientes de agua se considera favorable.

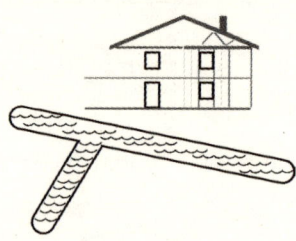

Cuando el agua se divide no es recomendable.

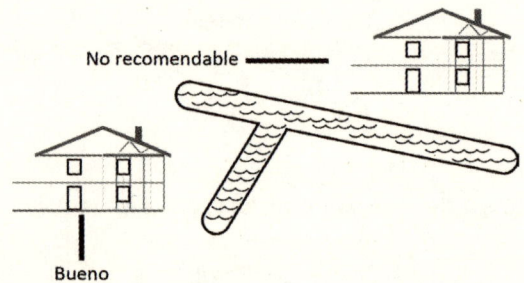

El agua que se va de casa no debe verse.

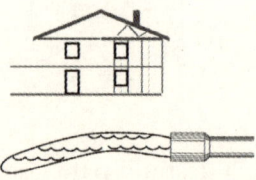

Si el agua abraza a la casa es bueno.

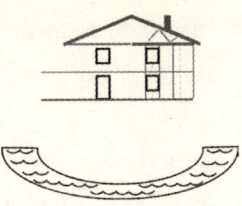

Si el agua se acerca a la casa y se separa, no se cosechan los beneficios.

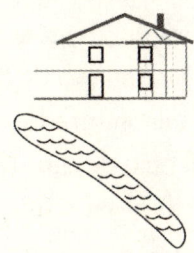

Cuando el agua viene de la tortuga (N) y pasa por el tigre (O), gira y pasa frente a la casa, trae mucha fortuna.

En nuestra forma de vida occidental, los ríos se asocian con las calles, por lo que esta información se puede aplicar observando cómo fluye la calle a la casa.

La dirección del agua frente a la casa es importante, ya sea que fluya de derecha a izquierda o de izquierda a derecha. Si se trata de una calle, esto se evalúa con base en la dirección o sentido hacia donde circulan los coches o hacia donde fluye el agua cuando llueve.

La siguiente información se determina con base en la dirección cardinal hacia la que ve la puerta principal de la casa:

1. Agua de derecha a izquierda es favorable para casas con puertas viendo al Sur, Sureste, Oeste, Noroeste, Norte, Noreste, Este y Suroeste.
2. Agua de izquierda a derecha es favorable para casas con puertas viendo al Sur, Oeste, Norte y Este. Esto también se puede aplicar a los pasillos que pasan frente a las recámaras, ya que estos simbolizan el río y la recámara representa la casa.

Los sectores de la casa más recomendables para colocar pequeñas fuentes o agua son el Norte (agua en movimiento), el Este y el Sureste.

Un estanque o fuente en forma de ocho en el sector Norte, Este o Sureste del jardín será muy buena fortuna, sobre todo si se le colocan peces. Los peces que se recomiendan son los dorados japoneses, las carpas o los conocidos como arrowanas para atraer prosperidad.

Existen otras fórmulas del dragón de agua más complejas, entre ellas la denominada las doce etapas de la vida, que toma en cuenta los siguientes factores: orientación (grados de la puerta), dirección entrante del agua, dirección del flujo de agua frente a la puerta (izquierda-derecha o derecha-izquierda), así como orientación del flujo de salida de agua. La aplicación de esta fórmula requiere un alto conocimiento de Feng Shui, además de saber manejar un lo pan de tipo San He, el cual, entre otras cosas, contiene tres anillos de las veinticuatro montañas: el anillo terrestre de las veinticuatro montañas, el anillo humano de las veinticuatro montañas y el anillo celestial de las veinticuatro montañas. La aplicación de esta fórmula se debe hacer con los grados de acuerdo con el anillo celestial de las veinticuatro montañas.

Escuela Xuang Kong (estrella voladora)

Esta teoría o escuela de Feng Shui es una de las escuelas que se considera más acertada entre toda la diversidad de teorías y escuelas que esta filosofía nos ofrece, pertenece a San Yuan.

La escuela Xuang Kong es una escuela que trabaja en el tiempo, tiene como punto base el estudio de las nueve estrellas voladoras en el tiempo que conforman la constelación denominada la Osa Mayor.

Un aspecto importante en el aprendizaje de Feng Shui corresponde al concepto del Ho Tu o mapa del río amarillo. Este mapa se le atribuye al sabio Fu Hsi, quien es considerado como uno de los primeros monarcas sabios en una época en la que la sucesión se daba por méritos y no por descendencia. Esto se explicó al principio de este libro. Se calcula que Fu Hsi existió hace unos 4800 años aproximadamente.

Gobernante y chamán a la vez, enseñó a su pueblo a pescar con redes, domesticar animales y cocinar con fuego. A él se le atribuye la invención de la escritura con pictogramas o escritura incipiente. También se distinguió por su notable inteligencia y capacidad de observación de los fenómenos terrestres y celestes. Estaba determinado a descifrar las leyes de la existencia. Otros más lo reconocen como el patrono de las artes adivinatorias, desde su perspectiva existen dos versiones acerca de la creación de los ocho trigramas:

1. Se dice que después de una inundación, un mítico animal con cuerpo de caballo y cabeza de dragón emergió del río Huang Ho (río amarillo). Fu Hsi descubrió en el lomo del animal una serie de marcas que formaban un patrón numérico. A este patrón numérico se le conoce como el He Tu (patrón o mapa del río amarillo). En él, Fu Hsi encontró el orden perfecto de las fuerzas de la naturaleza.

De este patrón o mapa surge el bagua del primer cielo o cielo anterior o bagua de Fu Hsi. En ella se representa el orden perfecto de las fuerzas naturales en oposición directa la una de la otra. Este patrón numérico nos habla de la naturaleza interna de todo lo existente, nos habla del mundo ideal en perfecta armonía.

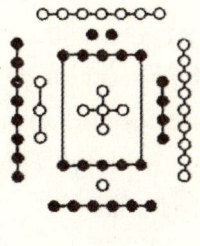

```
        7
        2
    8 3 5 10 4 9
        1
        6
```

En este patrón numérico, los números nones suman veinte y los números pares suman veinte. Nos habla de las energías polares en la naturaleza, lo que es arriba es abajo, lo que es adentro es afuera y lo que es en el cielo lo es en la Tierra y viceversa.

A estos números que conforman el mapa He Tu se les atribuyen direcciones y dimensiones:

7 y 2: Sur fuego.
1 y 6: Norte agua.
3 y 8: Este madera.
4 y 9: Oeste metal.
5 y 10: Centro tierra.

Estos elementos se refieren a elementos en la naturaleza, es decir, a la presencia del fuego, la madera, la tierra, el metal y el agua en la naturaleza.

Los números pares se consideran de naturaleza Yin: suave, frágil, femenina, pasiva, tranquila, relajada y terrena.

Los números impares o nones se consideran de naturaleza Yang: fuerte, firme, decidida, sólida, masculina, inquieta, agresiva y celestial.

Una noche, en tanto Fu Hsi observaba los leños que servían para prender fogatas, le vino una iluminación. A algunos leños les hacía unas hendiduras en el centro para poder colocarlos con mayor facilidad. Mientras caminaba alrededor de la fogata, y debido al cambio de perspectiva, algunos leños podían verse como una pieza entera _____(Yang), mientras que los leños con hendidura parecían estar formados por dos piezas separadas____ ____ (Yin). De ahí le vino la idea de conformar con líneas, basándose en el He Tu, los ocho trigramas básicos del I Ching y darles una forma octagonal concediéndole forma y origen al bagua (ba, ocho; gua, lado).

Cada trigrama está formado por tres líneas llamadas yaos, el yao superior representa la energía del cielo, el yao intermedio representa la energía del hombre y el yao inferior representa la energía de la tierra.

Este concepto cielo-hombre-tierra es de gran importancia en la aplicación y estudio de Feng Shui, ya que éste se basa en leer o interpretar el Chi (energía) cósmico y su influencia en la vida del hombre acorde a su distribución y flujo en la tierra. Esta trilogía se conoce como la trilogía cósmica.

Los ocho trigramas conforman el bagua del primer cielo, cielo anterior o bagua de Fu Hsi.

Tui lago   Sun viento
Li fuego   Kan agua
Chen trueno   Ken montaña

Cada trigrama se asocia con un miembro de la familia cósmica de la misma manera que con una fuerza de la naturaleza como se menciona en la descripción anterior.

Chien padre   Kun madre
Tui hija menor   Sun hija mayor
Li hija mediana   Kan hijo mediano
Chen hijo mayor   Ken hijo menor

Cada trigrama se asocia con partes del cuerpo humano:

- Chien cabeza, cerebro, mente.
- Kun estómago, abdomen.
- Chen pies, piernas.
- Sun genitales, caderas y glúteos.
- Kan orejas, oídos.
- Li visión, ojos.
- Ken manos, dedos.
- Tui boca.

Los ocho trigramas se asocian también con ciertos animales que se pueden considerar de buena suerte o fortuna:

- Chien caballo Sur.
- Kun vaca Norte.
- Chen dragón Noreste.
- Sun gallo Suroeste.
- Kan cochino Oeste.
- Li faisán Este.
- Ken perro Noroeste.
- Tui cabra Sureste.

Estas direcciones se relacionan con el bagua del primer cielo; se hace esta aclaración porque más adelante hablaremos del bagua del segundo cielo o cielo tardío o cielo posterior o bagua de Wen Wang, en el cual los ocho trigramas tienen otro acomodo y otra asociación con la energía de las ocho direcciones cardinales. El bagua del primer cielo nos habla de la energía cósmica o energía del tiempo, mientras que el bagua del segundo cielo de la energía de la tierra o energía del espacio.

La escuela Xuang Kong o Estrella voladora es una teoría que trabaja con el tiempo y la dimensión, ésta parte de los trigramas, es decir, trabaja a partir de la energía cósmica.

Posterior a este bagua, existe una leyenda que habla del cuadrado mágico de Lo Shu. Se dice que del río Lo emergió el caparazón de una tortuga que tenía ciertas inscripciones que seguían un patrón numérico interpretado por Fu Hsi. Este patrón numérico es distinto al del He Tu y consituye la base de la numerología china. Se le denomina cuadrado mágico, pues para cualquiera de los lados suma quince. El Lo Shu dio lugar al bagua del segundo cielo o cielo tardío o cielo posterior o incluso, bagua de Wen Wang.

4	9	2	
3	5	7	= 15
8	1	6	

Este bagua se usa o emplea para asociar o realizar los cambios y aplicaciones de la naturaleza, habla de la fluctuación y los cambios que se dan en la naturaleza. A través de él se puede interpretar el flujo de Chi en la tierra y el efecto que tiene en el ser humano por medio del entorno que le rodea. Se le conoce como el bagua del "universo siempre cambiante".

Este bagua nos ayuda a calcular las variaciones y los cambios del Universo, es la aplicación de la sabiduría contenida en el He Tu. Es la base para hacer cálculos sobre las variaciones y cambios en las cosas y en las situaciones terrenas. En este bagua los trigramas tienen otro acomodo:

- Chien cielo Noroeste padre.
- Kun tierra Suroeste madre.
- Li fuego Sur hija mediana.
- Kan agua Norte hijo mediano.
- Chen trueno Este hijo mayor.
- Tui lago Oeste hija menor.
- Sun viento Sureste hija mayor.
- Ken montaña Noreste hijo menor.

Al dividir este bagua en dos con una línea diagonal, se establece el lado derecho como el lado femenino por quedar ubicados los trigramas femeninos de la familia cósmica, y el lado izquierdo como el lado masculino, por quedar de ese lado los trigramas masculinos de la familia cósmica.

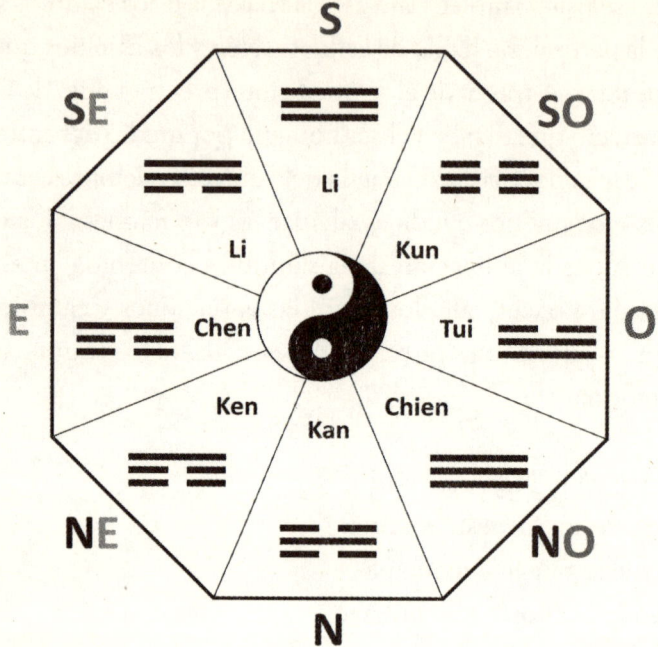

En este bagua, los trigramas se asocian con los mismos animales y los mismos órganos del cuerpo humano que en el bagua del primer cielo; sin embargo, lo que varía son las direcciones cardinales y los elementos de la naturaleza.

Es importante recordar que en la cultura china, el Norte se representa en la parte inferior del bagua, el Sur en la parte superior, el Este en el lado izquierdo y el Oeste en el lado derecho. Esto no quiere decir que la cultura china ubica el mundo al revés que nosotros o que el Norte en China se ubique en distinta posición a la que ubicamos nosotros. El Norte con el que se trabaja en Feng Shui es el Norte magnético, por lo que el Norte magnético va a ser ubicado con una brújula y la forma en que la cultura china lo ubica es una mera cuestión de representación en el papel al escribirlo.

En este bagua del segundo cielo los elementos se asocian de la siguiente forma con cada trigrama:

- Chien metal Yang.
- Kun tierra Yin.

- Kan agua.
- Li fuego.
- Chen madera Yang.
- Sun madera Yin.
- Ken tierra Yang.
- Tui metal Yin.

El centro se considera elemento tierra, el planeta, el centro en el que convergen todos los demás elementos.

Las nueve estrellas

A cada trigrama, en el bagua del segundo cielo, se le asocia con un número que corresponde al número de una estrella de las siete que conforman la Osa Mayor; las otras dos corresponden a las estrellas Vega y Polaris, la Luna y el Sol, respectivamente. Estas estrellas nos representan el movimiento entre Vega y Polaris y los efectos que tienen en el espacio y el tiempo, así como en la vida del ser humano en distintos periodos.

La estrella que se asocia con cada trigrama es la siguiente:

- Chien estrella 6.
- Kun estrella 2.
- Kan estrella 1.
- Li estrella 9.
- Chen estrella 3.
- Sun estrella 4.
- Tui estrella 7.
- Ken estrella 8.
- Centro estrella 5.

Cada estrella tiene un nombre y un color, así como un elemento de la naturaleza ya mencionado con anterioridad. Al mencionar el concepto elementos, nos referimos a que en la cosmogonía china, se considera que la naturaleza está formada por cinco elementos formadores: agua, madera, fuego, tierra y metal.

Las 9 Estrellas		
La estrella 1 blanca El lobo avaricioso	Agua	Tang Lang
La estrella 2 negra La gran puerta	Tierra	Ju Men
La estrella 3 jade Recompensas	Madera	Lu Cun
La estrella 4 verde Las artes literarias	Madera	Wen Qu
La estrella 5 amarilla Castidad	Tierra	Lian Zhen
La estrella 6 blanca Las artes militares	Metal	Wu Qu
La estrella 7 roja El soldado abatido	Metal	Po Jun
La estrella 8 blanca El asistente izquierdo	Terra	Zou Fu
La estrella 9 púrpura El asistente derecho	Fuego	Yu Bi

Estos colores atribuidos a las nueve diferentes estrellas se refieren a atributos y colores cósmicos, ya que a nivel terrestre, acorde a los elementos, se pueden asociar con otros colores y otros significados, como sucede en el sistema de astrología Ki de las nueve estrellas; sin embargo, en la aplicación de estrella voladora lo vamos a asociar con los aspectos cósmicos.

Cada una de estas nueve estrellas representa un periodo, siendo cada periodo de veinte años formando un ciclo de ciento ochenta años. Cada periodo representa un Gua (trigrama), lo que se asocia con la dimensión del tiempo en Feng Shui.

4 Verde	**9** Púrpura	**2** Negra
3 Jade	**5** Amarilla	**7** Roja
8 Blanca	1 Blanca	6 Blanca

Versión moderna del cuadrado mágico del Lo Shu.

El Lo Shu se conoce también como el cuadrado mágico de tres, ya que cada tres casillas suman quince.

Al conectar los dos pares de números nones 1 y 9, 3 y 7. Unir a las casillas 6 y 1, igual la 8 y 3, la 4 y 9, la 2 y 7 (correspondientes a los elementos del He Tu, ya vistos con anterioridad en este libro), tenemos como resultado lo siguiente:

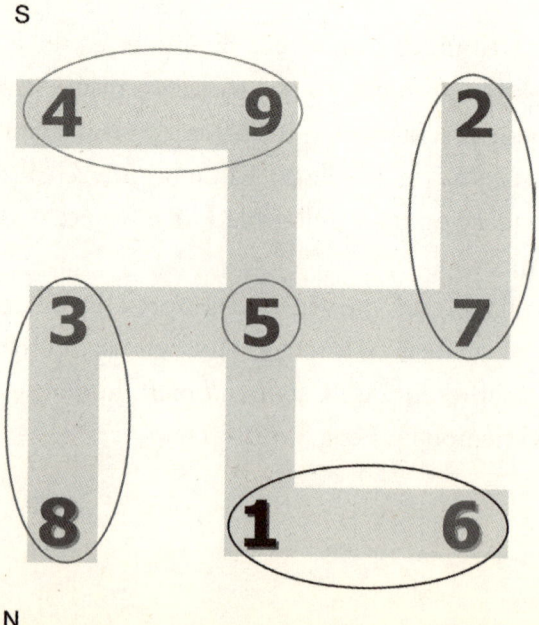

9 + 1 = 10   3 + 7 = 10
4 + 6 = 10   8 + 2 = 10
Los opuestos suman 10.

1 + 5 = 6   3 + 5 = 8
N C NO   E C NE

4 + 5 = 9   2 + 5 = 7
SE C S   SO C O

Al observar esto, observamos que la estrella del Norte (1) y la del Noroeste (6) forman un par del He Tu = agua. El Este (3) y el Noreste (8) forman otro par del He Tu = madera. El Sureste (4) y el Sur (9) forman otro par del He Tu = metal. El Suroeste (2) y el Oeste (7) forman otro par del He Tu = fuego. El cinco corresponde al centro que al sumarse con las estrellas 1, 4, 3 y 2 se convierte en la constante que nos da la resultante correspondiente al par en el He Tu y los opuestos dentro del bagua del segundo cielo nos suman la constante central de 10 del He Tu.

Esto forma una suástica que dentro de la cultura oriental representa fertilidad y movimiento de energía. El movimiento representado conforme a las manecillas del reloj representa el paso del tiempo, mientras que el movimiento representado en el sentido contrario a las manecillas del reloj significa la expresión del tiempo futuro, correspondiente al caso del bagua del segundo cielo y el He Tu. Veamos esto como la aplicación o empleo de ambos baguas para interpretar la expresión del tiempo futuro en los espacios y en la Tierra, acorde a las construcciones y el cálculo de las variaciones y cambios del Universo así como su influencia en nuestra vida.

La teoría de los cinco elementos representa una parte fundamental en la aplicación de todas las escuelas y teorías de Feng Shui, ya sean tradicionales, New Age o contemporáneas; es un aspecto importante de entender y memorizar, pues representan una herramienta útil en la corrección o mejora de aspectos negativos o conflictivos que se pueden presentar en la interpretación de los diversos factores que se detecten al analizar un espacio construido o por construir.

Estrella voladora y lo pan

En la aplicación de estrella voladora o Xuang Kong, la dirección es un factor importantísimo. Me refiero a direcciones cardinales que se obtienen a través de una medición con brújula partiendo del Norte magnético. Cada dirección cardinal representa una distinta forma de Chi en diferentes periodos de tiempo. Cada Gua o trigrama representa una dirección cardinal.

Por dirección se entiende al grado de la brújula al que se ve, desde una posición determinada. La brújula se divide en 360° los cuales, a su vez, se dividen en ocho sectores de 45° respectivamente. Por ejemplo, el sector Norte (trigrama Kan) abarca del grado 337.5 al 22.5, y así sucesivamente, cada uno de los siete restantes sectores.

Por sector se entiende una porción de la construcción o terreno. Para esto, la construcción en cuestión se divide, en forma de parrilla, en nueve sectores, de los cuales el sector central es de naturaleza neutral, mientras que los ocho sectores periféricos son de naturaleza variable, dependiendo de la dirección cardinal correspondiente.

Los 360° de la brújula se dividen en la siguiente forma:

Norte	337.5° a 22.5°
NE	22.5° a 67.5°
Este	67.5° a 112.5°
SE	112.5° a 157.5°

Sur	157.5° a 202.5°
SO	202.5° a 247.5°
Oeste	247.5° a 292.5°
NO	292.5° a 337.5°

Cada dirección cardinal o sector cardinal se divide en tres subsectores de 15° cada uno, de esos subsectores llamados montaña, lo que nos da es un total de ocho sectores cardinales o guas divididos en tres subsectores con una resultante de veinticuatro montañas que se interpretan también, como veinticuatro direcciones cardinales.

Como hemos visto hasta este momento, a cada Gua o sector cardinal, le corresponde un número del Lo Shu que representa una distinta estrella. Cada sector se divide en tres subsectores que nos representan veinticuatro montañas.

Cada montaña se divide en seis grados, tres grados y seis grados. Los tres grados centrales de cada una se conocen como la línea directa, y los grados restantes se conocen como la variante derecha y la variante izquierda. Esos tres grados representan el punto central de cada montaña.

A estas veinticuatro montañas se les asocia con las doce ramas terrestres que representan los doce animales del zodiaco chino: rata, buey, tigre, conejo, dragón, serpiente, caballo, cabra, mono, gallo, perro, cerdo. También se les asocia con los diez tallos celestiales que corresponden a los diez elementos en fase Yin o en fase Yang.

Esto quiere decir que dentro de una casa o construcción también existen subsectores específicos que se rigen a través de los signos zodiacales chinos y favorecen o perjudican con base en la compatibilidad del signo que rige a cada persona con los demás signos. También en este aspecto se determinan El gran duque y Los tres asesinos o Tres fuerzas malignas, de los cuales se habla con detalle en el libro anual que se publica por Mónica y Bruno Koppel.

Ramas terrestres		Elemento pricipal
子 Zi		Agua −
丑 Chou		Tierra −
寅 Yin		Madera +
卯 Mao		Madera −
辰 Chen		Tierra +
巳 Si		Fuego +
午 Wu		Fuego −
未 Wei		Tierra −
申 Shen		Metal +
酉 You		Metal −
戌 Xu		Tierra +
亥 Hai		Agua +

Los diez tallos celestiales

Tallo	Caracter	#	Elemento	
Jia	甲	1	Madera	Yang
Yi	乙	2	Madera	Yin
Bing	丙	3	Fuego	Yang
Ding	丁	4	Fuego	Yin
Wu	戊	5	Tierra	Yang
Ji	己	6	Tierra	Yin
Geng	庚	7	Metal	Yang
Xin	辛	8	Metal	Yin
Ren	壬	9	Agua	Yang
Gui	癸	10	Agua	Yin

En la siguiente página se presenta una tabla que muestra cada montaña, con su nombre, el tallo celestial correspondiente o la rama terrestre correspondiente, así como los grados que abarca dentro de la brújula cada una.

Cada sector cardinal se divide en tres subsectores, los cuales se van a denominar como subdirecciones partiendo de derecha izquierda, siguiendo el sentido de las manecillas del reloj de la siguiente manera:

- De 337.6 grados a 352.5 grados: Norte 1.
- De 352.6 grados a 7.5 grados: Norte 2.
- De 7.6 grados a 22.5 grados: Norte 3.

Así se calcula sucesivamente para cada sector cardinal.

Como se puede observar en la tabla, el segundo subsector del Suroeste, Noroeste, Noreste y Sureste no les corresponde ningún tallo celestial ni ninguna rama terrestre. A estos cuatro subsectores se les denomina los cuatro misterios. No es adecuado que algo se ubique en esos subsectores excepto baños, cocinas, bodegas o espacios de poco uso.

Tampoco es recomendable que una construcción, cabecera, puerta o perillas de estufa vean hacia la dirección central fija de cada sector, es decir, al grado exacto que nos determina una dirección: Norte 0°, Sur 180°, Este 90°, Oeste 270°, Noreste 45°, Sureste 135°, Suroeste 225°, Noroeste 315°. Estas direcciones fijas deben corresponder a lugares sagrados como templos o incluso tumbas, si ése es el caso de alguna construcción, se recomienda girar la puerta unos cuantos grados al igual que la cabecera, estufa o puerta que quede dirigida a esa dirección para evitar el aspecto negativo que esto puede generar. El grado exacto de dichas direcciones corresponde a vórtices de energía demasiado fuertes para espacios habitacionales. Lo mismo sucede con el grado que corresponde al cambio de sector cardinal o subsector de los sectores cardinales, se les conoce como "líneas muertas", que se refiere a puntos de energía sin vida nada favorables. En estos casos, lo recomendable es girar la puerta unos cuantos grados, alrededor de cinco grados ya sea hacia la izquierda o la derecha para alterar este aspecto negativo.

Gua			Las veinticuatro estrellas direccionales - XUAN KONG							
Trig.	Dirección	Grados	Estrella	Grados	Dirección	Nombre	Tipo	Chino	A-X	Sector	Español
KAN	NORTE	337.5 - 22.5	1 Blanca	337.5-352.5	NNO	REN	TC	壬	X	N1	Agua-Yang
				352.5-7.5	N	ZI	RT	子	A	N2	Rata-Yin
				7.5-22.5	NNE	GUI	TC	癸	B	N3	Agua-Yin
KEN	NORESTE	22.5 - 67.5	8 Blanca	22.5-37.5	NEN	CHOU	RT	丑	C	NE1	Buey-Yin
				37.5-52.5	NE	KEN	T	艮	D	NE2	Ken
				52.5-67.5	NEE	YIN	RT	寅	E	NE3	Tigre-Yang
CHEN	ESTE	67.5 - 112.5	3 Jade	67.5-82.5	ENE	JIA	TC	甲	F	E1	Madera-Yang
				82.5-97.5	E	MAO	RT	卯	G	E2	Conejo-Yin
				97.5-112.5	ESE	YI	TC	乙	H	E3	Madera-Yin
SUN	SURESTE	112.5 - 157.5	4 Verde	112.5-127.5	SEE	CHEN	RT	辰	I	SE1	Dragón-Yin
				127.5-142.5	SE	SUN	T	巽	J	SE2	Sun
				142.5-157.5	SES	SI	RT	巳	K	SE3	Serpiente-Yang
LI	SUR	157.5 - 202.5	9 Púrpura	157.5-172.5	SSE	BING	TC	丙	L	S1	Fuego-Yang
				172.5-187.5	S	WU	RT	午	M	S2	Caballo-Yin
				187.5-202.5	SSO	DING	TC	丁	N	S3	Fuego-Yin
KUN	SUROESTE	202.5 - 247.5	2 Negra	202.5-217.5	SOS	WEI	RT	未	O	SO1	Cabra-Yin
				217.5-232.5	SO	KUN	T	坤	P	SO2	Kun
				232.5-247.5	SOO	SHEN	RT	申	Q	SO3	Mono-Yang
TUI	OESTE	247.5 - 292.5	7 Roja	247.5-262.5	OSO	GENG	TC	庚	R	O1	Metal-Yang
				262.5-277.5	O	YOU	RT	酉	S	O2	Gallo-Yin
				277.5-292.5	ONO	XIN	TC	辛	T	O3	Metal-Yin
CHIEN	NOROESTE	292.5 - 337.5	6 Blanca	292.5-307.5	NOO	XU	RT	戌	U	NO1	Perro-Yin
				307.5-322.5	NO	CHIEN	T	乾	V	NO2	Chien
				322.5-337.5	NON	HAI	RT	亥	W	NO3	Cerdo-Yang

Las veinticuatro montañas corresponden a los tres subsectores dentro de cada sector cardinal, estos tres subsectores también representan la trilogía cósmica de cielo-hombre-tierra ya mencionada en este libro. El subsector central corresponde a la montaña del cielo, es decir: S2 (Sur 2), SO2, O2, NO2, NE2, N2, E2 y SE2.

El primer subsector o primer montaña de cada sector va a corresponder a la montaña del hombre: S1, SO1, O1, NO1, N1, NE1, E1, SE1.

El tercer subsector o tercer montaña de cada trigrama o sector cardinal va a corresponder a la montaña de la tierra: S3, SO3, O3, NO3, N3, NE3, E3 y SE3.

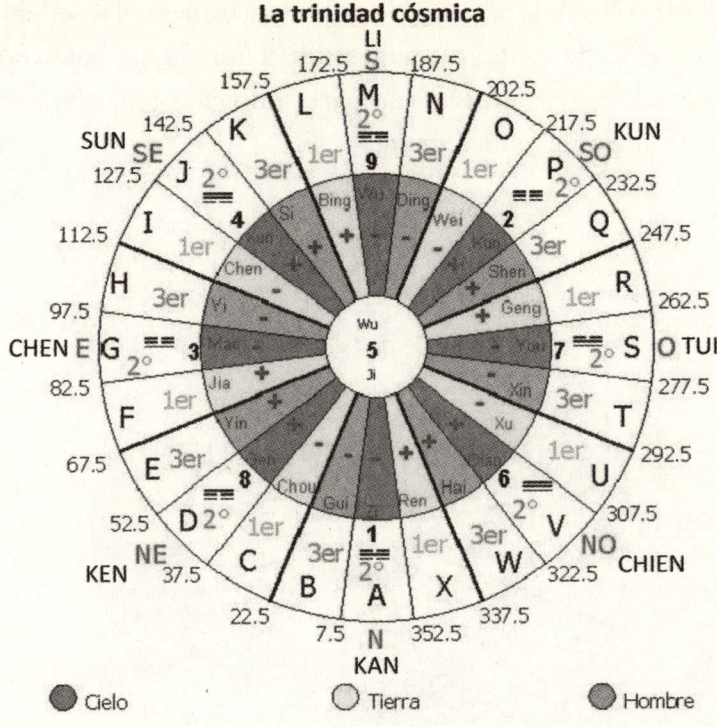

Los números pares corresponden a números Yin o sectores Yin, los números nones corresponden a números Yang o sectores Yang. Acorde al Lo Shu, los sectores que se van a considerar Yin son el dos, cuatro, sies y ocho; es decir el Suroeste, Sureste, Noroeste y Noreste.

En estos sectores considerados Yin, sus tres subsectores también se pueden considerar Yin o Yang, siendo la regla la siguiente: su primer subsector es Yin y los otros dos son Yang, representando Yin con un (–) y Yang con un (+).

En relación al Lo Shu, los sectores que se van a considerar Yang son el uno, tres, siete y nueve; es decir, el Norte, Sur, Este y Oeste.

En estos sectores considerados Yang, sus tres subsectores también se pueden considerar Yin o Yang siendo la regla la siguiente: su primer subsector se considera Yang y los otros dos son Yin.

A continuación se presenta una imagen explicativa de este concepto y como se ubica o interpreta en un lo pan o brújula china. Es importante especificar que al leer una brújula oriental ésta apuntará al Sur, es decir, la punta de la flecha va a indicar el Sur o se debe alinear hacia él y la colita de la flecha al Norte; de esta manera, al tener ubicados el Norte y el Sur, se ve directamente hacia el frente a qué grado estamos viendo de adentro hacia fuera y eso nos determina el grado exacto al que ve una construcción o una puerta.

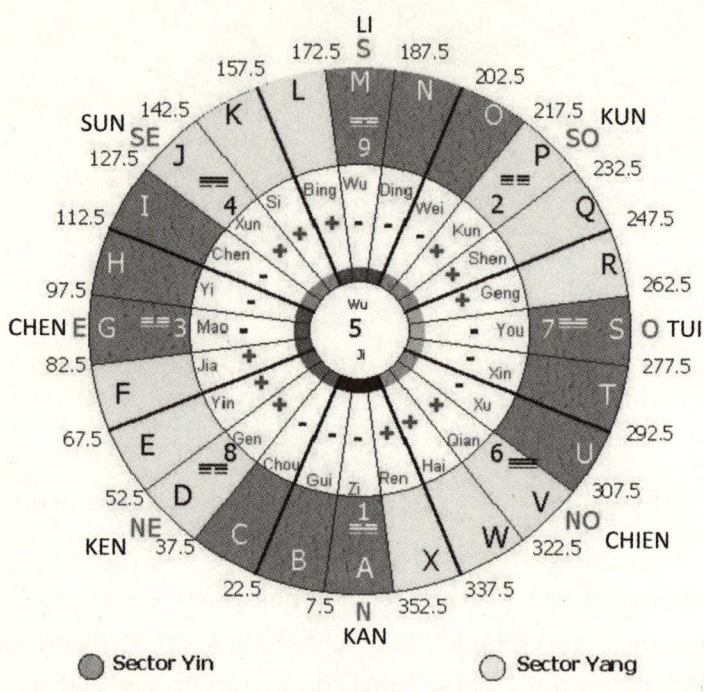

De esta manera, hemos determinado los aspectos más importantes para interpretar un lo pan. A continuación presentamos un lo pan diseñado por nosotros, creado en español y desde una perspectiva occidental, lo que facilitará su interpretación para los estudiantes occidentales y de habla hispana.

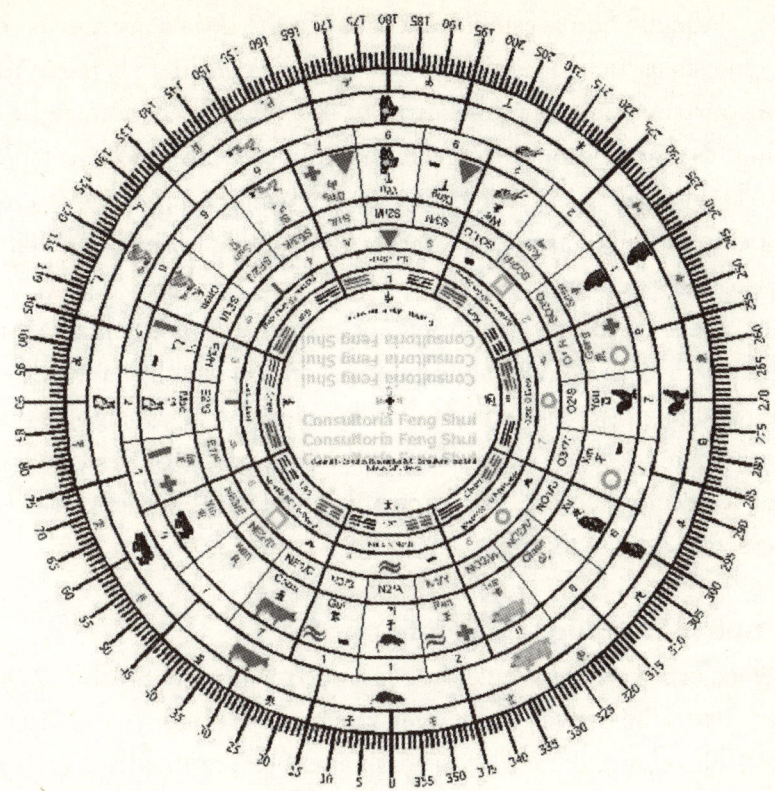

Estableciendo dirección cardinal

Un aspecto importantísimo es considerar que al aplicar la teoría de Estrella voladora se debe establecer la dirección cardinal hacia la que ve la construcción o frente con base en la mayor entrada de energía a la misma; es decir, el lado que tenga mayor cantidad de aberturas por donde entre el aire o la mayor fuente de energía (la calle).

Para realizar la lectura, establecemos el concepto de "ve hacia", que se refiere a la dirección en grandos cuando estoy parado de adentro hacia fuera de la construcción. Alineando la flecha con el Norte de la brújula (si es brújula occidental) o con el Sur (si es brújula oriental), trazo un eje perpendicular a donde yo estoy parado sosteniendo la brújula, eso me va a indicar el grado exacto al que estoy viendo junto con la construcción. Ubico ese grado con su sector y subsector cardinal correspondiente y ya tengo el primer dato importante para iniciar mi carta natal de Estrella voladora de la construcción.

Aquello que se establece como el frente de la construcción con base en esta escuela o teoría de Feng Shui, se considera la parte Yang de la construcción que rige el aspecto financiero y económico de los habitantes. Aquello que se considera el punto de asiento se establece como la dirección o el grado exacto opuesto al frente, el cual va a regir el aspecto de salud, armonía, liderazgo y estabilidad de los habitantes de esa construcción.

Otro concepto importante a considerar es la diferencia entre posición y dirección. Ya establecimos que dirección es hacia dónde está dirigido algo; posición corresponde a la ubicación de ese algo, es decir, una persona puede estar sentada en el Norte (posición) viendo hacia el Sur (dirección) considerados los puntos de frente y asiento desde la perspectiva de esta teoría.

Los nueve periodos de veinte años

Tenemos una versión original del cuadrado mágico del Lo Shu; sin embargo, éste tiene nueve posibles versiones que se obtienen recorriendo las estrellas por cada una de las casillas correspondientes a cada trigrama o sector cardinal.

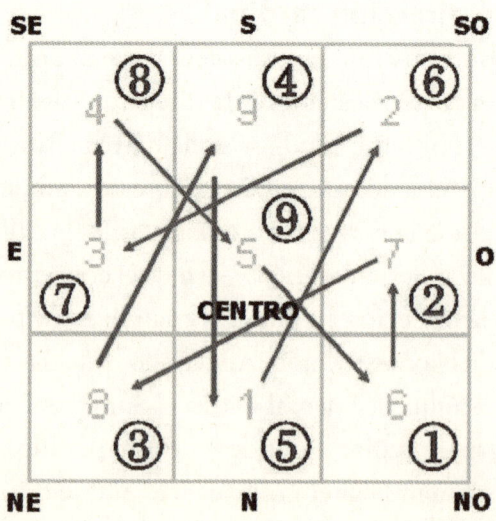

La escuela de Estrella voladora se divide en nueve periodos de veinte años con respecto a las construcciones. Se debe determinar a qué

periodo corresponde la construcción con base en su fecha de término de construcción y ocupación (método Yang), según la última remodelación mayor, o bien, tomando en cuenta la fecha en que se ocupó el inmueble (método Yin).

Las construcciones se proyectan a un ciclo de ciento ochenta años dividido en nueve periodos de veinte años.

PERIODO	TRIGRAMA	AÑOS
1	KAN	1863 A 1883
2	KUN	1884 A 1903
3	CHEN	1904 A 1923
4	SUN	1924 A 1943
5		1944 A 1963
6	CHIEN	1964 A 1983
7	TUI	1984 A 2003
8	KEN	2004 A 2023
9	LI	2024 A 2043

Cada estrella tiene aspectos fuertes, positivos, detrimentos, negativos con base en los distintos periodos. A continuación se presenta una gráfica donde se establece el comportamiento de las estrellas de acuerdo con los distintos periodos.

		Estrella principal 1 Ciclo superior			Estrella principal 6 Ciclo medio			Estrella principal 8 Ciclo inferior			
		P1	P2	P3	P4	P5	P6	P7	P8	P9	
Fuerte	Wang Chi	1	2	3	4	5	6	7	8	9	Chi de la prosperidad
Fuerte	Sheng Chi	2 3	3 4	4 5	5 6	6 7	7 8	8 9	9 1	1 2	Chi en ascenso
Débil	Tui Chi	9	1	2	3	4	5	6	7	8	Chi en contratación
Débil	Si Chi	6 7	9 6	1 6	2 8	2 3	4 9	5 4 3	2 6	6 7	Chi muerto
Débil	Sha Chi	5	5 7	7 9	7 9	2 9	2 3	2 3	3 4 5	3 4 5	Chi destructivo

1) 1864 – 1883 Kan 凡 ⎫
2) 1884 – 1903 Kun 坤 ⎬ Ciclo superior
3) 1904 – 1923 Chen 辰 ⎭

4) 1924 – 1943 Sun 升 ⎫
5) 1944 – 1963   ⎬ Ciclo medio
6) 1964 – 1983 Chien 乾 ⎭

7) 1984 – 2003 Tui 兑 ⎫
8) 2004 – 2023 Ken 艮 ⎬ Ciclo inferior
9) 2024 – 2043 Li 离 ⎭

Cada estrella representa atributos positivos o negativos, dependiendo si se encuentra en periodo auspicioso o no, aspecto que se determinó con las dos gráficas anteriores con base en el periodo actual en que nos encontramos.

Chi Potencial de las Estrellas en Periodos Positivos y Negativos

Las 9 Estrellas del Lo Shu	Periodo Auspicioso	Periodo Inauspicioso
La Estrella Uno Blanca – El Lobo Avaricioso	Logros importantes a temprana edad, reconocimiento. Los padres tendrán hijos inteligentes	Potencial de ceguera. Problemas para la mujer en un matrimonio. Pérdida financiera total, así como la posibilidad de muerte prematura
La Estrella Dos Negra – La Gran Puerta	Ganancias importantes con propiedades; logro de un puesto de jerarquía. En un matrimonio es posible que la mujer adquiera mayor control	Enfermedades severa, en especial las relacionadas con el sistema digestivo y en el abdomen
La Estrella Tres Jade – Recompensas	Gran potencial de prosperidad y riqueza. Excelente salud. Emprender negocios propios. Prosperidad para el mayor de los hijos.	Demandas legales. Problemas en las vías respiratorias como asma. Discapacidad física. Envuelto en chismes.
La Estrella Cuatro Verde – Las Artes Literarias	Desarrollo del potencial literario y altos resultados académicos. Posibles romances. Favorece a las hijas en un matrimonio.	Infidelidad y escándalos de tipo pasional. Comportamiento inmoral y extravagante
La Estrella Cinco Amarilla – Castidad	Prosperidad y riqueza	Demandas de tipo legal, fatalidad, infortunios y enfermedades
La Estrella Seis Blanca – Las Artes Militares	Riqueza, autoridad. Logro de una alta posición. Personas de alta honorabilidad. Fertilidad o familia numerosa.	Soledad y aislamiento. Pérdidas financieras.
La Estrella Siete Roja – El Soldado Abatido	Fertilidad o familia numerosa. Riqueza. El descendiente menor gozará de gran riqueza.	Potencial de robos e incendios, así como muertes violentas. Escándalos y chismes. Cambio de residencia a otra ciudad
La Estrella Ocho Blanca – El Asistente Izquierdo	El descendiente menor gozará de gran riqueza. Honestidad y comportamiento apropiado.	Enfermedades, especialmente en los niños
La Estrella Nueve Púrpura – El Asistente Derecho	Reconocimiento, fama y altos logros académicos, así como ascenso de posición. El hijo o la hija de en medio gozará de gran riqueza.	Incremento de enfermedades en los ojos, corazón y sistema circulatorio. Riesgo de incendios. Demandas legales

Para elaborar la carta natal de la construcción, ya tenemos ubicados la dirección de frente, asiento y el periodo de construcción de ésta. Procedamos a ubicar de las nueve posibles versiones del cuadrado mágico del Lo Shu, aquella que tiene el número correspondiente al periodo de construcción en la casilla central.

3	8	1	8	4	6	1	6	8
2	4	6	7	9	2	9	2	4
7	9	5	3	5	1	5	7	3
2	7	9	4	9	2	6	2	4
1	3	5	3	5	7	5	7	9
6	8	4	8	1	6	1	3	8
7	3	5	9	5	7	5	1	3
6	8	1	8	1	3	4	6	8
2	4	9	4	6	2	9	2	7

Veamos el caso de una construcción periodo 7 (P7) con frente Noroeste 1 (NO1). Esto se representaría así: P7 NO1.

Al ubicar la versión del cuadrado mágico Lo Shu que tiene el número de periodo al centro procedamos a establecer la estrella de agua y la estrella de montaña. La estrella de agua se refiere a la estrella que se ubica en la casilla correspondiente a la dirección del frente, es decir, la estrella que va a determinar los aspectos económicos de los habitantes. Al tener este dato, se coloca este número en pequeño del lado derecho superior de la casilla central de la versión Lo Shu con la que estamos trabajando.

Ya que determinamos la estrella del frente (estrella de agua), ubicamos la estrella que se ubica en la casilla opuesta a ésta; es decir, estamos determinando el punto de asiento y, por consiguiente, la estrella de montaña encargada de regir el aspecto de armonía, reconocimiento, estabilidad y salud de los habitantes de la construcción. Al tener este dato, se coloca este número en pequeño del lado izquierdo superior de la casilla central de la versión Lo Shu con la que estamos trabajando.

Si aplicamos esto al caso que estamos analizando, tenemos la siguiente representación:

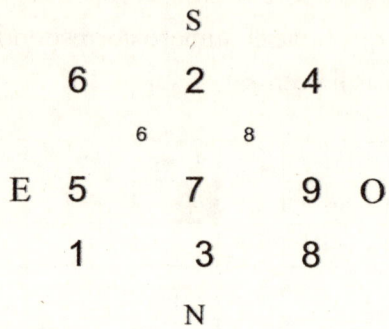

Al ser una construcción, fachada Noroeste 1, punto de asiento Sureste 1, encontramos que la estrella 8 se ubica en la casilla Noroeste de la versión del periodo 7 del cuadrado Lo Shu y la colocamos del lado derecho superior de la casilla central representando la estrella de agua. La estrella 6 se encuentra ubicada en el punto opuesto a la casilla Noroeste, por lo que corresponde a la estrella del punto de asiento y la colocamos en la parte superior izquierda de la casilla central.

Es importante observar que la carta natal se está realizando con la posición Norte hacia abajo y la posición Sur hacia arriba. De esta manera se deben calcular las estrellas voladoras y, al finalizar, la carta natal de la construcción se gira y se alinea con el plano de la construcción, con base en la dirección cardinal hacia la que ve ésta.

El frente de la construcción se denomina agua o dragón, mientras que la parte trasera se denomina montaña o tortuga.

Los tipos de estrella

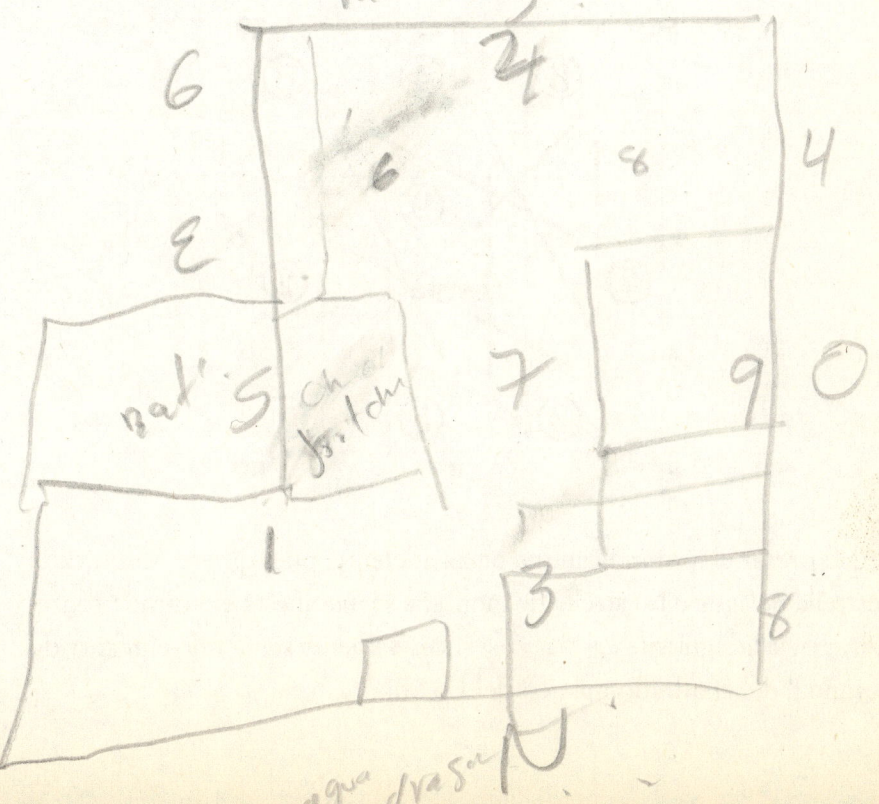

Otras estrellas variables:
Estrella del día (una c/24 horas).
Estrella de la hora (2 horas = 12 estrellas en un día).

Tenemos también estrellas anuales y mensuales, las cuales explicaremos con mayor detalle más adelante.

El vuelo de las estrellas

Las estrellas establecidas como de agua y de montaña pueden caminar o volar en recorrido Yin (hacia atrás, es decir, en disminución) o en recorrido Yang (hacia delante, es decir, en aumento). Este recorrido se debe hacer siguiendo el camino original del Lo Shu, en otras palabras, de la uno se va a la dos, de la dos a la tres, y así sucesivamente.

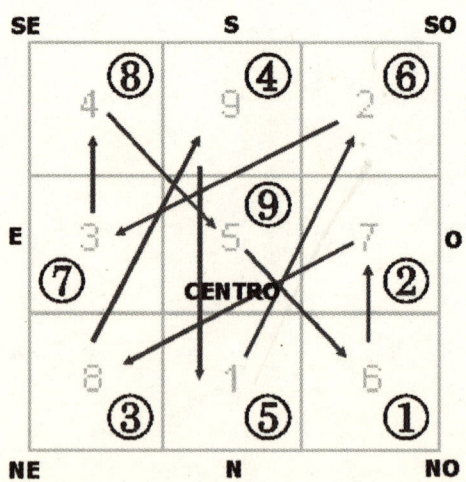

Al expresar el término camina hacia adelante, pues quiere decir que la estrella de agua o la estrella de montaña se manifiesta en forma progresiva hacia la siguiente casilla, y así sucesivamente siguiendo el recorrido original del cuadrado mágico del Lo Shu.

Al expresar el término camina hacia atrás, lo que quiere decir que la estrella de agua o de montaña se manifiesta en forma regresiva hacia la siguiente casilla, y así sucesivamente siguiendo el recorrido original del cuadrad mágico del Lo Shu.

Para determinar el aspecto progresivo o regresivo de las estrellas, tanto de agua como de montaña, tenemos las siguientes reglas:

- Las estrellas Yang (1, 3, 7, 9) caminan progresivamente cuando la dirección cardinal que la determinó corresponde al primer subsector y regresivamente cuando corresponde al segundo y tercer subsector.
- Las estrellas Yin (2, 4, 6, 8) caminan regresivamente cuando la dirección cardinal que la determinó corresponde al primer subsector y progresivamente cuando corresponde al segundo o tercer subsector.
- La estrella 5 se comporta como Yin o Yang con base en el sector original del Lo Shu en el que se encuentra, es decir, si la estrella 5 se encuentra en el Norte, Este, Sur u Oeste se va a comportar como estrella Yang, camina hacia delante si se ubica en el primer subsector y hacia atrás si se ubica en el segundo o tercer subsector. Si la estrella cinco se encuentra en el Noreste, Sureste, Suroeste o Noroeste, se va a comportar como estrella Yin, camina hacia atrás si se ubica en el primer subsector y hacia adelante si se ubica en el segundo y tercer subsector.

Secuencia progresiva y regresiva de las estrellas fijas

A) Estrella non en sectores 2 y 3 > regresiva.
B) Estrella non en sector 1 > progresiva.
C) Estrella par en sectores 2 y 3 > progresiva.
D) Estrella par en sector 1 > regresiva.

Ejemplo Casa de periodo 7 con puerta que ve hacia el grado 45º (2º sector Noreste).

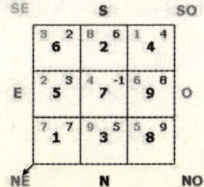

Secuencias de la estrella 5 amarilla Lien Zhen

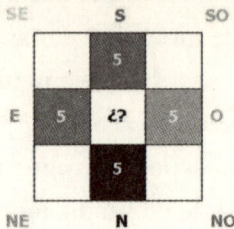

La estrella 5 amarilla se comporta como estrella non.

A) Estrella 5 en sectores 2 y 3 > regresiva.

B) Estrella 5 en sector 1 > progresiva.

Secuencias de la estrella 5 amarilla Lien Zhen

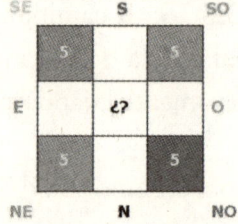

La estrella 5 amarilla se comporta como estrella par

A) Estrella par en sectores 2 y 3 > progresiva.

B) Estrella par en sector 1 > regresiva.

Al tener la carta natal ya calculada con las estrellas completas, se gira y se acomoda en el plano arquitectónico correspondiente a la fachada o frente que se estableció para la construcción. De esta manera se puede comenzar a ubicar qué estrellas se encuentran en cada habitación o espacio de la construcción. Con base en la etapa auspiciosa o no de las estrellas y de acuerdo al periodo reinante que ya se estableció con anterioridad, se puede comenzar a detectar qué espacios de la construcción son buenos para dormir, trabajar y ocupar más. Para aquellos espacios que tienen malas estrellas es ideal ubicar cocina, baños, bodegas e incluso escaleras, ya que éstos generan lo que se conoce como el efecto "cinco fantasmas" que significa volver o transformar los aspectos negativos en positivos.

Se presenta a continuación todas las posibles combinaciones de estrellas durante el periodo siete, con base en los diferentes frentes de las construcciones.

Secuencias del periodo 7

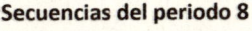

Ahora se presentan las combinaciones de cartas natales para el periodo 8 que comenzó en febrero del año 2004. Es importante recordar que el calendario chino se basa en un sistema lunar que inicia en febrero y el sistema solar inicia cada día cuatro o cinco de febrero de cada año.

Secuencias del periodo 8

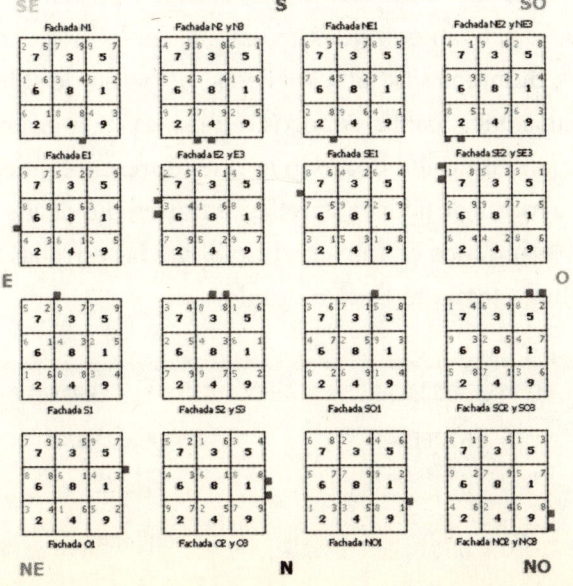

Activación de estrellas

El término activar estrellas se relaciona con despertar los efectos de cada estrella con base en diferentes situaciones. Esto se refiere a desatar lo positivo o lo negativo de cada estrella.

Las estrellas de agua se activan con movimiento: fuentes de agua, cuadros o paisajes de agua, ríos, lagos, mar (agua real o agua virtual), hornillas de estufa, puerta de hornos, puertas de acceso, pasillos, dirección hacia la que desembocan escaleras, dirección hacia la que se ve al trabajar o ver televisión, relojes en movimiento, puerta de la cocina, en fin, todo lo que sea movimiento.

Las estrellas se activan por dirección y posición. Las estrellas de montaña se activan con quietud, calma, reposo, es decir, montaña real, bardas, montaña virtual, cabeceras, respaldo de sillas y sillones, bodegas, almacenes, cama, cuadros o paisajes de montañas, cuarzos formando montañitas, en fin, todo lo que represente quietud.

Otra forma de activar estrellas es por medio de los ciclos de los elementos basándonos en que en el Lo Shu a las estrellas se les asocia con un distinto elemento de la naturaleza.

ESTATUS DE LAS ESTRELLAS DURANTE EL PERIODO 8	
ESTRELLA	POSICIÓN
1	Fuerte
2	Débil (final)

3	Débil (enterrada)
4	Débil (muerta)
5	Débil (enferma)
6	Suprimida
7	Débil (negativa)
8	Fuerte
9	Fuerte

Es importante mencionar que cuando la estrella 5 se encuentra en la casilla central, su casilla original, pierde todo su efecto negativo. Lo mismo sucede cuando se encuentra en periodo 5, su propio periodo. Toda estrella que se encuentra en la casilla central, toma aspectos muy positivos durante todo ese periodo.

Las estrellas de agua reaccionan rápido a las curas o a la activación, más o menos un mes. Las estrellas de montaña reaccionan un poco más lento a las curas o a la activación, más o menos dos meses.

Interpretaciones según los ciclos de los cinco elementos

- Cuando una estrella favorable corresponde al elemento que controla y destruye a las otras estrellas representa riqueza.
- Cuando la estrella de agua corresponde al elemento que nutre a otras estrellas representa riqueza disminuida.
- Cuando una estrella de agua favorable es controlada por el elemento de otras estrellas representa riqueza nula y conflictiva.
- Cuando la estrella de montaña es favorable y nutrida por el elemento de otras estrellas representa buenas relaciones, salud y fertilidad muy positiva.
- Cuando la estrella de montaña es favorable y es controlada por el elemento de otra estrella representa relaciones, salud y fertilidad desfavorables.
- Cuando una estrella es favorable y es nutrida por otra estrella representa un aspecto muy positivo.

- Cuando una estrella es favorable y es del mismo elemento que otra estrella se convierte en un aspecto positivo.
- Cuando una estrella favorable controla el elemento de otra estrella representa fortuna inmediata.
- Cuando una estrella favorable es controlada por el elemento de otra estrella representa algo muy desfavorable.
- Cuando una estrella favorable es reducida por el elemento de otra estrella se convierte en desfavorable.
- Cuando una estrella favorable es nutrida por otra estrella favorable o desfavorable, representa un aspecto positivo.
- Cuando una estrella favorable es nutrida o alimentada por el elemento de otra estrella favorable representa aspectos muy positivos.
- Cuando una estrella negativa o desfavorable es nutrida o alimentada por el elemento de otra estrella representa aspectos muy desfavorables.
- Las estrellas positivas se pueden impulsar a través del elemento que las nutre colocado en el sector cardinal en que se ubica.
- Las estrellas negativas se suprimen con el elemento reductor o de control.
- Las estrellas positivas reducidas se fortalecen colocando el mismo elemento de la estrella positiva.
- La estrella de agua positiva se puede activar con fuentes, relojes o el elemento que nutre el elemento de la estrella.
- La estrella de montaña negativa se controla con metal, fuego y agua quieta.
- La estrella cinco se controla con la solución salina (seis monedas chinas en un recipiente de porcelana o cerámica con sal gruesa en sus dos terceras partes y agua).
- La estrella cinco se puede controlar con un windchime de cinco, seis, ocho o doce tubos metálicos huecos.
- La estrella de montaña positiva se activa con el elemento que nutre y con quietud.
- Dos estrellas negativas (combinación) se corrigen colocando un par de Chi Lin (unicornios chinos) sobre una cruz de He Tu,

deidades de metal, altares con incienso o con los elementos que los reducen y controlan, espadas de monedas y la solución salina.

La escuela Xuang Kong o estrella voladora de Feng Shui se basa en la trinidad cósmica de cielo-hombre-tierra. La energía del cielo baja a la tierra y de la tierra sube al cielo. Al colocarse una construcción, el techo sella la conexión del hombre. Cuando uno de ellos falta se rompe la conexión y la trinidad cósmica no se encuentra completa. Si se desea cambiar una construcción de periodo, se puede quitar o modificar el techo y dejar abierto al menos veinticuatro horas. Otra opción es quitar la puerta de entrada.

Abandonar la casa y dejarla sin vida durante tres meses o alterar los pisos también son opciones para cambiar una construcción de periodo.

El nacimiento de la construcción se considera cuando se le integra vida y se mudan los habitantes. Cada ciclo o periodo de veinte años tiene dos estrellas adicionales que se pueden emplear sanamente, aunque su naturaleza sea negativa se convierten en positivas. Estas estrellas adicionales son las siguientes:

PERIODO	ESTRELLAS
1	2,7
2	1,4
3	8,9
4	2,7
5	2,8
6	8,9
7	1,4
8	3,6
9	3,6

Espíritu directo, indirecto y alterno

A partir de los periodos, algunas direcciones cardinales son más favorables que otras, lo cual tiene como base el bagua de Wen Wang o bagua del segundo cielo.

Cuando la dirección original del periodo reinante se convierte en positiva se denomina "el espíritu directo"; su dirección opuesta se considera negativa (espíritu indirecto) si no cuenta con el remedio adecuado.

La forma de convertir ambas direcciones en positivas durante el periodo es colocando montaña en la primera dirección (espíritu directo) y agua en la negativa (espíritu indirecto). Estas soluciones se deben colocar en el exterior de la construcción.

PERIODO	E. DIRECTO MONTAÑA	E. INDIRECTO AGUA
1	N	S
2	SO NE	
3	E O	
4	SE NO	
5	PRIMEROS 10 AÑOS SO SEGUNDOS 10 AÑOS NE	NE SO
6	NO	SE
7	O	E
8	NE	SO
9	S	N

Colocar elemento agua en el espíritu indirecto repercute en riqueza y favorece los negocios y el trabajo. El espíritu subdirecto o alterno corresponde a la pareja del periodo en el He Tu o Bagua de Fu Hsi, colocar agua en ese sector durante el periodo genera clientes nuevos y riqueza inesperada. Se debe colocar en el exterior de la construcción, también en el interior si este sector se encuentra en armonía con las estrellas de agua y de montaña del sector correspondiente.

PERIODO	ESPÍRITU SUBDIRECTO
1	NO
2	O
3	NE
4	S
5	O PRIMEROS 10 AÑOS E SEGUNDOS 10 AÑOS
6	N
7	SO
8	E
9	SE

Estrella invitada

La estrella invitada se refiere a integrar el número kua de la persona con cada sector de la construcción y relacionarlo con la estrella de agua y montaña. Al aplicar este número Kua como estrella invitada con la carta natal de estrella voladora se relaciona con cada sector cardinal y sus respectivas estrellas de agua y de montaña.

Las estrella invitada es el número Kua personal y se utiliza para analizar su interacción con la estrella de montaña y con la estrella de agua.

Si la estrella de montaña, en elementos, nutre al elemento del trigrama personal (y es estrella favorable o positiva) la salud de la persona será positiva.

Si la estrella de agua, en elementos, nutre al elemento del trigrama personal (y es estrella positiva o favorable) la riqueza o el dinero es favorable para la persona.

Si alguna de estas dos estrellas, en elementos, reduce o controla al elemento del trigrama personal, la salud y el dinero serán desfavorables para la persona.

Esto se analiza con la casilla central conocida como el corazón del cielo, la cual es el centro de poder, para establecer y encontrar el mejor o los mejores lugares para cada persona en una construcción.

Analizando la carta natal de la casa

Es importante analizar el Chi de la estrella frontal y la estrella de asiento, los que nos darán las combinaciones que determinen aspectos positivos o aspectos negativos por naturaleza.

Para analizar la carta natal hay dos factores importantes a considerar: el tiempo de las estrellas, es decir, su significado y fuerza acorde al periodo; y los factores externos de la construcción. Cuando el factor externo favorece a las estrellas (agua y montaña) se potencializa el efecto de éstas, cuando el caso es contrario nos encontramos con el aspecto opuesto, es decir, se puede estar teniendo el efecto negativo de las estrellas por falta de soporte exterior. Esto se traduce en que si una estrella positiva durante el periodo no se encuentra apoyada por los factores externos, su efecto positivo se anula, e incluso se puede convertir en negativa para los habitantes de la construcción. Las estrellas de montaña positivas deben coincidir con montañas o construcciones elevadas y las estrellas de agua positivas deben hacerlo con superficies bajas, planas o con agua.

En cada periodo, la estrella próspera del frente es conocida como el espíritu del dragón del agua, mientras que la de montaña, como el espíritu del dragón de la montaña. Estas dos estrellas favorables son las correspondientes al periodo reinante, es decir; en el periodo 8 se refiere a la 8 agua y a la 8 montaña ubicadas en el frente y en el punto de asiento de la construcción.

Durante el periodo 8, si tenemos la estrella 8 al frente como estrella de agua, debe tener agua frente a la construcción, si es el caso contrario y tiene la estrella 8 como montaña, la construcción debe tener una montaña al frente o la estrella puede comportarse de manera negativa afectando la salud, la estabilidad, el liderazgo y la solidez de los habitantes de la construcción.

En el caso de que los factores externos estén apoyando a las estrellas, pero éstas se encuentren en fase negativa acorde al periodo, entonces el entorno estará apoyando efectos negativos de estas estrellas. Por ejemplo, si la construcción cuenta con una estrella 2 de montaña al frente y en el exterior tiene un edificio o construcción más alta (montaña), entonces la estrella 2 se potencializará con toda su fuerza desatando enfermedades y conflictos, ya que durante el periodo actual y el próximo se encuentra en fase enferma. Una posible solución es romper las formas exteriores, es decir, colocar al frente de la casa agua quieta, ésta drenará y disolverá el Chi de la estrella 2 que se rige por tierra además de romper con la presencia única de montaña al frente.

Se considera agua: fuentes, ríos, lagos, estanques, peceras, acuarios, caminos, calles, avenidas, terrenos desocupados, parques, valles y construcciones más bajas.

Se considera montaña: piedras, construcciones vecinales más altas, edificios, montañas, cerros, volcanes y bardas.

Al analizar una carta natal existen seis diferentes formas de verla:

- Estrella del frente con estrella de asiento.
- Estrella de asiento con estrella del frente.
- Estrella del frente con la estrella base.
- Estrella de asiento con estrella base.
- Estrella del frente con estrella original del Lo Shu.
- Estrella de asiento con estrella original del Lo Shu.

Con estrella del frente me refiero a estrella de agua en cada sector, y al decir estrella de asiento, me refiero a estrella de montaña en cada sector de la construcción. La montaña rige a las personas, su estabilidad y su salud, agua rige la riqueza y la abundancia para los habitantes del lugar.

Al analizar la interacción o la combinación de las estrellas se pueden predecir situaciones acorde al tipo de Chi que ambas representan. Existen ochenta y un posibles combinaciones que veremos a continuación. Los aspectos positivos se pueden promover a través de impulsar a la estrella positiva con alguno de los cinco elementos aplicando el ciclo generativo de los mismos, los efectos negativos de una estrella se pueden aminorar o reducir aplicando el ciclo reductivo, de control o de destrucción de los cinco elementos.

Las 81 combinaciones

1-1. Puede generar romances y encuentros amorosos. Posibilidad de alcoholismo, principalmente en hombres. Infidelidades tanto del hombre como de la mujer. En lo referente a salud, puede afectar los riñones y órganos sexuales. Puede atraer problemas legales, asuntos con robos y pérdidas. Es una buena combinación para personas cuyo número kua sea tres o cuatro, ya que alimenta su naturaleza. Excelente combinación para asuntos y cuestiones académicas y de estudio. Usar elemento madera para disminuir los aspectos negativos de esta combinación: plantas naturales o muebles de madera.

También se considera dentro de los dobles auspiciosos; es decir, dos mismas estrellas juntas en fase de crecimiento durante el periodo. Durante el periodo 8, la estrella 1 es positiva por lo que su doble presencia en un sector se considera positiva especialmente si concuerda con la puerta principal o en el norte, puede promover éxito profesional. Usar metal para fortalecerla si es que se desea: formas redondas, esculturas de metal o un windchime o campana de viento de seis tubos huecos.

1-2. Hombres que se ubiquen en este sector pueden padecer de problemas gástricos y digestivos. Las mujeres tendrán problemas de estómago y ginecológicos. El hombre será controlado por la mujer y la verá como un ogro reflejándose en falta de armonía en la pareja. Problemas sentimentales y económicos. Usar plantas naturales o elemento madera para aminorar el efecto negativo de esta combinación.

1-3. Esta combinación genera discusiones, pleitos y discusiones. Problemas legales, pérdida de dinero e incluso robos. Emplear metal (un windchime o campana de viento de seis tubos huecos) para mejorar la situación si es que se trata de otros periodos que no sean siete y ocho. Durante el periodo 8 toma aspectos positivos y atrae viajes y buenas noticias relacionadas con los mismos. Usar elemento agua (fuentes, tazón con agua o acuario) para fortalecer su aspecto positivo durante este periodo.

1-4. Combinación que beneficia las cuestiones de estudio y dedicación. En periodos favorables promueve crecimiento profesional. Si las estrellas están en un mal periodo pueden generar engaños y traiciones sentimentales. Si fuera de este sector se encuentra una montaña, representa conflictos sentimentales; si existe un jardín, representa suerte en cuestiones de estudio. Un poco de elemento agua favorece esta combinación en su fase positiva. Si se encuentra en fase negativa elemento metal (un windchime de tres tubos huecos) puede ayudar.

1-5. Los aspectos negativos de la estrella 5 destacan en esta combinación. Genera enfermedades, inflamaciones, problemas vesiculares, envenenamiento y enfermedades del estómago. Las mujeres pueden padecer cáncer y problemas en órganos genitales. Usar elemento metal (un windchime o campana de viento de cinco tubos huecos) reducirá el aspecto negativo.

1-6. Excelente combinación para personas en puestos políticos y jerárquicos, fuerzas armadas y deportes. Promueve altos rangos y jerarquía. Favorece a aquellas personas que se desarrollan en el ámbito literario. En periodos positivos se recomienda emplear elemento metal (un windchime o campana de viento de seis o doce tubos huecos). En periodos negativos provoca accidentes, agresiones con cuchillos y armas punzocortantes. Si las formas en el exterior son negativas (esquinas agresivas, árboles muertos, panteones, etcétera), puede generar problemas cerebrales o mentales. Se sugiere corregir acorde a las curas con base en la escuela de las formas y usar elementos agua o fuego.

1-7. Los romances prevalecen en esta combinación. Ataques de animales, incluso domésticos. Atrae viajes y excelentes ingresos económicos durante periodo 7. En el periodo 8 se convierte en pérdidas económicas. Apoyarse en elemento fuego para contrarrestar este aspecto durante el periodo 8.

1-8. Esta combinación puede generar problemas auditivos al habitante más viejo y al más joven de la casa. Enfermedades dolorosas como piedras en riñones y vesícula. Durante los periodos 7 y 8 esta combinación representa éxito económico y logros literarios. Apoyarse con adornos de cristal y esferas de cristal faceteado para fortalecer este aspecto.

1-9. Esta combinación afecta y promueve la promiscuidad, riesgos de enfermedades venéreas y de transmisión sexual. Problemas cardiacos. Emplear elemento tierra para mejorar la situación. En periodos 7, 8 y 9 representa aspectos positivos como promociones económicas y altos niveles socioeconómicos. Elemento madera (plantas naturales, tonos verdes, muebles de madera) fortalecerá este aspecto.

2-1. Los hombres pueden presentar problemas estomacales e intestinales, las mujeres problemas con tumores y abortos. Disminución de la energía sexual. Problemas sentimentales. Se recomienda emplear elemento metal para reducir este aspecto (un windchime o campana de viento de seis o doce tubos huecos).

2-2. Si está combinación se encuentra en periodo positivo (periodo 2) traerá ganancias económicas volviendo a la persona en envidiosa y enfermisa. En el caso de mujeres, provocará problemas abdominales y de concepción. Problemas en embarazos. Las mujeres dominarán en la familia. En los periodos negativos (3, 4, 5, 6, 7, 8, 9) atrae demasiados conflictos y enfermedades de todo tipo. Colocar elemento metal (un windchime o campana de viento de doce tubos huecos) para controlar el efecto negativo.

2-3. Se le conoce como pelea de toros, pésima combinación. Pleitos y enfermedades, problemas, conflictos legales y separaciones familiares. Afecta a la mujer mayor de la casa y se cree que provoca artritis. Corregirlo con elemento metal (monedas chinas con hilo rojo, agua quieta, deidades de metal, unicornios chino (Chi Lin) metálicos o pi-yao metálico).

2-4. Esta combinación se asocia con problemas mentales; provoca tensión y conflictos con las nueras de la familia. Genera ataques de animales, incluso mascotas. Esta combinación atrae tensión y cosas y situaciones escondidas. Se corrige con elemento metal (un windchime o campana de viento de tres o seis tubos huecos, una espada de monedas chinas amarradas con hilo de color rojo).

2-5. Pésima combinación, se debe evitar. Se considera fatal. Puede provocar cáncer, apendicitis y abortos. Se mejora con elemento metal (un windchime o campana de viento de doce tubos o cinco tubos huecos y relojes).

2-6. Combinación que representa prosperidad relacionada con propiedades, aunque puede volver a las personas gruñonas y enojonas y afectar un poco su salud. Se apoya con elemento metal (relojes o campana de viento de seis tubos huecos).

2-7. Puede representar muy buenos proyectos para quien vive el efecto de esta combinación, el dinero llegará fácilmente, pero cuidado, de la misma forma se gastará. En periodo 8 se vuelve negativa. Puede haber engaños que deriven en divorcios. Se mejora con agua quieta.

2-8. Combinación que genera muy buenas oportunidades económicas y posibilidades de crecimiento económico. No agregar elemento fuego, ya que se potencializa la estrella 2, puede ser movimiento para favorecer la 8. En periodos negativos puede generar que la persona opte por la vida religiosa.

2-9. Esta combinación provoca soledad, los hombres se van de casa. Durante el periodo 8 y el 9 promueve romances. En mal periodo afecta la vista y los ojos. Se controla con plantas de agua y agua quieta.

3-1. Esta combinación favorece las discusiones y problemas por todos lados, problemas legales, robos, asaltos, pérdidas económicas, fraudes y abusos. Problemas de salud asociados con el hígado. Desarrolla la inteligencia pero también la violencia y la agresividad en la persona que viva bajo esta combinación. Se controla con elemento metal.

3-2. Pelea de toros, discusiones, conflictos, pleitos. Enfrentamientos entre madre e hijos, inestabilidad. Se corrige con elemento metal.

3-3. Esta combinación puede generar personas inexpresivas y con pocos sentimientos, crueles y frías hacia los demás. Problemas y discusiones. Puede provocar histeria y robos. Se controla con elemento fuego (luces y lámparas).

3-4. En periodos positivos favorece a los hombres en busca de prospectos amorosos. En periodos negativos genera violencia, excesiva vanidad, estrés e inestabilidad. Se controla con elemento fuego (luces y lámparas) y elemento metal.

3-5. Pérdida de buena suerte, pésima combinación, problemas con apuestas. Cáncer del hígado y enfermedades infecciosas. Accidentes y pérdida de dinero. Se puede controlar con elemento metal.

3-6. Afecta la salud de la persona, dolores de cabeza, migrañas, accidentes, cuidado con objetos metálicos, cortaduras, heridas. Para controlar podemos usar elemento agua.

3-7. Es una combinación negativa que puede provocar pérdida de dinero por robos, fraudes e incluso por problemas legales. Traiciones de amigos y socios. Se controla con elemento fuego. En periodo 7 es positiva generando riqueza pero en periodo 8 vuelve a ser negativa.

3-8. Los hombres jóvenes deben tener cuidado en esta combinación, pues puede generar inestabilidad emocional, enfermedades del corazón, asma o separación de la familia. En los periodos 7 y 8 esta combinación favorece la llegada de dinero. Emplear elemento fuego fortalecerá este aspecto (luces y lámparas).

3-9. Cuando esta combinación actúa en periodo positivo, genera personas inteligentes y listas. Corresponde a los periodos 8 y 9. si se presenta en periodo negativo, genera daño y problemas relacionados con fuego. Se controla con tierra. Representa fama y riqueza.

4-1. Excelente combinación para quien está relacionado con cuestiones de estudio y académicas. Escritores, maestros y literatos se pueden beneficiar de buena reputación por esta combinación. También es favorable como un área para rezar y meditar. Genera, también, romances y aventuras amorosas. Para favorecer la estabilidad y la unión de pareja se puede colocar una estatua de Kuan Yin o un par de peces dobles en ese sector.

4-2. Genera conflictos entre la suegra y las nueras. Combinación muy negativa para mujeres mayores, afecta la llegada de dinero. Se controla con elemento metal y mejora con un poco de elemento agua (quieta).

4-3. Esta combinación para los hombres representa persecución del sexo opuesto hacia ellos, no siempre con las mejores intenciones. Para las mujeres representa inestabilidad mental aunado a desórdenes. Esta combinación genera decepciones constantes. Se puede controlar empleando elemento metal o elemento fuego.

4-4. Esta combinación de estrellas genera viajes y mucho romance. Se debe tener cuidado si se padece de asma, ya que favorece la enfermedad. Promueve el estudio, la sabiduría y la inteligencia. Se puede fortalecer empleando elementos agua y madera.

4-5. Es una combinación peligrosa que puede provocar cáncer de seno y enfermedades infecciosas. Provoca pérdida de dinero por apuestas o préstamos. Se puede mejorar si se emplea elemento metal.

4-6. Es demasiado conflictiva, genera poco tiempo de duración de las parejas. Problemas con ojos y boca. Puede provocar tendencias suicidas, sobre todo si las formas externas no son favorables (una torre de luz en esa dirección, un camino recto hacia esa dirección de la casa, un panteón, una esquina agresiva, etcétera). Combinación de muy mala suerte para mujeres. Se puede mejorar empleando elemento tierra.

4-7. Durante el periodo 7 promueve romance y amor. En el resto de los periodos, representa problemas entre hermanas y las mujeres de la familia, lastimaduras frecuentes. Se puede mejorar con elemento agua (quieta).

4-8. En periodos positivos representa excelentes situaciones relacionadas con propiedades y ganancias económicas. En periodos negativos (periodo 7, periodo 8 y periodo 9) afecta al hombre más joven de casa, además de causar reumatismo. Se controla con fuego para reducir a la estrella 4 y fortalecer a la estrella 8.

4-9. En periodos positivos (8 y 9) promueve personas listas, inteligentes y de buena apariencia. En periodos negativos puede provocar lesbianismo, ya que ambos trigramas representan mujeres.

5-1. Siempre que se trate de estrella 5, excepto en periodo 5, se pueden esperar malas noticias. Problemas de inflamaciones en vesícula, glándulas, y afecciones en los órganos reproductores. Daña el oído y genera problemas de audición. Se controla con elemento metal (esculturas metálicas).

5-2. Pésima combinación. Provoca viudez, enfermedades del estómago. Si las formas externas no son favorables puede llegar a fatalidades. Se puede controlar empleando elemento metal (campanas de viento de seis o doce tubos huecos, relojes).

5-3. Considerada una combinación muy negativa. Genera fuertes pérdidas económicas incluso bancarrota. Enfermedades constantes para el hermano mayor. Traiciones de empleados. Para controlar se recomienda emplear elemento metal y agua quieta.

5-4. Combinación que afecta la salud, cáncer de pecho y enfermedades virales, además de infinidad de malestares y achaques. Pérdida de mucho dinero por medio de apuestas, préstamos y riesgos financieros. Se controla con metal y agua quieta.

5-5. Es favorable solamente en el periodo 5. En periodos desfavorables genera enfermedades drásticas y coma. Guerras y peleas, cáncer en huesos, impotencia sexual. Accidentes. Para controlar se recomienda usar elemento metal.

5-6. En periodo positivo (5 y 6) es una excelente combinación para atraer dinero. En periodos negativos puede provocar cáncer, impotencia y, en casos extremos, coma sobre todo si las formas externas no le favorecen. Se controla con elemento metal.

5-7. Durante el periodo 7 representa una buena combinación para favorecer el dinero. En otros periodos puede provocar envenenamientos, enfermedades venéreas, cáncer de boca. Chismes y traiciones por la espalda. Para controlar usar agua quieta o la solución salina.

5-8. Si se activa la estrella de agua (8) puede ser una buena combinación para activar la llegada de dinero. En periodos 7 y 8 se debe cuidar de activar sólo la estrella de agua. En periodos negativos, esta combinación puede provocar parálisis, enfermedades mentales y cáncer de nariz. Usar elemento agua (quieta) puede ayudar a drenar esta combinación.

5-9. Es una combinación muy negativa. La estrella 9 pierde su fuerza con respecto a prosperidad para nutrir a la estrella 5, dándole más fuerza a su aspecto negativo y reflejándose en enfermedades drásticas, cambios inesperados, accidentes, problemas de ojos y úlceras. Se puede controlar con elementos metal y agua.

6-1. Excelente combinación para obtener poder o altos puestos en cuestiones de manejo de personal o ejecutivos. Promueve poder y habilidad intelectual en todo lo relacionado a finanzas. Excelente combinación para personas involucradas en cuestiones políticas. Se puede fortalecer empleando elemento metal.

6-2. Cuidado de problemas gastrointestinales. Las mujeres pueden ver bastante afectado su aspecto reproductivo, sus órganos sexuales, problemas con la matriz. Debilidad mental y alucinaciones. Para controlar este aspecto se puede emplear elemento metal. Por otro lado, genera solidez y estabilidad, despierta aspectos de liderazgo.

6-3. Combinación peligrosa que puede generar accidentes, mala salud y dolores de cabeza. Cuidado con objetos metálicos (cuchillos, navajas, etcétera). Se puede controlar con elemento tierra y cuarzos.

6-4. En esta combinación las relaciones sentimentales duran poco tiempo. Enfermedades constantes en mujeres, sobre todo a la mayor de las hijas. Puede provocar suicidios y depresiones. Marido muy dominante, solidez y fortaleza para él. Se recomienda emplear elemento metal (una campana de viento).

6-5. Esta combinación puede provocar cáncer y enfermedades malignas. Los hombres pueden encontrar problemas para salir adelante profesionalmente. Lo que se sugiere en este caso es emplear elemento metal.

6-6. En periodo 6 es una combinación muy positiva para generar riqueza. En otros periodos atrae gran fortuna pero puede afectar los pulmones y las relaciones familiares. Se puede mejorar con un windchime o campana de viento de seis tubos huecos.

6-7. Es una combinación que involucra demasiado metal y no es muy positiva. Representa una guerra de espadas que, al ser dos metales chocando uno con otro, provoca peleas entre hermanos, gritos, insultos verbales, problemas de garganta, rivalidades y excesiva competencia nada sana. Atrae robos y asaltos. Se recomienda controlar con elemento agua, evitar usar fuego, ya que su consecuencia al combinarse con la estrella 7 pueden ser incendios y quemaduras.

6-8. Excelente combinación relacionada con riqueza a través de propiedades. Provoca buenos ingresos económicos y buena reputación. En periodos negativos puede provocar enfermedades mentales y actitudes maleantes. Se puede fortalecer esta buena combinación con agua en movimiento y luz.

6-9. Esta combinación se conoce como "fuego en la puerta del cielo". Genera problemas de indisciplina por parte de los hijos pequeños hombres, rebeldía. Problemas cerebrales provocados por presión sanguínea. Puede representar fuertes entradas económicas con pobreza en salud, afecta muy fuerte al padre. Se balancea con elemento tierra y cuarzos.

7-1. Combinación positiva para personas que requieren viajar debido a su profesión. Promueve el romance y los amores fugaces. Favorece las finanzas. Se puede fortalecer con elemento metal o con una fuente de agua.

7-2. Esta combinación representa elemento fuego en el bagua del primer cielo, son un par en el He Tu. Se debe evitar este sector si se está buscando un embarazo, ya que promueve dificultades de concepción para la mujer por la estrella 2. Problemas entre suegras y nueras. Se recomienda usar elemento metal o agua quieta para controlar los aspectos negativos.

7-3. Genera robos constantes, pérdidas económicas, problemas legales. Lastimaduras y afecciones de los ojos. Se recomienda emplear elemento agua para controlar.

7-4. Excelente combinación para personas que gustan de viajar. Provoca enfermedades respiratorias constantes. Cuidado con problemas que afectan a la hija mayor de la familia. Decepciones. Se puede controlar con agua.

7-5. Pésima combinación sobre todo durante periodo 8. Inestabilidad mental y emocional, enfermedades cardiacas y venéreas, problemas de prostitución y drogadicción. Se controla con agua quieta y la solución salina.

7-6. Nuevamente dos metales. Pelea de espadas. Discusiones, problemas legales, muchos pleitos, malentendidos y malas interpretaciones, traiciones, engaños, enfermedades de la piel. Tensión, estrés y celos. Se controla o reduce usando elemento agua.

7-7. Durante el periodo 7 es una excelente combinación que genera prosperidad. En los demás periodos puede representar robos con armas y muchos problemas. Se reduce con elemento agua.

7-8. Combinación positiva para dinero y romance. Grandes oportunidades para obtener buenas ganancias económicas. Éxito. Se puede emplear elemento tierra y cuarzos para fortalecer estos aspectos positivos.

7-9. Esta combinación se caracteriza por generar problemas cardiacos, incendios, quemaduras. Temperamentos enfermizos y problemas para relacionarse con otros. Afecta a la hija más pequeña de la familia. Emplear elementos agua y tierra principalmente durante el periodo 8 para suprimir los efectos negativos de esta combinación.

8-1. Esta combinación se debe evitar por hombres mayores, ya que puede provocar enfermedades relacionadas con la vejiga. Durante los periodos 7 y 8, esta combinación representa una buena llegada de dinero y promueve la inteligencia en los niños. Se recomienda emplear elemento agua y una lámpara de pedestal alto para fortalecer el aspecto positivo de esta combinación.

8-2. Combinación que promueve problemas gastrointestinales, problemas económicos generados por enfermedades constantes. Favorece la vida religiosa. Durante el periodo 8 esta combinación promueve autoridad y una buena posición social. Se recomienda fortalecer el aspecto de montaña en este sector.

8-3. Combinación peligrosa para niños menores de doce años. Problemas escolares y rebeldía. Durante el periodo 8 esta combinación genera autoridad y fuerza. Se puede fortalecer con elemento fuego en forma de una lámpara de pedestal alto y cuarzos.

8-4. Puede provocar piedras en vesícula y vejiga. Genera problemas y discusiones matrimoniales. Durante el periodo 8 esta combinación es positiva. Se puede reforzar con elemento fuego.

8-5. Muy positivo para cuestiones económicas durante periodo 5. Sin embargo, durante otros periodos no es muy recomendable, pues puede provocar cáncer, parálisis y problemas de salud. Se recomienda emplear elemento metal, agua quieta y solución salina para disminuir y controlar el aspecto negativo de esta combinación.

8-6. Combinación muy positiva y favorable, genera buena reputación y suerte profesional. Se puede fortalecer con elemento agua en movimiento, elemento tierra y cuarzos.

8-7. Excelente combinación que favorece el éxito económico. Fortalecer con elemento tierra y cuarzos.

8-8. Durante el periodo 8 es una excelente combinación que atraerá muy buenas oportunidades económicas y proyecciones de éxito. Se puede fortalecer con elemento fuego (luces y lámparas).

8-9. Es una buena combinación que genera alegría, buenas noticias y eventos alegres. Matrimonio y celebraciones. Se puede fortalecer con elemento tierra y cuarzos.

9-1. Es una buena combinación para estudiantes, ya que promueve los logros académicos. Tener cuidado cuando esta combinación recibe la visita de la estrella 5, ya sea en forma mensual o anual, puede provocar enfermedades venéreas, problemas sentimentales y enfermedades.

9-2. Mala combinación, principalmente para mujeres, puede provocar problemas ginecológicos. Se puede disolver empleando elemento agua, puede ser agua quieta.

9-3. Combinación que promueve conflictos legales, actividades ilícitas, problemas de cárcel, enfermedades del hígado. Se recomienda controlar con elemento tierra y cuarzos.

9-4. Combinación que genera efectos extraños, comportamiento sexual raro, puede provocar relaciones incestuosas o lesbianismo. Durante periodo 7 y periodo 8 se convierte en una combinación positiva. Se puede emplear elemento agua para fortalecer el aspecto positivo.

9-5. Combinación muy negativa; la estrella 9 da vida y nutre a la estrella 5. La persona que esté bajo el efecto de esta combinación puede adoptar actitudes de necedad y obstinación, nada buena para proyectos económicos. Se recomienda colocar un tazón grande con agua quieta, decorar con elemento agua para reducir sus efectos.

9-6. Combinación que genera problemas fuertes de salud, enfermedades relacionadas con la mente y el cerebro, los pulmones seriamente afectados, robos y fraudes. Se recomienda emplear elemento tierra para controlar los efectos negativos de esta combinación.

9-7. La combinación de estas dos estrellas representa accidentes asociados con fuego, problemas y afecciones cardiacas. Combinación muy negativa durante el periodo 8. Se recomienda emplear elemento tierra y agua para suprimir los efectos negativos.

9-8. Excelente combinación que genera felicidad, buenas noticias, éxito, buen futuro y muy buena suerte. Se recomienda fortalecer con elemento tierra y cuarzos.

9-9. Muy buena combinación durante el periodo 9, puede generar éxito relacionado con la moda, las comunicaciones y la cosmética. Representa fama y buena reputación; ideal para personas que trabajan en política. Si se ubica en el Sur puede ser muy positiva durante periodo 8 y periodo 9. En periodos desfavorables puede provocar problemas con la vista y los ojos.

En los sectores con combinaciones negativas lo más recomendable es colocar baño, bodega o almacén, escaleras. Las combinaciones de estrellas forman un hexagrama, por lo que en ello se basa para determinar algunas situaciones y eventos que pueden suceder en la casa o la construcción.

Es importante mencionar que las combinaciones tienen efecto en el sector donde se ubican y sobre las personas que pasan más tiempo en él; si el sector no se usa el efecto no se recibe, ni bueno ni malo.

Las combinaciones de estrellas representan energía potencial y para hacer un diagnóstico es importante no ignorar las formas exteriores, ya que éstas representan una aspecto muy importante en lo que respecta a la influencia de estas combinaciones.

Estas combinaciones no sólo se interpretan con estrella de agua y estrella de montaña, también se interpretan con estrella anual y estrella mensual conocidas como estrellas variables. Referente a estas estrellas variables, tiene mayor fuerza la estrella anual que la mensual y la mensual sobre la estrella diaria.

Al analizar las combinaciones de estrellas, si queremos interpretar el potencial económico, nos vamos a referir a la estrella de agua como la estrella jefe y la de montaña, o las variables como subordinadas. Si queremos interpretar el potencial humano de relaciones y salud, nos vamos a referir a la estrella de montaña como la estrella jefe y la de agua, o variables como subordinadas.

Si la estrella subordinada alimenta a la estrella jefe, esto representa buena fortuna (aplicando los ciclos de los cinco elementos). Si la estrella subordinada es igual a la estrella jefe es muy positivo y representa muy buena fortuna. Si la estrella subordinada reduce a la estrella jefe, es desfavorable. Si la estrella subordinada controla o domina a la estrella jefe, se considera un aspecto muy desafortunado.

El palacio central del frente se considera el más importante, ya que nos determina la suerte y prosperidad de la casa; el segundo más importante es el palacio central trasero. En este palacio se determina el bienestar, la estabilidad y la solidez de los habitantes de la construcción.

Combinaciones de estrellas especiales

Estas combinaciones son:

- Formación del espíritu Yin.
- Fuego quemando la puerta del cielo.
- Cascada de viento.
- Formación literaria.
- Pelea de toros.
- Formación amenazadora.

Formacion del espiritu Yin

Los trigramas femeninos corresponden a los números 2, 4, 9 y 7. En cualquier palacio donde encontremos estas estrellas formando un combo, se interpreta como un palacio o un sector de gran carga Yin. Esto puede ser activado por decoración o ambientación demasiado Yin, y generar la presencia de espíritus o fantasmas, o bien, desatar conflictos sentimentales y engaños.

Fuego quemando la puerta del cielo

Se presenta cuando se combinan en un combo las estrellas 9 y 6. Evitar la cocina en estos sectores.

Cascada de viento

Se presenta cuando las estrellas 2 y 4 forman un combo.

Formación literaria
Se presenta cuando las estrellas 4 y 1 forman un combo; si la combinación es 1 y 4 se enfoca más hacia romance, si el agua es muy fuerte puede provocar problemas sentimentales por engaños.

Pelea de toros
Se presenta cuando las estrellas 2 y 3 forman un combo.

Formación amenazadora
Es una de las combinaciones más destructivas y se presenta cuando las estrellas 2 y 5 forman un combo.

Cuatro formaciones fundamentales de carta natal
Existen cuatro formaciones básicas de carta de estrella voladora:

- Estrellas dobles al frente.
- Estrellas dobles en el punto de asiento.
- Frente y asiento próspero.
- Arriba la montaña, abajo el río.

Cada una de éstas combinaciones tiene sus propias características y se consideran especiales.

Estrellas dobles al frente
Se refiere a la presencia de la estrella de agua y la estrella de montaña correspondiente al periodo reinante juntas en el frente de la construcción. En estos casos, se considera favorable la combinación si existe la presencia de agua y de montaña (en formas) al frente de la construcción. Si esto sucede, generará éxito económico, fertilidad, salud y buena suerte para los descendientes. Si solamente se encuentra agua al frente, transmitirá buena suerte en cuestiones económicas y buenos proyectos profesionales; sin embargo, habrá falta de armonía y salud, asimismo provocará soledad. Si sólo se encuentra montaña al frente, habrá muchos hijos y una larga vida, salud y fortaleza aunque con falta de vitalidad y poco potencial económico.

Estrellas dobles en el punto de asiento

Se refiere a la presencia de la estrella de agua y la estrella de montaña correspondiente al periodo reinante juntas en la parte trasera de la construcción. Para tener una vida plena y exitosa en salud, riqueza, armonía y buena suerte, debe existir la presencia de agua y montaña (físicamente) en la parte trasera de la construcción. Si sólo existe montaña en la parte trasera de esta construcción, los habitantes de la construcción nada más disfrutarán de armonía y salud. Si solamente existe agua, la familia estará esperando buena suerte en dinero sacrificando la salud y la felicidad de la familia.

Estrella del frente y estrella de asiento prósperas

Esta combinación se refiere al caso en el que la estrella de agua correspondiente al periodo reinante se encuentra al frente como estrella de agua; y la estrella de montaña correspondiente al periodo reinante se encuentra en la parte trasera como estrella de montaña.

Esta combinación necesita tener agua (física) al frente y montaña (física) atrás. Si estas condiciones se reúnen, traerá riqueza, buena suerte, salud y muchos descendientes a los habitantes de la construcción.

Si en este caso, la montaña (física) está al frente y el agua atrás, todo el efecto positivo es nulo y se convierte en muy mala suerte.

Arriba la montaña, abajo el río

Esta combinación se refiere a que la estrella correspondiente al periodo, se ubica como montaña al frente y como agua atrás. Esta combinación nos brinda lo mejor de ella, si al frente de la construcción se ubica una montaña (física) y en la parte trasera se ubica agua (física). Si estos aspectos exteriores se cubren, podemos esperar muy buena suerte para sus ocupantes. Si no se reúnen éstas condiciones externas, los habitantes padecerán de mala salud y constantes conflictos económicos.

Es importante establecer que, en todos los periodos, la estrella de agua prominente (la correspondiente al periodo reinante) debe ver hacia agua y la estrella de montaña prominente (la correspondiente al periodo reinante) debe ver hacia montaña (física). Si esto se logra, se gozará de muy buena suerte durante el periodo (veinte años).

Estrella anual

Además de las estrellas natales en una carta natal, podemos determinar estrellas variables que corresponden a la estrella anual, la estrella mensual, la estrella del día e incluso la estrella de la hora.

Cada año corresponde a un Chi determinado acorde a los nueve patrones de energía ya vistos, y se asocian con cada una de las nueve estrellas.

La estrella anual y la estrella mensual se colocan en la carta natal como se presenta a continuación, la estrella anual en la parte inferior derecha de cada casilla y la mensual en la parte inferior izquierda de cada casilla.

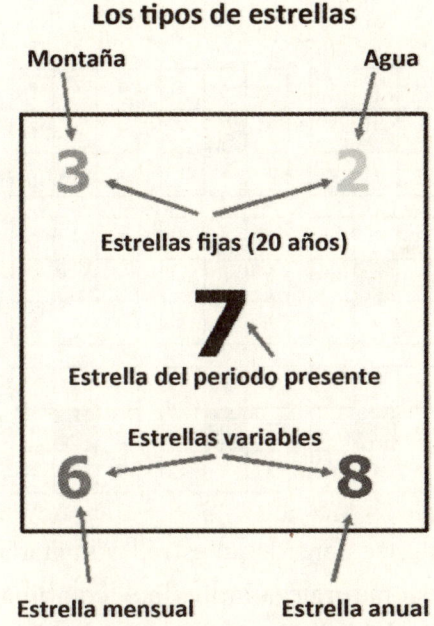

Otras estrellas variables:
Estrella del día (una c/24 horas)
Estrella de la hora (2 horas = 12 estrellas en un día)

Las estrellas anuales pueden activar, molestar, desactivar o alterar las combinaciones en la carta natal de estrella voladora de la construcción. Dichas estrellas se analizan con las combinaciones presentadas con anterioridad en este libro.

La estrella anual se calcula de la siguiente forma:

- Se considera el año solar a partir del 4 de febrero de cada año y hasta el 3 de febrero del siguiente año.
- Se suman todos los dígitos del año, por ejemplo:
  2011> 2+0+1+1= 4.
- Se resta de una constante de 11> 11−4= 7.
- El resultado corresponde a la estrella reinante del año, esto quiere decir, que en el palacio o casilla central se va a ubicar el número 6 y se continúa el recorrido siguiendo el Lo Shu de manera progresiva.
- Tenemos nueve posibles opciones para determinar la energía anual.

Las estrellas anuales se consideran estrellas invitadas a cada palacio y se analizan por su naturaleza individual, combinando a la estrella anual con la estrella del palacio, así como la combinación con la estrella de agua y la estrella de montaña de cada palacio. Esto nos permitirá determinar durante ese año (o mes, en el caso de estrella mensual) la prosperidad o riqueza, y la salud o armonía de cada sector o palacio.

Al combinar la estrella anual con la estrella del palacio, nos vamos a referir a la estrella original en el cuadrado mágico del Lo Shu, donde la estrella original corresponde a la estrella jefe y la estrella anual a la estrella subordinada. La casilla o palacio central determina la energía potencial de todo el año.

Comportamiento de las estrellas anuales

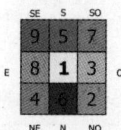

Mansión	●	Resultado
1 Kan	6	Reconocimiento, buena reputación.
8 Ken	4	Buenos resultados académicos.
3 Chen	8	Suerte en finanzas, no recomendable para infantes.
4 Sun	9	Amor.
9 Li	5	Pérdidas financieras, posibles accidentes o lesiones.
2 Kun	7	Posibles incendios, incrementa el temperamento.
7 Tui	3	Pérdidas de dinero, robos y decisiones.
6 Chien	2	Enfermedades de cabeza o mentales.

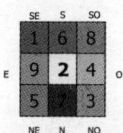

Mansión	●	Resultado
1 Kan	7	Suerte en dinero y amor, viajes.
8 Ken	5	Pérdidas financieras, accidentes relacionados con extremidades.
3 Chen	9	Suerte en amores, discusiones menores.
4 Sun	1	Logros académicos, ingresos constantes, buena reputación.
9 Li	6	Cambios, nuevos comienzos.
2 Kun	8	Nuevos negocios, buena suerte para el dinero.
7 Tui	4	Amores y facilidad para la comunicación verbal.
6 Chien	3	Nuevos retos a emprender.

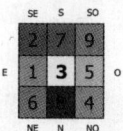

Mansión	●	Resultado
1 Kan	8	Éxito y riqueza.
8 Ken	6	Fama y poder.
3 Chen	1	Cambios positivos, innovación.
4 Sun	2	Enfermedades relacionadas con el aparato digestivo.
9 Li	7	Buena suerte para el dinero, discusiones fuertes.
2 Kun	9	Ascenso en rango o posición.
7 Tui	5	Calamidades, discusiones que generan pérdidas económicas.
6 Chien	4	Generación de nuevas ideas, éxito en estudios.

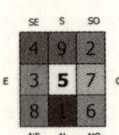

Mansión	●	Resultado
1 Kan	9	Éxito, ascensos y armonía.
8 Ken	7	Bueno para dinero y trabajo en equipo.
3 Chen	2	Discusiones, problemas legales, salud debilitada.
4 Sun	1	Antagonismo con la pareja.
9 Li	8	Celebración, eventos con buenos resultados.
2 Kun	1	Posibilidad de que la mujer tome el control.
7 Tui	6	Rivalidad con la autoridad.
6 Chien	5	Pérdida de fortuna, pérdida de poder.

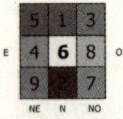

Mansión	●	Resultado
1 Kan	1	Éxito profesional.
8 Ken	8	Abundancia, buenas oportunidades.
3 Chen	3	Agresividad, tensión.
4 Sun	4	Suerte en el dinero y amor.
9 Li	9	Cambios en el trabajo, ascenso, temperamentos encendidos.
2 Kun	2	Enfermedades o problemas abdominales o intestinales.
7 Tui	7	Habilidad de comunicación y posibles lesiones menores con metal.
6 Chien	6	Soledad, viajes, autoridad.

Mansión	●	Resultado
1 Kan	2	Pesares, mala salud.
8 Ken	9	Suerte financiera, logros, festividad.
3 Chen	4	Conflictos con la pareja.
4 Sun	5	Pérdida de fortuna, conflictos de pareja.
9 Li	1	Reconocimiento por méritos en el trabajo.
2 Kun	3	Chismes que generan tensión.
7 Tui	8	Riqueza y suerte en el amor.
6 Chien	7	Suerte en dinero, posibles rivalidades en el trabajo.

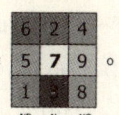

Mansión	●	Resultado
1 Kan	3	Cambios en la casa, viajes.
8 Ken	1	Bueno para el dinero.
3 Chen	5	Accidentes y problemas de dinero.
4 Sun	6	Soledad, autoritarismo.
9 Li	2	Enfermedades relacionadas con los ojos.
2 Kun	4	Problemas gástricos, de cintura y caderas.
7 Tui	9	Ascensos.
6 Chien	8	Riqueza en potencia y autoridad.

Mansión	●	Resultado
1 Kan	4	Relaciones públicas, trabajo en equipo, relaciones públicas.
8 Ken	2	Enfermedad, problemas con huesos y espalda.
3 Chen	6	Liderazgo.
4 Sun	7	Buena suerte en el dinero y mala en relaciones.
9 Li	3	Viajes, malentendidos.
2 Kun	5	Calamidades, problemas financieros y enfermedades graves.
7 Tui	1	Logros académicos.
6 Chien	9	Ascensos, desarrollo.

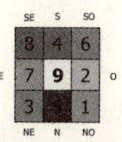

Mansión	●	Resultado
1 Kan	5	Problemas profesionales, problemas de riñones y sangre.
8 Ken	3	Celos profesionales, agresión.
3 Chen	7	Suerte en dinero, posibles robos.
4 Sun	8	Bueno para el negocio, buenas relaciones.
9 Li	4	Matrimonio, éxito en sociedades y relaciones.
2 Kun	6	Inseguridad, ingresos estables.
7 Tui	2	Fiebre, discusiones.
6 Chien	1	Reconocimiento y fama.

Asimismo, se combina la estrella anual con la estrella de agua y con la estrella de montaña. Es importante determinar cada año dónde se ubica la estrella 5, ya que esta estrella altera todo aquello donde llega a caer. El peor caso es cuando visita la dirección de la puerta principal. Se recomienda colocar las sugerencias hechas con anterioridad en este aspecto para disminuir su efecto negativo. El segundo caso negativo es cuando la estrella 5 visita el punto de asiento de la construcción.

El palacio que la estrella 5 esté visitando cada año debe resguardarse y cuidarse sin hacer perforaciones o alteraciones a la construcción, esto incluye remodelaciones ya que esto despertaría su aspecto negativo. Evite usar ese sector o palacio lo más posible.

Estrellas mensuales

Las estrellas mensuales parten del cuarto o quinto día de cada mes acorde al calendario solar.

Estación		Fecha +/- 1 Día	Año		
			Rata/Conejo Caballo –Gallo 1 – 4 – 7	Buey/Dragón Cabra – Perro 2 – 5 – 8	Tigre/Víbora Mono – Cerdo 3 – 6 – 9
Primavera	Mes 1	Febrero 4	8	5	2
Primavera	Mes 2	Marzo 5	7	4	1
Primavera	Mes 3	Abril 5	6	3	9
Verano	Mes 4	Mayo 5	5	2	8
Verano	Mes 5	Junio 5	4	1	7
Verano	Mes 6	Julio 7	3	9	6
Otoño	Mes 7	Agosto 7	2	8	5
Otoño	Mes 8	Septiembre 7	1	7	4
Otoño	Mes 9	Octubre 8	9	6	3
Invierno	Mes 10	Noviembre 7	8	5	2
Invierno	Mes 11	Diciembre 7	7	4	1
Invierno	Mes 12	Enero 5	6	3	9

En el lado derecho se busca el signo zodiacal reinante en el año, se sigue sobre esa columna hacia abajo y se obtiene el número de estrella que reina durante cada mes durante ese año.

Cada año, las estrellas mensuales sólo pueden empezar con estrellas pertenecientes a elemento tierra (8, 5, 2) y, a partir de esa estrella, van disminuyendo en los meses posteriores.

La estrella que se determina como estrella mensual es la que se va a ubicar en el palacio central en las nueve versiones del Lo Shu y se va a poner en la parte inferior izquierda de la carta natal de estrella voladora; después se va a analizar de la misma forma que la estrella anual.

Si se desea obtener la estrella diaria y la estrella de la hora, se puede obtener del libro de astrología y Feng Shui anual de Mónica y Bruno Koppel en cuyo almanaque chino se encuentran, al final del libro.

Las estrellas anuales representan la energía potencial de un palacio, y las estrellas mensuales funcionan como un detonador de esa energía potencial de cada palacio.

De esta manera se pueden predecir eventos y situaciones en una construcción en el pasado, en el presente y en el futuro. Lo más recomendable para controlar las estrellas negativas es emplear el ciclo reductivo, si se recurre al destructivo se puede generar desarmonía y desbalance. Se recomienda mejor reducir el efecto negativo y evitar lo más posible ese sector o palacio.

Aplicando las estrellas anuales y mensuales combinadas con la teoría Ba Zhai u Ocho portentos, cuando la estrella 8 blanca visita el sector correspondiente a Wu Kuei de la construcción atrae dinero y riqueza, y cuando visita el sector Lui Sha de la construcción, atrae alegría para los habitantes.

Estructuras especiales

Éstas se consideran estructuras avanzadas además de las cuatro explicadas con anterioridad; algunas pueden traer muy buena fortuna, mientras que otras deben ser evitadas por los efectos negativos que generan. En estas estructuras, se considera fundamental el apoyo de las formas exteriores; si estas formas no se encuentran de manera natural, se puede recurrir a colocarlas de manera virtual o crearlas en el entorno para favorecer las estructuras. Estas combinaciones funcionan durante el periodo en que se les considera positivas, pasado tal periodo el aspecto positivo se considera nulo. Las estructuras son:

- La combinación de diez.
- Formación del collar de perlas.
- Secuencia paternal.
- Sirena invertida y sirena escondida.
- Estrella prominente atrapada.

Combinación de diez

Esta combinación representa armonía entre los trigramas y las fuerzas opuestas de Chi. Ocurre cuando en la carta natal de estrella voladora la estrella base es combinada con cualquiera de las estrellas de agua o de montaña en cada sector o palacios que suman diez.

Esto nos presenta dos posibles tipos de combinación de diez: combinación de diez con el frente y combinación de diez con el punto de asiento.

Frente: ocurre cuando la estrella base sumada con la estrella de agua da por resultado diez. Esta combinación se debe de presentar en cada uno de los nueve palacios. En este caso se debe de encontrar agua real o física, en donde la estrella prominente del periodo se encuentra como estrella de agua. Si se ubica montaña en el punto donde se encuentra la estrella prominente del periodo como estrella de montaña, se obtiene el doble de beneficio.

Esta combinación se presenta:

- En periodo 1 con frente SE 2 y 3.
- En periodo 2 con frente SO 1.
- En periodo 3 con frente S 2 y 3.
- En periodo 4 con frente O 1.
- En periodo 5 no se presenta.
- En periodo 6 con frente E 1.
- En periodo 7 con frente N 2 y 3.
- En periodo 8 con frente NE 1.
- En periodo 9 con frente NO 2 y 3.

Punto de asiento: ocurre cuando la estrella base sumada con la estrella de montaña da por resultado diez. Esta combinación se debe presentar en cada uno de los nueve palacios. En este caso se debe de encontrar una montaña real o física, en donde la estrella prominente del periodo se encuentra como estrella de montaña, promoverá salud, liderazgo, fertilidad y consolidación económica para los residentes de la construcción.

Esta combinación se presenta:

- En periodo 1 con asiento NO 2 y 3.
- En periodo 2 con asiento NE 1.
- En periodo 3 con asiento N 2 y 3.
- En periodo 4 con asiento E 1.
- En periodo 5 no se presenta.
- En periodo 6 con asiento O 1.
- En periodo 7 con asiento S 2 y 3.
- En periodo 8 con asiento SO 1.
- En periodo 9 con asiento SE 2 y 3.

Collar de perlas

Esta combinación se presenta cuando en cada palacio, las tres estrellas (agua, base y montaña) forman una secuencia como simulando una hilera de números, por ejemplo: 2-3-4, 4-5-6, 3-4-5, etcétera. Puede ser 2 estrella de agua, 3 estrella base, 4 estrella montaña, y así sucesivamente en cada uno de los nueve palacios. Esta estructura generará buena suerte siempre y en todo momento; aunque las formas exteriores no le ayuden o favorezcan, esta sola combinación presente triplica la buena suerte de esta construcción. Lo más recomendable es que tenga una montaña al frente y agua en la parte de atrás, de esta manera puede generar riqueza, felicidad y salud.

Secuencia paternal o secuencia padre madre

Esta combinación se presenta cuando en cada palacio se encuentran las siguientes estrellas: 1-4-7, 2-5-8, 3-6-9. Es decir, cuando hay una diferencia de tres entre cada estrella. Dicha estructura es positiva, al igual que las otras, durante el periodo en que fue hecha la construcción o habitada, al pasar el periodo se puede convertir en muy negativa. Esta combinación potencializa tres veces su aspecto positivo como en la estructura que describimos anteriormente. Para activar esta estructura es importante la presencia de una montaña física al frente y agua física en la parte trasera.

Sirena invertida y sirena escondida

Esta estructura parte de encontrar la estrella 5 en el palacio central, cuando la estrella vuela en forma Yang (hacia delante o progresiva) se denomina "sirena escondida", y se considera conciliadora del Chi negativo de una carta natal. Si la estrella 5 vuela en forma Yin (hacia atrás o regresiva) se denomina "sirena invertida", y se considera una estructura que desata en Chi conflictivo de una carta natal. Esta estructura se presenta en todos los periodos, excepto en el 5 y puede ser con la estrella del frente o con la estrella del punto de asiento.

Los casos de sirena invertida siempre representarán mala fortuna para sus habitantes. Cuando se presenta con la estrella del punto de asiento puede generar separaciones, enfermedades, infertilidad, falta de armonía y desórdenes mentales. Cuando se presenta con la estrella del frente, provoca quiebras económicas, delincuencia, robos y pérdidas monetarias.

Esta estructura puede no presentar problemas cuando los factores externos favorecen las estrellas prominentes de agua y montaña. Si se ubica una montaña en la parte donde se encuentra la estrella prominente del periodo, como montaña y agua en la parte exterior, donde se encuentra la estrella prominente del periodo como estrella de agua, se convierte en una estructura muy positiva para los habitantes; si esto se altera se despierta su efecto negativo.

Estrella prominente atrapada

En cada periodo, las estrellas más importantes son la estrella del periodo, tanto como estrella de agua como estrella de montaña, que se denomina "estrella prominente". Lo más importante en este caso es que se encuentren apoyadas por los factores externos, ya sea con agua o montaña física, según sea el caso. En aquéllos en los que se cambia de un periodo a otro la nueva estrella de periodo, queda atrapada en la casilla o palacio central y se presenta esta estructura. Cuando la estrella prominente queda atrapada, acorde a si es estrella de agua o montaña, afectará los aspectos humanos (montaña) y de salud o de riqueza y prosperidad (agua). Lo más recomendable en este caso es cambiar el periodo de la construcción, como ya se explicó anteriormente.

Las formas de las montañas y las estrellas

Fuego: son montañas puntiagudas, con picos y agresivas. Favorecen a la estrella 8 durante el periodo 8, fuera de él emanan Chi agresivo.

Tierra: son montañas cuadradas y de punta plana. Favorecen las estrellas 6 y 7. Representan poder, autoridad, sabiduría y fertilidad.

Metal: son montañas de punta redonda y suave. Favorecen a la estrella 1. Representan autoridad y jerarquía.

Agua: son montañas de punta indefinida, ondulante. Favorecen a las estrellas 3 y 4. Representan sabiduría.

Madera: son montañas rectangulares y alargadas. Favorecen a la estrella 9.

Las veinticuatro estrellas

Esta teoría es una herramienta muy sencilla y poderosa, se puede emplear para direccionar deidades y protectores dentro del hogar o construcción. Se aplica para elevar el Chi de un lugar, basándose en la puerta de entrada.

Esta teoría nos puede apoyar a mejorar los portentos o palacios negativos de la escuela Ba Zhai, dirigiendo las deidades u objetos espirituales hacia direcciones positivas (determinadas por veinticuatro estrellas) en portentos negativos.

Toma como base las veinticuatro montañas del compás, donde a cada montaña le corresponde una estrella con un determinado significado. Estas veinticuatro estrellas se componen de las ramas terrestres (signos zodiacales), ocho combinaciones de elementos y cuatro diagonales conocidas como los cuatro misterios.

Los cuatro misterios se refieren a los subsectores de 15° correspondientes a las cuatro subdirecciones: Noreste, Sureste, Suroeste y Noroeste. A cada subsector cardinal de 15° al que le corresponde una de las ocho direcciones cardinales le representa una estrella guía que es constante y fija; es decir, no cambia.

Al Norte (N2) le corresponde la estrella guía 10, al Noreste (NE2) le corresponde la estrella guía 4, al Este (E2) le corresponde la estrella guía 22, al Sureste (SE2) le corresponde la estrella guía 11; al Sur (S2) le corresponde la estrella guía 13, al Suroeste (SO2) le corresponde la estrella guía 3, al Oeste (O2) le corresponde la estrella guía 9, al Noroeste (NO2) le corresponde la estrella guía 16.

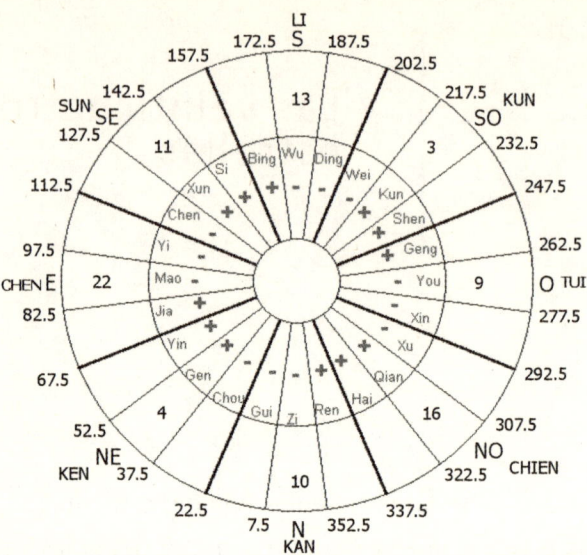

Para calcular las veinticuatro estrellas, es necesario trazar nuestro círculo de 360° dividido en las ocho direcciones de 45° cada una, y esas ocho direcciones subdivididas en las veinticuatro montañas de 15° cada una.

La energía de las construcciones Yang (casas y oficinas, lugares de personas vivas) se va a regir por la entrada de las estrellas por la puerta Sur (S2).

La energía de las construcciones Yin (tumbas) se va a regir por la entrada de las estrellas por la puerta Norte (N2).

En el capítulo de estrella voladora se explicó con claridad los grados que abarca cada una de las veinticuatro montañas. Determinemos ahora la dirección cardinal hacia la que ve la puerta de la construcción o habitación. Esa dirección cardinal hacia la que ve la puerta tiene una estrella guía. Debemos encontrar cuál es esa estrella guía. Por ejemplo, una construcción cuya puerta ve hacia el Oeste (es importante recordar que el término "ve hacia" corresponde a la dirección que queda frente a la puerta hacia el horizonte exterior de la construcción), tiene como estrella guía la 9.

Coloquemos esa estrella guía (9) en la montaña correspondiente a S2. Siguiendo el sentido de las manecillas del reloj, pongamos en orden ascendente las demás estrellas hasta llegar a veinticuatro e iniciar con uno.

Refiriéndonos a nuestro ejemplo, colocaremos en S3 la estrella 10, en SO1 la estrella 11, en SO2 la estrella 12, en SO3 la estrella 13, en O1 la estrella 14, en O2 la estrella 15, en O3 la estrella 16, en NO1 la estrella 17, en NO2 la estrella 18, en NO3 la estrella 19, en N1 la estrella 20, en N2 la estrella 21, en N3 la estrella 22, en NE1 la estrella 23, en NE2 la estrella 24, en NE3 la estrella 1, en E1 la estrella 2, en E2 la estrella 3, en E3 la estrella 4, en SE1 la estrella 5, en SE2 la estrella 6, en SE3 la estrella 7 y en S1 la estrella 8.

De esta manera hemos determinado las veinticuatro estrellas para esa construcción o habitación. Cada casa, construcción o habitación tiene sus veinticuatro estrellas basándonos en la dirección hacia la que ve la puerta de entrada.

Ahora conozcamos el significado o tipo de Chi de cada una de las veinticuatro estrellas.

Significado de las veinticuatro estrellas (veinticuatro montañas) direccionales	
Estrella	Significado Oculto (Fijo) de las 24 Montañas
1	Pobreza.
2	Escándalos y chismes.
3	Armonía.
4	Futuro constructivo.
5	Desastres, accidentes, tristeza.
6	Pérdida desastroza.
7	Prosperidad comercial.
8	Divorcio / Separación de Familia o Pareja.
9	Escádalo familiar, de vida.
10	Fortuna en el matrimonio.
11	Riqueza y fortuna "cofre del tesoro".
12	Dificultades futuras.
13	Mucha suerte, excelente fortuna.
14	Felicidad y prosperidad.
15	Problemas de salud.
16	Prosperidad, oportunidades.
17	Problemas de salud, enfermedades crónicas.
18	Honores y fama.

19	Éxito inmediato.
20	Éxito en actividades.
21	Pérdida económica.
22	Cambios en profesión (buena y/o mala).
23	Felicidad merecida.
24	Desgracias y accidentes.

Según el subsector cardinal donde queda cada estrella se puede colocar una deidad que vea o esté dirigida hacia la dirección donde se ubica una estrella positiva, esto nivelará y quitará el efecto negativo del portento negativo o de la energía o Chi negativo de la estrella de ese subsector o montaña.

Continuando con nuestro ejemplo, tenemos una puerta que ve hacia NE2. En ese subsector tenemos, acorde a su carta de veinticuatro estrellas, la estrella 24 que significa desgracias y accidentes.

Una primera opción sería girar la puerta hacia una dirección con una estrella positiva, en este caso podría ser hacia NE1 que le corresponde la estrella 23 que significa felicidad merecida. En este caso, si giramos la puerta y ésta es lo que se consideró como frente en nuestra carta natal de estrella voladora, la carta de estrella voladora va a cambiar. Es importante analizar ambas cartas de estrella voladora para ver cual es más favorable. Si es más conveniente mantener la carta de estrella voladora correspondiente a NE2, entonces podemos dejar la puerta como está y colocar una deidad, en el interior de casa, frente a la puerta, que este dirigida o "viendo" a NE1.

De esta forma hemos aplicado esta teoría de Feng Shui como una herramienta para mejorar el Chi de la puerta principal o boca del Chi de la construcción y obtener mejor suerte de las estrellas para los habitantes.

Otra aplicación puede ser en el caso de una persona cuyo número Kua es uno. Para esta persona su dirección Chueh Ming (muerte y pérdida total) de acuerdo a la teoría Ba Zhai, es el Suroeste. Viviendo en la construcción que hemos usado como ejemplo, las estrellas correspondientes a SO1, SO2 y SO3 son la 11, 12 y 13. De estas estrellas las dos más favorables son la 11 y la 13. En este caso, esta persona cuyo número Kua es 1, puede colocar una deidad o protector dirigido o "viendo" hacia SO1 o SO3, de esta manera contrarresta el efecto negativo de su dirección personal Chueh Ming.

No es recomendable que una deidad o protector quede ubicado a los pies de la cama o en una posición más baja en altura a nuestros ojos. Finalmente, anexamos una tabla que contiene los grados correspondientes a cada una de las veinticuatro montañas para facilitar la aplicación de esta teoría.

Gua			Las veinticuatro estrellas direccionales - XUA KONG								
Trig.	Dirección	Grados	Estrella	Grados	Dirección	Nombre	Tipo	Chino	A-X	Sector	Español
KAN	NORTE	337.5 - 22.5	1 Blanca	337.5-352.5	NNO	REN	TC	壬	X	N1	Agua-Yang
				352.5-7.5	N	ZI	RT	子	A	N2	Rata-Yin
				7.5-22.5	NNE	GUI	TC	癸	B	N3	Agua-Yin
KEN	NORESTE	22.5 - 67.5	8 Blanca	22.5-37.5	NEN	CHOU	RT	丑	C	NE1	Buey-Yin
				37.5-52.5	NE	KEN	T	艮	D	NE2	Ken
				52.5-67.5	NEE	YIN	RT	寅	E	NE3	Tigre-Yang
CHEN	ESTE	67.5 - 112.5	3 Jade	67.5-82.5	ENE	JIA	TC	甲	F	E1	Madera-Yang
				82.5-97.5	E	MAO	RT	卯	G	E2	Conejo-Yin
				97.5-112.5	ESE	YI	TC	乙	H	E3	Madera-Yin
SUN	SURESTE	112.5 - 157.5	4 Verde	112.5-127.5	SEE	CHEN	RT	辰	I	SE1	Dragón-Yin
				127.5-142.5	SE	SUN	T	巽	J	SE2	Sun
				142.5-157.5	SES	SI	RT	巳	K	SE3	Serpiente-Yang
LI	SUR	157.5 - 202.5	9 Púrpura	157.5-172.5	SSE	BING	TC	丙	L	S1	Fuego-Yang
				172.5-187.5	S	WU	RT	午	M	S2	Caballo-Yin
				187.5-202.5	SSO	DING	TC	丁	N	S3	Fuego-Yin
KUN	SUROESTE	202.5 - 247.5	2 Negra	202.5-217.5	SOS	WEI	RT	未	O	SO1	Cabra-Yin
				217.5-232.5	SO	KUN	T	坤	P	SO2	Kun
				232.5-247.5	SOO	SHEN	RT	申	Q	SO3	Mono-Yang
TUI	OESTE	247.5 - 292.5	7 Roja	247.5-262.5	OSO	GENG	TC	庚	R	O1	Metal-Yang
				262.5-277.5	O	YOU	RT	酉	S	O2	Gallo-Yin
				277.5-292.5	ONO	XIN	TC	辛	T	O3	Metal-Yin
CHIEN	NOROESTE	292.5 - 337.5	6 Blanca	292.5-307.5	NOO	XU	RT	戌	U	NO1	Perro-Yin
				307.5-322.5	NO	CHIEN	T	乾	V	NO2	Chien
				322.5-337.5	NON	HAI	RT	亥	W	NO3	Cerdo-Yang

Una deidad se debe colocar con una pared sólida en la parte trasera, en alto y viendo hacia el frente o entrada de la construcción o habitación.

Se pueden emplear ángeles, vírgenes, budas, Kuan Yin, Chi Lin, los tres sabios chinos, Kuang Kong o Fu Dogs (quimeras), los dioses de las cuatro direcciones cardinales, etcétera.

Enfoques

En este punto, quiero adaptar la información que hemos compartido en este libro, dirigida a aspectos específicos, este primer enfoque dedicado al trabajo y los negocios. Procedamos a entender cómo podemos enfocar el Yin Yang, los cinco elementos, las direcciones cardinales, etcétera, al aspecto de los negocios y el trabajo.

El trabajo y los negocios

Anteriormente, expusimos el concepto del Yin y Yang de manera detallada.

En lo que se refiere a los ambientes laborales, aquello que se cataloga como Yin provoca una atmósfera suave, cordial y relajada, mientras que lo que se cataloga como Yang provoca una atmósfera de respeto, jerarquía y poder.

Al trabajar con negocios se deben estipular las distintas áreas que se ubican en su interior y hacer sugerencias acorde a la atmósfera que se desea generar, por ejemplo:

Oficina del director: poder, jerarquía y respeto.

Sugerencia: muebles y escritorio de madera oscura brillante, piso de mármol.

Se debe ubicar en la parte más alta o alejada de la puerta de entrada al inmueble ya que representa jerarquía. El director general es la cabeza de la empresa.

El uso de persianas en la ventana sería adecuado, las horizontales son Yin, las verticales son Yang, preferiblemente de tela o de bordes suaves o redondeados para evitar que generen "Sha Chi".

La puerta puede ser sólida y de madera oscura brillante, si es posible, que sea la puerta más alta o más ancha de toda el área de oficinas.

Oficina de relaciones públicas: ambiente social, amable y cálido.

Sugerencias: mesas, muebles de formas curvas y suaves, madera color claro. Las mesas redondas u ovaladas favorecen la comunicación.

La presencia de alfombras relajará la atmósfera. En la ventana se sugieren persianas. La puerta se recomienda abierta como señal de apertura hacia todas las opciones de comunicación. Debe ubicarse cercana a la puerta de acceso al inmueble.

De esta manera se analiza cada área de una empresa o negocio para sugerir la decoración. Entre los negocios o actividades se presenta una clasificación o asociación con Yin o con Yang.

Yin	Yang
Creativos	Ventas
Relaciones públicas	Organización
Artísticos	Contabilidad
Orientadores	Producción
Imaginación	Manejo
Sociales	Realización
Orientadores de servicios	Rigidez Estructuración

Dentro de un mismo giro comercial es importante establecer la importancia del Yin y del Yang para la ambientación. Por ejemplo:

Restaurantes

Comida rápida: requieren de una atmósfera más Yang, el piso de color claro, mesas circulares con superficie dura, colores brillantes y limpios, sillas sin antebrazos y de textura rígida y dura, ventiladores, uno de metal e incluso platos y materiales desechables. Lo mismo aplicaría a una cafetería estudiantil.

Restaurant tipo "El Buen Bife" o "Del lago": requiere una atmósfera más Yin, piso de color térreo, mesas ovaladas, circulares o cuadradas con manteles, luz suave, sillas cómodas y con antebrazos, aire acondicionado, loza y cubiertos de cerámica o porcelana y metal.

Es importante recordar que todo lo que se percibe suave, cálido y cómodo es Yin y lo que se percibe frío, rígido y rápido es Yang.

De esta forma, empleando los lineamientos anteriores se pueden balancear las proporciones tanto Yin como Yang para decorar un ambiente con un efecto agradable cómodo y balanceado.

Al manejar el tema de negocios es importante considerar que en todos los negocios se recomienda que predomine la energía Yang para generar y promover movimiento y actividad constante.

La luz es un aspecto primordial cuando hablamos de negocios, un lugar muy bien iluminado atrae movimiento y por ende clientes a un negocio. Nos apoya a completar áreas faltantes y a evitar la pérdida del dinero.

Las plantas representan nuestra conexión con la naturaleza, crecimiento, vida y conducen el buen Chi por los diferentes espacios, en la entrada de la oficina generan buen Chi.

Fuera de un negocio o restaurante, atraen clientes y dinero. Dentro de las oficinas contrarrestan desbalances, ángulos muy marcados, esquinas o lugares de almacenamiento.

Los bonsái son muy efectivos en casos de personas enfermas, ya que al representar crecimiento detenido será el efecto que hará con la enfermedad; sin embargo, no son recomendables en negocios, pues representan y simbolizan crecimiento detenido.

Las peceras o acuarios son representantes de vida y el agua del dinero. En la casa se usan para favorecer el Chi del dinero y en oficinas absorben accidentes y mala suerte.

Las fuentes generan dinero y activan el Chi, también sirven de protección y favorecen los buenos proyectos profesionales y económicos. Los objetos pesados nos ayudan a darle solidez y estabilidad a una situación de trabajo o asociaciones, colocados en esas áreas se consideran un apoyo muy efectivo.

Las flautas de bambú representan crecimiento, desarrollo, consolidación y firmeza. Colocarlas de manera decorativa en esquinas muy oscuras, baños o áreas de techos bajos ayudarán a mejorar el efecto energético. Colocadas debajo de una viga cortan el efecto opresivo de la misma y permiten el paso del Chi. Alejan los robos y retiran los malos espíritus de un negocio.

La teoría de los cinco elemento es fundamental en la aplicación de Feng Shui a negocios. En oficina y negocios puedes lograr infinidad de combinaciones a través de colores y objetos que generarán confort y bienestar al igual que un flujo armónico del Chi, sobre todo si se aplican asociando los cinco elementos y sus ciclos.

Puedes observar dentro de la oficina qué elementos predominan y cuáles faltan, y así armonizar el Chi aplicando de preferencia el ciclo de generación de los elementos que nos llevará a un crecimiento y desarrollo del Chi que nos beneficiará. Ésta es una de las formas más completas de obtener un equilibrio esencial.

La energía de cada uno de los cinco elementos tiene características determinadas, las cuales vamos a asociar con el giro comercial y con lo que trabaja o maneja un negocio o actividad comercial o profesional en particular.

Madera: la energía del elemento madera es ideal para todo aquello que se refiere a nuevas ideas, a poner las ideas en acción, proyectos que inician, actividades que requieran confianza, crecimiento, expansión, excelencia técnica, creatividad e impulso.

Electrónicos	Café	Editoriales
Cómputo	Carpintería	Nutrición
Nuevas tecnologías	Artistas	Herbolarias
Eléctricos	Deportistas	Papelerías
Telecomunicaciones	Mueblerías	Jardinería
Alimentación	Guarderías	Publicidad
Niños	Hospitales	
Viveros	Librerías	

Fuego: la energía del elemento fuego se asocia con movimiento, actividad, reconocimiento público, premios y promoción.

Ventas	Panaderías
Relaciones públicas	Pastelerías
Publicidad	Intelecto
Químicos	Zoológicos
Aceites	Veterinarias
Litigio, abogacía	Médicos
Restaurantes	Moda
Actuación	Boutiques
Ganadería	Conferencistas
Hornos	

Tierra: la energía del elemento tierra se asocia con consolidación, relaciones con clientes y empleados, todo lo relacionado al hogar.

Decoración	Almacenes
Bienes raíces	Cerámica
Reclutamiento de personal	Pisos
Alimentos	Muebles de baño
Supermercados	Acabados
Tiendas departamentales	Ladrillos
Agricultura	Especulación
Alfarería	Apuestas
Artesanías	Intercambio comercial

Metal: la energía del metal se asocia con estatus, dinero y finanzas.

Bancos	Ingenieros
Casas de bolsa	Agencias de automóviles
Casas de cambio	Tlapalerías
Casas de empeño	Talleres mecánicos
Galerías de arte	Tornillos
Contabilidad	Computadoras
Consultoría financiera	Aparatos eléctricos
Casas de inversiones	Aviación
Consultorías	Agencias de viajes

Abogados	Transportación
Joyerías	Ferreterías
Numismática	

Agua: la energía del agua se asocia con la profundidad y la comunicación, prácticas de trabajo y flexibilidad.

Bebidas	Electricidad
Manufactura	Comunicaciones
Sanación	Correo
Tratamiento de aguas	Cristal
Albercas	Petróleo
Sistemas internos	Publicidad
Baños	Lavanderías
Destilerías	Literatura
Arte	Medios de comunicación
Cervecerías	Música
Bares	Computadoras
Discotecas	Capturistas
Cantinas	

Los negocios, de acuerdo con su giro comercial determinado por elemento, se apoyan en el diseño de imagen corporativa, logotipos y uniformes, en el elemento que los nutre y en el que los reduce para promover productividad.

Elemento asociado con el negocio o empresa	USAR
Agua	Metal, agua, madera.
Madera	Agua, madera, fuego.
Fuego	Madera, fuego, tierra.
Tierra	Fuego, tierra, metal.
Metal	Tierra, metal, agua.

Al ubicar en el plano del negocio, a partir del centro exacto de la construcción (centro sagrado), las ocho direcciones encontramos las siguientes características:

1. Sector Norte: se asocia con el agua; es la energía que promueve el descanso, la profundidad de pensamientos, la relajación, la recuperación de enfermedades y operaciones, así como la tranquilidad.

2. Sector Noreste: se asocia con la montaña; es la energía de la motivación y la tenacidad, la perseverancia y la fuerza de voluntad, así como una energía de cambios imprevistos.

3. Sector Este: se asocia con el trueno; es la energía del crecimiento, del impulso, de la creatividad y de la impulsividad, es una energía de nuevas oportunidades.

4. Sector Sureste: se asocia con el viento; es la energía suave, nueva, creativa, de nuevas ideas y proyectos, los inicios y el impulso.

5. Sector Sur: se relaciona con el fuego; es la energía de fama, relaciones sociales, alegría, comunicación, fiesta, moda, glamour, el movimiento, la actividad y los cambios emocionales. También se considera una dirección de poder y realeza.

6. Sector Suroeste: se asocia con la tierra; es la energía de la fecundidad, maternidad, protección, seguridad, estabilidad, equilibrio. Es una energía suave, tranquila, comunitaria y es la energía del amor y de las asociaciones.

7. Sector Oeste: se asocia con el lago; es una energía quieta, elegante, tranquila que rige el entretenimiento, el descanso, la libertad económica, los juegos de azar y el liderazgo.

8. Sector Ooroeste: se asocia con el cielo; es la energía de la fuerza, el orden, la disciplina, los logros económicos, la rigidez, la limpieza y el liderazgo así como los clientes y apoyos del exterior.

El sector o la dirección hacia la que ve la puerta principal determina el tipo de fuerza que está recibiendo la construcción.

Las ocho direcciones y los negocios

A partir de los cinco elementos podemos determinar las direcciones cardinales e intercardinales adecuadas para ubicar los negocios en los sectores correspondientes a la ciudad o población.

Norte: energía quieta, favorece la regeneración y el desarrollo interno, ideal para negocios asociados con agua y madera.

Noreste: energía de competencia y motivación, ideal para negocios asociados con tierra y metal.

Este: energía de actividad y ambición, ideal para negocios que empiezan y se asocian con madera y fuego.

Sureste: energía de expansión en armonía, ideal para negocios asociados con madera y fuego.

Sur: energía dinámica, brillante, reconocimiento, inteligencia y belleza, ideal para negocios asociados con fuego y tierra.

Suroeste: energía de fertilidad y consolidación, ideal para negocios de tierra y metal.

Oeste: energía de finanzas y logros, ideal para negocios asociados con metal y agua.

Noroeste: energía de planes a futuro, ideal par negocios asociados con metal y agua.

Centro: energía de gran poder, extrema, gran productividad o enorme destrucción, ideal para cuestiones religiosas, seguridad e inicios.

La aplicación del Feng Shui a los negocios debe ser clara, sencilla y disimulada. Un negocio es un espacio público al que las personas se sienten atraídas por un ambiente agradable e invitante.

Existen tres aspectos primordiales en la aplicación de Feng Shui.

1. Limpieza.
2. Orden: tirar y deshacerse de todo aquello que estorba y no se utiliza o se encuentra descompuesto.
3. Bendiciones: al realizar bendiciones a un lugar se fomenta la renovación del Chi y atraer buena energía al lugar.

Otro aspecto importante a considerar es que debemos evitar que haya focos fundidos, objetos rotos o en mal estado y cristales despostillados o rotos, ya que este tipo de detalles provocan fugas de energía y estancamientos.

Es importante que antes de comenzar cualquier aplicación de Feng Shui limpiemos y escombremos perfectamente el área deshaciéndonos de objetos rotos, descompuestos y que no se usan, especialmente en los negocios, pues una oficina espaciosa permite libertad y amplitud de ideas, proyectos y creatividad.

El empleo de bendiciones es recomendable en el lugar, puesto que esto atrae la armonía y protección del cosmos a nuestro lugar; una bendición muy poderosa es que en un tazón nuevo y limpio se coloca arroz crudo, el cual se mezcla con el dedo medio (hombres mano derecha, mujeres mano izquierda) repitiendo ciento ocho veces el mantra *"Om Ma Ni Pad Me Hum"* con noventa gotas de licor fuerte y procedente de botella nueva. De esta mezcla se lanza un puño en cada una de las áreas primero con movimiento ascendente y, posteriormente, con un movimiento descendente igual se realiza en las nueve áreas del lugar visualizando la llegada de cosas buenas y positivas y la salida de energías negativas, malos espíritus y estancamientos. Esta bendición de tradición china es muy empleada por el profesor Thomas Lin Yun y sus discípulos al visitar un lugar.

En el esquema de un negocio la posición de la puerta de entrada es importante, ésta nos puede representar diferentes situaciones. Empleando el bagua ubicamos la posición de la puerta principal. De acuerdo al área que le corresponda se explica lo siguiente:

- Trabajo. Este tipo de posición atrae trabajo constante al lugar y objetivos por resolver.
- Viajes o benefactores. Posición ideal para negocios, siempre habrá clientes en ese lugar.
- Conocimiento o autocultivación. Recomendable para centros de enseñanza y bibliotecas.

Las puertas giratorias son de gran ayuda para hacer circular el Chi y son excelentes para cortar los efectos de esquinas agresivas que apunten a la puerta principal por parte de los vecinos o edificios aledaños.

Colocar plantas cerca de la puerta de entrada va a dar una bienvenida agradable al Chi y provocará que fluya libremente por toda el área generando una atmósfera de armonía y frescura.

Otros aspectos importantes para considerar en lo referente a la posición de las puertas son los siguientes:

- Evitar la puerta frente a una escalera. Estos casos alejan la llegada de clientes, dinero y energía al lugar.
- Cura: colocar un biombo, plantas o una mesa pequeña con un arreglo de flores entre la puerta y la escalera.
- Evitar la puerta principal frente al baño, ya que el dinero se irá rápidamente.
- Cura: colocar un biombo o plantas entre la puerta y el baño, así como un espejo lo más grande posible en el exterior de la puerta del baño.

En restaurantes hay que evitar que la puerta principal quede frente a la cocina.

- Cura: colocar plantas entre la puerta y la cocina.
- Las puertas en esquina o diagonal conforme al terreno no son recomendables para ningún tipo de negocio excepto en bancos siempre y cuando se le coloque un pequeño jardín frontal.

- Se recomienda una campana de viento o una campana o algún sonido con sensor en la puerta para armonizar la llegada de Chi al lugar.
- La medida ideal recomendada para puertas de joyerías, bancos y tiendas es de 2.10 m de alto por 1.33 m, 1.77 m o 2.10 m de ancho. Incluso puedes establecer el tamaño de la puerta de un negocio aplicando la escala geomántica ya mencionada en este libro, de tal forma que sea positiva.
- El material más favorable para este tipo de puertas son el acero y el aluminio con cristal.

Oficinas

Una oficina debe ser espaciosa, amplia y evitar el almacenamiento o el que se vea amontonada y reprimida. En estos casos el uso de espejos en los muros dará amplitud al lugar y provocará esa sensación de libertad que permite el crecimiento espiritual y material del ser humano. Otro aspecto importante es que se debe procurar que la vista desde la ventana al exterior sea agradable y placentera; ver hacia un parque será muy beneficioso y auspicioso para el lugar y provocará esa sensación de libertad que permite el crecimiento espiritual y material del ser humano.

No es recomendable que se obstruyan puertas o ventanas con muebles y objetos que amontonen esquinas. Se debe buscar un acomodo simétrico del mobiliario, para crear calidez y armonía en el lugar. La decoración se sugiere simple y sencilla para favorecer el flujo positivo del Chi.

La luz se recomienda suave y directa. La altura recomendada de la luz, partiendo del piso, para evitar daños por medio del efecto electromagnético que los aparatos eléctricos generan es de 2.41 metros, 2.53 metros, 2.61 metros, 2.75 metros, 2.80 metros o 3.00 metros.

Es importante que ningún objeto, viga o lámpara quede exactamente arriba de la cabeza de cualquier persona que trabaje o esté en la recepción, para evitar dolores de cabeza y malestares físicos.

El poder de un negocio radica en la oficina del director. Esta oficina debe ser espaciosa, limpia y ordenada, aspecto que se reflejará en la contabilidad de la empresa.

También se sugiere posicionar la oficina del director en la parte más alta del edificio o más alejada de la puerta de entrada. Esto representa el poder y la jerarquía.

Es importante tener cuidado con las esquinas afiladas de columnas y muebles, ya que agreden al Chi; a éstas se les denomina flechas secretas o Sha Chi. Deben disimularse con algún objeto decorativo o con una planta. El efecto agresivo de las esquinas también se puede contrarrestar reflejándolas en espejos.

Es muy importante considerar la entrada a las oficinas. Se debe evitar que vean directo a un baño, o a otra puerta, a una ventana o a un elevador. Dos puertas encontradas provocarán enfrentamientos y conflictos entre los empleados de ese lugar.

- Cura: colocar biombos, muebles, plantas o una esfera de cristal u objeto redondo al centro.

Recepción

La recepción es uno de los espacios más importantes de la oficina. Este espacio es el que recibe al cliente, por lo que debe ser espacioso, limpio y ordenado. La decoración debe ser sencilla y la distribución de los muebles, invitante.

Colocar plantas en la recepción imprimirá frescura al espacio así como armonía en el lugar. Espejos que reflejen parques en el área de benefactores duplicarán la llegada de clientes al lugar, ya que atraerán el Chi de la calle.

Utilizar color rojo y negro en algunos detalles o adornos contribuirán a generar protección a la oficina. En el aspecto decorativo se sugiere que los sillones no vean directamente a la puerta, de esta forma se evitará inquietar a las personas que esperan ser atendidas.

El uso de las fuentes energetizará y traerá prosperidad al lugar, así como el sonido del agua tranquilizará la tensión que generalmente se percibe en las áreas de recepción.

Es recomendable que la recepcionista tenga una pared detrás de la silla y que su escritorio no esté muy cerca de la puerta de entrada, ya que si esto sucede, sólo estará pensando en irse y estar constantemente distraída.

- Cura: colocar un espejo entre la puerta y la recepcionista.

Decorar con peceras o acuarios atraerá dinero y crecimiento al igual que imprimirá un detalle distintivo al lugar.

El buen empleo y manejo de espejos en la oficina, colocados en las áreas de fortuna y benefactores generará grandes beneficios. El colocar un camino guiado por ocho piedras de río hacia la entrada o diez monedas chinas con la cara Yang hacia arriba en el pavimento representará un flujo de dinero llegando al lugar; esta cura es muy recomendable para tiendas o restaurantes.

Otra cura sugerida es emplear dos espejos encontrados a la entrada, este caso limpiará el Chi del cliente que accesa al lugar.

Una sugerencia más sería colocar un pequeño jardín zen en la recepción, excelente armonizador y catalizador de energía.

Posiciones ideales de escritorios en oficina

Oficina de dirección: el escritorio siempre debe dominar la puerta de acceso.

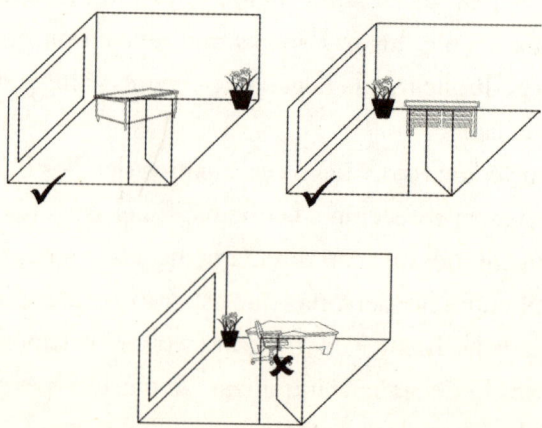

El tercer caso es nada favorable. Si la posición no puede corregirse, se puede recurrir a un espejo que refleje la puerta. Esta posición nos obliga a perder el control de la puerta de acceso reflejándose en falta de concentración y distracción constante en nuestro trabajo.

Oficinas de empleados

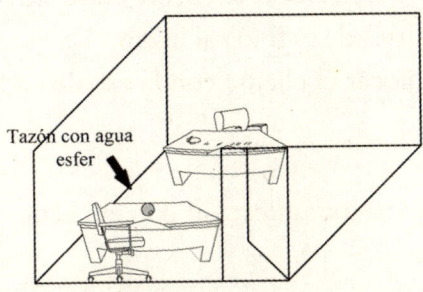

Un escritorio frente a otro genera tensión entre empleados, representa un enfrentamiento constante. La forma de corregirlo es colocar un tazón con agua o una esfera entre los dos muebles para suavizar la relación entre ambos.

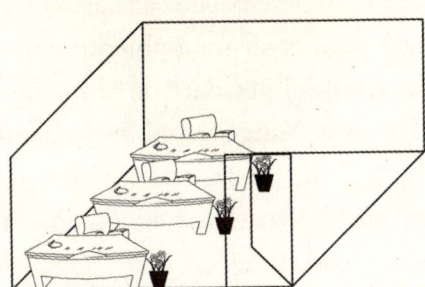

Los escritorios alineados generan exceso de Yang, que se refleja en demasiada competencia, chismes y tensión entre los empleados de esta área. La manera de corregirlo es colocar plantas entre cada escritorio de forma decorativa.

Se recomienda poner las computadoras en una posición tal que las personas que trabajan en con ellas dominen la puerta de entrada a ese espacio.

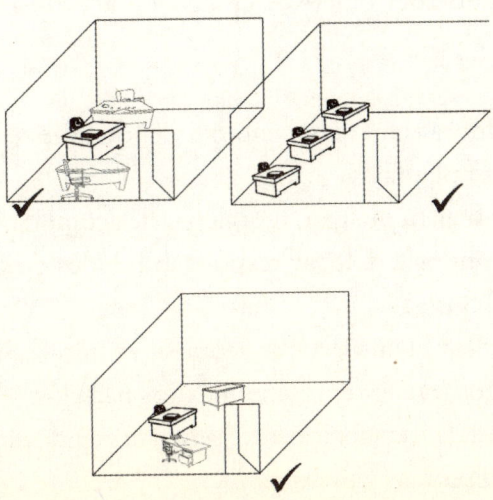

Estas tres ilustraciones nos sugieren un buen acomodo de los escritorios en las oficinas de los empleados. De acuerdo con nuestra profesión, es conveniente colocar al cliente de distinta forma:

- Terapeutas o médicos. Se sugiere colocar al cliente en posición segura dominando ambas partes de entrada al lugar.
- Comerciantes. Se sugiere colocar el cliente con la espalda a la puerta.

Ésta nos ayudará a lograr una buena comunicación con el cliente y realizar mejores contratos laborales.

Si nuestra profesión es sanar, se sugiere balancear bajo la teoría Yin-Yang la decoración del lugar para crear un ambiente sano y equilibrado que despertará la confianza del paciente en el médico, mientras que en los comercios enfatizar el Yang atraerá movimiento de gente y ventas.

Otro aspecto importante es que el escritorio debe dominar la puerta de acceso a la oficina y se recomienda tener un muro detrás de la silla para dar seguridad y la ventana en un ángulo de 90° con respecto al mismo; en el caso de literatos, editores o escritores el tener un librero detrás de la silla fomentará la concentración mental y el logro de un buen trabajo profundo y sensible.

En las oficinas podemos aprovechar la energía de las ocho direcciones para obtener objetivos en general acorde a la posición del escritorio:

- Para aminorar envidias, sentarse viendo al Este o rodear el escritorio de plantas.
- Para cambiar tu imagen, reorganizar y acomodar el escritorio.
- Para aprender a delegar responsabilidades en otros, sentarse viendo al Sureste.
- Para mejorar la autoestima, sentarse viendo al Sureste. Decora con objetos que te representen éxitos pasados.
- Necesidad de reconocimiento: sentarse viendo al Norte, colocar trofeos, diplomas y premios.

- Para evitar depresiones: sentarse viendo al Sureste o al Este, decorar con plantas de tallos altos, usar flores frescas.
- Necesidad de relajación y libertad: sentarse viendo al Oeste.
- Evitar cometer errores constantes: sentarse viendo al Noreste.
- Relacionarse mejor con los demás: sentarse viendo al Sureste.
- Necesidad de asertividad: sentarse viendo al Este.
- Evitar ser dominado por tu jefe: sentarse viendo al Sureste.
- Necesidad de motivación: sentarse viendo al Noreste.

Es importante que la silla del director general sea de respaldo alto y antebrazos, debe ser la silla más alta de toda la empresa.

En lo que se refiere a la realización de juntas es importante que se lleven a cabo en horas Yang (medio día). Si se van a realizar grandes ventas y presentaciones se sugieren los días cercanos a la luna llena. Cuando se va a lanzar un producto lo más indicado es hacerlo en primavera.

Si se desean arreglar o resolver conflictos o realizar trabajos de equipo en una junta, lo ideal son las horas Yin.

Las juntas anuales y de evaluación se recomiendan en otoño.

Se recomienda el uso de mesa ovalada o rectangular con bordes redondeados en las áreas de sala de juntas.

A partir de donde te sientes viendo en una junta será la energía con la que se trabaja:

SE	⇨	Favorece las discusiones creativas.
E	⇨	Soluciones innovadoras de naturaleza técnica.
S	⇨	Presentaciones de ventas y relaciones públicas.
SO	⇨	Inicio de proyectos de trabajo en equipo.
O	⇨	Negociaciones y contratos.
NO	⇨	Juntas importantes.

Se sugieren posiciones para sentarse acorde a lo que se desea en el aspecto laboral, si es posible, sentarte viendo a una de tus cuatro direcciones cardinales positivas por número Kua será muy adecuado. En el caso de un negocio, lo ideal es que los empelados se sienten viendo a direcciones cardinales positivas del dueño del negocio:

Disciplina, poder y dignidad.

Cooperación.

Supervisión.

Equipo y comunicación.

El tamaño del escritorio nos habla de jerarquía y poder.

Tabla de los colores más auspiciosos, de oficinas, de acuerdo con la actividad profesional

Contadores públicos	Blanco, beige.
Arquitectos y diseñadores	Azul, verde, wu xing.
Estudio artístico	Blanco, negro, gris.
Bancos y financieras	Azul, verde, blanco, beige, amarillo.
Compañía de computación	Azul, verde.
Constructora	Verde, blanco, negro, gris.
Consultorio médico	Verde, azul, rosa, blanco, púrpura.
Diseño y publicidad	Azul cielo, verde, rojo, multicolor.
Estudio de TV o audio	Azul, verde claro, rosa, blanco, negro, gris.
Abogado	Azul, verde, blanco, negro, gris, beige, amarillo.
Librería	Azul, verde, rojo, blanco, negro, gris.
Estación de policía	Blanco.

Psicólogo	Blanco, wu xing, multicolor.
Editorial	Azul, verde, púrpura.
Bienes raíces	Verde claro, blanco, beige, amarillo.
Programas de cómputo	Blanco, negro, gris, beige, amarillo.
Importadora y exportadora	Verde.
Escritor	Verde, blanco, acentos.

Fuente: Lin Yun y Sarah Rossbach, *Living Color.*

Los negocios son lugares en los que se sugiere enfatizar la energía Yang para atraer movimiento de Chi en el interior lo que se reflejará en mayores clientes y ventas.

Una forma de enfatizar el Yang es por medio de luz y colores llamativos y brillantes, texturas firmes, etcétera.

Es importante considerar algunos aspectos desfavorables para situar negocios:

- Que la tierra sea lodosa y arenosa.
- Que la tierra sea seca sobre todo debido a un incendio reciente.
- Que el pasto no crezca.
- Que el piso sea más bajo atrás que adelante.
- Que el terreno esté hundido.
- Que el terreno esté al final de la calle en T.
- Que cualquier objeto, árbol o poste tape u obstruya la entrada.
- Que alguna esquina exterior apunte a la puerta de entrada.
- Que frente al negocio existan edificios altos que tapen la llegada de oportunidades.
- Evitar muros que obstruyan la entrada del Chi al negocio.

Áreas importantes a destacar del bagua de acuerdo con la profesion

Comercio Finanzas Negocios	Dinero, fama, benefactores, trabajo y conocimiento.
Escuelas Literatos Artistas Bibliotecas Galerías	Conocimiento, amor, fama, benefactores.
Cuestiones sociales	Familia, amor, hijos, benefactores.
Escuelas Didáctico Juguetes	Hijos.

El poder y fuerza de un negocio radica en la oficina del director y ésta debe localizarse en la parte más alejada del acceso principal y en la mejor posición jerárquica para darle importancia a la empresa. También se puede ubicar en el sector cardinal correspondiente a prosperidad del dueño.

Dentro de los negocios colocar espejos convexos sin trigramas que reflejen calles en el área de benefactores duplicará la llegada de clientes al lugar atrayendo el Chi de la calle y conduciéndolo por el negocio. Otro aspecto importante para tener en cuenta es que la caja registradora se recomienda en área del Tao o de dinero del bagua, lo mismo en el caso del contador o área de contabilidad de la empresa. Esta ubicación une la energía del área del bagua con la del dinero fomentando un ciclo de crecimiento, así mismo el departamento de ventas se sugiere en benefactores.

El uso de acuarios, plantas o un espejo detrás de la caja registradora, o donde se recaude el dinero de la empresa u oficina, como un detalle decorativo nos ayudará a duplicar la llegada de dinero al negocio.

Es recomendable que la caja registradora controle visualmente el acceso al lugar y evitemos que quede debajo de una escalera o viendo al baño o cocina. Colocar flautas de bambú con el crecimiento hacia arriba sobre la caja registradora protegerá y elevará la energía que llega al lugar atrayendo más clientes consecuencia más dinero al lugar.

El empleo de relojes de pared en las diferentes áreas del negocio ayudará a activar la energía respectiva al área que se coloquen y es una opción empleada como cura muy disimulable que forma parte de la decoración. En lo referente a movimiento del Chi en un negocio, el uso de veletas exteriores se recomienda sobre el área del dinero. Éstas también se pueden suplir en interiores por abanicos o ventiladores. También la presencia de un acuario o pecera en el área de dinero va a activar la realización de buenas transacciones comerciales.

Colores interiores recomendados en negocios o establecimientos

Artículos para el hogar	Blanco, multicolor.
Galería de arte	Rosa, rojo, blanco, amarillo claro.
Pastelería, panadería	Blanco todo, multicolor.
Bar	Verde, blanco, negro, gris (evitar el rojo).
Sala de belleza	Azul, blanco, negro, multicolor.
Librería	Azul, verde, amarillo.
Auto lavado	Blanco.
Papelería	Azul, verde (claros), rosa blanco.
Computación	Verde (claro), rojo, multicolor.
Funerarias	Azul (claro), blanco, toques de rojo.
Mueblería	Verde, azul, acentos de rojo.
Abarrotes, conveniencia	Verde (claro), rosa, blanco.
Joyerías	Azul, rojo, blanco (evitar el amarillo).
Lámparas	Azul, verde, rosa, blanco.
Ropa de caballero	Colores brillantes.

Música (discos compactos, etcétera)	Azul, verde, rojo, blanco, negro (colores completos).
Farmacias	Azul, rosa.
Psíquico (sala)	Blanco, púrpura, negro.
Restaurante	Azul, verde, multicolor (evitar el rojo, mariscos).
Zapatería	Rojo, blanco, gris, café (evitar blanco y negro).
Supermercado	Blanco, gris, amarillo claro, multicolor.
Juguetería	Blanco, gris, amarillo claro, multicolor.
Renta de videos	Azul, verde, rosa, amarillo claro, blanco.
Vinatería	Azul, verde claro, rosa.
Ropa para dama	Azul, verde y colores brillantes.

Fuente: T. Lin Yun y Sarah Rossbach, *Living Color*.

El polvo, el desorden y sus consecuencias

El desorden interfiere directamente con el desarrollo y con el crecimiento de las finanzas y la empresa o el negocio mismo. El desorden genera una vida rodeada de desacuerdos e inconformidades, conflictos y estancamientos.

Acorde al área del bagua en que se encuentra es el aspecto que afecta. Cuando se ubica en las tres áreas de tierra (conocimiento, salud, amor) generará pesar y confusión de planes así como obstáculos.

En las dos áreas de metal (benefactores, hijos) provocará problemas de comunicación y conflictos con quien nos rodea así como deslealtad de los empleados.

En el área del agua (trabajo) se reflejará provocando una tendencia constante a tener problemas de trabajo, confusión, accidentes y descalabros laborales.

En las áreas de madera (familia, fortuna) traerá confusión, indecisión e irritabilidad. Pérdidas económicas, obstáculos y exceso de presión. En el área de fuego (fama) representa chismes, ataques, agresiones, abuso de poder, malas amistades y discusiones.

He aquí la importancia de tener en la oficina y el negocio, un lugar en orden es una vida en orden dispuesta a recibir todo de abundancia.

Exhibición

En aquellos casos en que el negocio sea una tienda o tengamos áreas de exhibición de productos se recomienda que la entrada sea amplia y alta. Se sugiere que sea atractiva e iluminada, la presencia de plantas en la puerta armonizará la llegada y circulación del Chi en el lugar.

Los factores más importantes para un negocio son la entrada y los colores que tiene por lo que se debe diseñar una entrada atractiva y llamativa que no sea bloqueada por grandes letreros, éstos deben ser proporcionales al tamaño del inmueble.

No debe haber estantes que bloqueen la entrada ni exhibidores de mercancía cerca de la puerta de entrada al negocio. El acomodo de la mercancía debe ser ordenado y en forma ascendente y organizada.

Se sugiere colocar plantas y evitar usar colores muy oscuros en los muros. También es importante que los colores que se emplean no compitan con la mercancía si no que, al contrario, armonicen y la resalten.

Se recomienda emplear espejos que reflejen clientes y mercancía para duplicar las ventas. El usar flores frescas y de colores en bonitos jarrones atraerá una energía agradable al lugar. Es de vital consideración que la colocación de estantes no corte o divida la cabeza de las personas o les provocará incomodidad.

En ferias y exposiciones lo ideal es ubicarse en los sectores SE y S. En su diseño y decoración se debe enfatizar la energía Yang, emplear colores rojos y morados para llamar la atención, verde y azul para comunicación, mercadotecnia y distribución.

Lo más recomendable es que se ubique a un tercio o dos tercios entre la entrada y el punto más lejano de ésta. Un estand en esquina favorece ya que representa doble vista. El colocar agua en movimiento atraerá visualmente a más gente y limpiará la energía del estand.

Los sectores cardinales y las áreas de exhibición

E	⇨	Electrónicos, productos eléctricos, computadoras.
SE	⇨	Comunicación, creatividad, viajes, papeles, libros, videos, música.
S	⇨	Luces, chimeneas, velas, modas, promociones.
SO	⇨	Artesanías, muebles, alimentos.
O	⇨	Joyas, relojes, perfumes, juegos, caja registradora, unidades punto de venta.
NO	⇨	Relojes, equipo de oficina, productos para caballeros.
N	⇨	Bebidas, sanación, farmacia.
NE	⇨	Juegos, deportes, juguetes, lotería.

Dirección más favorable para el negocio

Contabilidad O
Publicidad S
Bancos O
Relojes NO
Administración de inmueble NE
Manufactura de ropa y textiles SO
Comunicaciones SE
Computadoras E
Construcción NE
Distribución SE
Bebidas N
Servicios y bienes eléctricos E

Electrónicos	E
Ingeniería	E
Entretenimiento	O
Servicios y productos para la familia	SO
Cultivo	SO
Moda	S
Filmación	SE
Servicios de planeación financiera	O
Producción de alimentos	SO
Muebles	SO
Gas y petróleo	S
Salud, sanación, medicinas	N
Alta tecnología	E
Aplicaciones para la casa	NO
Asesores financieros	NE
Joyería	O
Leyes	S
Consultoría empresarial	NO
Mercadotecnia	S
Ingeniería mecánica	NO
Medios	SE
Música	SE
Perfumes	O
Política	NO
Relaciones públicas	S
Metales preciosos	O
Bienes raíces	NE
Reclutamiento	SO
Investigación y desarrollo	E
Ventas	S
Deportes	NE
Acero y metales	NO
Broker	NE
Terapista	N
Entrenamiento	SE
Transportación	SE
Escritor	SE

Ventanas y baños

Las ventanas juegan un papel importante en los negocios, deben estar perfectamente limpias, abrir y cerrar fácilmente y evitar el bloquearlas y cubrirlas con muebles o mamparas.

Lo más recomendable es colocarles plantas para promover una atmósfera fresca y limpia al negocio. En los negocios es primordial sanar los baños para evitar las fugas de clientes y dinero.

Se sugiere pintar todos los desagües de color rojo y también evitar las fugas de agua y las goteras. Deben estar perfectamente limpios y siempre tener la puerta cerrada. Colocarles una planta será un detalle "coqueto" y fresco.

Los colores sugeridos para los baños en los negocios son el verde o el blanco, denotarán limpieza y frescura. Finalmente, un espejo grande en la puerta que vea hacia el exterior del baño lo bloqueará completamente, contrarrestando el efecto dañino que provoca.

EDIFICIOS Y FÁBRICAS

Debemos tener cuidado con las esquinas afiladas, interiores y exteriores que nos representan flechas secretas y agresivas que provocan conflictos, discusiones y problemas constantes.

Estas esquinas pueden disimularse con algún objeto decorativo o con una planta, si el espacio es reducido, una esfera de cristal faceteada o un windchime puede ser de gran ayuda.

Se sugiere poner atención a las esquinas de mesas y muebles buscando el redondearlas y disimularlas.

Es importante analizar la forma de los edificios, el elemento al que pertenecen y el giro de la profesión. Un edificio con buen Feng Shui es aquel que nos va a permitir un buen desarrollo mental de la gente de negocios, cuyo ambiente provee una sensación agradable para colaborar y asegurar el éxito de juntas de negocios, proveerá un equilibrio emocional y una sensación de bienestar en el ambiente.

En el concepto Yin-Yang, los números pares son Yin y los nones son Yang, por lo que se sugiere que el largo y ancho no sea igual si no uno Yin y otro Yang. El número tres representa crecimiento, por lo que el manejo de tres accesos o una entrada de tres partes al edificio es favorable. El número nueve representa longevidad. El número ocho se considera muy buena suerte y representa la eternidad.

Es favorable atraer vida a los edificios o centros comerciales con patios y jardines exteriores o interiores. El uso de explanadas y fuentes al frente del edificio atraerá buena suerte. El que la entrada del lugar vea a un parque atraerá bendiciones y buen Chi al lugar, por medio de la naturaleza.

Es importante que la calle pase frente al negocio o edificio, pues la calle es la que traerá el Chi al lugar. Cuando la calle pasa por la parte trasera de la construcción, a diferencia del caso contrario, provocará inestabilidad y altas y bajas constantes en los ingresos económicos de los habitantes del edificio.

Se sugiere evitar las construcciones en T con respecto a la calle, ya que esto atraerá accidentes y pérdidas económicas muy fuertes. Este tipo de construcciones recibe el Chi de forma golpeada y violenta, de esa situación es que se refleja en accidentes para los inquilinos. Este tipo de construcciones se ejemplifica en la ilustración.

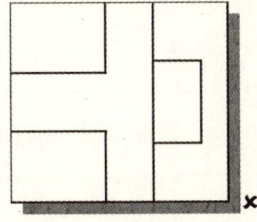

La forma de corregir este problema es colocar espejos o luces que reflejen hacia la calle o diseñar un jardín frente al edificio. El uso de glorietas con parques puede ser favorable para los edificios, sobre todo en casos como el anterior.

Otro aspecto importante es que se debe evitar que cualquier objeto, cosa, poste o árbol bloquee la o las puertas de acceso, ya que esto representa obstrucción para la entrada del Chi a esa construcción.

Algunas formas en la edificación se consideran favorables y de buena suerte, mientras que otras representan lo contrario. En construcción, lo sólido se puede considerar Yang; y lo hueco o vacío Yin se sugiere la construcción basada en ejes simétricos usando jardines y fuentes que generarán equilibrio y estabilidad para el lugar y él o los negocios que ahí se establezcan. Como tenemos en las ilustraciones.

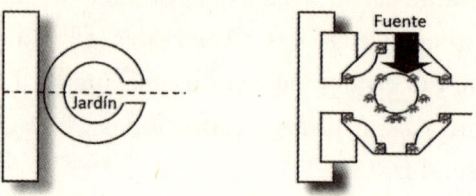

Es adecuado buscar un lugar con movimiento y circulación de gente para posicionar un negocio. Se sugiere en un terreno un poco más alto que el nivel de la calle con un pequeño jardín frontal.

Se presentan algunas formas y sus asociaciones en construcción.

Forma	Significado
□	Propiedad y posteridad.
○	Bendición.
⌶	Poder.
◉	Bendiciones y estabilidad.
∿	Corta vida.
⌐	Decrecimiento.
∪	Incompleto.
△	Violencia, agresividad.
✗	Dificultades.

Fuente: Evelin Lip, *Feng Shui for Business*.

Otra forma de diseñar construcciones adecuadas es aplicando la teoría de los cinco elementos y relacionándolas con el elemento que rige la actividad profesional.

Fuego	Ideal para restaurante, ya que el elemento que rige en este tipo de actividades es el fuego.
Agua	Ideal para bares o salas de belleza y comercios. Estos negocios se rigen por el elemento agua, recordemos que el agua se relaciona con dinero.
Tierra	Ideal para arquitectos o contratistas ya que su principal fuente de trabajo es el elemento tierra.
Metal	Ideal para joyerías, compañías mineras, ingenieros, coches, maquinaria, refaccionarias pues su principal elemento es el metal.
Madera	Ideal para papelerías, mueblerías, jardinerías, agricultura puesto que son negocios basados y regidos por el elemento madera.

Estructuras recomendadas para fábricas
Techos

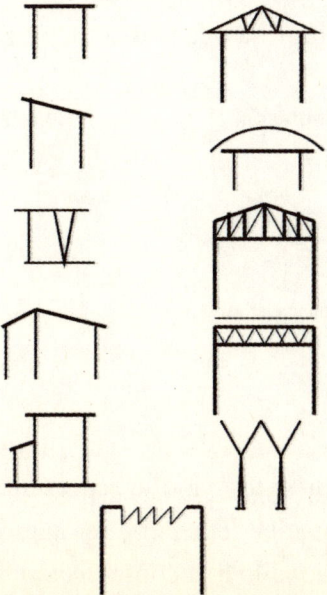

Este tipo de estructuras se recomiendan para favorecer una adecuada circulación del Chi, sin provocar tensión u opresión en los obreros. Deben estar muy iluminadas y ordenadas.

IMAGEN CORPORATIVA

En el manejo de la imagen corporativa es importante considerar el uso de los colores buscando un equilibrio Yin-Yang. El empleo de formas asimétricas e incompletas al igual que de X, s y flechas hacia abajo atraerá inestabilidad y desequilibrio. Se debe buscar equilibrio en el manejo de formas y colores en el logo de la empresa, al analizar las formas los círculos representan bendiciones y el cuadrado estabilidad; el recurrir a símbolos de poder, autoridad, vitalidad y coraje atraerá esa sensación a la empresa.

Colores Yin	Colores Yang
Verde	Rojo
Azul	Naranja
Gris	Amarillo
Negro	Blanco
Morado obispo	Magenta

Se muestra gráficamente la forma adecuada de colocar la información en la papelería de la empresa o la papelería personal.

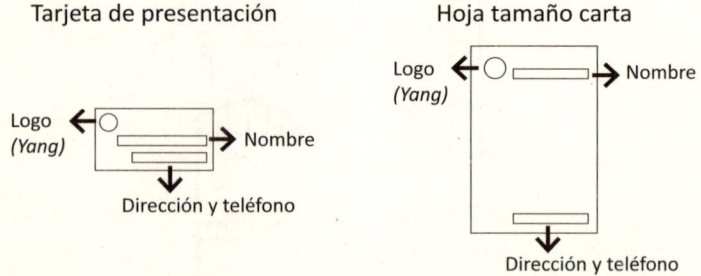

Letreros

Los letreros son importantes, ya que representan el espíritu y esencia del negocio o compañía. Éste debe ser agradable, visible y legible balanceado y proporcionado a la construcción. No deben obstruir ni bloquear puertas o ventanas. Los letreros se pueden regir por el Yin y el Yang, recordando el largo con un número par como Yin, y el ancho con un número non como Yang. Se recomienda usar en su diseño de tres a cinco colores (el tres simboliza crecimiento y el cinco satisfacción).

Las formas recomendadas son círculos, cuadrados o rectángulos al igual que en el diseño de la imagen corporativa.

Medidas sugeridas como favorables en letreros

Yin	Yang
18 cm	19 cm
20 cm	21 cm
22 cm	23 cm
38 cm	39 cm
40 cm	41 cm
42 cm	47 cm
48 cm	61 cm
62 cm	67 cm
86 cm	69 cm
88 cm	81 cm
100 cm	89 cm
108 cm	125 cm
128 cm	145 cm
146 cm	147 cm

Yin-Yang en el diseño gráfico e imagen corporativa

El concepto del Yin-Yang en el diseño gráfico es más aplicable de lo que nosotros mismos imaginamos. Este proceso denominado Tao es buscado por el ser humano de manera inconsciente en todo lo que le rodea para sentir seguridad, equilibrio y estabilidad.

En el análisis de elementos y conceptos básicos del diseño para establecer comunicación visual, hablamos de conceptos que en este capítulo clasificaremos como Yin-Yang, comprobando así la aplicación inconsciente de estos dos principios universales como un medio de comunicación visual tangible, real, para provocar en el espectador una respuesta que se convierte en una reacción universal a través de una imagen gráfica.

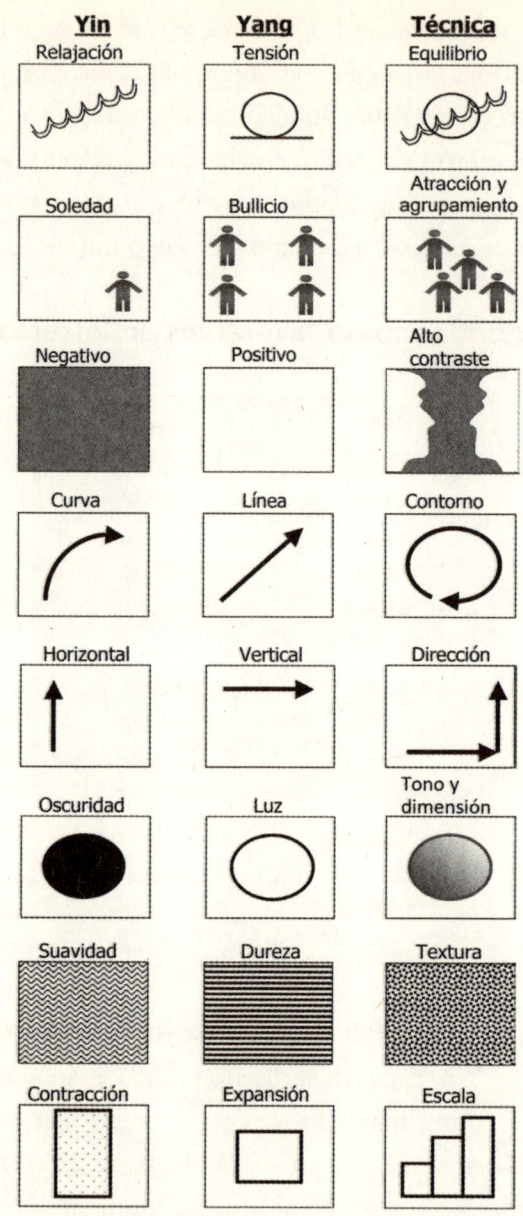

Al analizar las técnicas de comunicación visual en las que se manipulan los elementos básicos del diseño para lograr efectos en el espectador, descubrimos que se basan en los polos opuestos como herramientas de diseño concluyendo que en esencia hablamos de Yin-Yang.

A continuación presento una gráfica relacionando cada técnica con el Yin-Yang.

Yin	Yang
Inestabilidad	Equilibrio
Asimetría	Simetría
Irregularidad	Regularidad
Simplicidad	Complejidad
Fragmentación	Unidad
Profesión	Economía
Reticencia	Exageración
Predictibilidad	Espontaneidad
Pasividad	Actividad
Neutralidad	Acento
Opacidad	Transparencia
Coherencia	Variación
Distorsión	Realismo
Aleatoriedad	Secuencialidad
Difusividad	Agudeza

En la aplicación del Yin-Yang al diseño gráfico podemos emplear las medidas. Los números pares se consideran Yin, los impares Yang. Al establecer medidas para algún diseño, cartel, carpetas, espectaculares o letreros, podemos recurrir a una medida Yin y a otra Yang, como se ejemplifica en la ilustración.

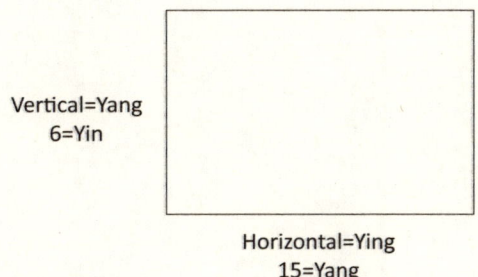

Vertical=Yang
6=Yin

Horizontal=Ying
15=Yang

Si consideramos la línea vertical como Yang, podemos balancear recurriendo a una medida Yin y viceversa en la línea horizontal. Las formas o contornos también se clasifican como Yin o Yang.

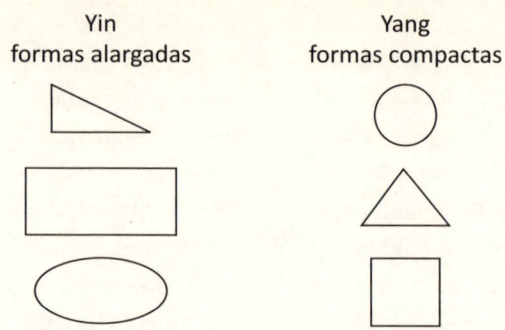

Acorde a la autora del libro *Design and Feng Shui*, Evelyn Lip, el abecedario también puede catalogarse como Yin o Yang.

Yin	Yang
Aa	Cc
Bb	E
Dd	F
E	G
F	H
G	I
H	Kk
I	Ll
Jj	Mm
N	N
Pp	Oo
Qq	R
R	Ss
Tt	Vv
Uu	Zz
Ww	
Xx	
Yy	

Es importante recordar que el estilo de la tipografía también nos va a determinar Yin o Yang; por ejemplo, la tipografía itálica corresponde al Yin, y la romana al Yang.

Cuando la tipografía se emplea como una figura compacta se considera Yang, si ésta se fragmenta sería Yin. Esto es aplicable en el diseño de siglas características para establecer la identidad corporativa. Es importante balancear las letras empleando el concepto Yin-Yang.

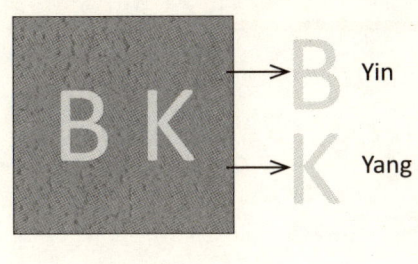

Los cinco elementos y el diseño gráfico

Cada elemento se representa con distintas formas y colores que presentamos en la siguiente gráfica.

Elemento	Formas	Colores
Madera	Alargadas	Verde, azul claro
Fuego	Triángulos	Rojo, naranja
Tierra	Cuadrado	Amarillo
Metal	Círculos, óvalos, arcos	Blanco, tonos pastel
Agua	Irregulares, asimétricas	Azul marino, negro

Al diseñar un logo, una imagen corporativa, un cartel, etcétera, es importante emplear las formas y los colores tomando como punto de referencia los ciclos de la naturaleza.

Cuando recurrimos en exceso al ciclo destructivo, podemos provocar que en la empresa se presenten constantes problemas y el crecimiento y desarrollo de la misma sea muy controlado. Algunos ejemplos de estos casos se presentan a continuación:

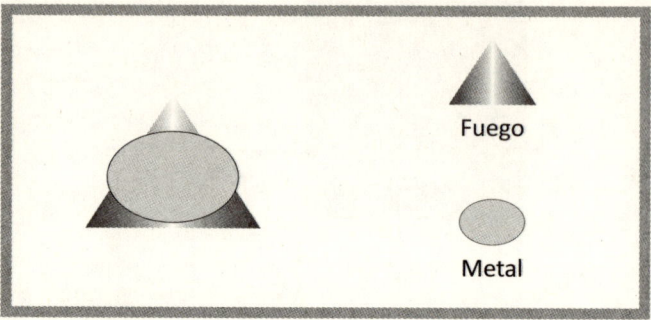

El fuego controla y destruye el metal.

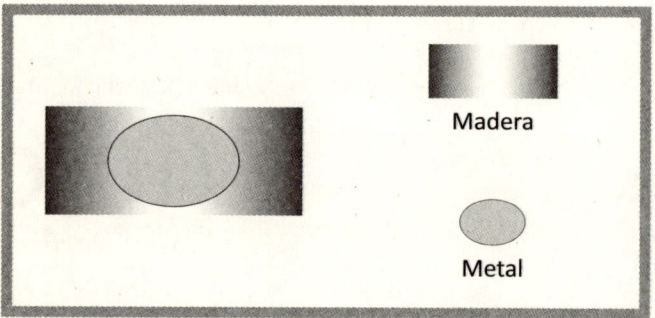

El metal controla y destruye a la madera.

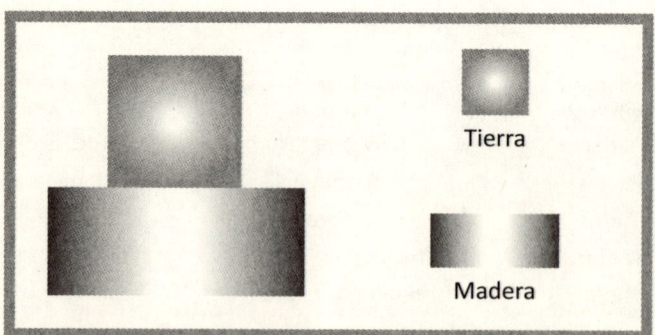

La madera controla y destruye a la tierra.

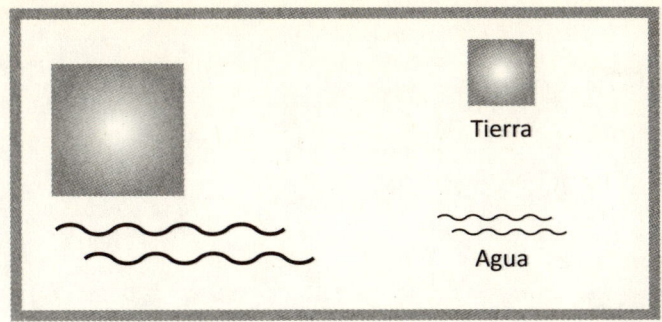

La tierra controla y destruye al agua.

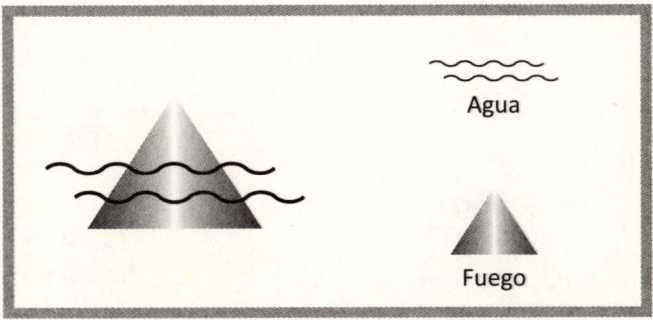

El agua controla y destruye al fuego.

Otro ejemplo sería si aplicamos tres elementos en ciclo destructivo en diseño.

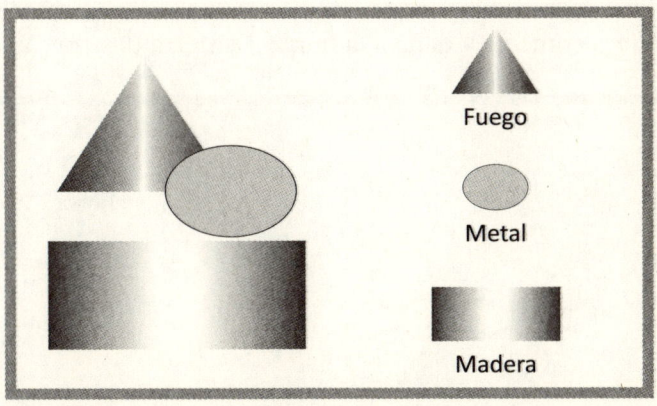

El fuego destruye y controla al metal el cual a su vez, lo hace con la madera.

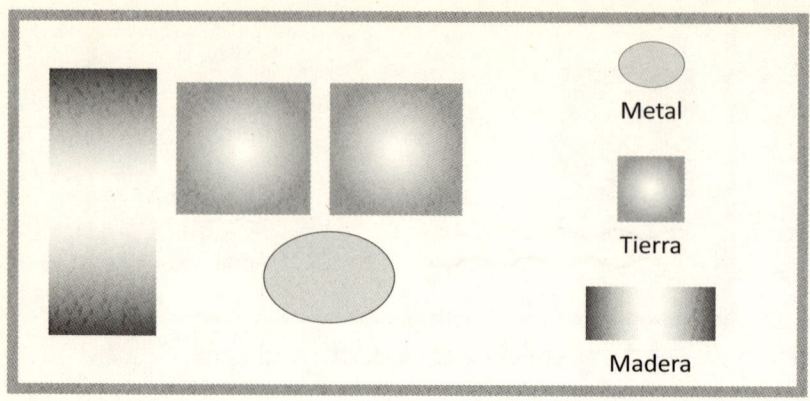

El metal controla y destruye a la madera, qua a su vez, lo hace con la tierra.

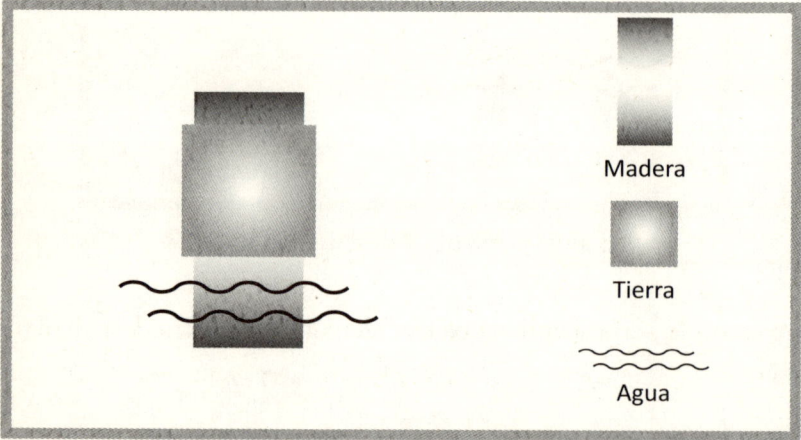

La madera controla y daña a la tierra. La tierra destruye al agua.

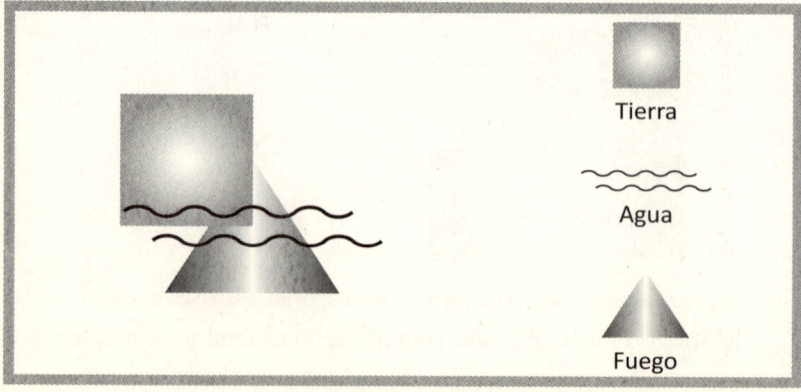

La tierra controla y destruye al agua, quien controla y destruye al fuego.

El agua apaga al fuego, el fuego daña al metal.

Pueden existir situaciones en las que el diseño ya se ha realizado en este ciclo. Este se puede corregir a través de recurrir al ciclo generativo de los elementos, ya sea agregando la forma al diseño o el color. Así puede representarse el ciclo generativo:

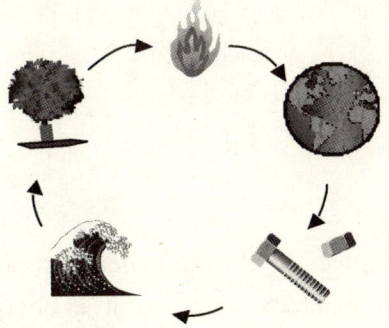

Tenemos un caso de fuego contra metal:

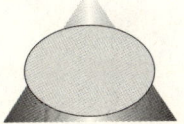

Buscamos en el ciclo generativo ambos elementos:

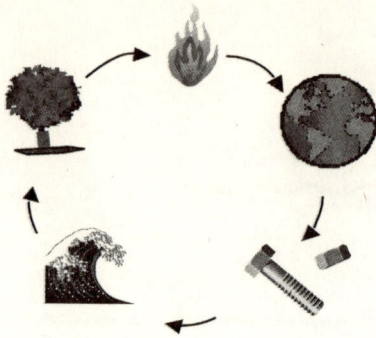

El elemento que queda entre ambos es el que nos ayudará a corregir el problema, en este caso es el elemento tierra.

Solución a través de formas.

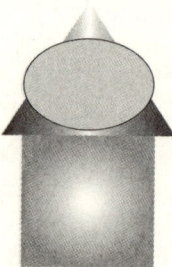

De igual manera empleando el ciclo generativo podemos obtener diseños favorables y adecuados que nutrirán la energía de la empresa y contribuirá a un buen desarrollo y crecimiento de ésta.

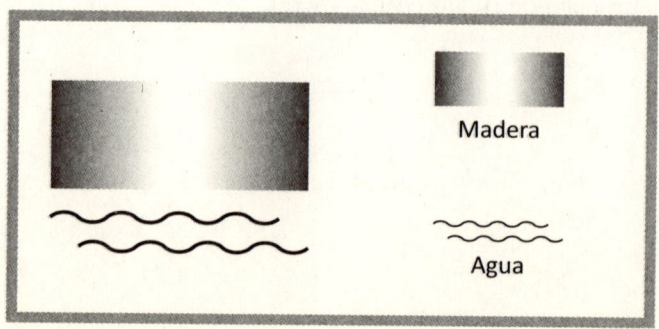

El agua genera a la madera.

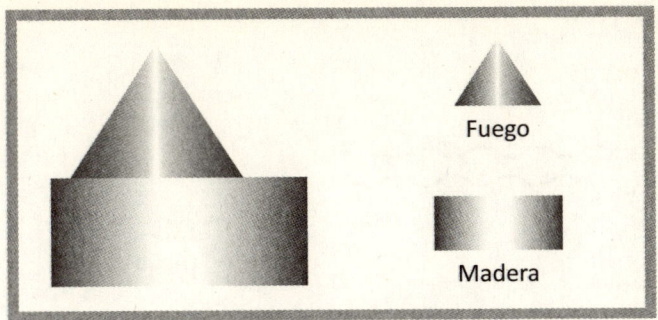

La madera genera al fuego.

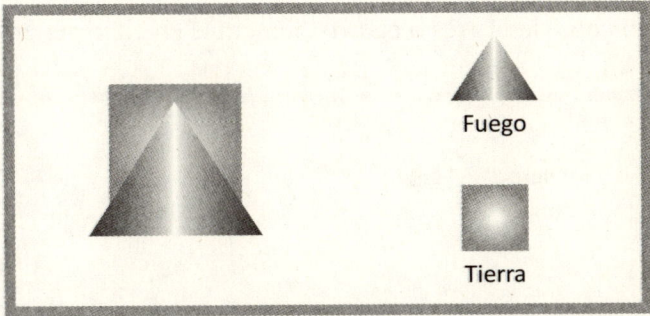

El fuego genera a la tierra.

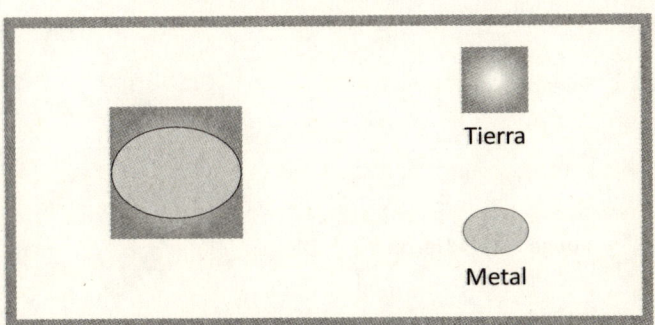

La tierra genera al metal.

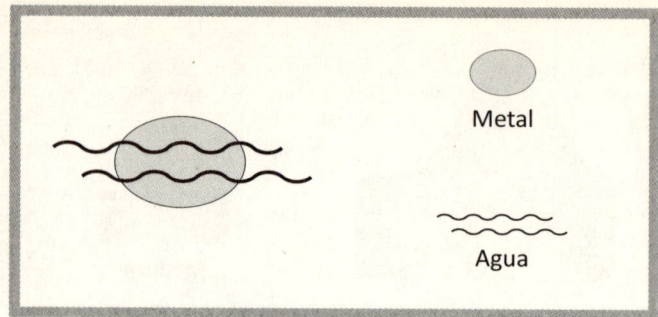

El metal genera el agua.

Se pueden considerar tres o cuatro elementos en ciclo generativo:

Agua	Madera	Fuego	
Agua	Madera	Fuego	Tierra
Madera	Fuego	Tierra	
Madera	Fuego	Tierra	Metal
Fuego	Tierra	Metal	
Fuego	Tierra	Metal	Agua

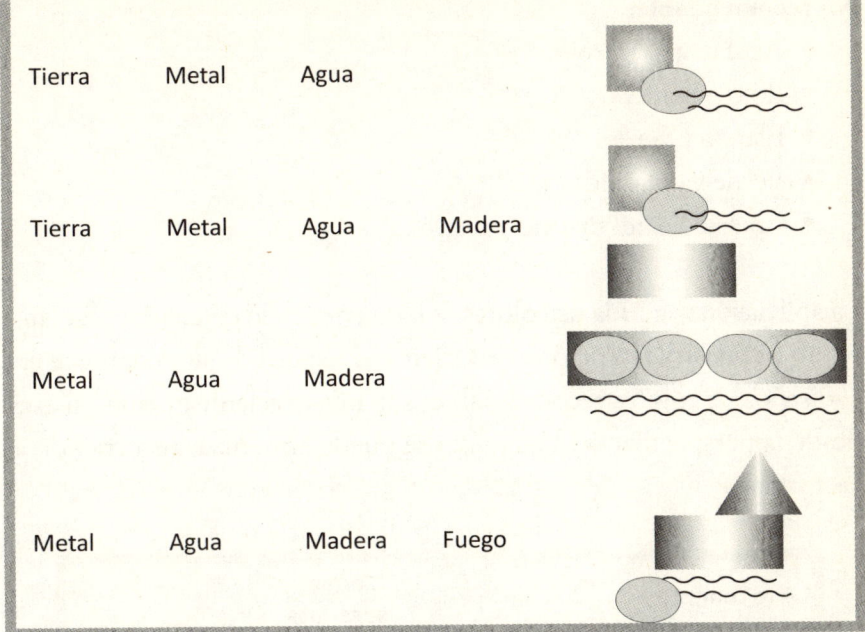

Asimismo, como en los casos anteriores, se puede aplicar al uso del color.

Es recomendable:
- Negro, azul marino y verde.
- Verde, rojo y naranja.
- Rojo, naranja, amarillo y dorado.
- Amarillo, dorado y blanco.
- Blanco, negro y azul marino.
- Negro, azul marino, verde, rojo y naranja.
- Verde, rojo, naranja y amarillo.
- Rojo, naranja, amarillo y blanco.
- Amarillo, blanco y azul marino.
- Blanco, azul marino y verde.
- Azul marino, negro, verde, rojo, naranja y amarillo.
- Verde, rojo, naranja, amarillo y blanco.
- Rojo, naranja, amarillo, blanco y azul marino.
- Amarillo, blanco, azul marino y verde.
- Blanco, azul marino, verde, rojo, naranja y amarillo.

No recomendable:
- Azul marino y rojo.
- Rojo y blanco.
- Blanco y verde.
- Verde y amarillo.
- Amarillo, azul marino y negro.

La aplicación sugerida de colores se basa en el ciclo generativo; sin embargo, si nuestra intención es recurrir a la técnica de alto contraste en el diseño, los colores recomendables son una excelente opción, ya que desde la perspectiva del Feng Shui se puede armonizar recurriendo a las formas.

Alto contaste		Formas sugeridas	
Negro	Rojo	▮	Madera
Rojo	Blanco	◼	Tierra
Blanco	Verde	～～～	Agua
Verde	Amarillo	▲	Fuego
Amarillo	Negro	⬬	Metal

La tipografía, desde el punto de vista de la autora Evelyn Lip, también se puede clasificar por elementos.

Madera	g, k.
Fuego	d, j, l, n, t, z.
Tierra	a, w, y, e, o, i, u, v.
Metal	c, q, r, s, x, z.
Agua	b, f, h, m, p.

Este concepto nos ofrece otra alternativa para manejar los elementos de manera balanceada a través de las formas, el color o la tipografía. Si además de la armonía obtenida en un diseño por medio de los elementos incorporamos la teoría Yin-Yang en cualquiera de sus opciones tendremos una imagen gráfica en perfecto balance y armonía. Debemos recordar que la teoría Yin-Yang se puede aplicar en medidas, colores, formas y texturas.

Cada elemento nos va a remitir de manera inconsciente a una determinada actitud y sensación, aspecto que nos presenta otra opción para elaborar mensajes gráficos.

Madera	Benevolencia.
Fuego	Actitud mental, pensamiento.
Tierra	Honestidad.
Metal	Rigidez.
Agua	Interior, sentimientos.

En el diseño de una imagen corporativa es importante establecer el giro comercial de la empresa, este aspecto nos permite diseñar de manera personalizada, una imagen adecuada a cada caso particular empleando la teoría de los cinco elementos.

Giro comercial de la empresa

Existen dos aspectos muy importantes para diseñar con Feng Shui la imagen corporativa de la empresa. El primero es establecer el elemento que rige por su propia naturaleza a la empresa y el segundo es el elemento que domina en la empresa por su fecha de nacimiento. Hablaremos en este momento del primer aspecto.

Madera

La energía de este elemento representa el crecimiento y el desarrollo. Es muy recomendable cuando se quiere imprimir al diseño creatividad, crecimiento, frescura, inicio y florecimiento. Las empresas que se ven beneficiadas al aplicar este elemento son todas aquellas que trabajan con madera, plantas, flores y todo lo que proviene de ellos: mueblerías, madererías, florerías, textiles. Asimismo, empresas que se caracterizan por pertenecer al elemento fuego: electrónica, computación, electricidad, telecomunicaciones, eventos sociales, fotografías.

Fuego

La energía del fuego se asocia con el florecimiento, la promoción, la fama y la reputación. Es un elemento llamativo y muy atractivo para los demás y beneficia a aquellas empresas que tienen un giro social, publicitario como las modas, agencias de modelos, gasolineras, mercadotecnia, escuelas, salones de eventos.

También es muy adecuado para las empresas cuyo giro comercial se basa en elemento tierra: bienes raíces, arquitectura, construcción, alimentos, productos para el hogar y textiles.

Tierra

La energía de la tierra se asocia con estabilidad, equilibrio, cosecha. Es la consolidación y el desarrollo de relaciones sólidas y firmes. Es ideal para empresas de bienes raíces, reclutamiento de personal, procesamiento y distribución de alimentos, productos para el hogar y también para las compañías que se rigen por el elemento metal: bancos, contadores, casas de bolsa, casas de cambio, asesores financieros, consultoría, ingeniería, agencias automotrices, agencias de viajes.

Metal

La energía del metal es sólida, rígida. Es estabilidad y madurez. Rige la recompensa y la cosecha de frutos económicos. Es el triunfo del esfuerzo. Además de favorecer a las empresas mencionadas en el punto anterior como características del elemento metal también funciona acorde a aquellas que pertenecen al elemento agua: bebida, compañías de limpieza, salones de belleza, tratamientos de agua, sanción, refresqueras, artículos de baño, espiritualidad, psicología y psiquiatría.

Agua

La energía del agua representa la tranquilidad, la regeneración, la nutrición. Es una energía profunda y calmada. Las empresas que corresponden a este elemento metal y también beneficia a aquellas que pertenecen a madera.

El segundo aspecto lo podemos determinar en astrología china vamos a emplear el año de nacimiento a partir del mes de febrero hasta el siguiente mes de febrero, ya que la astrología china se guía por el calendario solar.

Se anexa un cuadro en el cual se sugiere buscar la fecha de inicio de la empresa y en ella se especifica el elemento que la rige por su nacimiento.

Al determinar la energía que rige el negocio podemos saber si es acorde a giro comercial de la empresa. Esto lo logramos aplicando los ciclos de elementos. Por ejemplo:

Maderas S. A. de C. V.
Fecha de inicio: 13 de Junio 1963.
Energía que rige por fecha de nacimiento (acorde al año solar en que inicia labores): agua.
Energía que rige por giro comercial: madera.

Al analizar estos datos descubrimos que ambas energías son favorables, ya que son dos elementos adecuados en el ciclo de crecimiento: agua da vida a la madera. La madera alimenta al fuego, por lo que este elemento también nos es de utilidad.

Concluimos que para diseñar la imagen corporativa tenemos como punto de partida lo siguiente:

Agua: colores oscuros, formas asimétricas, letras b, f, h, m, p.
Madera: colores verde, azul claro, formas alargadas, letras g, k.
Fuego: colores rojo, naranja, formas triangulares, letras d, j, l, n, t, z.

Si empleamos toda la información anterior junto con la teoría Yin-Yang es el momento de proponer.

MaderasS.A.DeC.V.
ATFTMeT MeTFTMeT

En el nombre hay un ligero predominio de energía Yang, aspecto favorable para una empresa para generar movimiento de energía y atraer ventas.

Los elementos que tenemos como herramientas son agua, madera y fuego. El papel se sugiere de un tono verde muy claro.

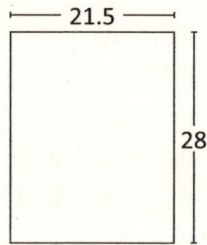

La tipografía se sugiere romana para darle solidez a la imagen de color rojo para destacar el elemento fuego. La pleca destaca el color del agua y enfatiza la forma de madera. Si lo aplicamos solamente al diseño de logo:

Maderas S. A. de C. V.

La "M" alargada remite al elemento madera, al crecimiento, enfatizado con el color de la tipografía, asimismo, la letra "M" es energía agua, detalle que impulsa la energía del diseño fundamentado en la teoría de los cinco elementos.

La "M" simula una casita de techo rojo (fuego), aspecto que transmite seguridad, protección y estabilidad. Tres conceptos que a nivel inconsciente nos representan la imagen de una casa.

En el caso en que la energía por fecha de nacimiento y la de giro comercial se contraponen, debemos recurrir al elemento que cambiaría el ciclo hacia crecimiento.

Los elementos y tú

Aplicando los aspectos de astrología, el último número del año solar en que naciste determina el elemento variable que te rige.

0	Metal
1	Metal
2	Agua
3	Agua
4	Madera
5	Madera
6	Fuego
7	Fuego
8	Tierra
9	Tierra

Tu elemento	Amigos, colegas, competidores.
El que te produce	Soporte y recursos.
El que destruyes	Riqueza y logros.
El que produces	Energía personal, libertad, expresión e inteligencia.

PLANTAS

Las plantas tienen la habilidad de limpiar y purificar los ambientes, las que más se recomiendan son las naturales, ya que proveen una atmósfera de vida y crecimiento, generan un balance natural sobre todo si existen materiales sintéticos y aparatos eléctricos. Según su forma favorecerán distintos aspectos:

- Hojas picudas: aceleran la circulación de Chi.
- Hojas redondas: calman y suavizan el flujo de Chi.
- Arbustos: calman el flujo acelerado de Chi, ideales en pasillos.
- Plantas altas: promueven el crecimiento.
- Plantas colgantes: favorecen la profundidad de pensamiento.

El uso de flores frescas en la decoración es muy adecuado, aumentan el aura o cuerpo energético del lugar durante los tres primeros días. La forma de los floreros se va a asociar con un significado:

- Curvos: paz, tranquilidad, flexibilidad. Colocarlo en el Norte o área de trabajo.
- Alargados: crecimiento. Colocarlo en el Este o Sureste, o área de familia y dinero.
- Triangulares: fama, reconocimiento y ventas. Colocarlo en el Sur o área de fama.
- Cuadrados: armonía. Colocarlo en el Noreste o Suroeste o en las áreas de conocimiento y amor.
- Redondos: proyectos, finanzas y utilidades económicas. Colocarlo en el Oeste o Noroeste, o bien, en las áreas de hijos o benefactores.

Cuadros y sus símbolos

Al hablar de diseñar ambientes especiales, los cuadros y las obras artísticas tienen un papel importante. Nuestra mente capta a nivel inconsciente el mensaje emitido por éstos y nuestras actitudes se ven influidas por el mensaje que se recibe constantemente al estar en nuestro entorno.

Considero importante sugerir que elijamos los motivos y las obras artísticas con base en la atmósfera que deseamos promover dentro de un negocio u oficina. Recomendaciones:

- Se recomiendan los peces dorados, naranjas, rojos y negros.
- La puerta de entrada no debe quedar al fondo de un corredor.
- La puerta de entrada no debe quedar escondida o tapada.
- Colocar el dinero entre dos espejos duplicara la llegada de dinero.
- Colocar una tela roja brillante debajo de la caja registradora activará el Chi del dinero.
- Un florero blanco con una flor roja en la caja registradora protegerá.

- El color morado activará el Chi del dinero.
- El color rojo conduce el Chi por un lugar determinado.
- Un tazón con nueve piedras de colores, agua y una vela flotante en el área del dinero atraerá ventas.
- Evita focos o bulbos fundidos y objetos rotos o descompuestos.
- El uso de aromas creará un ambiente especial.
- Las plantas generarán calidez en un lugar.
- Cada objeto es un símbolo, recurre a símbolos de poder, vitalidad y fuerza.
- Las rejas o protectores se deben pintar de verde e iluminarlas.

Feng Shui enfocado al éxito

Este capítulo surge con la intención de compartir con ustedes aquellas claves y tips de Feng Shui que pueden apoyar a vivir y experimentar el significado de la palabra éxito.

El Feng Shui es una disciplina que se enfoca en el ser humano, simplemente si no hubiera vida no habría Feng Shui. Los seres humanos funcionamos y emitimos reacciones con base en estímulos, nuestro comportamiento y actitudes son, en su mayoría, generadas en un aspecto inconsciente. Aquello que nos rodea puede estar motivando un comportamiento determinado en nosotros que manifestamos hacia el exterior. Este entorno abarca desde la posición de la construcción, su diseño, su distribución, sus colores y su decoración, hasta la influencia astrológica sobre ella. Somos parte de un cosmos que de una u otra manera influye en nosotros.

A toda acción corresponde una reacción; todo movimiento se considera acción, todo lo que nos rodea se convierte en acción y, por consecuencia, provoca una reacción en cada uno de nosotros.

Nuestras reacciones pueden derivar en motivación, salud, equilibrio, estabilidad o desilusión, frustración, confusión e inestabilidad. Por tanto, si nuestro entorno se modifica, este cambio se reflejará en nuestras reacciones, motivándolas a cambios positivos enfocados al éxito. Es decir, modificar nuestro entorno nos puede llevar a romper patrones conductuales que deriven en experiencias y actitudes nuevas.

Desde esta perspectiva, el Feng Shui pierde su contexto o la imagen de "superstición" que se le ha atribuído. El Feng Shui funciona a través de magia, pero de la magia del propio ser humano y su capacidad de ayudarse a sí mismo apoyándose en el respeto, el amor y el equilibrio con la naturaleza definiéndola como nuestro entorno.

Al hablar del ÉXITO, lo primero que debemos hacer es establecer y definir lo que representa para cada quien. Un aspecto curioso es que todos lo queremos obtener, todos lo buscamos, pero difícilmente lo podemos definir.

En el tipo de sociedad en que vivimos, nos hemos vendido y comprado una imagen de éxito basada en riqueza material, atracción física, belleza corporal y una competencia despiadada basada en los valores materiales acumulados fundamentando nuestra estabilidad, seguridad y autoestima en aquello que tocamos, vemos y compramos.

En algún momento de nuestra vida nos hemos preguntado si el éxito no será en realidad una emoción o un estado de ánimo. Algo que suena y se ve bonito, ¿no será en realidad una sensación de bienestar y satisfacción?

Es importante considerar que cuando nos sentimos bien, sanos, contentos, tomados en cuenta, respetados, escuchados, alegres y motivados eso nos genera una sensación de satisfacción, eso es éxito.

El poder tomar decisiones en nuestra vida sin sentirnos obligados a determinadas cosas por mantener algo nos genera una sensación de libertad, eso es éxito.

El pasear, respirar, caminar, ver la luz y hablar nos provoca una sensación de independencia, eso es éxito.

El expresar nuestros pensamientos y sentimientos, pedir lo que deseamos y rechazar lo que no aprobamos, nos genera una sensación de firmeza y decisión, eso es éxito.

El elegir nuestras actividades, nuestros alimentos, nuestra pareja y el vivir como queremos, provoca una sensación de bienestar, eso es éxito.

Al tener todas estas sensaciones, los seres humanos nos manifestamos de manera positiva y obtenemos con facilidad lo que deseamos. Las personas que nos rodean observan esto y nos convertimos en imágenes a imitar, nos llaman "personas de éxito". Compramos la imagen de personas exitosas, cuando su raíz se encuentra en un estado de ánimo que se vive, se disfruta y se transmite. Por consecuencia, nos damos cuenta de que el éxito lo podemos obtener todos.

Si cambiamos lo que nos rodea, vamos a cambiar nuestras percepciones. Si transformamos nuestras percepciones, modificamos nuestras reacciones. Si modificamos nuestras reacciones, alteramos nuestro estado de ánimo habitual. Si alteramos nuestro estado de ánimo habitual, nuestras emociones y sensaciones son distintas y nuestro punto de vista cambia de enfoque.

Por tanto, el éxito se vive en base a nuestro enfoque de la vida. Y en consecuencia, ¿no crees que es más fácil de vivir y de obtener el éxito de lo que pensamos?

Curiosamente lo imaginamos y visualizamos muy lejano a nuestra vida cuando, en realidad, posiblemente lo vivimos cotidianamente y lo dejamos pasar.

El primer paso para ir en busca del éxito es establecer lo que deseamos y anhelamos. Nos podemos apoyar en nuestra casa para dar ese primer paso. Procedamos a poner orden y limpieza en nuestras ideas y principios. Nuestra casa habla de nuestras emociones:

¿Cómo están acomodados los muebles?
¿Qué es lo primero que observas al entrar a tu casa?
¿Tienes objetos desordenados y mal acomodados?
¿Cómo están los cajones de tus clósets?
¿Qué guardas en tu clóset?
¿Qué tan limpia está tu cocina?
¿Qué tanto usas cada habitación de casa?

Es el momento de limpiar y poner en orden nuestras cosas. Te recomendamos deshacerte de todo aquello que no usas, regala la ropa que no has vestido en los últimos dos años. Guarda aquellos recuerdos que consideras gratos, pero no te conviertas en una bodega de emociones pasadas, deja espacio para emociones nuevas. Manda reparar aquello que está descompuesto y libera tus espacios del exceso de adornos y de muebles.

Nos convertimos en acumuladores de objetos en los que, de manera inconsciente, depositamos nuestra sensación de seguridad y estabilidad. Queremos mencionar que el exceso de estabilidad puede generar estancamiento, ¿cierto?

Al limpiar nuestros espacios, limpiamos nuestras emociones. Si limpiamos nuestras emociones, nos liberamos de miedos y de confusiones.

Los peores enemigos del éxito son el miedo y la confusión. Impiden que pensemos objetivamente y que nos aventuremos a tomar decisiones. El limpiar nuestro clóset, nuestro escritorio, nuestra recámara, en fin, todos nuestros espacios se va a reflejar en una sensación de libertad. ¡Maravilloso! Hemos dado el primer paso para establecer de manera objetiva que es lo que queremos y buscamos en nuestra vida.

ORDEN Y LIMPIEZA

Estar en el momento apropiado aquí y ahora en nuestra vida, en este mundo y honrar lo que existe es como se denomina la esencia del Tao. El Tao se refiere a la forma en que estamos conectados o ligados a todas las cosas. Los seres humanos emitimos mensajes señales acorde al acomodo de nuestros objetos personales, incluso, nuestros cajones.

La acumulación de objetos es una forma de emitir señales, demasiados objetos, emiten la señal de saturación de ideas, proyectos y planes totalmente confusos y muy poco estructurados y definidos.

El desorden altera el Tao o el camino para obtener nuestras metas. Bloquea las vías de acceso de oportunidades y nos hace perder tiempo que puede ser valiosísimo para estructurar de manera ordenada y disciplinada nuestro plan de vida.

Con base en el lugar donde se ha acumulado el desorden es el mensaje o señal que se está emitiendo:

- Si hay desorden y objetos amontonados en la entrada de la casa, se interpreta como miedo a relacionarse con otras personas.
- Si hay desorden u objetos amontonados en el clóset, el mensaje es que no se tiene el control sobre el análisis, el manejo y control de las emociones.

- Si hay desorden u objetos amontonados en la cocina, el mensaje o señal es de resentimiento o de fragilidad sentimental.
- Si hay desorden en el escritorio o área de trabajo, el mensaje es de frustración, miedo y necesidad de controlar las situaciones.
- Si hay desorden detrás de las puertas, el mensaje es de miedo a no ser aceptado por los demás, sensación de sentirse vigilado constantemente.
- Si hay desorden debajo de los muebles, el mensaje es de que se le da demasiada importancia a las apariencias.
- Si hay desorden u objetos acumulados en bodegas, el mensaje es que se vive del pasado.
- Si hay desorden u objetos acumulados en el garage, el mensaje es de temor y falta de habilidad para actualizarse.
- Si hay desorden y objetos amontonados por toda la casa, el mensaje es de coraje, enojo, desidia y apatía hacia todos los aspectos de la vida.
- Si hay desorden u objetos acumulados en pasillos, el mensaje es de conflictos para comunicarse, miedo a decir y manifestar lo que se desea en la vida.
- Si hay desorden u objetos acumulados en la sala, el mensaje es de temor al rechazo social.
- Si hay desorden en el comedor, el mensaje es de miedo a no dar pasos firmes y sólidos, sensación de dominio por parte de la familia.

¡CONSIÉNTETE!

Al liberarnos del exceso de objetos y del desorden, pasamos al siguiente paso.

Te recomendamos escribir en una hoja tus metas y propósitos. Haz una lluvia de ideas, esto quiere decir, anota todo lo que venga a tu mente. Después llegamos al orden de ideas, es decir, coloca todas esas ideas en orden de importancia para ti. A esto se le denomina, establecer jerarquías.

¿Qué es lo más importante para tí en este momento?

¿Qué sensaciones nuevas quieres sentir que consideras te pueden llevar a experimentar bienestar y comodidad?

¡Vamos por el bienestar!

Sentirnos cómodos nos provoca bienestar. Éste nos hace sentir bien y en posición de poder. Esto quiere decir que nos hace sentir tranquilos y capaces de decidir nuestros planes y estructurar nuestros pasos a seguir: libertad.

¿Cómo nos podemos generar bienestar? La respuesta es: CONSINTIÉNDONOS.

El consentirnos nos hace sentir protegidos, "apapachados", queridos por nosotros mismos y, lo más importante, merecedores de todo aquello que deseamos.

Bienestar

- Podemos crear una atmósfera adecuada que nos promueva una sensación de bienestar. Esto involucra las texturas, formas, colores, aromas y alimentos.
- Rodéate de texturas que sean suaves y agradables al tacto. Las texturas que provienen de origen animal o vegetal son más agradables que aquéllas elaboradas con materiales sintéticos. Este aspecto involucra la ropa que entra en contacto con tu piel, todo aquello que penetra tus sentidos provoca una reacción fuertísima en ti que se manifiesta en una buena o mala actitud. Es muy importante que te sientas cómodo.
- Disfruta de un sillón o un edredón mullido y cálido, representa el sentirte abrazado y seguro. Provoca una sensación de protección y comodidad que mejorará tu autoestima.
- Personaliza tu espacio; es decir, coloca objetos y adornos que representen o simbolicen aspectos importantes y agradables para ti. Emplear símbolos de lo que quieres obtener resulta de gran ayuda.
- Consume alimentos sanos que te nutran, que te gusten y que disfrutes plenamente. Alimentarse es un placer y es la clave para lograr una buena salud.

- Aliméntate a tus horas y evita "mal pasarte", esto emite una señal de auto castigo que baja y daña tu autoestima.
- Evita consumir tus alimentos en platos y vasos o tazas rotas o despostilladas, emites una señal de conformismo.
- Decora espacios que te inviten a sentirte alegre y relajado, un espacio es para vivirlo y disfrutarlo. Un espacio que parezca un museo, emite la señal de egoísmo y frustración.
- Si tú te preocupas por cuidarte y atenderte a ti mismo, los demás lo harán también.
- Estar en balance es tener un poquito de todo. Estar en balance es disfrutar de todo con ecuanimidad y tranquilidad aquello que vivimos y que tenemos. Esto puede ser disfrutar un rato leyendo un buen libro y tomando una taza de té o café.
- Las formas suaves que dan la apariencia de abrazar e invitar promoverán una sensación de bienvenida que se manifestará en una actitud de seguridad en las relaciones sociales.
- Colocar sillones que dan la espalda al área de acceso, emiten la señal de aislamiento y timidez. La mejor solución es cambiarlos de posición, trata de que el acceso a los espacios sea libre y amable, si tú recibes al Chi de esa manera en tu casa, de igual forma vas a ser recibido por los demás.
- Emplea aromas agradables para perfumar tu espacio, la aromaterapia es una terapia bastante adecuada para promover cambios de actitud a través de los sentidos.

¿Qué color prefieres emplear?

- Elegir tonos rojizos expresa el deseo de ser tomados en cuenta. Transmite vitalidad y actividad, fortalece la autoestima y favorece la interacción social.
- Los tonos amarillos expresan nuestro deseo de ser claros, observadores y de ser observados. Emite una señal de alegría y optimismo. Irradia estabilidad, madurez, sensatez y confianza.

- La gama de los azules nos llevan a mirar hacia nuestros sentimientos, a enfocar nuestra atención en nuestras propias necesidades y sueños. Emite la señal de confianza en uno mismo.
- El verde expresa liderazgo y aventura. Impulsa a buscar cambios y a sentir la iniciativa de buscar caminos nuevos.
- El morado expresa el deseo de trascender y buscar un propósito determinado a través de la conciencia y de la espiritualidad.
- El negro expresa el deseo de atraer retos, de mostrarnos valientes y decididos ante lo desconocido.
- El blanco expresa el deseo de compromiso, honestidad y transparencia. No hay miedo a mostrar los sentimientos nos manifiesta como personas confiadas y decididas.

¿Cómo percibes el mundo exterior?

- Esto se interpreta en las ventanas y lo que ves a través de ellas. Trata de colocarles plantas o cortinas que representen aspectos sanos de la naturaleza. Promoverá una imagen alegre y agradable del mundo exterior.
- Si la ventana está rota o con el vidrio roto, manifiesta que la percepción del mundo exterior no es clara y se refleja en malentendidos constantes de comunicación con los demás, la solución: cambiar el vidrio roto.
- Si las ventanas están limpias, nuestra percepción es clara y nítida.
- Si las ventanas están sucias, expresan un temor a ser juzgados y malinterpretados en lo que decimos o realizamos.

¿Cómo te conectas hacia el exterior?

Esto se refiere a qué tan accesible te muestras para recibir las oportunidades. Observa las puertas de tu casa.
- Si la puerta es amplia, agradable bien cuidada, emites el mensaje de estar listo para recibir las oportunidades que la vida te ofrece.
- Si la puerta de entrada no se abre o cuesta trabajo abrirla, emite la señal de ser personas inaccesibles y difíciles de tratar.

- Si la puerta abre a 90° y sin bloqueos, las situaciones profesionales llegan con facilidad. Si la puerta está bloqueada o no abre a 90° representa el "cerrar las puertas" al éxito y el reconocimiento.

¿Qué figuras geométricas eliges?

Las líneas, formas y figuras que eliges y prefieres emiten un mensaje hacia el exterior que aquellos que te rodean reciben e interpretan.

- Si tú eliges los triángulos y formas puntiagudas, emites una señal de dominio, dinamismo, imposición y dureza.
- Si tú eliges los cuadrados, expresas tu deseo de sentirte estable y seguro. Drástico y nada fácil de convencer y manipular.
- Si tú eliges los círculos, estás expresando tu deseo de movimiento, de concentración y énfasis. Anhelas el control.
- Si tú eliges las líneas verticales, las rayas o los rectángulos, estás manifestando tu deseo por el cambio, los retos, la aventura y la actividad.
- Si tú eliges las formas onduladas y suaves denota tu deseo de perseverancia, seriedad, respeto, libertad y profundidad.

Atraer oportunidades de éxito

Durante el desarrollo de este libro hemos analizado y descrito diferentes teorías y escuelas de Feng Shui, diferentes aplicaciones, interpretaciones y herramientas de apoyo como la aromaterapia y las velas. En esta etapa estamos enfatizando diversos enfoques. En todo este contexto existen tres conceptos o puntos primordiales asociados con el éxito: la puerta principal, la estufa y la cabecera de la cama. Estos tres aspectos se conocen como los tres pilares.

La puerta principal

La puerta principal es uno de los aspectos más importantes a considerar en un espacio para una evaluación y aplicación de Feng Shui.

Se considera la boca de la casa y es por donde entra la energía del exterior al interior del hábitat, esta energía se traduce en oportunidades. Estas se reflejan en situaciones positivas y variadas de trabajo, de conocer personas que nos pueden ayudar y apoyar en aspectos laborales, profesionales y sentimentales.

Es un área a la que se recomienda poner especial atención. Hay aspectos que pueden afectar este punto, como hemos mencionado en los temas anteriores en este libro como la presencia de bloqueos al frente o al entrar, etcétera y se han hecho sugerencias acerca de la puerta. Hay detalles como la presencia de un árbol o poste al frente de la puerta que no son favorables, ya que dividen o bloquean el acceso de Chi fácilmente a la construcción reflejándose en constantes conflictos asociadaos con falta de oportunidades. También es importante observar que, tanto en el interior como el exterior, no existan esquinas agresivas de otras construcciones o de muros interiores apuntando hacia la entrada principal ya que esto agrede y detiene la llegada de proyectos importantes y favorables para los habitantes, la forma de corregirlo es colocar plantas en el exterior que cubran la dirección de las esquinas hacia nuestra entrada y en el interior ya sea redondear u ochavar las esquinas o cubrirlas con plantas o campanas.

La entrada a la casa debe percibirse amplia, limpia y ordenada, proveer una sensación de frescura y bienvenida así como de alegría, para este efecto el colocar una mesa redonda de madera con un jarrón de flores frescas en color naranja o amarillo en un *hall* al entrar es muy favorable. Las flores frescas siempre van a representar una sensación de bienvenida muy agradable.

Otra sugerencia es que cerca de la entrada de la casa se coloque un tazón con dulces ya que esto se va a reflejar en sensación de bienestar y alegría, aspecto que te permitirá disfrutar llegar a casa. Lo que observamos al entrar tiene un efecto inconsciente muy fuerte en nuestro comportamiento y reacciones cotidianas, los motivos de los cuadros, esculturas u obras de arte deben ser de mensajes positivos, alegres y estimulantes. Ese mensaje se graba en nuestra mente y va a provocar una actitud positiva, alegre y de motivación en nuestra vida diaria.

Es recomendable que el material de la puerta sea sólido como madera o incluso metal, evitar cristal, pues el cristal es un material que drena o deja escapar fácilmente la energía; cabe recordar que una de las metas del Feng Shui es atraer y retener el Chi en la construcción, al ser considerado el aliento de vida. De este aspecto deriva que se busque ese Chi que se atrae y retiene sea un Chi sano, armónico y balanceado.

Algunas recomendaciones acerca de la puerta principal enfocadas al éxito pueden ser las siguientes:

- Colocar una campanita en la perilla de la puerta por fuera representa llegada de buenas noticias.

- Colocar tres monedas chinas anudadas con hilo rojo por la perilla interior de la puerta principal representará noticias económicas.
- Enterrar monedas a la entrada de la casa, asegura energía de metal que llega a la casa. La energía de metal se asocia con dinero y fortuna.
- Colocar un árbol pequeño de mandarinas o cítricos cerca de la puerta de entrada favorecerá la buena fortuna.
- Tener vegetación sana cerca de la puerta de entrada suavizará la energía y limpiará el chi que llega a casa.
- Colocar un tapete de entrada provoca un cambio de textura lo que se reflejará en un impulso al Chi que llega, por ejemplo: un tapete negro apoyará en cuestiones profesionales, uno verde en crecimiento y desarrollo personal y profesional, rojo para reconocimiento, fama y alegría, amarillo para concretar y consolidar y gris para solidez y madurez.
- La presencia de un baño sobre la puerta principal, limita bastante la aparición y llegada de oportunidades de éxito. Decorar ese baño en tonos de verde y colocarle plantas naturales nos puede ayudar a mejorar este aspecto.

Generar oportunidades de éxito

La estufa

Así como la puerta de entrada representa la forma de atraer el éxito y las oportunidades, el punto de la casa donde se puede trabajar el generar buenas oportunidades es la cocina y principalmente la estufa.

La cocina es ese espacio de casa donde radica la abundancia de la familia. Desde la perspectiva oriental, el lugar donde se preparan los alimentos se encarga de proveer de energía vital a los habitantes y les da la fuerza necesaria para obtener lo que desean.

Se recomienda que la cocina sea un espacio iluminado y agradable, que se perciba ordenado. Debemos evitar que la cocina se ubique en los sectores Oeste o Noroeste de la construcción y en las áreas de benefactores e hijos del bagua de posiciones. Si esto sucede se puede reflejar en conflictos constantes para poder desarrollar proyectos de éxito y dificultad para encontrar proveedores, patrocinadores y gente que nos ayude a obtener éxito en nuestros proyectos. En estos casos, nos puede ayudar a corregir y mejorar esta situación, el emplear colores amarillos y naranjas térreos, adornos de barro, talavera y porcelana.

Es importante mantener el horno y la estufa perfectamente limpios y ordenados, además de evitar guardar ollas y cacerolas, así como sartenes dentro del horno. El usar todas las parrillas de la estufa contribuirá a generar movimiento y llegada constante de dinero a la casa.

Colocar símbolos de prosperidad en la cocina es muy positivo, éstos pueden ser frutas, flores y cuadros de alimentos frescos y agradables.

Es recomendable que la estufa quede ubicada con una pared de respaldo y evitar que sea una ventana, ya que representará el que la abundancia se vaya fácilmente. En estos casos, colocar una esfera de cristal faceteado a la mitad de la ventana colgada con hilo de color rojo que mida tres o nueve pulgadas, así como colocar pequeñas plantas en la ventana puede ser de gran ayuda.

Otro aspecto importante es que la estufa no se ubique entre dos puertas o directamente frente a una, la forma de corregirlo sería colocar una campana de viento o una esfera de cristal faceteada entre las dos puertas o entre la estufa y la puerta. Otra opción sería cambiar la estufa de lugar. Es favorable que en la despensa siempre hayan alimentos, un lugar donde hay comida refleja y atrae abundancia.

El elemento que más favorece la generación de abundancia es el elemento tierra. Guardar semillas, pastas y demás condimentos en almacenadores de cerámica, porcelana o talavera es más recomendable que el uso de especieros de vidrio o cristal.

Es importante que la loza donde comemos y bebemos esté en buen estado y nos parezca bonita. No existe mejor aspecto promotor de éxito que el sentirnos merecedores de algo bello y portadores de algo que nos agrada y nos gusta. Decorar nuestra cocina con platos bonitos generará una atmósfera de cordialidad que se reflejará en una actitud positiva de los habitantes hacia lo que se les presenta en la vida. También adornar con botellas bonitas de aceite de oliva y aderezos generará una atmósfera de confort.

Hacer una limpieza profunda, constantemente, en la cocina fortalecerá la capacidad de generar éxito para los habitantes de la casa.

Un aspecto importante para generar éxito es que la puerta del horno y la puerta del refrigerador abran "viendo" hacia una dirección positiva para la mamá de la casa. Estas direcciones se establecen aplicando la fórmula del numero Kua ya explciada anteriormente en este libro.

Consolidar oportunidades de éxito

La cama

El espacio donde podemos trabajar el consolidar las oportunidades de éxito es la recámara, principalmente la cama. Es recomendable que la cabecera de la cama descanse en una pared sólida y quede dirigida a una dirección cardinal favorable para la persona en base a su número Kua. El material más recomendable para la cabecera es madera sólida. Es importante que la cabecera quede fija, es decir, evitar que baile.

La cama debe tener un espacio por debajo para que la energía circule al dormir. Otro aspecto importante es que los pies de la cama no queden directamente alineados a la puerta de entrada a la habitación ya que esto afecta la salud de la persona que duerme en ella.

¿Qué queda debajo de la posición de la cama en la habitación? Si es que queda la cocina y la estufa, es importante cambiar la cama de posición hacia donde la estufa quede alejada de la cama ya que esto puede desgastar la salud de quien duerme sobre la estufa. En el caso de que quede el baño o la lavandería o el tinaco sobre la recámara, también se debe de mover la cama de posición.

Es recomendable que la cama se ubique en una habitación que quede alejada de la calle para promover un mejor descanso. Desde la perspectiva oriental, una persona que se alimenta bien y duerme bien es una persona con la energía suficiente para obtener sus metas y, asimismo, el éxito.

La cama tiene gran influencia en la forma en que tomamos decisiones firmes y seguras. Por tanto, es recomendable que la cama tenga cabecera y dos burós para cumplir con el principio de los animales cósmicos de la escuela de las formas de Feng Shui.

Esta escuela recomienda y sugiere como posición perfecta aquella que tiene una tortuga protegiendo la espalda (cabecera), un dragón verde y un tigre blanco a la izquierda y la derecha para abrazar y proveer de seguridad (los buroés) y un ave fénix al frente que provee las oportunidades (el dominio de la puerta de entrada a la habitación).

Decorar nuestra habitación con objetos y símbolos que representen el éxito que estamos buscando. Hacer un autoanálisis y destacar nuestras cualidades en lugar de enfatizar nuestros errores y defectos. Al cometer un error, hay que analizarlo y ponerle solución para dejar de recordarlo constantemente.

Convéncete a ti mismo que es válido soñar, hacer planes y enfocar toda tu energía en lograrlos. Escribir las metas y los planes, colocarlos en un corcho en nuestra habitación o vestidor en donde cada mañana los observes es un recordatorio y obligarte a ti mismo para esforzarte por realizarlos.

Coloca en tu cama un edredón afelpado, que te guste y percibas apapachador. Te motivará a sentirte bien y una persona que se siente bien adopta una actitud positiva ante las situaciones de la vida. Nueve plumas de pavo real en el sur de la habitación o la casa, atraerán éxito social.

Coloca en tu espacio personal fotografías de ti en momentos importantes y que consideres exitosos, enmárcalos en color rojo. Serán un recordatorio de que te mereces situaciones agradables y exitosas en tu vida.

Aromas para el éxito

Hemos compartido el tema de aromaterapia como una herramienta de apoyo para trabajar atmósferas adecuadas y agradables, dentro de este concepto hay ciertas esencias o aromas que favorecen una actitud de éxito.

El sentido del olfato es uno de los sentidos que promueve y despierta actitudes inconscientes fuertes e importantes en el ser humano. Además de que nuestra reacción hacia lo que percibe nuestro olfato es casi imperceptible de manera consciente. Un lugar nos puede motivar, hacer sentir bien, cómodos y bien recibidos, pero también nos puede suceder lo contrario, podemos sentirnos molestos, incómodos, inquietos y hasta agresivos. Podemos emplear aromas para provocar reacciones y actitudes de éxito en nosotros. Los aromas los podemos colocar en la sala, el comedor, la cocina, las recámaras, la oficina y hasta los negocios.

Aquellos aromas que nos permiten fomentar la sensación de éxito en un espacio son:

- Albahaca.
- Árbol del té.
- Eucalipto.
- Geranio.
- Hierbabuena.
- Ilang ilang.
- Jazmín.
- Manzanilla.
- Sándalo.
- Mandarina.
- Mejorana.
- Melisa.
- Menta.
- Nerolí.
- Pachuli.
- Romero.
- Rosa.
- Salvia.
- Bergamota.
- Lavanda.
- Naranja.
- Limón.
- Toronja.
- Pino.
- Vetiver.
- Cardamomo.
- Ciprés.

- Lima.
- Iris.
- Laurel.

Rociar unas gotas del aceite esencial natural mezcladas con agua en un quemador o sahumerio de aromaterapia dispersará el aroma en un lugar provocando una atmósfera más cálida y agradable que motivará tus sentidos para enfocar tu atención al éxito personal, profesional y espiritual.

Vístete para el éxito

Mucho se ha hablado del tema del Feng Shui y poco de la aplicación que puede tener en cómo nos vestimos, los accesorios que usamos y de qué manera nos pueden beneficiar.

El Feng Shui es el arte chino de diseño y acomodo de espacios interiores y exteriores para crear ambientes de armonía y balance, trabaja con la energía del entorno, colores, formas, texturas, materiales y todo esto se puede personalizar. El personalizar el Feng Shui se refiere a que, basados en la fecha de nacimiento de una persona y la teoría de los cinco elementos formadores de la naturaleza se sugieren colores, formas, texturas, accesorios y se diseñan espacios ideales para contribuir al crecimiento personal y al bienestar de cada persona.

Comenzamos pues, estableciendo a través de Ki de las nueve estrellas (astrología de Feng Shui) el elemento que rige la personalidad de cada quien y sus características. Como primer paso te sugiero establecer tu fecha de nacimiento en el calendario chino para determinar si naciste en el año que tú conoces o, en el caso de haber nacido antes del 4 de febrero, correspondes al año anterior. Ya que ubicaste tu año de nacimiento aplica la siguiente fórmula:

- Suma cada dígito del año, por ejemplo: 1968 1+9+6+8=24
- Ese número súmalo y redúcelo a un dígito: 2+4=6
- El resultante réstaselo a 11: 11–6=5
- Ese es tu número personal. 5

Ahora te invito a buscar tu número Ki y conocer tu naturaleza personal.

1. AGUA: eres una persona capaz de mediar y resolver en todo tipo de situaciones. Eres de naturaleza diplomática y tranquila. Tienes una fortaleza escondida, eres sentimental y de gran profundidad de pensamientos y acción. Buscas la esencia de todo y te atrae la investigación. Eres analítica y excelente comunicadora. Disfrutas el escuchar a los demás, es parte de tu aprendizaje.

2. TIERRA: eres una persona receptiva y maternal, suave y con un fuerte deseo de servicio y ayuda. Eres un excelente soporte para cualquier persona. Tranquila, paciente, compasiva y amorosa, tienes una actitud de servicio y cooperación. Extremadamente sociable, no te gusta sentirte sola ni perdida. Buscas la estabilidad y el realismo. Puedes llegar a ser obsesiva con los detalles, es parte de tu naturaleza convencional.

3. MADERA: eres fuerte, decidida, rápida, de movimientos drásticos. Espontánea, actuas antes de pensar, impulsiva. Creativa y alegre, eres optimista y positiva, alegre y simpática. Impositiva al hablar, cambiante e inestable. La inquietud es parte de tu naturaleza.

4. MADERA: eres tranquila, estable, suave. Cuando te enojas te puedes convertir en un huracán. Sensible y susceptible, evitas lastimar a los demás con tu excesiva franqueza, clara y directa para hablar. Confiable, segura, práctica y sensata. Excelente consejera aunque un poco influenciable. La confianza es parte de tu naturaleza.

5. TIERRA: eres magnética, el centro de atención. Todo gira a tu alrededor. Simpática, alegre, a veces egoísta y egocéntrica. Muy sociable y siempre rodeada de amigos. Glamorosa, atractiva y ambiciosa. Siempre sales bien librada de cualquier situación. Franca y tenaz, decidida e inteligente. La comunicación es parte de tu naturaleza.

6. METAL: extremadamente fuerte, firme y decidida. Analítica y seria. Líder, dominante y conquistadora, ordenada y activa. Eres muy crítica contigo misma y los demás. Te cuesta trabajo expresar tus emociones aunque eres muy sensible. Buscas el liderazgo en todos los aspectos de tu vida, precisa y exacta. La administración es parte de tu naturaleza.

7. METAL: eres calmada y tranquila, reflexiva, suave, sensible. Encuentras seguridad en la profundidad de tus sentimientos. Simbolizas la alegría, eres cariñosa e independiente, divertida, irresponsable, creativa y estilizada. Carismática, glamorosa y graciosa. La elegancia es parte de tu naturaleza.

8. TIERRA: eres fuerte y explosiva. Te escondes detrás de una imagen de tranquilidad y quietud pero eres pasional, tenaz y perseverante. Eres estable y siempre tienes una buena reserva de energía. Excelente argumentadora, reservada, clara y decidida, leal y fiel. La justicia es parte de tu naturaleza.

9. FUEGO: atractiva, magnética, hiperactiva. Te desgastas con mucha facilidad y puedes pasar por todos los estados de ánimo en un día. Alegre y bromista, disfrutas de las personas y el aspecto social. Moderna y vanguardista. Vanidosa, franca, leal, incapaz de guardar secretos. Amas la libertad. Eres romántica y soñadora. El brillo es parte de tu naturaleza.

Saber cuál es tu número Ki, nos permite establecer los colores y materiales más adecuados.

Si tu personalidad es 1. Agua, lo ideal para ti son colores blanco, azul marino y verde. Las prendas de algodón y lino son recomendables para ti. Los accesorios de metal te son muy favorables, así como las mascadas o telas de formas irregulares. En zapatos, aquellos de punta redondeada te proveerán de comodidad y confort. Evita los tacones de aguja. Para ti es muy importante la libertad por lo que utilizar sastres con pantalón o sacos con pantalón de lino y algodón te hará sentir fresca y creativa, así como reforzar tu imagen de profesionalismo y seriedad.

Si tu personalidad es 2. Tierra, 5. Tierra u 8. Tierra, los colores y tonos más recomendables para ti son rojo, naranja, amarillo, térreos, neutros y blancos. Las prendas de seda, piel y lana también son ideales para ti. Las telas y mascadas con dibujos de triángulos, líneas y círculos nutren tu naturaleza dinámica. Zapatos de puntas cuadradas, así como tacones cuadrados y anchos son muy favorables para ti que buscas siempre el dar pasos firmes y van totalmente acorde a tu imagen clásica.

Si tu personalidad es 3. Madera o 4. Madera te sugiero colores oscuros, verdes y detalles rojos o naranjas. Los dibujos ideales en telas y mascadas son las formas asimétricas, indefinidas, los rectángulos o formas alargadas y los triángulos. Las fibras naturales de origen vegetal como algodón y lino son excelentes para tu naturaleza innovadora. Telas suaves como la gasa y el chiffón van acorde a tu energía romántica y libre. Las botas y los tacones alargados anchos corresponden con tu espíritu libre.

Si tu personalidad es 6. Metal o 7. Metal, tus colores más adecuados son los tonos neutros, pasteles, blancos y azul marino o negro, y también los grises. Las telas suaves y los casimires van totalmente con tu espíritu ordenado. Los dibujos en telas o mascadas son los cuadros, círculos y las formas asimétricas.

Los accesorios metálicos y los sombreros son ideales para ti. En zapatos, aquellos de punta redonda con tacones metálicos o detalles metálicos te favorecen bastante, corresponden con tu energía de elegancia.

Si tu personalidad es 9. Fuego, tus colores son verdes, rojos, naranjas, amarillos, neutros y térreos. Las telas como algodón, lino, seda o piel, así como los diseños modernos y vanguardistas van con tu energía alegre y dinámica. Los dibujos rectangulares, triángulos y cuadrados corresponden a tu energía creativa. Los zapatos de punta triangular tacones de aguja son excelentes para ti. Llamativos y glamorosos. Los accesorios de madera y de diseños modernos enfatizan ese *look* diferente que te gusta transmitir.

Es recomendable que utilices ropa de materiales naturales para que tu energía fluya libremente a través de tu cuerpo. Aquellas fibras sintéticas te acaloran y obstruyen el flujo de tu energía personal provocándote ansiedad e incomodidad.

Las fibras como la seda, la lana y la piel promoverán acción, organización y dinamismo en tu actitud personal mientras que el algodón y lino favorecerán la creatividad, la comunicación y la sensibilidad en ti.

Las prendas con botones de madera o accesorios de madera te impulsarán a tener deseos de empezar nuevos negocios o de establecer nuevas metas, los metales como los aretes, relojes, sombreros circulares promoverán en ti una actitud y una imagen de liderazgo.

Aquellos textiles de textura pesada y sobria como la lana, los casimires y los tejidos gruesos son ideales para el progreso metódico y el trabajo en equipo, así como promover una imagen clásica. Las telas delgadas y suaves como la gasa y el chiffón despiertan tu creatividad y te fomentan una sensación de libertad.

Las prendas diseñadas de corte y líneas definidas, formales y de dibujos geométricos son ideales para trabajar, sobre todo en profesiones de imagen seria y formal. Dan una imagen de seriedad y profesionalismo. También son muy adecuadas para eventos sociales importantes.

Las prendas de líneas y cortes sueltos, casuales, sutiles y amplias son recomendables para personas de profesiones creativas, libres y profundas. Asimismo, son recomendables para actividades al aire libre, de descanso y de relajación.

Finalmente, cuando quieras brillar y ser el punto focal de un evento recurre a los colores brillantes y llamativos. Si la finalidad es dar una imagen profunda y seria lo ideal son los colores oscuros contrastados con blanco.

El verde es un color de cuidado, te favorece para dar una imagen fresca y juvenil aunque a nivel profesional te percibirán como alguien inmaduro e infantil.

Si tú deseas profundizar en el tema de Ki de las nueve estrellas, te recomiendo mi libro *Ki de las nueve estrellas*.

Los cinco elementos y el éxito

El tema de los cinco elementos ya lo hemos tratado en este libro, cada uno de estos elementos tiene características propias que podemos aplicar para armonizar la energía del éxito.

Con respecto al éxito, el elemento agua es un elemento que va a fomentar la comunicación profunda, la seguridad sobre lo que transmitimos y la imagen profunda y seria que podemos emitir. Es un elemento tranquilo, suave, analítico y profundo. Es ideal para casos en los que sentimos que necesitamos analizar y establecer metas y planes a futuro.

Aquello que representa la energía del agua son los colores oscuros como el negro, azul marino, verde muy oscuro, gris, e incluso morado obispo. Las formas asimétricas y onduladas. La luz muy tenue, peceras y fuentes. Hay que tener cuidado con el uso de fuentes en las recámaras, por lo que sugiero mejor recurrir a colores para integrar esta energía en nuestra vida y actitud.

El elemento madera con respecto al éxito es un elemento que va a fomentar la iniciativa y la creatividad en aquello que proyectamos y planeamos. Es la energía ideal cuando se desea comenzar una relación, un proyecto y un cambio en nuestra vida. Es excelente en aquellos casos en los que nuestra vida se ha vuelto aburrida y pesada; cuando queremos promover una renovación y un resurgimiento en nuestro aspecto sentimental, personal y profesional.

Aquello que representa la energía de la madera son los colores verde y azul claro, las sábanas y edredones de algodón y lino. Los

dibujos de hojas y flores, los rectángulos. Las plantas naturales y las flores frescas, los objetos de madera y los cuadros de paisajes boscosos.

El elemento fuego con respecto al éxito es el encargado de promover la atención, el reconocimiento (que los demás pongan atención en lo que hacemos). Es el encargado de hacernos sentir satisfacción por lograr nuestras metas. Es importante no abusar de él, ya que, llevado a un extremo, puede provocar desacuerdos, discusiones, pleitos y violencia. Es un elemento ideal para casos en que nuestra vida se ha vuelto muy aburrida o hay mucho alejamiento con respecto a los demás en el aspecto social.

Aquello que representa la energía del fuego son los colores brillantes como el rojo, el naranja y el amarillo; así como la luz brillante. Son favorables las formas triangulares, fotografías, esculturas de personas y animales; las velas, las lámparas, las chimeneas; las sábanas y edredones de seda, los tapetes de lana.

El elemento tierra con respecto al éxito es un elemento que va a fomentar la energía de inicio de una familia, es ideal para consolidar una relación, para "aterrizar" un noviazgo e incluso para controlar una relación tambaleante. Es de mucha ayuda cuando alguno de los miembros de la pareja se está involucrando en otras relaciones, o cuando existe un exceso de vida social con poca convivencia de pareja. Se recomienda emplear este elemento cuando se quiera generar una atmósfera de confianza, seguridad y calidez. Es la energía ideal para apoyar y promover matrimonios duraderos y se emplea para ayudarnos a poner los pies en la tierra y aterrizar los proyectos profesionales y planes personales que tenemos.

Aquello que representa la energía de la tierra son tonos térreos, ocres, dorados, arena, amarillos, naranjas, beige y café. Objetos de barro, porcelana y talavera. Figuras cuadradas y planas, cuadros de planicies, desiertos y campos de cultivo. Todo aquello que represente tradición, al igual que los objetos pesados y sólidos.

El elemento metal con respecto al éxito; éste va a fomentar el romance, la libertad, la tranquilidad y la seguridad en el aspecto sentimental. También nos ayuda a poner en orden nuestros sentimientos y a establecer nuestras metas y darle jerarquía a nuestros anhelos sentimentales, profesionales y personales. Es la energía ideal cuando nuestra vida se siente estancada, cuando se ha vuelto una vida rodeada de miedos y monotonía. Si queremos renovar nuestra atmósfera y nuestras sensaciones, este elemento es ideal.

Aquello que representa la energía del metal son los colores metálicos, blancos, gris perla y tonos pastel. Esculturas metálicas, formas redondas y circulares. La decoración minimalista, los cuarzos y las piedras preciosas.

¿Dónde podemos colocar algo representativo del elemento que quiero destacar en mi vida? El lugar ideal para promover el éxito va a ser la recámara principal, o bien, el área de trabajo o la sala de nuestra casa. Se puede colocar en el área de fama y en el área de fortuna y éxito del bagua BTB o los sectores Sur y Sureste de la habitación o construcción.

Plantas que favorecen el éxito

A continuación se presenta una lista de plantas y flores recomendables para el área de la fortuna y el éxito, así como en el área de fama. También se pueden colocar en los sectores Sur y Sureste de la construcción, en terrazas y jardines, se enlista el nombre común y el nombre científico para que sea más fácil su localización en viveros.

Recuerda que cualquier rincón o espacio de nuestra casa se puede convertir en un lugar agradable que evoque nuestros sentimientos y emociones, para ello las plantas son uno de los mejores recursos.

PARA REAFIRMAR Y REFORZAR ACTITUD DE ÉXITO

- Cyathea: helecho arbóreo.
- Ramia furfuracea: palma samia.
- Hemigraphis alternata: hiedra roja.
- Eustoma grandiflorum: genciana de la pradera.
- Saintpaulia: violetas africanas.
- Rhododendron: azaleas.
- Rosax hybrida: rosal enano.
- Beaucarnea recurvata: pata de elefante.

- Brugmansia: campanilla.
- Aeonium arboreum: rosetas verdes.
- Hibiscus rosasinensis: rosa de China.
- Hibiscus: malvones.
- Leptospermum: árbol del té.
- Viola wittrockiana: pensamientos.
- Fucsia: aretillo.
- Alyssum maritimum: panalillo.
- Labiaceae: coleos.
- Tagetes erecta: cempazúchil.
- Pittosporum tobira: clavito.
- Juniperus communis: junípero.
- Pelargonium: malvón.
- Impatiens: belén.
- Acacia retinoides: acacia amarilla.
- Ficus retosa: laurel de la India.
- Acer: arce.
- Achillea: aquilea.
- Betula: abedúl.
- Bellis: margarita menor.
- Camellia: camelia.
- Cercis: árbol del amor.
- Chaenomeles: membrillo japonés.
- Acalypha hispida: cola de gato roja.
- Aechmea fascista: bromelia.
- Agapanthus: lino africano.
- Aloe: sábila.
- Alyogyne huegeli: trompeta.
- Amaryllis: amarilis.
- Anthuriom: cuna de Moisés roja.
- Araliaceae: aralia china.
- Araucaria excelsa: araucaria.
- Asparagus sprengeri: espárrago.
- Asparagus umbellatus: asparagus.
- Aspidistra elatior: aspidistra.

- Begonia rex: begonia.
- Bougainville glabra: buganvilia.
- Browallia speciosa: mata violeta.
- Cactus.
- Caladium: romeo.
- Callistemon citrinus: limpia botellas.
- Campanuda isophylla: campanuda italiana.
- Cattleya: especie de orquídea.
- Cissus: hiedra de uva.
- Clivia miniata: clivia.
- Coleux blumei: coleo.
- Cyperus papyrus: papiro.
- Cymbidium: orquídea.
- Dahlia coccinea: dalia.
- Dracaena: maicera.
- Fucsia: aretillo.
- Gloriosa rothschildiana: lili gloria.
- Osmunda regalis: helecho real.
- Narcissus: narciso.
- Spathi phyllum: cuna de Moisés.
- Strelitzia reginae: ave del paraíso.
- Zantedeschia: alcatraz.

Flor de romance. Éxito en el amor

La flor de romance es una fórmula que parte de la astrología china y se aplica según el signo de zodiaco chino que te corresponde. Consiste en colocar un florero con una flor que no tenga espinas.

Se aplica midiendo con una brújula y colocando el florero en el sector cardinal en los grados exactos para cada signo. A continuación se presenta una guía.

- Rata, mono y dragón entre 255 y 285 grados.
- Buey, serpiente y gallo entre 165 y 195 grados.
- Tigre, caballo y perro entre 75 y 105 grados.
- Conejo, cabra y cerdo entre 345 y 15 grados.

Esta fórmula aplica para personas que desean atraer una pareja, en el caso de personas casadas y estables sentimentalmente puede generarles conflictos y problemas por relaciones furtivas que se pueden presentar. Si deseas establecer tu signo zodiacal se puede consultar la siguiente tabla:

五行 Elemento	Último Dígito	Polaridad	子 Zi Rata +	丑 Chou Buey -	寅 Yin Tigre +	卯 Mao Conejo -	辰 Chen Dragón +	巳 Si Serpiente -	午 Wu Caballo +	未 Wei Cabra -	申 Shen Mono +	酉 You Gallo -	戌 Xu Perro +	亥 Hai Cerdo -
Metal 金	0 Geng 庚	+ Yang	1900 1960		1950 2010		1940 2000		1930 1990		1920 1980		1910 1970	
	1 Xin 辛	- Yin		1901 1961		1951 2011		1941 2001		1931 1991		1921 1981		1911 1971
Agua 水	2 Ren 壬	+ Yang	1912 1972		1902 1962		1952 2012		1942 2002		1932 1992		1922 1982	
	3 Gui 癸	- Yin		1913 1973		1903 1963		1953 2013		1943 2003		1933 1993		1923 1983
Madera 木	4 Jia 甲	+ Yang	1924 1984		1914 1974		1904 1964		1954 2014		1944 2004		1934 1994	
	5 Yi 乙	- Yin		1925 1985		1915 1975		1905 1965		1955 2015		1945 2005		1935 1995
Fuego 火	6 Bing 丙	+ Yang	1936 1996		1926 1986		1916 1976		1906 1966		1956 2016		1946 2006	
	7 Ding 丁	- Yin		1937 1997		1927 1987		1917 1977		1907 1967		1957 2017		1947 2007
Tierra 土	8 Wu 戊	+ Yang	1948 2008		1938 1998		1928 1988		1918 1978		1908 1968		1958 2018	
	9 Ji 己	- Yin		1949 2009		1939 1999		1929 1989		1919 1979		1909 1969		1959 2019

Recuerda que el año solar chino inicia el día 4 de febrero.

Más tips para atraer el éxito

- Coloca una fotografía tuya que te guste mucho en el área de fama de tu casa, ponla en un marco de color rojo.
- Coloca tus premios, diplomas y trofeos en el área de fortuna y éxito del bagua de tu habitación o estudio.

- Coloca un globo terráqueo sobre tus proyectos para promover el reconocimiento de tu trabajo.
- Coloca flores frescas en las distintas habitaciones de tu casa para promover alegría y optimismo.
- Un jardín zen en tu espacio personal te ayudará a promover la reflexión, la sensatez y te ayudará a tomar decisiones adecuadas.
- Coloca una moneda china debajo de cada pata de tu cama para fortalecer el control que tienes sobre tus ingresos económicos.
- Coloca debajo de tu cama, a la altura de tu mano al dormir, un tazón de porcelana con arroz crudo y tres cuarzos para mejorar la distribución de tus ingresos.
- Coloca tazoncitos con sal de grano en las esquinas de tu casa para absorber los malos sentimientos y los problemas.
- Coloca un gallo metálico en tu habitación para promover fidelidad en el matrimonio.
- Esmérate por destacar tus cualidades, perdonar y aceptar tus debilidades y defectos.

Feng Shui en el amor

Aplicando el bagua de las ocho aspiraciones o bagua BTB, ubicamos el área del amor en la esquina posterior derecha de cada habitación y construcción tomando como base la puerta de acceso a cada espacio. Esta área se representa por el trigrama Kun, el cual representa la madre y la Tierra, además describe la energía de este espacio como una energía sólida, firme, decidida pero suave, tierna y maternal a la vez. En lo que corresponde a direcciones cardinales, el suroeste es el sector que se asocia con la energía del amor.

Comencemos a ver que podemos colocar en el área del amor, ya sea en el micro bagua o en el macro bagua para activar esta energía. Con activar me refiero a generar movimiento con respecto a esta energía, de tal manera evitaremos el estancamiento, la monotonía y la falta de interés en nuestras relaciones sentimentales y de pareja.

Esta área es el espacio ideal para activar el Chi de la energía de pareja, uno de los primeros puntos a enfatizar es que es recomendable colocar objetos en pares, ya sea dos velas rojas o rosas, dos flores frescas, dos sillas, dos cojines, dos plantas, dos mariposas, una fotografía de pareja, dos cuarzos de forma redonda o circular de color rosa, animalitos en pareja, en fin, cualquier cosa pero en pares. Sobre todo podemos colocar objetos que simbolicen y representen lo que queremos atraer y vivir con respecto al amor.

En lo que se refiere a colores, aquellos que reafirman la energía del amor son los tonos rosas, rojos, naranjas y amarillos. En cuanto a formas podemos utilizar los círculos, las esferas, los cuadrados y las pirámides.

Lo ideal es crear en esta esquina de nuestro espacio un lugar especial, lleno de vida y simbolismo, pero ¿qué sucede cuando justamente en esa esquina tenemos el baño, una bodega, el clóset, los tinacos, el asador, la alacena o el área de servicio?

Cuando tenemos el baño en el área del amor es importante balancear y corregir algunos problemitas que los baños provocan en la casa. Los desagües y coladeras representan fugas y escape de energía por lo que el baño en el área del amor provocará falta de interés, de motivación y alejamiento de nuestra pareja así como sensación de falta de amor y atención mutua de la pareja.

Lo que se sugiere en casos de los baños en el área del amor es pintar una línea roja, verde o amarilla alrededor de las coladeras y desagües, así como del inodoro. Aplicando las curas básicas podemos colocar un windchime o campana de viento en la esquina del baño, o poner flautas de bambú en forma vertical en las esquinas del baño, o una pequeña planta sobre la caja del agua del inodoro. Otra opción es colocar un espejo en la parte interior de la puerta del baño para reflejar la energía y cambiar su dirección y flujo hacia el exterior del baño.

Con respecto a los colores, para armonizar la energía de los baños que se ubican en el área del amor, se recomiendan tonos de blanco y gris claro, o bien, colocar las toallas en pares y los objetos decorativos en metal y de formas circulares y cuadradas.

Como en el caso anterior, se sugiere en aquellas situaciones en los que la lavandería, las áreas de servicio, los tinacos, e incluso la alberca, se ubiquen en esa área. En el caso de que tengamos una bodega, un clóset o una alacena se puede colocar una pequeña lamparita de seguridad, de las que se utilizan en cuarto de bebés para generar movimiento y evitar el estancamiento.

En aquellas situaciones que tenemos la cocina o un asador, ambos pueden provocar demasiada pasión en el amor con consecuencia de discusiones, conflictos y pleitos en la pareja, lo recomendable es utilizar colores o tonos de amarillo, mostaza o térreos.

Las texturas favorables para el área del amor son las texturas suaves, flexibles. Muebles de esquinas y formas redondeadas y circulares, las esquinas cuadradas de muebles pueden provocar diferencias de opinión y desacuerdos en la pareja, si éste es el caso, un mantel o carpeta de tela cubriendo la esquina del mueble corregirá el problema. Otra opción puede ser una planta cuyas hojas cubran la esquina agresiva.

¿Qué podemos sugerir para el área del amor de los distintos espacios de la casa?

En el área del amor de la sala podemos colocar una escultura metálica de una pareja abrazada o entrelazada, también puede ser un cuadro u obra artística de una pareja alegre y cariñosa.

En el área del amor del comedor se pueden colocar dos sillas o dos lámparas de poste alto, la luz hacia arriba simboliza fe y esperanza. Un frutero con fruta fresca y abundante promoverá frescura en la relación sentimental.

En el área del amor de la cocina se pueden colocar tazas de cerámica en pares de colores rojo, naranja, amarillo y rosa para promover cariño, aventura, amistad, alegría y ternura en el aspecto emocional.

En el área del amor del baño se sugiere un tazón con jabones en pares de colores, los mismos colores que se sugieren en el área del amor de la cocina. En el área del amor del estudio la presencia de libros en pares y portarretratos en parejas son muy recomendables.

En el área del amor del cuarto de televisión colocar dos cojines de color rojo activarán el dinamismo y la actividad en la pareja. En el área del amor de la recámara de los niños, podemos acomodar muñequitos en pares para despertar la inocencia y la impulsividad en la relación sentimental.

En el área del amor de nuestra recámara, objetos en pares representativos de aquellas actividades e intereses culturales y personales para compartir en el amor.

En el área del amor del garage, colocar dos macetas de barro rojas con plantas de tallos ascendentes y hojas redondeadas.

Con respecto a la manifestación de la energía del amor en las distintas áreas del bagua consideramos lo siguiente:

1. El amor en el área de benefactores se refiere al amor a nuestros semejantes, compañeros de trabajo, amigos y conocidos.

2. El amor en el área de hijos se refiere a ese amor incondicional, limpio y desinteresado que sentimos hacia nuestros hijos.

3. El amor en el área de fama se va a referir al amor a nosotros mismos, autoestima y sentido de seguridad y valor en el aspecto social.

4. El amor en el área del dinero o la fortuna corresponde a la acción de amar y agradecer todo aquello que recibimos a través de nuestro esfuerzo y la cooperación de los demás seres que nos rodean.

5. El amor en el área de familia radica en la valoración, seguridad, reconocimiento y solidez de la relación con nuestros padres, hermanos y sobrinos. Se refiere a nuestras raíces y tradición, ¿de dónde vengo y quién soy?

6. El amor en el área del conocimiento se dirige al interés y profundidad de nuestro propio conocimiento, al conocer nuestras capacidades y limitaciones, al establecer metas a seguir y la tenacidad para obtenerlas a través de la seguridad en nosotros mismos, en el amor propio y la autoestima, establecer ¿qué quiero y a dónde voy?

7. El amor en el área de trabajo considera el cariño y el interés para realizar actividades que nos nutren y alimentan, no existe mayor bendición que amar lo que haces y hacer lo que amas, ¿no creen?

8. El amor en el área de la salud corresponde al amor a nuestro cuerpo, a nuestros órganos, a nutrirlo y cuidarlo, finalmente, es el vehículo de nuestra alma y sentimientos, es quien nos ayuda a realizar y obtener lo que queremos y deseamos.

9. Un último consejo para activar el área del amor es el colocar objetos simbólicos e importantes para nosotros en tres áreas específicas para

fortalecer y conectar la energía de esas áreas enfocadas al amor, estos objetos pueden ser objetos pesados, esculturas, lámparas, deidades o incluso fotografías. Las áreas son las siguientes: benefactores, amor y familia; fortuna, amor y trabajo. Esta técnica se puede emplear en el micro bagua o en el macro bagua, un jarrón con flores frescas en cada una de estas áreas es una buena herramienta.

ESCUELA DE LAS FORMAS Y EL AMOR

Dentro de la escuela de las formas del Feng Shui es importante considerar la posición de nuestro hábitat con respecto a lo que lo rodea para poder interpretar la manera en que el entorno está beneficiando o perjudicando a los habitantes.

Desde el punto de vista de esta escuela, la casa debe tener una montaña en la parte trasera, ésta representará firmeza y solidez, estabilidad y protección hacia nuestros sentimientos y nuestra relación sentimental, de esta manera es recomendable que detrás de nuestra casa exista una barda sólida o una construcción un poco más alta que la nuestra para consolidar la fortaleza y compenetración sentimental con nuestra pareja, amigos, hijos y familia. En lo que respecta a la recámara, la cabecera puede representar la montaña, por ese motivo la importancia de que sea una cabecera de madera sólida y firme, pegada a la pared y que no se mueva o "baile", nos hará sentir nuestra relación protegida y estable. En aquellos casos en que la construcción no cuente con esta montaña o construcción trasera, podemos cubrir esta necesidad sembrando árboles de raíces sólidas y fuertes en la parte trasera de la casa, los árboles nos representan tradición y arraigo, sabiduría y fortaleza. Lo mismo se sugiere en aquellos casos en que a los lados de la casa no tengamos construcciones del mismo tamaño o un poco más bajas que nuestra casa, estas construcciones a los lados abrazan la casa y nos provee una sensación de seguridad y estabilidad emocional, nos ayuda a establecer lo que deseamos y buscamos en el aspecto sentimental, ¿qué deseo para mí con respecto al amor?

Existe también el caso en que las construcciones traseras y de los lados son construcciones más altas que oprimen la energía de nuestro hábitat, esto se refleja en una sensación de opresión emocional, de miedo de manifestar nuestras emociones y expresar lo que sentimos, la forma de corregirlo es a través de algunas de las nueve curas básicas. Podemos colocar una veleta, un molino de viento o un rehilete en el techo de la casa, por el exterior, al centro, para que al moverse con el viento, libere la opresión de la energía de nuestra casa a través del movimiento, es decir, genere dinamismo y nos libere de esa sensación de represión; otra opción sería colocar espejos en el techo que reflejen la construcciones vecinas que nos oprimen para debilitar su efecto pesado y excesivamente sobreprotector.

La construcción que se ubica del lado izquierdo de la nuestra (viendo de adentro hacia fuera) se asocia con lo que se denomina el dragón verde, el cual representa la energía masculina. Esta se recomienda que sea más alta que nuestra construcción.

La construcción que se ubica del lado derecho de la nuestra (viendo del interior al exterior) se asocia con lo que se denomina el tigre blanco que representa la energía femenina. Ésta se recomienda que sea más baja que el dragón verde.

La parte frontal de la casa habla de la llegada de oportunidades a nuestra vida y nuestra manera de interpretar y percibir las diversas situaciones y opciones que se nos presentan. El Feng Shui sugiere que frente a la casa debe haber un espacio amplio o una calle (el río) que conduzca la energía hacia nuestra puerta de entrada, esto promoverá una sensación de libertad en el amor y en la manifestación de nuestros sentimientos y deseos, nuestra perspectiva se torna clara y directa, nos permite abrir nuestros sentidos y nuestro corazón para recibir y percibir con tranquilidad todo aquello que el amor nos pueda brindar. Cuando una construcción más alta que nuestra casa se encuentra frente a nosotros nos crea una sensación de limitación, de conflictos para expresar lo que sentimos o de decir libremente lo que queremos decir, reduce las oportunidades de elegir nuestro camino y de recibir amplia y libremente lo que otros nos quieren brindar con respecto al amor. Si recurrimos a las curas básicas, podemos utilizar un espejo en nuestra fachada que refleje esa construcción frontal con la intención y finalidad de debilitar ese efecto opresor y el bloqueo que representa en nuestra vida personal y cotidiana.

Existen construcciones vecinas cuyos muros o estructuras forman picos o flechas agresivas que apuntan hacia nuestra casa o hacia nuestra puerta principal. Este tipo de flechas debilitan nuestra energía y nos hace sentir sometidos, agredidos o ignorados con respecto a nuestros sentimientos, provocando que a nivel inconsciente haya alejamiento de nuestra pareja, pocas oportunidades de amar y manifestar nuestro amor, así como falta de interés y consolidación de una relación sentimental.

Las puertas representan la imagen de los padres, por lo que si existe una flecha agresiva dirigida hacia la puerta dividirá y debilitará la unión y la energía de ambos. La manera de corregir este problema es colocar plantas entre la flecha agresiva y nuestra casa y entrada para debilitar su efecto agresivo. Otra opción sería colocar espejos u objetos reflejantes metálicos para cambiar la dirección de esa flecha agresiva.

Algo muy similar sucede con las sombras que proyectan las construcciones aledañas a determinadas horas del día con base en la posición del sol, sobre todo si esas sombras tienen forma de vértices afilados o picos. En este caso sugiero colocar plantas y una fuente que hará la función de un espejo en la trayectoria que sigue la sombra hacia nuestro espacio.

La forma geométrica de la construcción tiene un significado y una relación importante con respecto al amor. Mientras que las formas completas y sólidas como cuadrados y rectángulos son las más adecuadas, ya que representan estabilidad, igualdad y equilibrio, conceptos importantes para entablar y mantener una relación sentimental tanto personal como familiar y social. Las formas circulares sobre todo en recámaras y camas no son muy adecuadas pues el círculo es movimiento y el exceso de movimiento puede provocar inestabilidad, ansiedad y tensión. Los triángulos y rombos son demasiado agresivos y pueden generar discusiones y pleitos constantes, desacuerdos y agresión, lo ideal es quitarle la forma triangular colocando lámparas en las esquinas así como plantas en macetas de forma circular.

La forma circular debilita las formas triangulares o las flechas agresivas así como los vértices muy pronunciados así como las formas cuadradas estabilizan a las formas redondas o circulares.

Un faltante en la construcción, en el área del amor, el cual se explicó con anterioridad cómo determinar, provoca una sensación de desamor, alejamiento de nuestra pareja, separaciones y soledad así como debilidad en la energía de la madre, sentimientos de inseguridad, celos excesivos y desarmonía familiar. Lo más recomendable es colocar una escultura de metal pesada que represente una pareja abrazada y entrelazada, esta escultura puede estar iluminada por una lámpara cuya luz esté dirigida hacia ella para enfatizar el interés y la consolidación de esta energía en ese espacio.

Un sobrante en el área del amor va a promover armonía familiar, aunque puede provocar cambios imprevistos con respecto a los sentimientos, ya que la madre se vuelve dominante; si el sobrante es muy largo, la madre se vuelve demasiado dominante para toda la familia y puede desgastar y debilitar la energía y la imagen del padre, provocándole una sensación de falta de jerarquía y nulidad emocional. En estos casos, se sugiere decorar el sobrante con tonos de blanco y objetos metálicos.

En las terrazas y jardines, al ubicar el área del amor es recomendable armonizar y activar el área colocando una banquita para dos personas o una mesa con dos sillas y flores de colores rojo, amarillo y naranja; las flores blancas también serán de mucha ayuda.

A continuación se presenta una lista de plantas y flores recomendables para el área del amor de terrazas y jardines, se enlista el nombre común y el nombre científico para que sea más fácil su localización en viveros.

PARA REAFIRMAR Y REFORZAR LA ENERGÍA DEL AMOR

Cyathea: helecho arbóreo.
Ramia furfuracea: palma samia.
Hemigraphis alternata: hiedra roja.
Eustoma grandiflorum: genciana de la pradera.
Saintpaulia: violetas africanas.
Rhododendron: azaleas.
Rosax hybrida: rosal enano.

Beaucarnea recurvada: pata de elefante.
Brugmansia: campanilla.
Aeonium arboreum: rosetas verdes.
Hibiscus rosasinensis: rosa de China.
Hibiscus: malvones.
Leptospermum: árbol del té.
Viola wittrockiana: pensamientos.
Fucsia: aretillo.
Alyssum maritimum: panalillo.
Labiaceae: coleos.
Tagetes erecta: cempazúchil.
Pittosporum tobira: clavito.
Juniperus communis: junípero.
Pelargonium: malvón.
Impatiens: belén.
Acacia retinoides: acacia amarilla.
Ficus retosa: laurel de la india.
Acer: arce.
Achillea: aquilea.
Betula: abedul.
Bellis: margarita menor.
Camellia: camelia.
Cercis: árbol del amor.
Chaenomeles: membrillo japonés.

Ahora asociemos la energía de las ocho direcciones con respecto a la energía del amor.

Sector Norte: la energía del amor del Norte se refiere a una energía de comunicación profunda, tranquila, analítica. Es una energía ideal para parejas que atraviesan problemas de falta de comunicación, desacuerdos constantes o pleitos provocados por falta de entendimiento y comprensión mutua. También es muy recomendable para aquellas relaciones en las que necesitamos sentir libertad. Podemos colocar la cabecera de la cama matrimonial hacia el Norte o ubicar la recámara principal en el sector Norte de la construcción.

Sector Noreste: la energía del amor del noreste es una energía de motivación, aunque no se debe abusar de ella, ya que puede generar competencia profesional entre la pareja, lo que se sugiere en este caso es colocar un jarrón con flores amarillas en el sector Noreste de la recámara principal.

Sector Este: la energía del amor del este es una energía firme, sólida, "de arraigo". Es la energía que promueve matrimonios sólidos, tradicionales como los abuelos. En este caso te sugiero colocar una fotografía de pareja en el sector este de la recámara principal.

Sector Sureste: la energía del amor de este sector es una energía de frescura, actividad, renovación. Es la dirección ideal para iniciar nuevas relaciones y vivir emociones nuevas en la relación ya existente, coloca flores frescas u objetos de colores alegres en pares en este sector de la habitación.

Sector Sur: la energía del amor de este sector es una energía de alegría y fiesta. Es una energía que destaca la atracción y el magnetismo con respecto al sexo opuesto, coloca en este sector de la recámara cuadros o representaciones de tus momentos más alegres con tu pareja.

Sector Suroeste: la energía del amor de esta dirección es precisamente la energía del amor de pareja, del amor maternal, del amor compartido y comprensivo. Coloca una mesa redonda con dos sillas o dos cojines de color dorado en este sector de la recámara principal.

Sector Oeste: la energía del amor de esta dirección es la energía del romance y la ilusión. Es el sector ideal para colocar objetos que simbolicen tus ilusiones y esperanzas con respecto al amor.

Sector Noroeste: la energía del amor de esta dirección es la energía del amor paternal, la sensación de respaldo, apoyo y cooperación mutua en una relación. Coloca una escultura de metal de una pareja abrazada para darle solidez al amor en tu vida.

EL YIN Y EL YANG EN EL AMOR

Como ya lo mencionamos con anterioridad, el Yin y el Yang son las dos fuerzas opuestas y complementarias que surgen del todo y de la nada y que dan origen a lo existente sobre la faz de la tierra.

Estas energías tienen características cada una, que nos permiten aplicarlas para crear atmósferas de amor, asimismo, lo podemos aplicar a las personas con base en sus características físicas y sus características de personalidad; de esta manera podemos crear entornos que balanceen la energía personal de cada persona al estar en su habitación.

La energía del amor, como todo, tiene facetas Yin y facetas Yang. Todo es más Yin o más Yang en un dado caso, representan un constante movimiento, todo busca un punto de balance y equilibrio y todo pasa de un extremo a otro en determinadas situaciones. De esa manera transcurren nuestra vida, nuestros planes, nuestros proyectos y nuestros sentimientos. Si este movimiento no existiera, todo estaría estático, algo estático no tiene vida, y el amor es vida. De tal forma el amor pasa del Yin al Yang y viceversa.

La energía Yin se determina y manifiesta como una energía suave y femenina, es acogedora y maternal, evoca nuestro interior, nuestros valores y nuestros sentimientos. Es una energía relajada, libre y aventurera. Despierta nuestro lado creativo, artístico y nuestra imaginación. Es una energía flexible, lenta y un poco desordenada. Digamos que es la energía que rige nuestro interior y nuestro aspecto íntimo.

La energía Yang se determina y manifiesta como una energía firme y decidida, paternal e impulsiva, evoca nuestra imagen exterior, la faceta que damos al mundo y la manera en que nos manifestamos socialmente, es una energía organizada, dinámica, productiva y estructurada. Es ágil, detallada y precisa. Lógica y ordenada. Es la energía a través de la cual nos relacionamos con el exterior.

Ambas energías se atraen mutuamente y se complementan. Entre más Yin eres atraes algo más Yang como consecuencia y viceversa. Si vives en un entorno Yin empiezas a ser más Yin, si vives en un entorno Yang empiezas a ser más Yang. Entre más Yin eres atraes con más fuerza a parejas de energía Yang y entre más Yang eres, atraes con más fuerza a parejas de energía Yin; aunque curiosamente, las personas de naturaleza Yin quieren atraer a alguien de la misma naturaleza y alguien de naturaleza Yang quiere atraer a alguien Yang. Sin embargo, lo que te da el balance y la armonía es el polo opuesto.

Las personas de naturaleza Yin son seres susceptibles, sensibles, románticos, callados, flexibles y tranquilos. Son reservados, creativos, de ideas desordenadas que les cuesta trabajo llevar a cabo ya que son demasiado soñadores. Son personas de acciones lentas y pausadas. Dan la apariencia de ser personas despistadas y estar cansadas constantemente. Les gusta observar y escuchar a los demás. Evaden la superficialidad y les gusta investigar a profundidad. Les gusta el arte, leer, descansar y relajarse. Se puede llegar a pensar que son débiles aunque tienen una fortaleza escondida que cuando despierta los manifiesta en el polo opuesto. Delimitan su espacio, disfrutan su entorno y su tiempo y ellos eligen con quien lo comparten. No les gusta sentirse presionados y hacen las cosas por convicción y deseo propio y cuando ellos quieren hacerlas.

Las personas de naturaleza yang son seres alegres, sociables, ágiles mentalmente y de movimientos rápidos, decididos y firmes. Cambian de punto de vista y decisiones con mucha facilidad y rapidez. Son personas precisas, exactas, lógicas y ordenadas. Les gusta controlar las situaciones. Son dinámicos y les gusta hacer dos o tres cosas a la vez. Les gusta la superficialidad, la vida social, el *glamour* y ser reconocidos. Son vanidosos y funcionan a base de competitividad. Les atrae el brillo y lo bonito. Se ilusionan con mucha facilidad y sus emociones cambian muy rápidamente. Se someten a grandes pruebas de estrés y aman los retos. No les gusta mucho sentirse solos y son muy comunicativos.

Dos personas de naturaleza Yin, pueden llevar su relación sentimental al extremo y caer en la apatía y el aburrimiento, en la falta de motivación y alegría. Pueden ser muy buenos amigos pero necesitan algo de Yang como motor para balancear su naturaleza.

Dos personas de naturaleza Yang, pueden llevar su relación sentimental al extremo y caer en competitividad y rivalidad, celos y egoísmo. Pueden caer en exceso de discusiones y conflictos, así como en falta de comunicación y volver su relación un campo de batalla.

Una persona de naturaleza Yin con una persona de naturaleza Yang tienden a formar una relación más estable y balanceada. Ambos se comprenderán e impulsarán el uno al otro. El Yin tiene la profundidad mientras que el Yang tiene el aspecto práctico. Se dan lugar uno al otro y posiblemente formen una muy buena relación si aprenden a respetar sus mutuos intereses.

También nuestro cuerpo tiene características que nos pueden determinar como personas de naturaleza Yin o de naturaleza Yang. Las personas de naturaleza Yin tienden a ser altas y delgadas, de ojos grandes y separados y mirada profunda, sus labios son gruesos, las cejas son fuertes, sus manos y pies son largos y delgados. Mientras que las personas de naturaleza Yang son más bajas de estatura y su complexión física es más gruesa, de ojos pequeños y cercanos y mirada brillante, sus labios son delgados, las cejas son delgadas, sus manos y sus pies son pequeños y llenitos. Existen personas de ambas características, su naturaleza es más balanceada y equilibrada.

Como herramienta para balancear nuestras relaciones tenemos el crear y diseñar espacios que complementen y nutran nuestra energía personal. También podemos fomentar el balance a través de nuestra ropa y los alimentos que consumimos, esto contribuirá a mejorar y nutrir la energía del amor en nuestra vida.

En lo que se refiere a personas de naturaleza Yin se recomiendan alimentos, colores, formas, texturas y ambientes Yang para equilibrar y balancear su energía personal. En lo que se refiere a personas de naturaleza Yang se recomiendan opciones Yin para equilibrar y balancear su energía.

Se consideran alimentos Yin los alimentos frescos como lechugas y vegetales verdes, el azúcar, los dulces, los chocolates, el tofu, las ensaladas, las frutas, los líquidos, los helados. Los alimentos hervidos, crudos o cocinados al vapor.

Se consideran alimentos Yang la sal, la carne, los vegetales de raíz, el pescado, la carne, el huevo, el pollo, los granos, los cereales y los frijoles. Los alimentos fritos, asados o rostizados.

De esta manera, con esta información, podemos preparar comidas o cenas balanceadas energéticamente que van a nutrir y nivelar nuestra propia energía.

Como colores Yin vamos a considerar los tonos fríos como el verde, el azul, el gris, el negro, el morado obispo, lavanda, el azul marino, etcétera.

Como colores Yang vamos a considerar los tonos cálidos como el rojo, naranja, amarillo, blanco, magenta, fucsia, etcétera.

Tal y como hemos repetimos numerosas ocasiones, dentro del Yin hay Yang y viceversa, por lo que un tono de verde brillante se va a considerar más Yang que un verde oscuro que se considera Yin, de la misma forma un rojo brillante se considera Yang; mientras que un tono rojo oscuro o vino se va a considerar más Yin.

Los textiles suaves, cómodos, libres como el algodón, la gasa y el lino se consideran Yin, mientras que los textiles de textura firme, pesada y sólida como la seda, la piel y la lana se van a catalogar como Yang.

Las prendas de corte lineal, recto, pegado al cuerpo como serían los trajes sastres se consideran Yang, al igual que el calzado de tacón alto y estilizado.

Las prendas de corte casual, flojo y libre como los pants y los jeans, así como el calzado cómodo como los tenis y los mocasines se consideran Yin.

Para crear y diseñar espacios Yin podemos utilizar luz indirecta y suave, muebles de madera, alfombras, carpetas, pisos de madera, cojines y edredones muy afelpados, cortinas, plantas.

Para crear y diseñar espacios Yang podemos utilizar luz directa y brillante, pisos de mármol y cantera, losetas, persianas, adornos de metal y porcelana, velas, muebles de textura firme, metal y cristal.

En cuanto a formas, aquéllas que son compactas como los círculos y los cuadrados se consideran Yang, en cambio las alargadas como rectángulos y óvalos se consideran Yin.

Esto nos ayuda mucho en casos de parejas Yin, se puede crear un entorno Yang y viceversa. Es a través del entorno que podemos apoyar nuestra relación hacia el equilibrio y el balance que repercutirá en armonía en el amor.

Si tenemos el caso de una pareja Yin-Yang podemos jugar con ambas energías y diseñar entornos balanceados. ¿Cómo lo hacemos?

Vamos a trabajar en el espacio de mayor convivencia de la pareja que es la recámara principal.

Por ejemplo, en el caso de dos personalidades de naturaleza Yin, podemos diseñar una recámara con piso de mármol, una cama con cabecera de madera, luz indirecta y suave, velas. Tonos de verde brillante con algo de naranja o magenta. Sábanas de seda, persianas en las ventanas y un edredón delgado.

En el caso opuesto de dos personalidades de naturaleza Yang, podemos diseñar una recámara con alfombra de lana en un tono verde o azul, una cama con cabecera de madera, cortinas de tela y de gasa. Cama con dosel de gasa, sábanas de algodón o lino. Luz indirecta. Tonos de verde, azul, uva y morado obispo. Un edredón afelpado con dos cojines o almohadas mullidas.

Si tú deseas balancear tu naturaleza yang ya que te sientes muy estresado, tenso y agobiado viste de colores Yin y consume alimentos Yin.

Si tú deseas balancear tu naturaleza Yin, ya que te sientes con mucha flojera, falta de ánimo, de motivación, tristeza y depresión viste de colores Yang y consume alimentos Yang.

Es importante que tu espacio esté ordenado y limpio para que la energía del amor fluya con libertad, el desorden y el polvo te harán sentir cansado, agobiado y saturado, aspecto que reflejarás en tu aspecto sentimental dañando tu relación.

En el caso de que desees atraer una pareja, entre más papeles y desorden exista en tu recámara menos atraerás a alguien especial, pon orden en tu espacio para poner orden en tu vida y estarás lista para recibir y conocer a esa persona que buscas.

Otro aspecto importante es que saques de tu vida objetos y recuerdos de relaciones pasadas para dejar entrada libre a cosas nuevas.

Los cinco elementos en el amor

Cada uno de estos elementos tiene características propias que podemos aplicar para armonizar la energía del amor.

El elemento agua con respecto al amor, es un elemento que va a fomentar la comunicación profunda, la aventura y la actividad sexual. Es un elemento tranquilo, suave, analítico y profundo. Es ideal para casos en los que la relación se ha vuelto muy fría y alejada.

Aquello que representa la energía del agua son los colores oscuros como el negro, azul marino, verde muy oscuro, gris e incluso morado obispo. Las formas asimétricas y onduladas. La luz muy tenue, peceras y fuentes. Hay que tener cuidado con el uso de fuentes en las recámaras por lo que sugiero mejor recurrir a colores para integrar esta energía en nuestra relación.

El elemento madera con respecto al amor es un elemento que va a fomentar la iniciativa y la creatividad en el aspecto sentimental. Es la energía ideal cuando se desea comenzar una relación. Es ideal en aquellos casos en los que la relación se ha vuelto aburrida y pesada, cuando queremos promover una renovación y un resurgimiento en nuestro aspecto sentimental.

Aquello que representa la energía de la madera son los colores verde y azul claro, las sábanas y edredones de algodón y lino. Los dibujos de hojas y flores, los rectángulos. Las plantas naturales y las flores frescas, los objetos de madera y los cuadros de paisajes boscosos.

El elemento fuego con respecto al amor es el encargado de promover la pasión, el glamour y la alegría en el aspecto sentimental. Es importante no abusar de él ya que llevado a un extremo puede provocar desacuerdos, discusiones, pleitos e incluso violencia. Es un elemento ideal para casos en que la relación se ha vuelto una relación muy impulsiva o con exceso de franqueza al grado de lastimar con palabras. Cuando la relación se ha vuelto muy aburrida o hay mucho alejamiento con respecto a los demás en el aspecto social.

Aquello que representa la energía del fuego son los colores brillantes como el rojo, el naranja y el amarillo. Las formas triangulares. La luz brillante, fotografías, esculturas de personas y animales. Las velas y las lámparas, una chimenea. Las sábanas y edredones de seda, los tapetes de lana.

El elemento tierra con respecto al amor es un elemento que va a fomentar la energía de inicio de una familia, es ideal para consolidar una relación, para concretar un noviazgo e incluso para controlar una relación tambaleante. Es de mucha ayuda cuando alguno de los miembros de la pareja se está involucrando en otras relaciones o cuando existe un exceso de vida social con poca convivencia de pareja. Se recomienda emplear este elemento cuando quieras generar una atmósfera de confianza, seguridad y calidez. Es la energía ideal para apoyar y promover matrimonios duraderos.

Aquello que representa la energía de la tierra son tonos térreos, ocres, dorados, arena, amarillos, naranjas, beige, café. Objetos de barro, porcelana y talavera. Figuras cuadradas y planas, cuadros de planicies, desiertos y campos de cultivo. Todo aquello que represente tradición. Objetos pesados y sólidos.

El elemento metal con respecto al amor es un elemento que va a fomentar el romance, la libertad, tranquilidad y seguridad en el aspecto sentimental. También nos ayuda a poner en orden nuestros sentimientos y a establecer nuestras metas y darle jerarquía a nuestros anhelos sentimentales. Le da un toque de suavidad, alegría, entretenimiento y elegancia a la relación. Es la energía ideal cuando la relación se siente estancada, cuando se ha vuelto una relación rodeada de miedos y monotonía. Si queremos renovar nuestra atmósfera en el amor, este elemento es ideal.

Aquello que representa la energía del metal son los colores metálicos, blancos, gris perla y tonos pastel. Esculturas metálicas, formas redondas y circulares. La decoración minimalista, los cuarzos y las piedras preciosas.

¿Dónde podemos colocar algo representativo del elemento que quiero destacar en mi vida? El lugar ideal para promover el amor va a ser la recámara principal, se puede colocar en el área del amor del bagua BTB o el sector suroeste de la habitación.

ATMÓSFERAS Y AMBIENTES DE AMOR

La aplicación contemporánea que se hace del tema de Feng Shui está basada en sus raíces ancestrales chinas y la incorporación de diversas corrientes filosóficas provenientes de Oriente (Tíbet e India). Es realmente difícil que en nuestro tipo de vida y entorno podamos aplicar los conceptos tradicionales que marcan las diversas escuelas tradicionales chinas.

Se puede trabajar con la energía de las ocho direcciones cardinales, reacomodar mobiliario, aplicar colores, texturas y materiales para crear e incitar a un flujo de la energía (Chi) lo más adecuado posible. Encontrar el lugar ideal, con las condiciones del paisaje adecuadas, diseñar una casa basándonos en la fecha de nacimiento de la persona que genera la abundancia para la familia es complicado en una sociedad donde cada vez las mujeres y amas de casa estamos viviendo a pasos agigantados más en un entorno de energía Yang. Con esto me refiero a que cada vez somos más las mujeres activas, que trabajan y realizan actividades yang. Esto impone el adecuar las aplicaciones de Feng Shui a nuestro estilo de vida. Aquí surge el Feng Shui personalizado, el que nos ofrece alternativas y opciones, basadas en sus teorías ancestrales, aplicables a la forma actual de movimiento.

La energía (Chi) se transforma, a través del tiempo, de los espacios, de los ambientes, por consiguiente, en un aspecto práctico y tangible; el Feng Shui puede ayudarnos a crear y diseñar espacios y ambientes agradables basados en patrones de la naturaleza, como lo sería la teoría Yin-Yang de los polos opuestos y la teoría de las cinco fuerzas elementales. A través de estos ambientes es que podemos promover grandes cambios inconscientes en nosotros que nos impulsan a obtener nuestras metas con mayor facilidad y a sentirnos cómodos y motivados para encontrar la abundancia en todos los aspectos de nuestra vida.

Finalmente, somos seres que funcionamos por medio de nuestras percepciones, éstas se realizan por nuestros sentidos y nuestra mente inconsciente aspecto que nos permite aplicar el Feng Shui y otras técnicas como aromaterapia y limpieza de espacios para crear lugares en armonía y balance con nosotros mismos, que se van a reflejar en nuestro entorno y nuestras actitudes, cumpliendo así dos conceptos primordiales en el Feng Shui tradicional: armonía y balance.

Lo trascendental en este concepto es aportar y lograr cambios internos y externos para mejorar nuestras vidas, sea bajo la teoría o escuela que sea, y crear espacios de armonía y balance que, al fin y al cabo, todo aquello que se considera holístico, New Age y alternativo va dirigido a una misma finalidad: armonía y balance de nosotros mismos con la energía de la naturaleza y el cosmos: integración.

Un aspecto muy importante en nuestra vida cotidiana es el amor, y me refiero al amor en todas sus facetas. El primer paso para crear armonía en un espacio es integrar una atmósfera de amor. Esto se logra diseñando espacios cálidos y acogedores. Los elementos que nos pueden ayudar para esto son los térreos, el elemento tierra se asocia con la maternidad (amor incondicional). En colores se sugieren tonos amarillos pálidos, ocres, mostazas, beige. Algunos detalles de dorado o rojo quemado (térreo).

En aquellos espacios de convivencia familiar y de pareja se debe crear una atmósfera suave, relajante. Sillones y textiles acolchonados, suaves. Materiales como el algodón y el lino así como colores verdes y azules fomentarán la creatividad mientras que materiales como la lana y la piel así como colores brillantes naranja, rojo y amarillo favorecerán la fiesta y la actividad.

La presencia de plantas y flores atraerá alegría y frescura. Es importante evitar el sentarnos y convivir frente a una chimenea directamente, ya que esto puede generar conversaciones que se acaloren y se conviertan en discusiones. El incluir fotografías en estos espacios reafirmará nuestros lazos de cariño y comprensión, tanto familiar como amistosa, sobre todo si son fotografías familiares y de amistades en situaciones y experiencias agradables y simpáticas.

En lo que se refiere a las direcciones cardinales, la energía del suroeste es la que se asocia con el amor. Esta energía se identifica con el elemento tierra encargado de promover la estabilidad, la seguridad, el cuidado, la armonía familiar, la maternidad, la energía del hogar y la precaución. Con este elemento relacionamos los objetos hechos o fabricados con materiales provenientes de la tierra como porcelana, barro y talavera; las formas bajitas y cuadradas; colores térreos y amarillos. Por consiguiente, es aconsejable que en el área suroeste de las habitaciones coloquemos objetos como una escultura de porcelana, por supuesto, de pareja en armonía. También podemos usar plantas bajitas como violetas o un ramo de flores en colores rojo, naranja o amarillo. Emplear cojines o manteles de color amarillo en cualquier tonalidad y colocar muebles en pares como dos sillas, dos sillones, dos cojines, etcétera.

Otra opción sería ubicar una mesa de lectura con dos sillas y una lámpara, la luz se asocia con esperanza, sobre todo si es de abajo hacia arriba. Se puede lograr este efecto con una pantalla plana que refleje la luz ascendente.

En el aspecto simbólico es importante que en estos rincones utilicemos objetos y motivos representativos de parejas alegres y con un punto de vista común; me refiero a evitar poner una escultura viendo para un lado y otra para otro, ambas deben ver a un solo punto de interés.

Los motivos de los cuadros, esculturas y obras artísticas que tenemos en casa también tienen un efecto psicológico inconsciente importante. Sugiero tener obras representativas de grandes convivencias, personas alegres, sensaciones agradables y parejas contentas. El rodearnos de símbolos de soledad y tristeza provocarán esa misma sensación en nosotros, muy sencillo, si percibimos alegría a nuestro alrededor, nos sentimos alegres; si el caso es contrario y vemos tristeza a nuestro alrededor, nuestros sentidos se empaparán de esa sensación y nos sentiremos tristes y solos.

Concerniente a las habitaciones, el amor a nuestros hijos se va a promover en su habitación. Es importante recordar que los niños están en una etapa de crecimiento en la que podemos reforzar su seguridad, autoestima, tranquilidad y carácter. El elemento que se asocia con esta etapa de su vida es el elemento madera, éste promueve la actividad, la concentración, la iniciativa y la creatividad. Se incorpora a través de colores verde o azul claro, plantas, formas alargadas, muebles de madera y fibras naturales.

Es adecuado considerar que la habitación de los niños es un espacio de juegos, descanso y alegría, debemos usar muebles bajitos de madera que no dificulten el que ellos puedan subir y bajar con libertad sobre todo en la noche. Recordemos que una cama muy alta en nuestra infancia nos hacía sentir miedo y la sensación de un abismo en la oscuridad. También es recomendable que coloquemos una luz de seguridad en algún enchufe de la recámara, con la finalidad de darle seguridad al niño en las noches, pues aquello que no vemos nos genera pesadillas y terrores nocturnos que se pueden reflejar en miedos, inseguridad y fobias. Utilizar tapices y cuadros con motivos de varios animalitos, niños o payasitos jugando promoverán una atmósfera de convivencia y sociabilidad.

Es importante que evitemos colocar la cama de los niños junto a enchufes y aparatos eléctricos ya que pueden provocarle excesiva ansiedad e inquietud al niño, por supuesto evitar la televisión en esta

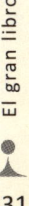

habitación, y suplirla con juguetes didácticos o rompecabezas. En el peor de los casos, si es inevitable en la recámara, se sugiere colocarla en un mueble que tenga puertas que se cierren en la noche.

Otro aspecto importante en una habitación infantil es el evitar muebles, libreros o estantes que queden sobre la cabeza del niño al dormir o estudiar, ya que esto le provocará encierro que se reflejará en bloqueos y limitaciones para expresarse y convivir con los demás, así como rebeldía provocada por no descansar plena y libremente.

Detalles de rojo y naranja (sin abusar de ellos) promoverán en el niño estimulación mental, sociabilidad y espontaneidad. El azul marino generará una actitud de análisis, profundidad, tranquilidad e independencia.

Te sugiero escuchar lo que tus niños quieren, nadie mejor que ellos para escoger los colores que les favorecen.

En edredones y textiles lo más recomendable son aquellos de algodón o lino para permitir un libre flujo de la energía corporal del niño así como para promover frescura y creatividad.

Ubica un área de la casa para colocar los libros y escritorios, establece horarios de trabajo y horarios de juego así como tiempos de descanso y dormir. Es una manera de enseñar al niño a llevar su vida en orden aspecto que le permitirá convertirse en un adulto organizado y objetivo, seguro y responsable.

En lo que respecta a su ropa, debe ser de fibras naturales, ya sea vegetales, como algodón y lino, o animales, como lana o seda. Éstos promoverán seguridad, libertad, frescura y limpieza en sus sensaciones.

En la sala vamos a promover el amor a nuestros familiares y amigos. Debe ser un espacio amplio y con sensación de libertad y confianza, esto se logra con sillones acogedores y acomodados simétricamente, de preferencia formando un semicírculo o un cuadrado. Es importante que su acomodo invite a entrar y sentarse, un sillón o silla que nos da la espalda al entrar a un espacio genera una sensación de rechazo. La mesa central se sugiere redonda para crear una atmósfera dinámica u ovalada para una atmósfera relajada, por supuesto me refiero a mesas y muebles de madera. Si queremos crear un ambiente más dinámico y activo podemos usar mesas de metal y cristal.

Las formas cuadradas y rectangulares le imprimen un toque de mayor solemnidad al espacio. Es importante recordar que en la mayoría de los casos, diseñamos salas demasiado sobrias y serias que jamás utilizamos, esto se refleja en una relación social y familiar estrecha y desconfiada. Un tip: trata de darle a tu sala la atmósfera que le das a tu sala de estar o de TV, ese pequeño espacio donde generalmente acaban todas las personas de la casa conviviendo.

La sala debe ser iluminada, tener plantas de hojas suaves y redondeadas, sobre todo en aquellas esquinas que no tienen mucho movimiento y tienden a estancar el flujo de la energía. Un jarrón de flores frescas de color naranja contribuirá a una atmósfera de alegría y amistad aspecto que incorpora el elemento fuego representante de alegría.

Te sugiero evitar el recargar de adornos las mesas centrales, recuerda que los espacios libres son sinónimo de libertad y limpieza, lo recargado es sinónimo de desorden y estancamiento.

Coloca en los muros cuadros de paisajes profundos y verdes, frescos, relajantes y alegres para atraer un toque de frescura y crecimiento personal, así como abundancia a la atmósfera de tu sala.

En cuanto a los pisos, el uso de losetas, mármol o superficies duras provocará un ambiente más activo, las alfombras un ambiente más relajado, lo ideal: combínalos, superficies duras con algunos tapetes que jueguen con distintas tonalidades.

En el comedor vamos a ubicar el amor a nuestra pareja y a nuestros hijos, es el lugar donde representamos la abundancia y el equilibrio, por medio de una buena alimentación y una convivencia agradable. El Feng Shui se puede aplicar hasta en nuestra alimentación, aspecto que platicaremos más ampliamente en un artículo posterior. En el comedor debemos quitar esa sensación de alejamiento, seriedad y frialdad que generalmente tienen todos los comedores, incorporemos el ambiente cálido y agradable que tenemos en el desayunador. Sugiero mesas ovaladas o circulares, de esta manera todas las personas podrán interactuar y convivir al comer. La madera provocará relajación y comodidad, el cristal promoverá inquietud y actividad, un poco de prisa. Te sugiero colocar al centro de tu mesa un frutero con fruta natural y abundante ¿Para qué? Para generar una sensación de abundancia. La loza de barro, cerámica o porcelana refleja mayor actividad, los utensilios de madera promueve más romanticismo y un ambiente casual. Para un ambiente elegante utiliza accesorios de cristal, porcelana y metal en la mesa, para algo más relajado y amistoso puedes recurrir a madera y bambú. Evita el plástico y accesorios sintéticos.

Utiliza el color de los manteles para generar algo en particular. Por ejemplo, el color crema se asocia con relajación, el blanco provocará una atmósfera estimulante, el verde reflejará vitalidad, el azul favorece la comunicación, el morado frambuesa despertará la pasión, el negro hará sentir seguridad, el rojo o naranja atrae romance, el gris da una sensación de formalidad y el amarillo calidez.

Puedes jugar con los colores en manteles y servilletas acorde a lo que necesitas en cada ocasión.

Si necesitamos romanticismo, comprensión y comunicación enfatiza tu mesa con velas en lugar de usar luz eléctrica. En este espacio, incorpora colores térreos para buscar armonía familiar.

Un espejo que refleje la mesa al estar comiendo o la vitrina duplicará la abundancia en esa casa.

En la recámara vamos a ubicar el amor de pareja, es el área ideal para dos. El amor a nuestros hijos y familiares se ha explicado con anterioridad donde reforzarlo y ubicarlo, en el caso de la pareja trabajaremos en la recámara principal.

Comencemos con los mensajes inconscientes y el aspecto subliminal, revisa cuantos adornos tienes en grupos de tres dentro de tu recámara, nada recomendable, éste es un espacio de dos, coloca tus adornos en pares para fortalecer la relación de pareja. Usa muebles de orillas redondeadas, los vértices en los muebles pueden provocar agresiones, discusiones y conflictos.

Te sugiero que tu cama sea de madera, de una sola base completa y alta, esto evitará el exceso de individualidad, favorecerá el compartir y la altura de la cama promoverá éxito y mejorar nuestra autoestima así como el darle jerarquía a nuestra relación y nuestros sentimientos.

Es muy importante que nuestra cama tenga una cabecera sólida y firme a la pared para darle estabilidad al matrimonio, así como el evitar cuadros u objetos en la pared sobre la cabecera, éstos promueven división o falta de comunicación entre la pareja.

El ambiente debe ser suave y relajado lleno de detalles sutiles que promuevan el amor y la pasión. Te recomiendo piso de madera con tapetes de lana para una atmósfera creativa, fresca y pasional. También se puede usar edredones de lana y/o sábanas de seda para generar actividad, alegría y pasión.

Si lo que necesitas es una atmósfera creativa, de renovación y de iniciativa utiliza edredones y sábanas de algodón o lino. Los edredones muy acolchonados invitan al romance.

En cuanto a los colores puedes usar naranjas en los textiles para compartir y para alegría, rojo para pasión (no recomiendo abusar mucho del rojo, una relación sentimental no se basa sólo en la pasión), azul marino para favorecer la comunicación profunda y la actividad sexual, verde para creatividad e impulsividad. Empléalos con base en lo que quieras promover.

La iluminación debe ser indirecta, no te recomiendo que sea brillante y sobre la cama, al contrario debe ser suave y podemos usar velas (dos) para despertar el romanticismo.

Evita tener aparatos eléctricos en la recámara, ya que provocan inquietud y ansiedad. Puedes colocar la televisión en un mueble de madera que tenga puertas y se cierren al dormir.

Diseña en el vestidor un espacio donde colocar notas y papeles del trabajo; no permitas que dentro de tu espacio de pareja exista algo que distraiga la atención y recuerde las obligaciones y responsabilidades diarias.

Te sugiero tener en tu recámara solamente fotos tuyas y de tu pareja, las de amistades e hijos pueden estar en la sala. Frente a tu cama coloca un cuadro que simbolice y represente lo que tu pareja y tú quieren obtener o un cuadro que les transmita amor, unión y fortaleza.

Los elementos que te sugiero integrar son tierra a través de tonos amarillos oscuros o térreos u objetos de porcelana y talavera para armonía. Fuego con luz indirecta, velas rojas o rosas, tonos rojos y naranjas para pasión, expresión y espontaneidad. Si quieres madurez en tu relación incorpora metal en pequeños detalles como esculturitas.

Coloca en el Suroeste de tu recámara una mesa redonda con una fotografía tuya y de tu pareja. Limpia el vestidor, saca todo aquello que no usas y que solamente está estancando la energía. Al limpiar tu clóset te liberas de muchas emociones que tienes guardadas y archivadas en tu corazón. ¡Te sentirás liberado!

Aplicando la escuela BTB que usa el bagua de las ocho aspiraciones, puedes ubicar el área del amor al fondo a la derecha basándote en la puerta de entrada o el acceso a cada habitación. En ese espacio puedes colocar todo aquello que te simbolice amor, pueden ser dulces, puede ser una esfera de cristal faceteada para armonizar la energía de la relación, puede ser un par de animalitos iguales como gansos, patos o pingüinos que se caracterizan por la fidelidad o incluso colocar objetos en pares que correspondan a intereses tuyos y de tu pareja.

En lo que se refiere a plantas aquellas que te sugiero son las siguientes: rosas significan amor, clavo se recomienda para atraer suerte, la orquídea representa fertilidad y fuerza, el mirto atrae amor y las frambuesas promueven el compartir. Las flores en el área del amor favorecen la prosperidad y el amor.

Cuadros de dos pájaros o dos mariposas representarán amor romántico y fidelidad. Si te gustan los cuarzos y las piedras, aquellas que van a favorecer la energía del amor son el citrino, el cuarzo blanco, el cuarzo rutilado, el cuarzo ahumado, el cuarzo rosa, la aventurina, la esmeralda, el jade, rodocrosita, la turmalina verde, rojiza y rosa. Puedes colocarlas en pares de forma esférica en el Suroeste de las habitaciones o en el área del amor del bagua de las ocho aspiraciones. Otra forma sería colocar varios en un tazón pequeño de porcelana debajo de la cama o en el suroeste de la habitación o en el área del amor.

Cuando en una relación se está atravesando por una situación conflictiva coloca un tazón de porcelana con sal de grano en la esquina Suroeste o en el área del amor de tu recámara y cámbialo cada semana. La sal absorberá la energía estancada y negativa que está generando conflictos y protegerá la relación.

Si deseas atraer amor a tu vida, puedes aplicar todo lo recomendado en este artículo, puedes tomar en cuenta las sugerencias dadas para incorporar la energía del amor en nuestro ambiente, aspecto que tendrá un efecto inmediato y se reflejará en tu vida sentimental.

Otra opción para generar una atmósfera de amor en nuestra casa es a través de los aromas. Los aromas crean una reacción inconsciente inmediata por medio de los nervios olfativos. Se recomienda que utilices aceites esenciales naturales y que no mezcles más de tres aromas a la vez. Los aromas que van a favorecer una atmósfera de amor son: naranja, bergamota, cardamomo, ciprés, geranio, jengibre, toronja, jazmín, limón, pachuli, pino y sándalo.

Los aromas que se consideran afrodisíacos son salvia, hinojo, jazmín, nerolí, pachuli, rosa, romero, sándalo e ilang-ilang. También puedes usar los aromas en inciensos, el incienso limpia y clarifica la energía de los espacios.

Recuerda que la energía más importante en tu vida es el amor, es aquello que te mueve a buscar, obtener y disfrutar todo lo que tienes y que el compartirlo es lo que te lleva a gozar doblemente lo que obtienes.

Astrología de Feng Shui

En el tema acerca de cómo vestirse aplicando Feng Shui, se hablo de ki de las nueve estrellas, en este caso, es un aspecto que también nos brinda información valiosa con respecto al amor.

Al conocer tu número ki personal, cada número ki pertenece a un elemento, basados en los ciclos de los elementos. A continuación presentamos un análisis de compatibilidad y algunas sugerencias para integrar en tu entorno de pareja para corregir los casos de no muy buena compatibilidad entre tú y tu pareja.

Agua y agua

Esta combinación en relación sentimental se puede convertir en una relación aburrida y difícil, pueden ser los mejores amigos. En el aspecto sexual puede representar una relación con falta de pasión, son personas de elementos similares por lo que el romance no es su fuerte. Es importante que cultiven y desarrollen actividades similares que les representen emoción y aventura. En este caso utiliza elemento metal en tu entorno al igual que elemento madera (en el capítulo acerca de los cinco elementos se explica que corresponde a cada elemento).

Agua y madera

Esta relación se considera un buen principio para una relación armoniosa y de entendimiento mutuo. Es una buena comunicación porque el agua aporta la actividad sexual, la profundidad de sentimientos, y la madera, la aventura y la creatividad. Se entienden muy bien y forman una atmósfera de complicidad.

Crear un entorno especial con elementos metal, agua, madera y fuego. Si sólo quieres usar dos o tres usa metal, agua y madera.

Agua y fuego

Es una relación que en un principio siente mucha atracción, el fuego es demasiado rápido y acelerado para la profundidad y tranquilidad del agua. Se debe trabajar mucho con la comunicación y establecer reglas basadas en el respeto mutuo. El que pertenece a elemento agua en esta relación puede llegar a destruir la energía del fuego. En este caso se sugiere decorar y mediar el entorno con el elemento madera.

Agua y tierra

Ésta es una relación difícil y contradictoria. Es una relación carente de pasión, sin embargo puede estar llena de ternura si la tierra hace a un lado su egoísmo y piensa en las necesidades del agua. La tierra debe evitar el ser muy dominante con el agua ya que se puede convertir en alguien destructivo para el agua. Esta relación se puede mediar y nutrir con el elemento metal en el entorno.

Agua y metal

Es una buena relación de apoyo y entendimiento. Se interpreta como dos personas capaces de expresar en su sexualidad sus más profundos sentimientos sin arranques de pasión y sin hablar. Se entienden y se apoyan a la perfección, es una muy buena combinación. Se puede reforzar con tierra y metal en la decoración.

Madera y madera

Es una relación que puede ser muy amistosa pero también muy competitiva. Esta relación representa sensibilidad e impulsividad, deben buscar mucho la comunicación entre ellos mismos y platicar constantemente de sus deseos personales ya que la pasión puede acabarse con mucha facilidad, es una relación que funciona con base en el dinamismo

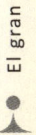

y la actividad. Deben procurar realizar deportes y actividades conjuntas. Para fomentar esto se sugiere incorporar en su espacio el elemento agua.

Madera y fuego

Es una buena relación que se puede convertir en una bomba, representa una relación explosiva, dinámica y pasional. Se dan cuerda el uno al otro. Es una relación en la que es más importante el sexo que el romanticismo; es importante que establezcan sus necesidades individuales para complementarse y apoyarse. Se recomienda incorporar en su entorno elementos tierra y agua.

Madera y tierra

Es una relación conflictiva y difícil. La madera puede llegar a ser muy dominante y desgastar mucho a la tierra al punto de opacar sus cualidades; la impulsividad de la madera puede destruir el romanticismo de la tierra. Se atraen con mucha fuerza pero necesitan incorporar elemento fuego en su entorno para que todo funcione de maravilla.

Madera y metal

Por más difícil es esta relación; el metal corta y lastima en toda su esencia a la madera, el metal con su exceso de disciplina y la madera con su inestabilidad y espontaneidad; por más que se esmera, la madera jamás le da gusto al metal. Se atraen muchísimo, pero se vuelve una guerra de poder. La madera puede sentirse reprimida y sin apoyo. Deben trabajar mucho la comunicación y la flexibilidad, preocuparse en establecer las necesidades personales de cada uno. Se sugiere incorporar elemento agua para mediar esta relación.

Fuego y fuego

Esta combinación es de cuidado, pero para quienes están cerca de ellos. Son una mezcla explosiva y pasional. Se basa en la pasión y el glamour, pueden llegar a competir demasiado el uno con el otro y convertirse en los peores enemigos, esta relación se puede convertir en una guerra de ego. Es una relación llena de vanidad y orgullo. Deben tener cuidado de no competir porque pueden destruirse y perder la pasión y el interés el uno por el otro. Deben buscar siempre la actividad para evitar el aburrimiento. Se sugiere incorporar en su entorno elemento tierra.

Fuego y tierra

Ésta es una excelente combinación, la alegría y espontaneidad del fuego con la calidez y ternura de la tierra. Uno es creativo, el otro es práctico. El fuego provee la pasión y la diversión mientras que la tierra aporta el romanticismo y la sensatez así como la alegría. Hay una buena comunicación. Se sugiere enfatizar con fuego y tierra, un poco de madera y un poco de metal será de mucha ayuda.

Fuego y metal

Esta relación es extremista, es una relación muy erótica y sensual en la que el fuego puede derretir al metal y dominarlo hasta puntos extremos. Es una relación que debe cuidarse porque el fuego puede opacar y destruir al metal. Se sugiere integrar elemento tierra para crear una relación de armonía y crecimiento en la cual ambos se nutran, se comprendan y se complementen al cien por ciento.

Tierra y tierra

Ésta es una relación basada en el romanticismo, la buena vida y la ternura. Es una pareja muy hogareña, pero puede convertirse en una pareja miedosa y hasta puede llegar a caer en el encierro. Es una relación con poca pasión pero de gran compatibilidad física y sentimental. Ambos se preocupan en demasía por las necesidades del otro. Se sugiere incorporar detalles de metal en su entorno.

Tierra y metal

Es una buena combinación; ideal para consolidar un matrimonio sólido y estable al igual que duradero. Se manifiestan como personas que se adaptan y complementan la una a la otra. Sus diferentes puntos de vista e ideas sobre la vida y los sentimientos nutren la sexualidad y la pasión entre ellos. Se sugiere reforzar con tierra y metal en su entorno.

Metal y metal
Es una relación fría e inexpresiva. Basada en la simplicidad y el orden, deben aprender a ceder y compartir. Es una relación muy fuerte en lo que se refiere a pasión y sexo, sin embargo, debe evitar el egoísmo y apoyarse y nutrirse el uno al otro. En este caso se sugiere incorporar elementos tierra, metal y agua en su entorno.

Lo más importante es estar conscientes de nuestras propias necesidades y las de nuestra pareja, evitar las guerras de control y de poder. Establecer acuerdos para respetar los deseos y anhelos del otro y lo más recomendable: sentirnos libres de amar y expresar nuestro amor al máximo.

Es así como aporta una herramienta más este libro, a través del entorno podemos crear una atmósfera de amor que facilite la comunicación, la comprensión y la manifestación de nuestros sentimientos con nuestra pareja.

TU DIRECCIÓN PERSONAL PARA EL AMOR

A partir de tu número Kua, se establecen tus direcciones cardinales positivas y negativas. Una de esas cuatro direcciones positivas corresponde a una dirección cardinal personal de amor y buenas relaciones.

Con esta información y una brújula, ubica el sector correspondiente a tu dirección personal del amor, tanto en el macro bagua como en el micro bagua de tu habitación.

En ese espacio puedes colocar símbolos de amor para ti, objetos representativos de amor de pareja u objetos en pares. Puedes utilizar los colores que se mencionaron con anterioridad con base en lo que tú deseas obtener. Se realiza lo mismo con la dirección personal del amor de nuestra pareja.

Puedes colocar objetos tuyos en pares en su dirección personal del amor y objetos suyos en pares en tu dirección personal del amor. Otra opción sería colocar un objeto tuyo y uno de él en ambas direcciones, es decir, en las direcciones personales del amor de ambos. En este caso también puedes colocar una fotografía de ambos en sus respectivos sectores personales del amor.

Si deseas atraer una pareja y eres mujer, coloca un dragón en tu dirección personal del amor y cuando llegue una pareja a tu vida, acompaña a ese dragón con un ave fénix.

Si deseas atraer una pareja y eres hombre, coloca un ave fénix en tu dirección personal del amor y, cuando llegue una pareja a tu vida, acompaña a esa ave fénix con un dragón.

Otra sugerencia para atraer una pareja sería colocar tu cabecera en tu dirección personal del amor o Nien Yen.

Se aconseja colocar una escultura de ave fénix con un dragón en los sectores Nien Yen de cada uno para reforzar la relación de pareja, esto es favorable en los casos que ya se tiene una relación estable.

En ese sector personal de amor también se puede colocar el símbolo de la doble felicidad conocido en el folclore de la cultura china como el símbolo más poderoso para atraer y reforzar la energía del amor. Este símbolo se puede ubicar en el área del amor, en el Suroeste, en la recámara matrimonial y en las diferentes áreas de la casa o en la cama.

Símbolo de la doble felicidad.

Una propuesta final si deseas atraer el amor es colocar tu cabecera hacia la siguiente dirección cardinal con base en tu número Kua:

1 Sur	6 Suroeste
2 Noroeste	7 Noreste
3 Sureste	8 Oeste
4 Este	9 Norte

Para atraer el amor tierno los tonos rosados son muy favorables, si deseas amor apasionado viste de tonos rojizos, si deseas pasión profunda usa color uva.

Feng Shui en el sexo

En el aspecto sexual el Feng Shui puede colaborar como una herramienta interesante para crear una determinada atmósfera con base en las necesidades de la relación de pareja, para atraer una pareja e incluso se puede, apoyándonos en astrología de Feng Shui, conocida como ki de las nueve estrellas, analizar a profundidad la relación y comportamiento mutuo de dos personas y aportar sugerencias importantes para crear un ambiente de armonía, que conducirá a una convivencia agradable.

El primer aspecto importante para atraer el amor y conservar y mejorar la relación que ya se tiene es trabajar en diseñar y decorar un espacio donde se perciba calidez y confianza. Estos dos conceptos son la base que desemboca en comunicación y sensación de hogar.

Para lograr esto, aplicamos la teoría de los cinco elementos o teoría de las cinco energías. Cada elemento, en sus diversas representaciones, puede aportar un granito de arena para decorar un espacio que nos conecte con nuestras necesidades inconscientes.

El elemento tierra se asocia con la fertilidad, la maternidad y la fecundidad; con la precaución y la sensación de hogar. Es excelente para atraer estabilidad y seguridad a una relación sentimental que se va a reflejar en una relación sexual cálida, tierna, fraternal, basada en la estabilidad y el aspecto tradicional. Aquello que se puede emplear para crear este tipo de atmósfera son objetos de talavera, porcelana y cerámica; los colores térreos, amarillos, neutros; los textiles de textura gruesa y pesada. La luz de tonos amarillos y las plantas bajitas, pequeñas como violetas y flores de color naranja y amarillo. Los textiles con dibujos o patrones de cuadros.

El elemento metal se asocia con el orden, la claridad, la limpieza, la rectitud y el romance. Es excelente para poner los pensamientos en orden y para aclarar y establecer los sentimientos, lo cual se va a reflejar en una relación sexual franca, directa, abierta, sólida, romántica, aunque puede caer en la superficialidad y falta de expresión. Aquello que se puede emplear para crear este tipo de atmósfera son los objetos y esculturas de metal, las formas circulares, los colores blancos, marfil, tonos pastel. Los textiles con dibujos circulares, los textiles de textura firme como raso o tafetán. Las plantas de hojas redondas y flores de color blanco y tonos pastel.

El elemento agua se relaciona con la profundidad de pensamientos, aventura, libertad, en exceso puede fomentar sensación de soledad. Es recomendable para atraer comunicación, libertad, aventura y actividad sexual que se va a reflejar en una relación sexual profunda, llena de sentimientos, pero con poca pasión. Aquello que se sugiere para crear este ambiente son las fuentes, peceras, espejos, formas onduladas y asimétricas. Paisajes de lagos y ríos. Textiles suaves como la gasa y el chiffón. Colores oscuros como gris, azul marino, morado oscuro o vino. Las plantas de hojas desiguales, onduladas como la hoja elegante y las flores de colores azul o morado.

El elemento madera se asocia con creatividad, impulsividad, frescura, crecimiento que fomentará una relación sexual inocente, inmadura, llena de constantes cambios, de fuertes impulsos, de franqueza y vanidad. En exceso, puede provocar demasiada inmadurez, constantes discusiones y lucha de egos. Los objetos que se sugieren para atraer este tipo de energía son las plantas, las formas alargadas como columnas, colores y tonos de verdes. Los textiles de origen vegetal como lino o algodón o de dibujos y patrones alargados o rectangulares. Las telas de rayas tanto horizontales como verticales.

El elemento fuego se distingue por representar la espontaneidad, la pasión, la alegría, la fama y la fiesta, aspectos que se reflejarán en la relación sexual, las altas y bajas constantes, el exceso de emociones y sentimientos, así como relaciones sexuales cortas pero llenas de pasión. Este ambiente se crea con velas, lámparas, textiles como seda, lana, pieles, plumas; colores rojos, naranjas y amarillos muy brillantes, flores rojas y plantas de hojas triangulares.

Otro aspecto importante a considerar para una atmósfera atrayente en el aspecto sexual es la distribución de muebles, los adornos, los motivos de los cuadros y esculturas así como el tipo de cama en la habitación.

El acomodo de los muebles debe ser invitante, evitar que la cama esté frente a una puerta directamente alineada la posición de ésta a los pies, ya que puede generar discusiones abruptas y pleitos constantes. La distancia entre una ventana y la cama debe ser la suficiente para no representar un medio de distracción, sino una sensación de amplitud y libertad.

Llenar la habitación de adornos, cuadros, mesas, aparatos eléctricos, satura el espacio de objetos y se refleja en tedio, agotamiento y cansancio que limita la actividad sexual de la pareja generando una postergación constante del aspecto íntimo y sensual que nutre a ambos.

Analizar, observar, percibir, son las claves para descubrir pequeños detalles que pueden estar bloqueando un buen ambiente de comunicación y compenetración. Muebles, burós y cabeceras de cortes agresivos, esquinas cuadradas o triángulos muy marcados, representan diferencias de opinión constantes e individualismo que conlleva al egoísmo, es ideal que los muebles tengan esquinas y bordes redondeados.

Todos aquellos cuadros que se tengan deben expresar lo que deseamos transmitir a nuestra pareja o lo que deseamos atraer a nuestra vida sentimental y que se reflejará en nuestra relación sexual, así como en la llegada de sensaciones nuevas y proyectos nuevos a nuestra vida.

El espacio ideal para ubicar el amor es nuestra recámara, debemos evitar todo aquello que asociemos con soledad, engaño, traición, símbolos de guerra, poder o separación. En la recámara debemos evitar guerras de poder y más bien fomentar atmósferas de convivencia, interacción y cuidado mutuo. En este punto se incluye la cama. Una cama de base completa es muy conveniente para este efecto, las bases separadas provocan individualismo, distanciamiento y egoísmo entre la pareja.

El decorar con objetos en pares, esculturas de una pareja entrelazada o animales viendo hacia una misma dirección, hacia un mismo punto, generará intereses comunes y compartidos en la pareja.

A continuación hablaremos de algunos problemas comunes y sugerencias para contribuir a corregir el problema aplicando Feng Shui.

En aquellos casos en los que la relación sexual es carente de pasión con pérdida de romanticismo y reflejo de desmotivación, lo recomendable es colocar dos plantas en la habitación, decorar con tapices de líneas verticales o integrar colores y tonos de verde, al igual que la presencia de dos velas rojas es indispensable.

Para fomentar creatividad y aventura en una relación, utilizar edredones y sábanas de lino y algodón, lo que despertará nuestro sentido del tacto e influenciará la manifestación de nuestras emociones.

Para crear una atmósfera de complicidad, utilizar tonos azul marino y verde, así como colocar un dosel con tela de gasa provocará un ambiente íntimo y amable.

Si se trata de una relación excesivamente pasional que generalmente está rodeada de conflictos y discusiones, se pueden utilizar tonos térreos, ocres o dorados y decorar con algunos objetos de talavera.

Si la relación es aburrida y lenta, se sugiere colocar dos tapetes al lado de la cama de lana o piel, así como velas de colores rojo, naranja o amarillo; sábanas de seda y una escultura de una pareja entrelazada de metal.

Si la relación es demasiado rígida, fría y con nula comunicación, recurrimos a formas asimétricas, sábanas y edredón, combinando azul marino y blanco, dos plantas naturales y, por supuesto, dos velas triangulares para fomentar la pasión.

Si la relación está atravesando por una etapa de inestabilidad, desequilibrio y alejamiento, se sugiere colocar un tazón de porcelana con piedras y cuarzos de formas circulares.

Si la relación ha caído en constante competitividad, explosiones de pasión, orgullo, ego y vanidad, se puede decorar con tonos amarillos, térreos, dos jarrones de talavera o porcelana. Flores frescas de colores naranja y amarillo y colocar debajo de la cama al centro un tazón de porcelana con carbón vegetal.

Cuando nuestra relación sentimental y sexual se está viendo agredida y lastimada por chismes y comentarios ajenos, se sugiere colocar un tazón de porcelana con sal de grano en las esquinas de la recámara.

Si hace falta romanticismo y libertad, se puede colocar un jarrón con flores frescas de muchos colores y una escultura metálica agradable. Cojines de tonos pastel, sábanas en tonos frescos y suaves. Un edredón blanco es ideal para estos casos.

En aquellos casos que deseamos planear unas vacaciones o un fin de semana romántico, también podemos elegir con base en nuestros deseos. En situaciones que sea necesario platicar, profundizar, aventurarse y sentir en lo más profundo de nosotros para fomentar una relación sexual fundamentada en la interacción, el romanticismo y la comunicación son ideales viajar a lugares de clima frío, lagos, mar o ríos.

Si nuestro deseo es incorporar la actividad sexual creativa, alegre, franca, basada en nuestros impulsos y emociones, así como atraer alegría y diversión, lo ideal son lugares de clima fresco con vientos, como el bosque y o el campo. Si buscamos un fin de semana o unas vacaciones llenas de pasión, alegría, fiesta y comunicación, lo recomendable son sitios de clima caliente y desértico. El romanticismo, la libertad y la consolidación sexual se nutren en un lugar de clima seco, montañas nevadas o valles.

El uso de aromas también contribuye a crear atmósferas especiales; por ejemplo, comunicación y profundidad de sentimientos: jazmín o sándalo; creatividad, frescura, alegría, motivación: toronja, manzanilla o lavanda; pasión, atracción, afrodisíacos: romero, ilang ilang, árbol del té o pachuli; estabilidad, calidez, amor, ternura y cariño: incienso o limón; solidez, romanticismo, organización, elegancia y equilibrio: eucalipto, pino o ciprés.

Si queremos sanar nuestra relación sentimental y sexual, deshacernos de emociones reprimidas, tristezas, decepciones y conflictos así como elevar nuestra autoestima y sentir libertad así como respirar frescura y limpieza limpia tu clóset y saca todo aquello que no utilizas y que asocias con malos momentos. Es una recomendación que he presentado de manera constante en este libro; sin embargo, la asociación hacia todos los aspectos de tu vida que tiene el limpiar el clóset es muy particular.

Es importante que la cama tenga una cabecera sólida de madera, que no se mueva, para aterrizar nuestras ideas y fomentar confianza. También hay que considerar que nuestra cama sea un poco más alta del estándar, para posicionar nuestra fortaleza y unión sentimental, como la base y la solidez de nuestra vida en pareja, se convierten en aspectos importantes para mejorar la comunicación, complementación e interacción sexual.

Tips para el amor

- Si deseas una relación sentimental nueva, es importante que saques de tu entorno aquellos objetos que pertenecen a relaciones pasadas.
- Coloca una esfera de cristal faceteado, colgada con hilo de color rojo que mida tres o nueve pulgadas, en el área del amor de tu casa para promover armonía.
- Es importante que la entrada a tu recámara se encuentre libre de muebles y objetos que bloqueen su libre acceso.
- Se recomienda que el camino que recorres para llegar a tu recámara esté muy iluminado.
- En el caso de que la puerta de la recámara matrimonial o tu recámara se encuentre frente a una escalera, se genera energía de conflictos, chismes y habladurías con respecto a la relación sentimental, se recomienda colocar una planta natural de tallos ascendentes a un lado de la puerta para aminorar este efecto negativo.
- Evita el exceso de aparatos eléctricos en la recámara, impide la comunicación de pareja.
- Evita tener escritorios y computadoras en la recámara, dispersa la energía del amor.
- Se puede colocar un cuadro de peonías o un par de peonías artificiales en el área del amor por BTB para atraer energía de am

- Colocar duraznos en el área del amor de la cocina simboliza amor tierno y cariñoso.
- Colocar un tubo de acero o de cobre enterrado tres metros en el sector suroeste e iluminar para consolidar una relación sentimental.
- El desorden en la recámara y los espacios de tu hábitat se reflejan en conflictos y malentendidos en la relación sentimental.
- Coloca un tapete de color rojo en la entrada de tu recámara para atraer una pareja.
- Decorar con un par de mariposas la puerta de entrada de la casa se convierte en un imán para atraer amor romántico.
- Colocar en tu buró un par de racimos de uvas de cuarzos rosas para limpiar la energía del amor y favorecer una relación sentimental.
- Es importante que al entrar a casa percibas cuadros y esculturas de parejas que reafirmen la energía del amor de pareja.
- Coloca un windchime o campana de viento de tubos metálicos largos (doce tubos) en el área del amor de la recámara para alejar conflictos y discusiones.
- Emplear aroma de sándalo es recomendable para despertar la atracción sentimental, el sándalo tiene un aroma y efecto parecido a las feromonas.
- Coloca rosas y chocolates en la sala para atraer amistades y una relación sentimental nueva.
- Para fortalecer la energía de romance, coloca en el baño, si eres mujer, toallas, batas y tapetes blancos; si eres hombre, azul marino.
- Coloca en el área de fama del bagua BTB objetos o fotografías que representen o simbolicen el cómo te visualizas a futuro en el amor.
- Coloca en el área de benefactores símbolos de cómo deseas que te perciban y aprecien en el aspecto sentimental.
- Coloca flores frescas en jarrones de forma redonda o cuadrada en el área del amor.

- Los jarrones de forma triangular y de color rojo en el área del amor o en el sector suroeste promoverán energía de pasión en la relación sentimental.
- Una relación sana con nuestros padres se refleja en una relación sentimental de pareja buena y positiva.
- Coloca tus mejores logros o símbolos representativos de ellos en el área de fortuna del bagua BTB.
- Se recomienda que las puertas de la casa abran a 90° para que la energía de oportunidades sentimentales entre con facilidad.
- ¿Qué ves desde tu cama al despertar? En ese punto coloca algo representativo de amor de pareja.
- Vuelve cada habitación de tu casa un reflejo de ti, de esta manera generarás interés del mundo en tus metas y propósitos.
- Evita usar el clóset de los niños con tu ropa, comparte el clóset principal con tu pareja, se reflejará en comunicación y unión sentimental en la pareja.
- La casa que escoges revela tu personalidad.
- Observa los detalles de tu entorno, ¿qué señales estás emitiendo?
- Si tu clóset está repleto de ropa, se refleja en emociones saturadas. Libera espacio para emitir el mensaje de que estás listo para amar.
- Es importante que la cama tenga dos burós para atraer una relación de pareja estable.
- Se recomienda colocar adornos o muebles más altos del lado izquierdo de la cama para fortalecer la energía de pareja estable.
- Es recomendable que la recámara tenga suficiente iluminación natural para generar una atmósfera de alegría y apertura emocional.
- Diseña y decora tu recámara con colores y texturas que destaquen tus mejores atributos y cualidades.
- Los símbolos de tu entorno describen tus necesidades más grandes y la imagen que tienes de ti mismo, ¡analízalos!
- Los objetos y cantidad de ellos que hay en casa hablan de tus intereses, ¿cuáles son y que tanto te importan?

- Para darle estabilidad y profundidad a la relación de pareja se sugiere colocar un sillón *love seat* o de doble plaza con la espalda al Noreste viendo hacia el Suroeste.
- Coloca tu mejor fotografía frente a ti para elevar y fortalecer tu autoestima.
- El talismán conocido como "ai", colocado de cabeza o al revés invita a la energía del amor a entrar en casa. Se puede colocar en el recibidor, la sala o la recámara.

- El talismán "xi" simboliza felicidad y lo puedes colocar a un lado de la cama en la recámara o debajo del colchón de la cama (entre la base y el colchón).

- Coloca una fotografía o imagen de la luna llena en tu habitación para atraer amor ya que se considera que en la luna habita el dios del matrimonio.
- Coloca en casa flores de crisantemo ya que se asocian con amor.
- Otra flor que apoya para atraer energía de amor es la orquídea, las de color violeta o morado se consideran las mejores.

- Colocar flores de magnolia en casa se asocian con el atraer alegría en el matrimonio.
- Se puede colocar un jarrón chino con motivos de dragones y ave fénix (el dragón y el ave fénix se consideran símbolo de pareja) con las flores representativas de las cuatro estaciones del año, estas flores deben ser de seda y colocarse durante todo el año en un lugar prominente de la casa para asegurar buena fortuna en el amor durante todo el año. Las flores representativas de cada estación del año son:

    Primavera: iris y magnolias.
    Verano: peonías y flor de loto.
    Otoño: crisantemos.
    Invierno: flor de ciruelo.

- Colocar una flor de loto en el área del amor acorde al bagua BTB o en el Suroeste ayudará a promover paz en la relación sentimental.
- Coloca una escultura representativa de tu signo zodiacal chino y otra representativa del signo zodiacal chino de tu pareja juntas en el área del amor BTB o en el Suroeste de tu casa para fortalecer la energía de pareja.
- Usa ropa en tonos durazno y rosa para atraer el amor.
- Coloca en tus ventanas tazoncitos de cerámica con cuarzos rosas boleados para atraer energía de amor.
- Coloca un par de niños besándose en el área del amor BTB o en el Suroeste de tu habitación.

Feng Shui para niños

Este enfoque está dirigido a la energía del amor hacia nuestros niños, hacia la creación de espacios de apoyo para fomentar en ellos un buen desarrollo y fluir acorde a la energía de la naturaleza y su propia energía personal. Esa energía es muy importante en nuestras vidas al convertirnos en adultos, pues es ese momento reflejamos todo lo vivido durante nuestra infancia. Se sabe que somos un reflejo de lo que hemos vivido, esta información se guarda en nuestra mente inconsciente y la manifestamos en nuestras emociones y actitudes durante toda nuestra vida. Para los seres humanos es importante convivir y tener buenas relaciones sociales y sentimentales, mejorar nuestra autoestima y reafirmar nuestra sensación de posición en el mundo. Una manera de ayudarnos a obtener lo que deseamos es diseñando y creando espacios de amor, espacios de seguridad, de autoestima y de apoyo para fomentar un buen desarrollo físico, mental y espiritual desde la infancia; espacios personalizados agradables para cada quien de acuerdo a su propia naturaleza; espacios personalizados para una buena relación personal, social y familiar englobados en un entorno que impulse y nutra la energía de los infantes; asimismo que fomenten una convivencia bonita con aquellas personas que los rodean y también con sus hermanos.

El amor es una energía universal que se manifiesta de distinta manera y con diversas intensidades; se expresa a través de distintos lenguajes: corporal, expresión visual, verbal. Se percibe a través de nuestros sentidos y en ese punto es donde interviene mucho el entorno y la atmósfera que prevalece en el espacio, el amor es la energía que nutre a nuestros hijos.

La intención de este enfoque es compartir con los lectores este conocimiento que a nivel personal me ha ayudado a tener un buen estilo de vida, una excelente relación de pareja, familiar, de amistades y de trabajo. Una excelente relación con mi mayor tesoro, que es mi hija. Los invito a recibir lo que en esta parte quiero compartir con ustedes, el uso de aromas, de cuarzos, de velas, colores, texturas, formas para diseñar entornos y espacios infantiles. A conocer la naturaleza de cada uno desde la perspectiva de la astrología de Feng Shui. Estos nos ayudará a comprender y aceptar que cada ser humano tiene características propias, y que una buena relación se fundamenta en el respeto y el equilibrio del espacio de cada quien, sin entrar en guerras de control y poder; preocupándonos por cubrir nuestras necesidades propias y las de los demás; en fin, aprenderemos a convivir con base en el respeto y el amor que podemos sentir hacia cualquier ser humano que se encuentra a nuestro alrededor y, principalmente, hacia nuestros hijos. Aprender a trabajar en equipo y compartir todo lo que recibimos y tenemos, además de aprender a agradecer a la naturaleza cada regalo, problema y enseñanza que recibimos, ya que todo ello forma parte de un aprendizaje que nos va convirtiendo en seres completos capaces de amarnos a nosotros mismos y compartir ese amor con los demás.

El amor tiene muchas manifestaciones, una de las más bellas es el amor maternal y paternal, es esa energía que nos hace sentir vivos y que nos permite disfrutar nuestros logros y compartirlos con quienes nos rodean, impulsar a los niños a obtener los suyos propios y apoyarlos con espacios que los nutran y ayuden a forjarse como adultos exitosos, procedamos pues, a integrar esta energía a nuestra casa.

Aplicando el bagua de las ocho aspiraciones ubicamos el área de los hijos en la parte media derecha de cada habitación y construcción tomando como base la puerta de acceso a cada espacio. Esta área se representa por el trigrama tui, este trigrama es la hija menor y el metal suave y nos describe la energía de este espacio como una energía creativa, alegre, romántica, suave, dulce y libre.

Dentro del concepto bagua, tenemos el macro bagua y el micro bagua, que se refiere a que el macro se aplica a los espacios grandes como el terreno, la planta baja de la casa en general y la planta alta de la casa o construcción en general.

Ahora comencemos a ver qué podemos colocar en el área de hijos, ya sea en el micro bagua o en el macro bagua para activar la energía de apoyo infantil. Con el concepto activar me refiero a generar movimiento con respecto a esta energía, de esta manera evitaremos el estancamiento, la monotonía y la falta de interés en nuestros niños, así como conflictos derivados del estancamiento energético en un área determinada.

Esta área es el espacio ideal para activar el Chi de la energía de creatividad. Uno de los primeros puntos a enfatizar es que se recomienda colocar objetos en tonos alegres, tonos blancos y tonos pastel. Se pueden colocar fotografías de nuestros niños, sus trabajos escolares, cuadros de colores alegres, objetos de cerámica, cuarzos de colores diversos. Sobre todo, podemos colocar objetos que simbolicen y representen lo que queremos atraer y vivir con respecto al desarrollo de nuestros niños.

En lo que se refiere a colores, aquellos que reafirman la energía de creatividad son los blancos, amarillos, tonos pastel y azules. En cuanto a formas podemos utilizar los círculos, las esferas, los cuadrados y las formas asimétricas e irregulares.

Lo ideal es crear en esta área de nuestro espacio un lugar especial, lleno de vida y simbolismo, pero ¿qué sucede cuando justamente en ese espacio tenemos el baño, una bodega, el clóset, los tinacos, el asador, la alacena o el área de servicio?

Cuando tenemos el baño en el área de hijos es importante balancear y corregir algunos problemitas que los baños provocan en la casa. Los desagües y coladeras representan fugas y escape de energía, por lo que el baño en el área de hijos provocará falta de interés, de motivación y alejamiento de nuestros hijos, así como sensación de falta de amor y atención de la familia. También puede provocar problemas para lograr un embarazo. Lo que se sugiere en estos casos es pintar una línea roja, verde o amarilla alrededor de las coladeras y desagües así como del inodoro. Aplicando las curas básicas podemos colocar un windchime o campana de viento en la esquina del baño, o bien, colocar flautas de bambú en forma vertical en las esquinas del baño, o poner una pequeña planta sobre la caja del agua del inodoro. Otra opción es colocar un espejo en la parte interior de la puerta del baño para reflejar la energía y cambiar su dirección y flujo hacia el exterior del baño.

Con respecto a los colores para armonizar la energía de los baños que se ubican en el área de hijos se recomiendan tonos de blanco y gris claro, tonos pastel, así como el colocar las toallas en colores alegres y los objetos decorativos en metal y de formas circulares y cuadradas.

Lo mismo que en el caso anterior se sugiere en aquellos ejemplos en los que la lavandería, las áreas de servicio, los tinacos e incluso la alberca quede ubicada en esa área.

Si tenemos una bodega, un clóset o una alacena, se puede colocar una pequeña lamparita de seguridad, de las que se utilizan en cuarto de bebé, para generar movimiento y evitar el estancamiento también nos ayuda a incorporar energía Yang en un espacio predominantemente Yin.

En aquellas situaciones que tenemos la cocina o un asador, ambos pueden provocar energía destructiva y conflictiva con consecuencia de discusiones, conflictos y pleitos con los hijos; lo recomendable es utilizar colores o tonos de amarillo, mostaza o térreos, rodearlo de flores en color amarillo también puede ser de ayuda.

Las texturas favorables para el área de hijos son las texturas suaves, flexibles. Muebles de esquinas y formas redondeadas y circulares, las esquinas cuadradas de muebles pueden provocar diferencias de opinión y desacuerdos con los hijos, rebeldía y problemas de comunicación familiar, si éste es el caso, un mantel o carpeta de tela cubriendo la esquina del mueble corregirá el problema. Otra opción puede ser una planta cuyas hojas cubran la esquina agresiva.

Las plantas recomendadas en esta área del bagua son aquellas de hojas redondas y suaves que representan al elemento metal.

¿Qué podemos sugerir para el área de los hijos de los distintos espacios de la casa?

En el área de hijos de la sala podemos colocar una escultura metálica de una pareja con niños en actitud de alegría y convivencia; también puede ser un cuadro u obra artística de una familia alegre y cariñosa. Esferas metálicas en grupos de tres, cinco o siete.

En el área de hijos del comedor se pueden colocar lámparas de poste alto, la luz hacia arriba simboliza fe y esperanza. Un frutero con fruta fresca y abundante promoverá frescura en la relación familiar o flores frescas de colores alegres como amarillos y naranjas.

En el área de hijos de la cocina, se pueden colocar tazas de cerámica en colores pastel para promover cariño, creatividad, libertad, alegría y diversión.

En el área de hijos del baño, se sugiere un tazón con jabones de colores, los mismos colores que se sugieren en el área de hijos de la cocina.

En el área de hijos del estudio, la presencia de libros infantiles y fotografías de nuestros hijos, así como sus trabajos escolares son muy recomendables.

En el área de hijos del cuarto de televisión, colocar cojines en tonos amarillos, mostaza y blancos promoverá energía de calidez y comunicación entre padres e hijos.

En el área de hijos de la recámara de los niños podemos acomodar una fotografía familiar para reforzar la energía de amor que les tenemos a nuestros hijos.

En el área de hijos de nuestra recámara, una lámpara de poste alto que representa crecimiento y esperanza.

En el área de hijos del garage macetas de barro rojas con plantas de tallos ascendentes y hojas redondeadas.

Con respecto a la manifestación de la energía de creatividad e hijos en las distintas áreas del bagua consideramos lo siguiente:

1. La creatividad en el área de benefactores se refiere al apoyo a nuestros semejantes, compañeros de trabajo, amigos y conocidos y la convivencia alegre y divertida con ellos.

2. La energía de creatividad en el área de hijos se refiere a ese desarrollo, crecimiento, libertad, solidez y estabilidad que deseamos para nuestros hijos.

3. La creatividad en el área de fama se va a referir a la habilidad para destacar las mejores cualidades de nosotros mismos, nuestra autoestima y sentido de seguridad y valor en el aspecto social.

4. La creatividad en el área del dinero o la fortuna corresponde a la acción de administrar, distribuir, disfrutar y agradecer todo aquello que recibimos, mediante nuestro esfuerzo y la cooperación de los demás seres que nos rodean.

5. La creatividad en el área de familia radica en la valoración, seguridad, reconocimiento y solidez de la relación con nuestros padres, hermanos y sobrinos. Se refiere a nuestras raíces y tradición, ¿de dónde vengo y quién soy? Disfrutar y valorar la convivencia familiar con alegría y felicidad.

6. La creatividad en el área del conocimiento se dirige al interés y profundidad de nuestro propio conocimiento, al conocer nuestras capacidades y limitaciones, al establecer metas a seguir y la tenacidad para obtenerlas a través de la seguridad en nosotros mismos, en el amor propio y la autoestima, establecer qué quiero y a dónde voy, y desarrollar estrategias únicas y originales para obtener nuestras metas.

7. La creatividad en el área de trabajo considera la habilidad, la intuición, la energía de disfrutar, amar y manifestar el interés para realizar actividades que nos nutren y alimentan, no existe mayor bendición que amar lo que haces y hacer lo que amas, ¿no creen?

8. La creatividad en el área de la salud corresponde al interés hacia nuestro cuerpo, a nuestros órganos, a nutrirlo y cuidarlo, finalmente es el vehículo de nuestra alma y sentimientos, es quien nos ayuda a realizar y obtener lo que queremos y deseamos.

Posiblemente este enfoque parezca repetitivo en alguna información, sin embargo, lo hacemos con la intención de dirigirlo hacia el aspecto infantil, para observar cómo un infante percibe el efecto de su entorno en contraste con los adultos y de qué manera tal aspecto puede intervenir en el desarrollo y formación del carácter y personalidad de un niño.

Escuela de las formas y los niños

Dentro de la escuela de las formas del Feng Shui es importante considerar la posición de nuestro hábitat con respecto a lo que lo rodea para poder interpretar de qué manera el entorno está beneficiando o perjudicando la energía de crecimiento y desarrollo de los niños en nuestro espacio vital. En este capítulo vamos a hablar de aquello que rodea nuestra casa, las construcciones vecinas, la sombra que proyectan las construcciones aledañas, la forma de los terrenos, los pasillos y las escaleras como conductores de la energía de desarrollo para los niños, así como el área de hijos en jardines y terrazas.

Observar y analizar el exterior y el interior de nuestro entorno nos hablará del interior de nosotros mismos, de nuestros sentimientos y de la manifestación exterior y social de los mismos, así como nuestro comportamiento hacia los demás. De esta manera podemos interpretar los sentimientos, reacciones, emociones y actitudes de los niños.

Desde el punto de vista de esta escuela, la casa debe tener una montaña en la parte trasera, ésta representará firmeza y solidez, estabilidad y protección hacia nuestros sentimientos y también hacia los niños, generará sensación de protección y atención de sus padres; de esta manera es recomendable que detrás de nuestra casa exista una barda sólida o una construcción un poco más alta que la nuestra para consolidar la fortaleza y compenetración sentimental con nuestros hijos y familia, que se reflejará en admiración de los niños hacia sus padres. En lo que respecta a la recámara, la cabecera puede representar la montaña, he ahí la importancia de que sea una cabecera de madera sólida y firme, pegada a la pared y que no se mueva o "baile", hará sentir a los niños protegidos y estables. En aquellos casos en que la construcción no cuente con esta montaña o construcción trasera, podemos cubrir esta necesidad sembrando árboles de raíces sólidas y fuertes en la parte trasera de la casa, los árboles nos representan tradición y arraigo, sabiduría y fortaleza. También se puede colocar una escultura de una tortuga con tortuguitas sobre su caparazón. Lo mismo se sugiere en aquellos casos en que a los lados de la casa no tengamos construcciones del mismo tamaño o un poco más bajas que nuestra casa, estas construcciones a los lados abrazan la casa y provee una sensación de seguridad y estabilidad emocional; también ayuda a establecer lo que los niños desean y buscan en el aspecto personal y profesional, ¿qué actividad quiero realizar, qué juguete quiero elegir, qué deporte quiero practicar?

Existe también el caso en que las construcciones traseras y de los lados son construcciones demasiado altas que oprimen la energía de nuestro hábitat, esto se refleja en una sensación de opresión emocional, de miedo de manifestar sus emociones y expresar sus sentimientos, la forma de corregirlo es a través de algunas de las nueve curas básicas. Podemos colocar una veleta, un molino de viento o un rehilete en el techo de la casa, por el exterior, al centro, para que al moverse con el viento, libere la opresión de la energía de nuestra casa a través del movimiento, es decir, genere dinamismo y los libere de esa sensación de represión. Otra opción sería colocar espejos en el techo que reflejen las construcciones vecinas que nos oprimen para debilitar su efecto pesado y excesivamente sobreprotector.

La parte frontal de la casa habla de la llegada de oportunidades a nuestra vida y nuestra manera de interpretar y percibir las diversas situaciones y opciones que se nos presentan. En lo que se refiere a los niños se refiere a la forma en que reciben oportunidades para destacar, salir adelante y abrirse paso por la vida. El Feng Shui sugiere que frente a la casa debe haber un espacio amplio o una calle (el río) que conduzca la energía hacia nuestra puerta de entrada, esto promoverá una sensación de libertad de elección y comunicación en los niños su perspectiva se torna clara y directa, les permite abrir sus sentidos y su corazón para recibir y percibir con tranquilidad todo aquello que la vida les pueda brindar. Cuando una construcción más alta que nuestra casa se encuentra frente a nosotros nos crea una sensación de limitación, de conflictos para expresar lo que sentimos o de decir libremente lo que queremos decir, reduce las oportunidades de elegir nuestro camino y de recibir amplia y libremente lo que otros nos quieren brindar con respecto a oportunidades de crecimiento y desarrollo.

En los niños se puede reflejar en demasiada presión y estrés por agradar a los padres y a los amigos, angustia por encontrar aceptación en la escuela entre sus compañeros, temor y miedo para tomar decisiones y expresar lo que desean. Si recurrimos a las curas básicas, podemos utilizar un espejo en nuestra fachada que refleje esa construcción frontal con la intención y finalidad de debilitar ese efecto opresor y el bloqueo que representa en la relación y manifestación social y personal de los niños.

Existen construcciones vecinas cuyos muros o estructuras forman picos o flechas agresivas que apuntan hacia nuestra casa o hacia nuestra puerta principal. Este tipo de flechas debilitan la energía de los niños y los hace sentir sometidos, agredidos o ignorados con respecto a sus sentimientos provocando que a nivel inconsciente haya alejamiento de sus amigos y sus padres; pocas oportunidades de amar y manifestar su cariño y carisma, así como falta de interés y aislamiento con conflictos de relación social con compañeros y maestros en la escuela. Las puertas representan la imagen de los padres, por lo que si existe una flecha agresiva dirigida hacia la puerta dividirá y debilitará la unión y la comunicación entre padres e hijos.

La manera de corregir este problema es colocar plantas entre la flecha agresiva y nuestra casa y entrada para debilitar su efecto agresivo. Otra opción sería colocar espejos u objetos reflejantes metálicos para cambiar la dirección de esa flecha agresiva.

Algo muy similar sucede con las sombras que proyectan las construcciones aledañas a determinadas horas del día con base en la posición del sol, sobre todo si esas sombras tienen forma de vértices afilados o picos. En este caso sugiero colocar plantas y una fuente que hará la función de un espejo en la trayectoria que sigue la sombra hacia nuestro espacio.

La forma geométrica de la construcción tiene un significado y una relación importante con respecto a los niños. Las formas completas y sólidas como cuadrados y rectángulos son las más adecuadas, ya que representan estabilidad, igualdad y equilibrio, conceptos importantes para entablar y mantener una relación sólida y estable con los niños, así como para que fomenten una manifestación social segura, alegre, de aceptación y sólida para los niños. Las formas circulares, sobre todo en recámaras y camas, no son muy adecuadas, pues el círculo es movimiento y el exceso de movimiento puede provocar inestabilidad, ansiedad y tensión. Los triángulos y rombos son demasiado agresivos y pueden generar discusiones y pleitos constantes, desacuerdos y agresión, rebeldía, hiperactividad y un niño peleonero y agresivo, lo ideal es quitarle la forma triangular colocando lámparas en las esquinas, así como plantas en macetas de forma circular.

También se considera importante que el terreno se encuentre al mismo nivel o un poco más alto del nivel de la calle, este aspecto se refiere a jerarquía, con ello quiero decir jerarquía para que el niño elija lo que quiera y se sienta importante, tomado en cuenta, sentir que tiene un lugar y una posición importante entre los miembros de su comunidad. Se interpreta como tener el control de sus propios sentimientos, intereses y emociones, así como el darles la debida importancia.

En aquellos casos en que el terreno se encuentra por debajo del nivel de la calle, sobre todo la parte trasera del terreno, el niño se puede sentir ignorado, rechazado e ignorado por sus amigos manifestándolo en timidez, falta de interés en la escuela y actitudes de alejamiento y encierro en su propio mundo como evasión en observar programas de televisión todo el tiempo y encerrarse en su recámara o habitación sin mostrar interés por convivir con los demás.

Se puede nivelar este efecto iluminando la casa por el exterior con luces hacia arriba en dirección a las paredes exteriores de la casa, dicho tipo de luz le da soporte y jerarquía a la construcción.

Un faltante en la construcción en el área de hijos del bagua BTB provoca una sensación de desamor, separaciones y soledad, así como conflictos con la energía de la madre, sentimientos de inseguridad, celos excesivos y desarmonía entre hermanos. Esto afecta principalmente a la niña más pequeña de la casa, para evitarlo, lo más recomendable es colocar una escultura de metal pesada que represente unos niños abrazados y sonrientes, esta escultura puede estar iluminada por una lámpara cuya luz esté dirigida hacia ella para enfatizar el interés y la consolidación de esta energía en ese espacio.

Un sobrante en el área de hijos va a promover armonía familiar, aunque también puede provocar cambios imprevistos con respecto a los sentimientos y la forma de manifestarlos; los niños se pueden comportar de manera caprichosa y voluntariosa, si son niños muy consentidos y provoca que los padres estén excesivamente atentos a ellos; si el sobrante es muy largo, los padres gastarán lo que sea necesario por complacer a los niños y verlos contentos, actitud sobreprotectora en la que de los padres evitan que sus hijos se desarrollen de manera libre, así como los niños demasiado apegados y dependientes de su mamá. En estos casos, se sugiere decorar el sobrante con tonos de blanco y objetos metálicos, tonos azul marino y formas asimétricas o irregulares.

Los pasillos y escaleras son un punto importante de la construcción con respecto a los niños. Son los espacios interiores de la casa que conducen la energía de convivencia y alegría por todas sus áreas y sus habitaciones, aspecto que los convierte en detalles de principal atención.

Se recomienda que estos espacios estén libres de muebles y exceso de adornos, ya que puede reflejarse en bloqueos y retrasos constantes para tener momentos y satisfacciones agradables con respecto a los hijos.

Las escaleras se sugieren sólidas y firmes puesto que se va a reflejar en nuestros pasos, nuestra forma de caminar decididamente y firmemente en la vida a través de nuestro propio crecimiento; así, los niños se sentirán seguros, decididos y su autoestima será buena. En el caso de que las escaleras sean voladas, es importante en la parte de abajo colocar plantas que les darán una sensación de solidez, en lugar de la sensación de vacío e inestabilidad que provocan.

En las terrazas y jardines, al ubicar el área de hijos es recomendable armonizar y activar el área colocando juegos infantiles, una hortaliza o macetas con flores de colores rojo, amarillo y naranja, las flores blancas también serán de mucha ayuda.

A continuación se presenta una lista de plantas y flores recomendables para el área de hijos de terrazas y jardines, asimismo se enlista el nombre común y el nombre científico para que sea más fácil su localización en viveros.

Pellaea rotundifulia	Helecho botón
Adiantum raddianum	Culantrillo
Licuala	Licuala
Calathea picturada	Argéntea
Maranta leuconeura	Maranta
Ficus deltoidea	Higuera muerdazo
Ficus lyrata	Árbol lira
Ficus pumila	Ficus rastrero
Fittonia verschaffeltii	Fitonia
Peperomia caperata	Cola de rata
Pittosporum tobira	Tobira japonés
Soleirolia	Lagrima de niña
Polyscias guilfoylei	Cafeto silvestre
Antigonom leptepus	Coralia
Bacopa	Cola de nieve
Clitoria ternata	Guisante de mariposa
Epipremnum pinnatum	Mármol rey
Lobelia erinus	Lobelia colgante
Streptocarpus saxorum	Falsa violeta africana
Surfinea	Petunia
Thunbergia alata	Ojo morado
Achimenes	
Allamanda cathartica	Trompeta dorada
Begonias	
Calceolaria	Planta zapatilla
Crisantemo	
Hydrangea macrophylia	Hortensia
Miltonia	Orquídea
Aeoniom	Rosa verde
Crassula ovata	Siempre viva
Lithops	Cacto piedra
Aeonium arboreum	Roseta verde
Camelia	
Hibiscus	Malvón
Leptospermum	Árbol de té
Tibouchina urvilleana	Mata de gloria

Vervena	
Alyssum matitinum	Panalillo
Labiaceae	Coleos
Calendula officinalis	Mercadela
Ficus repens	Moneda
Pittosporum tabira	Clavito
Evonimus japonicus	Evónimo
Pelargonuim	Malvón
Acacia retinoides	Acacia amarilla
Eucalyptus	Eucalipto
Ficus retusa	Laurel de la India
Alcea	Malva
Allium	Alium
Armeria	Armeria
Bellis	Margarita menor
Lonicela	Madreselva
Paeonia	Peonía
Papaver	Amapola
Rhododendro	Rododendro
Thuja	Árbol de la vida
Tropaeolum	Capuchina
Viola	Violeta o pensamiento

LA PUERTA PRINCIPAL Y LOS NIÑOS

La puerta principal es uno de los aspectos más importantes a considerar en un espacio para una evaluación y aplicación de Feng Shui, influye de la misma manera a adultos y niños que habitan en la casa.

Una casa por debajo del nivel de la calle reflejará poca atención y jerarquía con respecto a los demás, en estos casos se sugiere iluminar la casa por el exterior con spots de luz que brillen de abajo hacia arriba, dirigidos a la casa.

Genera niños tímidos, inseguros y con problemas de adaptación en la escuela, problemas para relacionarse con los demás y, posiblemente, cambian de escuela con frecuencia.

Cuando al entrar a la casa lo primero que observamos es un muro, provoca que quien entra se sienta limitado y con poca proyección ante el futuro. Esto se refleja en niños con poca creatividad, con problemas de estudio y concentración, problemas en exámenes y con las maestras en la escuela.

Lo que observamos al entrar tiene un efecto inconsciente muy fuerte en nuestro comportamiento y reacciones cotidianas, los motivos de los cuadros, esculturas u obras de arte deben ser de mensajes positivos, alegres y estimulantes. Ese mensaje se graba en nuestra mente y va a provocar una actitud positiva, alegre y de motivación en nuestra vida diaria que influirá en el niño hasta su edad adulta.

Tips

- Cuando necesitemos impulsar la energía del trabajo y la investigación, se sugiere colocar objetos de color blanco, gris, rojo chino o rosa pálido al Norte de la casa o en el área del trabajo del bagua BTB.
- Para mejorar en los estudios, colocar tres velas de color rojo o morado brillante en el Noreste de la habitación de estudio o en el área del conocimiento del bagua BTB.
- Para aterrizar un proyecto importante de trabajo o mejorar las calificaciones en la escuela, colocar una piedra bola de río en el Norte del estudio o en el área de trabajo del bagua BTB.
- Si quieres controlar el exceso de trabajo o el retraso de tiempo para hacer las tareas, coloca una maceta pesada con una planta de tallos altos (ascendentes) al Norte de la casa o en el área de trabajo del bagua BTB.
- Si quieres mejorar la concentración, coloca una luz que ilumine de abajo hacia arriba en el Noreste de la casa o en el área de conocimiento del bagua BTB de la casa.
- Para falta de motivación en los niños, se recomienda colocar ocho piedras bola de río en el área del conocimiento del bagua BTB del estudio o de su recámara.
- Para despertar las cualidades de liderazgo de los niños, coloca un reloj en el Oeste de la habitación o en el área de hijos del bagua BTB de la recámara.

- Para despertar la creatividad de los niños, coloca un windchime (campana de viento) de tubos de colores en el Oeste de la habitación infantil o en el área de hijos del bagua BTB de la recámara infantil.

YIN -YANG, NIÑOS Y CREATIVIDAD

Un niño de cuerpecito delgado, con medidas proporcionadas, con facciones de ojos grandes y labios gruesos, carita alargada y delgada, manitas de dedos largos y delgados manifiesta características de personalidad Yin con naturaleza Yin, es muy posible que sus características emocionales sean Yin.

Un niño de cuerpecito ancho y fornido, con tendencia a estatura baja, con facciones de ojos cercanos y labios delgados, carita redondeada, manitas de dedos cortos y compactas manifiesta características de personalidad Yang con naturaleza Yang, es muy posible que sus características emocionales sean Yang.

Características emocionales

YIN	YANG
Relajados	Confiados
Pacíficos	Entusiastas
Amables	Ambiciosos
Sensibles	Competitivos
Llorones	Irritables
Inseguros	Frustrados
Depresivos	Enojones
Tímidos	Sociables
Callados	Comunicativos
Silenciosos	Ruidosos
Pensativos	Activos
Tranquilos	Peleoneros
Observadores	Inquietos
Curiosos	Juguetones
Investigadores	Impulsivos

Al observar las actitudes de los niños, podemos determinar si están en fases Yin o en fases Yang. Cuando el niño tiene comportamiento Yin muy marcado lo podemos apoyar con energía Yang para balancearlo, y viceversa, es decir, si su comportamiento es evidentemente yang, lo podemos apoyar con energía Yin para balancear su energía personal y favorecer el equilibrio y estabilidad en sus emociones, actitudes y sentimientos.

Algunas herramientas para aplicar este concepto, mencionado con anterioridad, consisten en balancear la energía del niño apoyándonos en los alimentos o en las actividades que realicen.

ALIMENTOS

YIN	YANG
Verdes	Vegetales
Tofu (queso de soya)	Carne
Ensaladas	Huevo
Frutas	Pescado
Líquidos	Granos
Helados	Vegetales de raíz
Azúcar	Frijoles
Alimentos asados	Alimentos fritos
Alimentos hervidos	Alimentos condimentado
Dulce	Picante

ACTIVIDADES

YIN	YANG
Caminata lenta	Box
Natación	Karate
Tai chi	Futbol
Yoga	Tenis
Meditación	Aeróbicos
Masaje	*Jogging*
Descanso	Caminata

Ballet	Gimnasia
Esquiar	
Surfear	
Equitación	
Danza	
Jardinería	

Los niños espirituales, observadores, curiosos y analíticos tienen una naturaleza de tendencia Yin; mientras que los niños que son prácticos y realistas manifiestan una tendencia Yang.

El entorno Yin se describe como un espacio de formas curvas y suaves, tonos fríos como azules y verdes, materiales como madera, tapetes, alfombras, pisos de madera, textiles acolchonados y acojinados, tapices de tela o papel, cortinas de tela o gasa, iluminación indirecta. Es el ambiente ideal para el descanso y la relajación. ¿Un niño demasiado inquieto, rebelde, agresivo y peleonero?, ¿hiperkinético? ¿Le cuesta trabajo dormir o concentrarse? Este es un ambiente favorable para decorar su habitación, contribuirá a balancear su espacio personal y equilibrar su energía reflejándose en cambios positivos de actitudes que beneficiarán al niño.

Es importante mencionar que cuando un niño tiene actitudes extremistas está manifestando a nivel inconsciente que algo a su alrededor, está alterando su energía y afectando su equilibrio y estabilidad.

El entorno Yang se define como un espacio de formas y texturas sólidas y firmes, de esquinas y ángulos muy marcados, tonos cálidos como naranjas y amarillos, materiales como mármol, losetas, vidrio, piedra, acero, metal, aluminio, persianas, muros texturizados o lisos, textiles de textura firme y rígida, luz directa, ventanas muy grandes y amplias. ¿Un niño demasiado tímido, introvertido, pegado a sus padres, inseguro, demasiado sensible, evasivo, flojo, poco comunicativo, miedoso o inestable?

Este es un ambiente favorable para decorar su habitación, y contribuirá a balancear su espacio personal y equilibrar su energía reflejándose en cambios positivos de actitudes que beneficiarán al niño.

COLORES

YIN	YANG
Negro	Blanco
Azul	Amarillo
Verde	Anaranjado
Morado	Fucsia
Vino	Rojo
Pasteles	Brillantes

Dentro de la clasificación de los colores bajo este concepto, dentro del Yin hay Yang y dentro del Yang hay Yin. Esto se interpreta de la siguiente manera: un verde brillante es un tono relajante (Yin) con matices de alegría (Yang). Un tono vino es un tono alegre (Yang) con matices relajantes (Yin).

El uso de tonos pastel baja la energía física, esta energía se refleja en demasiada inquietud y dificultad para dormir y descansar fácilmente, estos tonos son relajantes y permiten liberar al cuerpo del estrés y la tensión, mientras que el uso de tonos rojizos y brillantes fortalece la energía física, en casos de niños débiles, frágiles, dormilones y cansados constantemente pueden ser de mucha utilidad.

El abuso de determinada energía lleva a desequilibrio y falta de balance reflejándose en actitudes conflictivas en los niños, nuestra finalidad es la armonía y ésta se logra a través del balance y el equilibrio. Para ejemplificar lo anterior, podemos decir que un entorno demasiado Yang puede llevar a actitudes agresivas, violentas y rebeldes, es decir, un niño rodeado de colores demasiado brillantes y rojizos se puede comportar como un niño peleonero, contestón, grosero y agresivo. Un entorno demasiado Yin, al contrario, puede llevar a actitudes miedosas, inseguras, tímidas y lloronas, es decir, un niño rodeado de colores demasiado fríos y suaves se puede comportar como un niño que se encierra en su mundo, evasivo, llorón, apegado a mamá y con conflictos de comunicación.

Lo ideal es jugar y balancear el Yin con el Yang en su entorno, es decir, acondicionar una habitación Yin con juguetes Yang, o un entorno Yin con ropa y pijamas Yang.

JUGUETES

YIN	YANG
Rompecabezas	Pelotas
Didácticos	Juegos bélicos
Ajedrezes	Escondidillas
Casita	Luchas
Muñecas	Bicicleta
Juegos de té	Patineta
Colorear	Bailar
Leer	Televisión
Creatividad	Actividad
Muñecos de peluche	Coches eléctricos
Juguetes de armar	Juguetes de pilas
Computación	Patines
Tocar algún instrumento musical	

Cabe mencionar que la intención no es alterar la naturaleza de cada niño si no balancearla respetando sus espacios y sus necesidades, es decir, al determinar si la naturaleza del niño es Yin, aquello que se considera energía Yin le va a ayudar a reafirmar su naturaleza, carácter y personalidad, detalles y matices de Yang le van a ayudar a balancear su energía. Si el niño está rodeado de exceso de energía Yin o tiene emociones y actitudes que describen aspectos de exceso de Yin, mencionados con anterioridad en este libro, le es favorable balancear su entorno con Yang para equilibrar y apoyar en la corrección de problemas.

Al determinar si la naturaleza del niño es Yang, aquello que se considera energía Yang le va a ayudar a reafirmar su naturaleza, carácter y personalidad. Los detalles y matices de Yin le van a ayudar a balancear su energía. Si el niño está rodeado de exceso de energía Yang o tiene emociones y actitudes que describen aspectos de exceso de Yang, mencionados con anterioridad en este capítulo, le es favorable balancear su entorno Yin para equilibrar y apoyar en la corrección de problemas.

El color inspira emociones y actitudes, analizándolo desde la perspectiva Yin y Yang presentamos otra herramienta de apoyo para crear espacios infantiles que motiven y colaboren con el niño para despertar y destacar sus cualidades personales.

Rojo

El color rojo activa y estimula. Su vibración provoca inquietud y atracción. En su manifestación Yin, rojo oscuro: ladrillo o vino, promueve el expresar los sentimientos y la comunicación hacia los demás; mientras que en su manifestación Yang invita a la acción y al movimiento. En exceso puede alterar los nervios, provocar exceso de actividad y desatar actitudes de violencia y agresión.

Amarillo

El color amarillo promueve claridad y optimismo. Su vibración contribuye a tener claridad de pensamiento. En su manifestación Yin, amarillo térreo, contribuye a crear un ambiente que favorece la toma de decisiones acertadas y a poner en práctica la energía de sensatez y objetividad. En su manifestación Yang, amarillo brillante, destaca el detallismo y la tenacidad así mismo favorece un ambiente de alegría y optimismo. En exceso puede provocar apatía y flojera, actitudes obsesivas hacia los detalles.

Azul

El color azul provee tranquilidad y objetividad. Su vibración favorece un ambiente relajado que permite la investigación y el autoanálisis. En su manifestación Yin, azul marino o azul cielo, despierta la meditación y la profundidad de pensamiento, la concentración y la confianza. En su manifestación Yang, el azul rey brillante contribuye a despertar la sensación de amor propio y orgullo por lo que desarrollamos. En exceso puede provocar aislamiento, depresión, inseguridad e inestabilidad, timidez y miedo.

Verde

El color verde promueve el valor y el gusto por el reto, el crecimiento y el desarrollo. Favorece el estudio y la energía de cambio y renovación. En su manifestación Yin, verde hoja, verde bandera despierta el interés por promover cambios a nivel interno en las personas. En su manifestación Yang, verde brillante contribuye al aprendizaje a través de la realización. En exceso puede provocar actitudes de egoísmo y búsqueda de riesgo y aventura sin medir el peligro.

Naranja

El color naranja favorece la sensación de pertenencia. Su vibración despierta el deseo de relacionarse con grupos de personas y formar parte de ellos. En su manifestación Yin, naranja térreo despierta la comprensión y el diálogo con otros. En su manifestación Yang, naranja brillante contribuye a un fuerte deseo de organización, coordinación y convivencia social. En exceso puede provocar excesiva fiesta y relaciones sociales, problemas de concentración y actitudes de superficialidad.

Morado

El color morado despierta el interés por la aventura y el descubrimiento de opciones nuevas. En su manifestación Yin, morado obispo y morado oscuro favorecen la investigación y el análisis para obtener respuestas ante aquello que se desconoce. En su manifestación Yang, el morado fucsia brillante promueve aceptación y atención hacia lo desconocido. En exceso puede afectar la adaptación hacia la realidad, evasión, aislamiento y desequilibrio.

Rosa

El color rosa provee una atmósfera de calma y ternura. Su vibración favorece la sensación de cariño y aleja los miedos. En su manifestación Yin, el rosa pálido y el pastel suavizan las emociones y calma el enojo y la impulsividad. En su manifestación Yang, rosa brillante, mexicano, reduce la tristeza, atrae alegría y controla el impulso de agresiones físicas y violencia. En exceso puede provocar sensación de flojera y cansancio.

Café

El color café promueve una atmósfera de estabilidad y equilibrio. Su vibración favorece la sensación de seguridad. En su manifestación Yin, el café oscuro despierta la emoción de sentirse parte de, promueve la estabilidad y la seguridad, ayuda a tomar decisiones acertadas y sensatas. En su manifestación Yang, el café brillante y chedrón favorecen la imagen de las personas que saben lo que desean y quieren en la vida, personas firmes y decididas. En exceso puede provocar necedad y obsesión por detalles superfluos.

Blanco

El color blanco favorece la manifestación y sensación de orgullo de uno mismo. Su vibración fortalece la sensación de identidad. En su manifestación Yin, el blanco mate, el grisáceo, el azulado o verdoso, impulsan a la actividad mental. En su manifestación Yang, el blanco brillante y amarillento impulsan a la búsqueda de respuestas y soluciones basándose en el desarrollo intelectual y mental. En exceso puede provocar prepotencia, soberbia, inexpresividad, falta de comunicación y soledad.

Negro

El color negro favorece y fomenta el misterio y la curiosidad hacia lo desconocido. Por su vibración despierta el interés por la investigación y por el autoanálisis. En su manifestación Yin, negro mate, promueve la meditación y la profundidad de pensamientos, despierta nuestro lado artístico y sentimental. En su manifestación Yang, el negro brillante fomenta la decisión y la valentía por defender lo que creemos. En exceso puede provocar miedo e inseguridad, falta de autoestima, exceso de sentimentalismo y depresión.

Un ambiente Yin fomentará en los niños actitudes de calma, inactividad, tranquilidad, silencio, meditación, concentración, relajación y descanso.

Un ambiente Yang fomentará en los niños actitudes de emoción, alegría, energía, actividad, comunicación, sociabilidad, excitación e inquietud.

Procedamos ahora, a analizar a los niños y los espacios infantiles, con base en la teoría de los cinco elementos: agua, madera, fuego, tierra y metal.

LOS CINCO ELEMENTOS Y LOS NIÑOS

Los cinco elementos en el entorno infantil van a promover en el niño reacciones y actitudes determinadas que se van a reflejar en su comportamiento, crecimiento y desarrollo.

El ambiente madera está definido por espacios con muebles de madera, decorado en tonos de verde, con adornos altos y alargados, presencia de libros y libreros. Este tipo de decoración promueve en el niño actitudes de inquietud, benevolencia, hiperactividad, movimiento, desarrollo, interés por las aventuras y emociones fuertes. Un ambiente demasiado madera puede llevar al niño al exceso de energía que le va a provocar problemas para dormir, accidentes constantes como tropezones y caídas ya que no mide el peligro, el elemento madera promueve y favorece la intrepidez perdiendo el miedo al peligro.

El ambiente fuego está definido por espacios con muebles de vértices muy marcados, colores y tonos brillantes como rojo, luz brillante, presencia de aparatos eléctricos y juguetes de pilas, computadora, textiles con dibujos angulosos, textiles con dibujos de animalitos. Este tipo de decoración promueve en el niño actitudes de alegría excesiva, sociabilidad, simpatía, energía para realizar varias actividades simultáneas, superficialidad, competencia, ambición, pasión por ciertas actividades u objetos, carismático. Un ambiente demasiado fuego puede llevar al niño a acumulación de energía que no sepa como manejar provocando que se sienta estresado, nervioso, inquieto, con problemas de concentración, dispersión mental, problemas de estudio.

El ambiente tierra está definido por muebles bajitos y pesados, tapetes cuadrados, poco espacio para moverse, demasiados juguetes y muñecos, adornos de barro y talavera, tonos amarillos, mostazas y térreos, textiles con dibujos de cuadros. Esta decoración incita en el niño actitudes de seguridad, precaución, equilibrio, estabilidad, aceptación y arraigo al lugar, tenacidad, decisión, concentración, detallismo, madurez, calidez, ternura, cariño, expresión sentimental, leal y cuidadoso. Un ambiente demasiado tierra puede llevar al niño a actitudes obsesivas hacia los detalles, terquedad, miedo a relacionarse con personas que no son de su familia o confianza, temor a tomar la iniciativa en cosas nuevas, introversión.

El ambiente metal está definido por el minimalismo, colores claros, tonos pastel, muebles metálicos, espacios amplios y muy limpios y ordenados. Tal decoración promueve en el niño actitudes de estabilidad, seguridad, decisión, claridad, rectitud, responsabilidad, análisis, liderazgo, orden, claridad, inteligencia. Un ambiente demasiado metal puede llevar al niño a actitudes obsesivas hacia el orden, la disciplina, la responsabilidad, el dinero, el estudio, el liderazgo. Puede provocarle angustia para expresar sus sentimientos y emociones, insensibilidad, dureza, prepotencia y egoísmo. Sensación de exceso de poder, caprichoso y voluntarioso.

El ambiente agua está definido por adornos de forma asimétrica e irregular, cuadros de motivos artísticos abstractos, colores oscuros como azul marino, motivos de animales acuáticos y marinos, peceras, pinturas, cuadernos para dibujar, instrumentos musicales. Dicha decoración genera en el niño actitudes de sensibilidad, flexibilidad, aceptación, aventura, investigación, estudio, respeto, análisis, profundidad, creatividad, libertad, autosuficiencia e independencia. Un ambiente demasiado agua puede llevar al niño a actitudes de depresión, aislamiento, miedo, temor, inseguridad, pesadillas constantes, dependencia emocional de los demás, desapego hacia sus pertenencias, falta de interés, llorón, evasivo y solitario.

Lo ideal, lo más recomendable, integrar los cinco elementos en la decoración de los espacios infantiles. Acorde a lo que promueve cada elemento en la actitud del niño, se pueden colocar detalles de ese elemento para fortalecer la o las energías que queremos fortalecer en el niño.

ESPACIOS INFANTILES

En la actualidad, gran parte de la población mundial está mostrando interés por el Feng Shui y sus aplicaciones en el espacio vital, poco se ha escrito y hablado de su aplicación en el espacio y entorno infantil así como sus beneficios con respecto a ellos.

El ser humano reacciona a través de sus percepciones, aquello que lo rodea puede tener un efecto inconsciente tanto positivo como negativo, motivarlo, desgastarlo o incluso afectar la forma en que se relaciona con otros seres humanos.

Los niños son extremadamente sensibles a esta situación y sus manifestaciones ante esta influencia son inmediatas, he ahí la importancia de diseñar y crear espacios infantiles que motiven y despierten actitudes positivas desde la niñez.

Uno de los primeros aspectos para diseñar espacios infantiles es pensar en las necesidades infantiles, es decir, la altura de la cama debe ser una altura que el niño domine y se sienta seguro. Las camas muy altas y pegadas hacia las ventanas pueden provocar miedo e inseguridad en los niños. Iluminar las ventanas por fuera o poner cortinas de motivos infantiles evitará la sensación de temor a la oscuridad, una altura de cama que puedan ellos subir y bajar con facilidad se reflejará en una sensación de seguridad y control de situaciones. Para favorecer la concentración y decisión en los niños es importante que la cama tenga una cabecera, de preferencia de madera sólida y firme a la pared y a la cama. Un aspecto importante es que la cabecera descanse en un muro sólido y los pies se dirijan a otro muro sólido, evitar que la cabecera coincida con el muro del baño sobre todo si en esa pared del baño se encuentra el inodoro.

Este aspecto se puede reflejar en problemas de salud, pensamientos e ideas dispersos, falta de concentración e incluso actitudes de evasión.

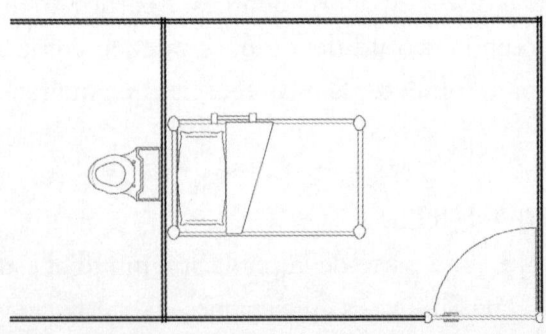

La posición de los pies dirigidos a la puerta del baño o del clóset tampoco es favorable, genera un flujo de energía que altera la energía del niño al dormir provocando inestabilidad, inquietud, somnolencia y falta de descanso que se van a reflejar en actitudes de rebeldía, inestabilidad y enojo del niño.

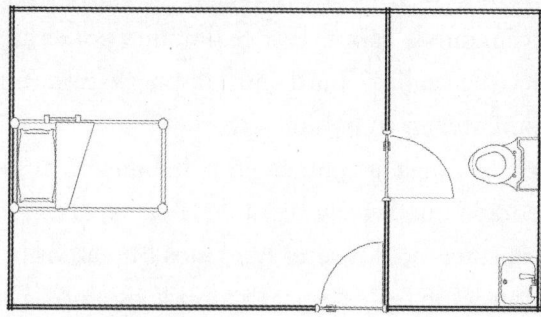

En el diseño de espacios infantiles, aquello que rodea al niño tiene una fuerte influencia en sus actitudes y comportamiento así como en la manifestación exterior y social de sí mismo.

Es importante considerar lo que se tiene cerca de la cabeza del niño al dormir. Existen casos de diseños de recámaras en los que la cabecera está formada por un librero o juguetero, este detalle no es recomendable, ya que puede generar en el niño actitudes obsesivas hacia el estudio, hacia la diversión, así como la constante presencia de enfermedades, sobre todo de pulmones y vías respiratorias, provocadas por la falta de descanso, pues al dormir la mente inconsciente del niño se encuentra ocupada en esos objetos que quedan detrás de la cabeza del niño. En este punto es importante recomendar que sobre la cama del niño se evite colocar jugueteros, muebles para acomodar objetos u otra cama, como sucede en el caso de las literas.

Al dormir, el ser humano, está en su aspecto más vulnerable y de mayor influencia inconsciente del exterior donde se captan mensajes silenciosos que se graban en la mente y se reflejan en todo lo que realizamos de manera consciente. Al dormir, nuestro cuerpo debe sentirse libre, sin opresiones ni delimitaciones, la presencia de objetos o de otra cama (como una litera) reduce la sensación de amplitud y espacio que buscamos para relajarnos y descansar.

De manera muy curiosa, la manifestación de que algo está alterando nuestro equilibrio y balance interior, es primeramente a través de actitudes y posteriormente de enfermedades.

¿Su niño es berrinchudo, hiperactivo, inquieto, evasivo, grosero, rebelde, no se comunica fácilmente, tímido, inseguro o constantemente se enferma, ya sea del estómago o de las vías respiratorias, le duele constantemente la cabeza o se le dificulta poner atención y concentrarse en lo que realiza? La respuesta puede estar en su entorno, más específicamente: en su habitación.

¿Dónde se ubica la ventana en la habitación con respecto a la cama? Si la ventana queda muy cerca de la cama, el niño se puede llegar a sentir desprotegido, los seres humanos buscamos la sensación de seguridad y protección en los espacios donde estamos. En este caso, el niño se puede manifestar miedoso y temeroso, inquieto y demasiado apegado a papá o mamá reflejándolo, incluso, en terrores nocturnos y pesadillas con constantes visitas a la cama de los padres durante la noche. Debemos retirar la cama de la ventana y poner luz por el exterior de la ventana, la mejor manera de que el niño aprenda a controlar el miedo es permitiéndole tener control visual de lo que está a su alrededor.

La ventana sobre la cabecera de la cama puede provocar una fuerte sensación de vacío creando en el niño una actitud de temor al fracaso e inseguridad, afectando su autoestima y la capacidad de decisión y elección por sí mismo para obtener lo que desea con la plena confianza en su propia capacidad física, mental y espiritual.

¿Qué altura tiene el techo de la habitación? Un techo muy alto promueve que la energía se quede flotando en la parte superior reflejándose en un niño muy idealista y soñador, en este caso, lo puedes solucionar colocando lámparas en el techo que iluminen hacia abajo, pueden ser rieles con spots dirigibles, promoverán una atmósfera más cálida y acogedora en la habitación, otra opción es colocar luz indirecta en las esquinas de la habitación; un techo muy bajo promueve que la energía se acumule en exceso reflejándose en un niño muy presionado y estresado, la solución: colocar lámparas de poste alto que iluminen hacia el techo, promoverá una atmósfera de mayor altura y libertad. Lo ideal es un techo de altura media.

¿La habitación tiene techo dos aguas? Evita ubicar la cama del niño debajo de la parte más baja del techo o debajo de una escalera, lo ideal es cambiar la cama hacia la parte alta del techo, esto beneficiará bastante al niño. Los libreros y los clósets así como los jugueteros, los puedes ubicar en esta parte baja del techo para aprovechar el espacio.

La posición ideal es una cama protegida por muros que domine la puerta de entrada a la habitación y alejada de la ventana, con poca iluminación nocturna que le permita al niño sentir la libertad de moverse en su espacio aún durante la noche.

Un espacio entre la base de la cama y el piso es bastante adecuado. Las camas con base de cajón impiden el libre flujo de energía del niño a través de sus chakras manifestándose en malestares físicos posiblemente relacionados con el estómago.

Otro aspecto importante es el mantener aparatos eléctricos y enchufes eléctricos alejados de la cama del niño, esto con la finalidad de evadir un exceso de exposición a la energía electromagnética que emiten éstos y que provocan nerviosismo, alergias y enfermedades constantes.

Colocar muebles o cajones para guardar los juguetes y enseñar a los niños a mantener ordenado su espacio. El exceso de juguetes en una habitación puede provocar terrores nocturnos y pesadillas. Además de que el niño se sentirá vigilado constantemente y no se manifestará de manera libre y espontánea.

Una lamparita de seguridad en la habitación infantil permitirá al niño ver en la noche y levantarse con confianza al baño. Este detalle permitirá que el niño trabaje su aspecto personal de control sobre las situaciones y él, por sí mismo, decidirá cuando apagar la luz, despierta su capacidad de decisión y elección, aspecto que se reflejará en un niño decidido y seguro.

La parte de la casa que se ubica más alejada de la calle representa la parte Yin de la casa. La energía Yin se asocia con el descanso, la relajación y es ideal para ubicar las habitaciones.

Cada habitación corresponde a una actividad para realizar, las recámaras son para descansar y se debe establecer otra habitación para estudiar y ver televisión, lo ideal es ubicar estos espacios en la parte media de la casa con la finalidad de establecerlos entre el Yin y el Yang de la casa. La energía Yang de la casa se ubica al frente, cerca de la calle y es ideal para habitaciones sociales como áreas de juegos, sala y comedor. Es preferible que los niños realicen sus tareas y estudien en la mesa del comedor que en su recámara. Al diseñar recámaras-estudio entramos en la generación inconsciente de un espacio multifuncional que genera que el niño ubique lo necesario en su habitación, aspecto que se puede reflejar en un niño demasiado encerrado en sí mismo, poca comunicación con los padres y otros miembros de la familia. ¿La televisión está dentro de su habitación? Esto reafirma el concepto anterior, el niño se refugia en su pequeña cueva evadiendo el exterior y la relación con los demás.

En lo referente a los materiales en la decoración de espacios infantiles, lo más recomendable es emplear materiales naturales como pisos de madera y tapetes de lana o algodón. Edredones y sábanas de algodón y colores verdes o azules para fomentar creatividad en el niño, también promueven el estudio y el crecimiento; de seda o lana, así como colores rojos, naranjas y amarillos para favorecer la sociabilidad, comunicación y autoestima así como dinamismo. Los tonos térreos como mostaza y amarillos despiertan en el niño estabilidad, seguridad y precaución, son ideales en casos de niños inseguros e inestables. Las camas y muebles bajos de tamaño también contribuirán a generar esa sensación de solidez en los niños. El blanco representa orden y limpieza así como liderazgo, en situaciones de niños desordenados y excesivamente tímidos se convierte en una buena herramienta. Se sugiere evitar las pinturas y recubrimientos químicos en paredes, ya que pueden dañar la salud de los infantes pues sus emanaciones o vaporizaciones a la larga pueden ser tóxicas.

En estos casos es preferible invertir un poco más en la decoración de los espacios infantiles buscando un beneficio en el niño que se va a reflejar en su salud.

Respecto al material de los muebles de la habitación de los niños el más recomendable es la madera, el uso de camas y muebles de metal atrae y amplifica el efecto electromagnético que generan los aparatos eléctricos, las antenas de televisión, los enchufes, los transformadores de luz y que dañan y bajan las defensas naturales de su cuerpo debilitando su energía física y facilitando la aparición de enfermedades.

Con respecto a la dirección cardinal ideal para colocar las cabeceras, aplicamos la fórmula para obtener el número Kua. Esta técnica o escuela de Feng Shui, llamada los Ocho portentos o Ba Zhai, nos permite ubicar a los niños en espacios favorecidos por la energía de las direcciones adecuadas para cada uno acorde a su propia energía de nacimiento.

Si ubicas con brújula, basándote en la puerta de entrada a la habitación y divides la habitación en nueve cuadrantes para determinar cada uno de los ocho sectores cardinales, en los sectores cardinales que son negativos se sugiere colocar lo siguiente para aminorar su influencia negativa.

En el sector que corresponde a la dirección cardinal personal de miedo y robos, sugiero colocar algún objeto de color azul marino, algún objeto que represente elemento agua, accidentes y pérdidas se controla con una planta o algún objeto que represente elemento madera, discusiones y pleitos se disminuye con alguna escultura de barro, porcelana o talavera o algún objeto que represente elemento tierra, detrimento de la salud y enfermedades se arregla colocando una lámpara o algún objeto que represente elemento fuego.

En los sectores cardinales personales favorables del niño, se pueden colocar objetos que nutran e impulsen su aspecto positivo. En el sector que corresponde a prosperidad un cuadro de un lago o cascada o algún objeto que represente elemento agua, en salud y amigos protectores una lámpara o algún objeto que represente elemento fuego, en larga vida y amor algún objeto que represente elemento tierra y en protección algún objeto que se asocie con elemento agua.

Si se desea mejorar la energía de éxito para el niño, colocar su cama con la cabecera hacia el sector o dirección cardinal personal correspondiente a prosperidad con base en el número Kua.

Si se desea mejorar la energía de relaciones con amigos y familiares, se puede colocar su cabecera hacia el sector o dirección cardinal personal correspondiente a larga vida y amor con base en el número Kua del niño.

Si se desea mejorar la salud del niño y fortalecer sus defensas, se puede colocar la cabecera de su cama hacia el sector o dirección cardinal favorable correspondiente a la dirección personal de salud y amigos protectores acorde a su número Kua.

Otra opción es que al estudiar o al sentarse a comer en la mesa, el niño se siente viendo hacia alguna de estas direcciones cardinales favorables a nivel personal.

Para elegir los colores, formas y materiales ideales para nutrir la energía del niño e impulsarlo a un crecimiento, en mi experiencia personal, recomiendo emplear la siguiente fórmula: se suman todos los dígitos del año de nacimiento y se reducen a un solo dígito, este dígito se resta de una constante de 11 y el número resultante es el que nos permite escoger y sugerir lo ideal para crear un espacio infantil adecuado. Esto corresponde al número ki, el número ki se basa en un sencillo sistema de astrología llamado ki de las nueve estrellas y este número nos permite determinar la personalidad del niño con base en su fecha de nacimiento convirtiéndolo en una herramienta para determinar aspectos importantes en la decoración de un espacio infantil.

En este caso, también es importante consultar un calendario chino para establecer el año preciso de nacimiento ya que la cultura china se rige por un calendario solar que inicia cada año el día 4 de febrero, y eso tiene como consecuencia que en este sistema las personas nacidas durante el mes de enero de cada año se consideran dentro del año anterior.

Acorde a los números se hacen las siguientes sugerencias:

1. Colores blanco, azul marino y verde, formas circulares, asimétricas y rectangulares. Todo lo que pertenece a elementos metal, agua y madera.

2, 5, 8. Colores rojo, naranja, amarillo, tonos térreos y blanco, formas triangulares, cuadrados y círculos. Todo lo que pertenece a elementos fuego, tierra y metal.

3, 4. Colores azul marino, verde, azul claro, rojo, naranja o amarillo, formas asimétricas, triangulares y rectangulares. Todo lo que pertenece a elementos agua, madera y fuego.

6, 7. Colores térreos, mostazas, amarillos, blanco y tonos pastel, azul marino, formas cuadradas, circulares y asimétricas. Todo lo que pertenece a elementos tierra, metal y agua.

9. Colores verde, azul claro, rojo, naranja, amarillo brillantes, tonos térreos, formas rectangulares, alargadas, triangulares y cuadradas.

Todo aquello que pertenece a elementos madera, fuego y tierra. Los colores mencionados con anterioridad se pueden aplicar para vestir al niño, esto fortalecerá, reafirmará y controlará los aspectos negativos de la personalidad de cada infante.

Con base en el número ki que se estableció para cada niño. A continuación se describe su personalidad, estableciendo aspectos importantes que nos permiten conocer mejor a nuestros niños y poderlos ayudar y apoyar.

Este número se refiere a quien es el niño, describe su naturaleza y su esencia como ser humano.

1. AGUA. Su trigrama es Kan y significa agua. Representa al hijo de en medio y su origen es Yin.

Este tipo de niños, al representarlos en el I Ching el hijo de en medio, se convierten en aquellos capaces de resolver y mediar en los problemas y las discusiones. Su naturaleza es diplomática y tranquila. Son niños de gran profundidad de pensamientos y acción. Tienen una fortaleza escondida y son sentimentales, buscan la esencia de todo y buscan el aspecto profundo de las cosas y las circunstancias. Como su elemento es agua pueden ser tranquilos, pacíficos y relajados y, al mismo tiempo, vivaces, ágiles, turbulentos como las grandes olas del mar o las cascadas. Son aventureros y exploradores. Su espíritu tiende a ser libre, incontrolable por lo que debe haber un contenedor o controlador para evitar que se conviertan en un caos y en niños indisciplinadas, sin embargo si se les controla en exceso su reacción es volverse demasiado rígidos y disciplinados sobre todo cuando su naturaleza es tranquila.

Son sensibles, artísticos y filosóficos. Valoran mucho su espacio y les molesta si se sienten invadidos. En el futuro, su aspecto profesional se marca como excelentes árbitros y mediadores, artistas y abogados. Escritores, poetas, compositores, músicos, filósofos e incluso terapeutas. Tienen la cualidad interna de buscar el balance constante en los argumentos y las situaciones. Todo tipo de actividad que involucre el manejo de líquidos va a ser una actividad favorable para éstos infantes. Por su profunda cualidad y capacidad de análisis y pensamiento tienden a ser niños callados y a veces aislados, son mentalidades que trascienden el tiempo, relajadas y receptivas. Son niños espirituales, creativos y universales. Su salud está ligada a todo lo que se refiere a líquidos en el cuerpo humano: riñones, órganos sexuales, vejiga, huesos y sistema nervioso.

Son flexibles, sencillos, adaptables, receptivos, enigmáticos, poco románticos pero con mucha fuerza. Suelen ser extremadamente posesivos. Por lo general tienen mirada profunda y soñadora, tienden a tener ojeras, a veces oscuras y debe cuidarse mucho de los resfríos. Deben dormir y descansar mucho y mantener su estómago caliente, cuidar mucho sus órganos sexuales así como la vejiga y los riñones.

2. TIERRA. Su trigrama es Kun y su energía es Yin. El trigrama Kun representa a la madre, es receptivo y maternal. Suave como la arena con un fuerte deseo de servicio y cuidado. No tienden a ser líderes pero son excelentes como soporte de cualquier persona. Son tranquilos, pacientes, compasivos y amorosos, tienen una gran actitud de servicio y cooperación. Extremadamente sociables buscan formar parte de grupos o personas que los guíen para no sentirse solos y perdidos. Su tendencia es buscar la estabilidad y el realismo y son muy detallistas al punto de desesperar a los que los rodean. Son hogareños y sobreprotectores. Maestros de la diplomacia y las buenas relaciones, son excelentes servidores de la humanidad y el trabajo social. También necesitan tiempo para nutrirse a sí mismos por esa gran capacidad de dar a los demás, aunque esto los puede llegar a desgastar. Su naturaleza es convencional, conservadora, amable y placentera; son un poco indecisos y obsesivos con detalles. Excelentes futuros profesionistas como doctores, trabajadores sociales, enfermeros, maestros, agricultores, arquitectos, jardineros y actividades detallistas. Maravillosos anfitriones, se esfuerzan por el bienestar de sus invitados y personas que los rodean. En la salud deben tener cuidado con afecciones de la piel, la sangre, la lengua, la garganta, el estómago o sistema digestivo y estreñimiento. Son personitas de apariencia abrazable, apapachable y suave. Buscan la seguridad y la estabilidad por lo que se apegan demasiado a los objetos y personas que los rodean sobre todo a mamá y papá. Son entregados y fieles, amorosos y llenan de atenciones a aquellas personas que gozan de su amor. Su aspecto negativo es que pueden llegar a ser muy dependientes en su aspecto sentimental de los demás y con el sentido obsesivo que manifiestan pueden llegar a alejar a sus amiguitos fomentando separaciones inesperadas y dolorosas para ellos. Son muy adecuados para actividades y labores de equipo, son organizados y conductores de eventos y reuniones por la atención y cuidado que ponen a los demás y los detalles.

Contagian su alegría y compañerismo. Tienden a ser coleccionistas y acumuladores de objetos. Disfrutan de la buena comida.

3. MADERA. Su trigrama es Chen y significa trueno, representa al hermano mayor y su energía es yang. Este trigrama representa el crecimiento y la acción; así es el trueno, fuerte, decidido, rápido, movimientos drásticos, espontaneidad, actuar antes de pensar. Son personitas impulsivas, enérgicas, decididas, ruidosas, inquietas, constantemente comenten errores por su impulsividad. Tienen mucha vitalidad y energía, son optimistas y positivos, no terminan lo que comienzan dejando la responsabilidad en otros, son cambiantes e inestables, abiertos y honestos, directos al hablar, vigorosos físicamente, impositivos al hablar y demasiado francos con sus familiares y amigos. consuelen ser atléticos y de cuerpos fuertes y altos. Son muy creativos y soñadores, precoces y consentidos, caprichosos, viriles y simpáticos. Se aburren con facilidad. Son innovadores e inventores, no se caracterizan por ser muy maduros y objetivos. Son excelentes futuros creativos, inventores, deportistas, constructores, ingenieros, músicos, cirujanos, oradores.

En la salud deben de tener cuidado con las úlceras, tumores, el hígado, la digestión las fobias, el exceso de stress, problemas visuales y el cuello.

En el aspecto sentimental son muy vanidosos y se preocupan excesivamente por su aspecto físico, les importa mucho el tacto y les gusta que los toquen, son juguetones y no saben reprimir sus emociones. Son generosos e independientes, joviales y parlanchines.

4. MADERA. Su trigrama es Sun y significa viento, su energía es Yin y representa a la hermana mayor. Su aspecto Yin, a diferencia del 3. MADERA, le da un aspecto estable, tranquilo, suave. Su naturaleza es tan suave que necesita el soporte de sus raíces de madera. Su aspecto negativo es el exceso de aire que se puede convertir en un huracán destructivo e incontrolable cuando se altera. Es un elemento muy sensible y susceptible, son personitas confiables, seguras y prácticas. Su sentido común es característico así como su sensatez y sensibilidad hacia los demás. Son excelentes consejeros pero muy influenciables por su naturaleza volátil. Son crédulos y confiados. Manipuladores y confidentes. Excelentes futuros oradores, políticos, líderes, planeadores, artistas, inventores y consejeros.

Son personitas decididas, individualistas, claras y muy estructuradas. Favorables en cuestiones de transportación, comunicación, dirección, guía, publicidad, agencias de viajes, fabricantes. Dejan las cosas para el último momento y confían en su sensatez, buena suerte y buen juicio. Son idealistas, soñadores e ingenuos. Tienden a ser muy atractivos para el sexo opuesto. En la salud debe tener cuidado de no caer en exceso de actividad, debe cuidar sus intestinos, la vesícula, el tejido conjuntivo y el hígado. Son excelentes publirrelacionistas, obedientes y muy atractivos. Se caracterizan por su mirada atractiva.

5. TIERRA. Es el centro, es la conjunción de los ocho trigramas por lo que toma su naturaleza de ellos y puede tener características de todos y principalmente del 2 TIERRA y del 8 TIERRA. Es el centro de la familia, de la atención, por lo que tiende a ser egoísta y egocéntrico. Es independiente y separado de la familia. Son el punto de atención en el aspecto social y son extremadamente sociables, son amistosos, amigueros, simpáticos y se relacionan con todo tipo de niños. A su vez, son extremistas y constantemente cometen los mismos errores. Extremadamente atractivos y ambiciosos, son los mejores para salir adelante de las situaciones problemáticas. Siempre están al centro de lo que suceda a su alrededor. Son excelentes para controlar las situaciones, toman el liderazgo y la guía. Con frecuencia tienen altas y bajas, son resistentes y perseverantes. Son capaces de generar grandes cambios en cualquier parte. Son glamorosos y atractivos. Son francos y tenaces, no soportan la crítica y creen tener siempre la razón. Son excelentes en relaciones públicas, su enorme carisma les permite controlar grandes retos y convertirse en líderes, la comunicación es otro aspecto favorable para ellos.

En su aspecto sentimental son polifacéticos y cambiantes, lo que los hace muy atractivos, son simpáticos y divertidos, al igual que amoldables a las circunstancias por lo que no tienen un patrón definido de comportamiento. En su salud deben de tener cuidado con los excesos, las infecciones, el estómago, la circulación, los tumores, la fiebre, el corazón, la vesícula biliar.

Por su tendencia a ser el centro de todo tienden a aburrirse con facilidad y a desgastar muy rápidamente su energía por lo que deben tomar y dedicar tiempo para ellos para evitar crisis de tipo sentimental y nervioso ya que son muy emotivos y se deprimen con facilidad. También llegan a sentirse utilizados por sus amiguitos. Son personitas creativas y brillantes. Los mejores líderes y organizadores, capaces de controlar cualquier situación y sobreponerse a la misma.

6. METAL. Su trigrama es Chien que significa cielo, su energía es yang y representa al padre. Es extremadamente fuerte, tiene la fuerza del cielo y toda su energía yang lo que le da cualidades de liderazgo. Dominan y conquistan, tienen grandes ideales, son ambiciosos yególatras. Muy activos, odian perder, son muy críticos consigo mismos y materialistas. El exceso los puede llevar a la necedad. Muy detallistas y organizados, se desesperan con facilidad cuando las situaciones no salen como ellos esperan. Son autoritarios, duros, inflexibles, moralistas, directos, buscan la nobleza, la simplicidad y el glamour. Son racionales, cuidadosos, dedicados, rígidos y perfeccionistas. No soportan las críticas. Resaltan los valores familiares y admiran y profesan la lealtad. Son muy trabajadores y tenaces. Siempre buscan el liderazgo incluso en sus relaciones familiares, en ellas buscan la durabilidad y la profundidad. Son muy exigentes consigo mismos en sus sentimientos y llevado al exceso pueden ser excesivamente dominantes y duros. Son precisos y exactos, poco expresivos pero muy leales y sinceros.

Son excelentes futuros administradores, políticos, militares, economistas, modistas, industriales, abogados, joyeros, vendedores, sacerdotes, maestros, asesores y psiquiatras.

En la salud deben tener cuidado con los pulmones, las inflamaciones, dolores de cabeza, problemas de la piel, los huesos y el corazón.

7. METAL. Su trigrama es Tui que significa lago y representa a la hija menor. Su fuerza energética es Yin lo que lo convierte en personitas calmadas, tranquilas, con el potencial del agua estática, quieta y profunda. Son personitas reflexivas, suaves, sensibles, encuentran su seguridad en la profundidad de sus sentimientos lo que les da una apariencia exterior de calma y tranquilidad.

Simbolizan la alegría, son cariñosos, independientes, divertidos, irresponsables, excelentes para escuchar a los demás. Tienen el sentido del buen gusto y tacto, excelentes futuros diseñadores, creativos, estilizados, elegantes, reflexivos, excelentes para contabilizar y socializar. Son expresivos y coloridos. Son buscadores de comodidad y placer. Disfrutan del buen gusto y la armonía, el comer y se convierten en buenos anfitriones. Son carismáticos, glamorosos y graciosos, buenos consejeros. Son libres e independientes. Son excelentes futuros exponentes, oradores, decoradores, modistas, contadores, consejeros, políticos, coordinadores de eventos sociales y fiestas. Odian ser ignorados. Son buenos evaluadores lo que los convierte en conciliadores. También son favorables futuros dentistas, banqueros y distribuidores.

En la salud deben de cuidarse el pecho, la pelvis, la cabeza, la piel y los intestinos. Actúan con el corazón y les es difícil, casi imposible, decir que no.

8. TIERRA. Su trigrama es Ken, significa montaña y representa al hijo menor. Su energía es Yang, lo que le da la fortaleza y explosividad de la montaña. Ambos conceptos escondidos dentro de esa apacible tranquilidad y quietud de la montaña. Se describe como la contemplación, la etapa de transición hacia un resurgimiento. Son personitas con gran facilidad para acumular abundancia en el futuro, son lentos pero su perseverancia los lleva a aprender a través de sus experiencias.

La apariencia de estas personitas es de fortaleza y estabilidad, sin embargo su aspecto negativo es la explosividad y violencia que pueden manifestar cuando algo les irrita. Son personitas con fuertes reservas de energía que se muestran reservados y fríos hacia los desconocidos. Son excelentes argumentadores y es difícil hacerlos cambiar de posición. Son claros y decididos, tienen un gran sentido de la justicia y son generadores de cambio y revolucionarios. Son proveedores, metódicos y bien fundamentados. Son leales, equilibrados y fieles. Ocultan sus sentimientos y emociones, son confiables, se preocupan por los demás y no se adaptan fácilmente a los cambios. Son muy conservadores. En su vida sentimental les cuesta trabajo expresar sus sentimientos. Son muy sensibles pero poco expresivos. Son muy estables y forman en el futuro familias sólidas. Luchan por lo que aman y se esfuerzan por obtener lo que desean, son tenaces y decididos. Delimitan su espacio, son autosuficientes, muy inteligentes y a veces son rencorosos.

Son excelentes futuros policías, abogados, activistas, defensores de la ley, la justicia y los derechos humanos, contadores, editores, monjes, clérigos, escultores y maestros.

En cuanto a su salud, deben ser cuidadosos con la artritis, la fatiga, problemas respiratorios, estreñimiento, los músculos y las depresiones.

Son personitas muy disciplinadas y organizadas. No soportan que les alteren sus esquemas y les asusta la inestabilidad y el desequilibrio, gustan de dar pasos firmes y disfrutan sus logros y conquistas a través de su esfuerzo constante y continuo.

9. FUEGO. Su trigrama es Li, significa fuego y su fuerza energética es yang. Esta energía Yang es lo que los hace muy atractivos hacia los demás, gustan de los lujos y son idealistas y soñadores. Parecen castañuelas por el exceso de actividad que manifiestan. Tienen agilidad mental, son vivaces y alegres, aunque muy variables emocionalmente. Sensitivos, sentimentales, impulsivos, depresivos, se apagan y extenúan con facilidad. Se manifiestan a través de sus emociones. Son excitables y emocionables. Tienen poca confianza y son vanidosos. Son inspirados, brillantes, cálidos como el sol. Se comunican con facilidad y son líderes, apasionados, excelentes actores, intérpretes, liberales, variables, suaves, orgullosos, banales, sofisticados y criticones. Juzgan por las apariencias, críticos y observadores de pequeños detalles superfluos. No son rencorosos. Son cariñosos y explosivos. Pueden caer en la hiperactividad.

Es un elemento expansivo por lo que pueden tener toda clase de amiguitos, se distinguen por derecho propio, impresionan e irradian magnetismo. Son personitas francas, comunicativas, incapaces de mantener secretos. Cariñosas y brillantes, carismáticas y poco leales.

Aman la libertad y son románticos, soñadores, idealistas, creen en los cuentos de hadas y expresan sus sentimientos y emociones con mucha facilidad aunque por su vivacidad puede caer en contradicciones. Siempre están acompañados y a veces da la apariencia de ser personitas veleidosas y engreídas. Se cansan con facilidad, sobre todo cuando se aburren o no encuentra motivación a su vanidad y ego. Fantasean mucho con sus juegos.

Son excelentes en futuras profesiones como ventas, relaciones públicas, modelaje, modas, publicidad, comunicación, locutores, periodistas, mercadotecnia, solución de conflictos, artistas, cantantes, artesanos, esteticistas, optometristas, editores, diplomáticos, jueces y fiscales.

En la salud deben tener cuidado con los tumores cerebrales, enfermedades mentales, estrés, agotamiento, hiperactividad, el corazón, problemas de la sangre, glándulas y ojos. Necesitan del soporte de los demás elementos para no extinguirse. Son extremadamente orgullosos.

Además de todo lo analizado y presentado con anterioridad en este capítulo se hacen algunas recomendaciones más para crear espacios infantiles de éxito y amor.

Es importante que la altura del techo sea una altura media, ni muy alto ni muy bajo, sin vigas, esto con la finalidad de promover la libertad de pensamiento, concentración y vigor.

Se sugiere que las esquinas de los muebles y juguetes, tanto en la recámara como en el estudio, sean de bordes y esquinas redondeadas, así como las esquinas de columnas ubicadas en estas habitaciones, ya que aquellos bordes afilados y esquinas agresivas provocan desordenes y malestares físicos, así como dolores musculares.

La posición de las camas y escritorios debe ser tal que el niño domine la puerta de acceso a esa habitación para fomentar el control sobre las situaciones que se presentan en su vida. Es importante observar el motivo de los cuadros y obras artísticas que rodean al niño, pues las formas tienen una influencia inconsciente muy fuerte por lo que se recomiendan motivos alegres, dinámicos y festivos.

Los muebles y los cuadros deben ser colocados a alturas fáciles de manejar por los niños, esto se va a reflejar en su sensación de seguridad y autoestima.

Un ser humano que habita en espacios ideales, personalizados, es un ser que se nutre a sí mismo ayudado por el entorno y se convierte en un ser capaz de salir adelante, de esforzarse, incentivarse y expresar sus necesidades y deseos. Así mismo, refuerza su autoestima, destaca sus cualidades y equilibra su energía.

Un consejo final. Aprendamos a escuchar a los niños, ellos saben perfectamente lo que su energía necesita y lo manifiestan constantemente. Un niño inquieto, rebelde, inseguro, poco comunicativo o que no se relaciona fácilmente con los demás, está manifestando su incomodidad hacia algo. Observemos y analicemos su entorno, seguramente ahí está la respuesta. Aceptemos las necesidades y deseos de los niños y evitemos exigir de ellos todo aquello que en nuestro momento nosotros no pudimos obtener o generar por nosotros mismos.

IMPULSANDO EL CHI PERSONAL EN LOS NIÑOS

El Chi es el aliento generador de vida y cada ser viviente lo tiene, el Chi es el que le imprime características personales a cada quien, es quien rige nuestro comportamiento y se percibe a través de nuestros sentidos.

Un aspecto importante al tratar el tema de los niños es el impulsar al fortalecimiento y cultivación de su Chi personal a través de sus experiencias, percepciones y su entorno.

Nosotros podemos contribuir a ello, permitiendo y guiando al niño a través de experiencias que lo llevarán a trabajar su sentido de identidad, seguridad, equilibrio, autoestima y fortaleza en el mundo.

Algunos aspectos que pueden afectar este proceso son entornos muy ruidosos, temperaturas y entornos incómodos, mala influencia de las personas que los rodean.

La televisión y el ruido pueden evitar el desarrollo de la confianza en la propia capacidad interna del niño, ruido constante de coches y tráfico puede generar en un bebé o en un niño actitudes de miedo y tensión, el desorden y exceso de objetos en su espacio lo hará sentir saturado y limitado, manijas de puerta muy altas, anchas o difíciles de abrir lo pueden hacer sentir atrapado y las esquinas agresivas de los muebles lo pueden hacer sentir lastimado.

La sensación de pertenecer a un lugar es importante para un niño, esto se logra diseñando un entorno donde sus muebles sean accesibles a su altura, o que en las áreas de casa haya espacio para que él realice actividades en convivencia con el resto de la familia. Hay que escuchar y con atención cuando manifiesta sus deseos y necesidades, así como cuando quiere platicar o comentar algo.

La autoestima y seguridad de un niño se va a fortalecer al proveerlo de la sensación que él tiene de su espacio personal, con muebles y juguetes a su altura, con una puerta fácil de abrir para él y un clóset donde pueda elegir y tomar la ropa y objetos con facilidad. Esto despertará la sensación de "yo puedo" y se sentirá capaz de cubrir sus propias necesidades sin depender de los demás. Hay que pensar en un baño donde el niño pueda usar la taza con facilidad, pues así se generará en él una sensación de independencia y libertad.

El permitirle al niño participar en aspectos como la elaboración de alimentos, adornar la casa en Navidad, pintar paredes, decorar su propio entorno, sembrar y cuidar el jardín, prender y apagar la luz, servirse agua, alimentar a las mascotas, regar las plantas, en fin, infinidad de actividades en las que puede integrarse, fortalecerá su capacidad de tomar decisiones, de tener iniciativa y desarrollar la creatividad.

Comer en compañía de sus padres, el elegir la ropa que quiere usar, permitirle vestirse solo, elegir sus juguetes, le permitirá desarrollar su capacidad de confiar en sí mismo.

Muebles con cajones que pueda abrir con facilidad, escoger los libros que quiere ver y colorear, permitirle colorear sin elegirle los colores es permitirle manifestar su interior, es permitirle experimentar y descubrir que tiene la capacidad de salir adelante y solucionar conflictos.

Permitirle al niño experimentar diversas texturas como el jugar con tierra, barro o plastilina, percibir distintos aromas como jazmín, menta, hierbabuena, pino, geranio o ciprés, disfrutar del tocar plantas, flores y jugar en el pasto, observar más de tres colores y distintos tipos de dibujos va a enseñarle al niño a conectarse con la energía del mundo, de su exterior es estimular sus sentidos y fortalecer su relación y conexión con el mundo.

El uso de diversos colores puede ser apropiado o inadecuado acorde al comportamiento y necesidades del niño.

Verde

Este color es favorable cuando el niño centra su atención por mucho tiempo en un solo objeto o actividad, cuando es demasiado dependiente en el aspecto emocional, cuando se manifiesta miedoso y temeroso, cuando pasa mucho tiempo rodeado de adultos, cuando lo percibimos aburrido o en tedio, cuando queremos motivarlo al cambio.

Debemos tener cuidado con el verde cuando el niño espera la llegada de un hermanito, ya que se manifestará impulsivo y grosero con él, durante periodos de divorcio o separación de sus padres, cuando es un niño que no mide los riesgos o el peligro.

Rojo

Este color es favorable cuando el niño va a celebrar un evento especial en su vida, cuando queremos centrar su atención hacia un punto en particular, para despertar su sentido de la curiosidad e interés en algo, para proveerle de energía y dinamismo.

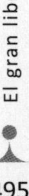

Debemos tener cuidado con el rojo cuando el niño vaya a descansar, cuando el niño sea demasiado inquieto, si tiene problemas de concentración, cuando es un niño con facilidad de enojo.

Azul
Este color es adecuado cuando queremos fomentar en el niño capacidad de investigación, fortalecer su autoestima y confianza en sí mismo, cuando el niño tiene tendencia a ser inquieto y enojón, cuando el niño tiene problemas para dormir.

Debemos tener cuidado con este color cuando el niño tiende a ser solitario y tímido, cuando tiene facilidad para entristecerse y deprimirse, cuando el niño es evasivo o si es un niño miedoso.

Amarillo
Este color es adecuado cuando queremos fomentar alegría y convivencia en el niño, cuando le queramos enseñar a compartir, para fortalecer su capacidad de expresión.

Debemos tener cuidado con este color cuando tenemos un niño parlanchín, cuando un niño vive sólo con adultos, cuando el niño sea demasiado inquieto.

Naranja
Este color es adecuado cuando queramos fomentar en el niño la intención de cooperar y participar en actividades, para evitar la sensación de soledad, cuando el niño se siente alejado de la familia.

Debemos tener cuidado con este color cuando el niño es ansioso e inquieto, cuando el niño es vanidoso, cuando el niño es competitivo.

Morado
Este color es recomendado en casos de niños que están atravesando conflictos, cuando queremos despertar en el niño la fantasía y la imaginación, para reducir dolores físicos.

Debemos tener cuidado con este color cuando el niño tiende a ser solitario, cuando tiende a deprimirse con facilidad y tener actitudes negativas, cuando es muy sensible, cuando es orgullosos y vanidoso.

Café

Este color es recomendable cuando el niño es inseguro e inestable, cuando tiene constantes caídas y resbalones, cuando su autoestima es baja, cuando tienen problemas de coordinación motriz y concentración.

Este color es de cuidado cuando el niño es encerrado, terco o berrinchudo, cuando el niño es flojo, dormilón o demasiado quieto.

Blanco

Este color es favorable para un niño con problemas visuales, cuando queremos fomentar que el niño esté más alerta, cuando queremos promover actitudes de orden y disciplina, cuando el niño necesita desarrollar la capacidad de decisión y liderazgo, cuando el niño es muy sentimental.

Debemos tener cuidado con este color cuando un niño tiene problemas para comunicarse, cuando el niño es inexpresivo, cuando el niño convive con puros adultos.

En espacios infantiles es recomendable utilizar dos o tres colores, para proveer de distintas energías para el niño y darle vida y movimiento a su espacio personal.

La música clásica despertará y agudizará sus sentidos. Una de las maneras más efectivas de ayudar a los niños es por medio del sentido auditivo, ¿qué escucha tu niño? ¿Halagos, regaños, pleitos, discusiones, telenovelas o noticieros nocturnos? Cambiemos eso por música agradable, suave y tranquila; por comentarios que destacan y halagan sus logros, por consejos sobre cómo realizar mejor las cosas; por cuentos que le permitan desarrollar su imaginación y películas que muestren aspectos de la flora y fauna del planeta. Evita discutir con tu pareja y otras personas frente a él, ya que estas situaciones despiertan ansiedad e inestabilidad en él. No es bueno forzar al niño a vivir eventos que no es su momento vivir y enfrentar.

A través del olfato podemos emplear aromas para impulsar y apoyar a los niños:

- Limón y cítricos: combate el aburrimiento y promueve sensación de limpieza.
- Mandarina: promueve una sensación de comodidad.
- Manzana: controla las pataletas en los niños y los calma.
- Toronja: aleja la sensación de resentimiento.
- Romero: Despierta la sensación de confianza.
- Geranio: promueve una sensación de estabilidad.
- Jazmín: favorece la sensación de confianza.
- Lavanda: contrarresta la timidez.
- Laurel: favorece la concentración y la memoria.
- Ciprés: contrarresta el aburrimiento.

Rodea al niño de distintas texturas, eso le permitirá ejercitar su sentido del tacto. Permítele percibir superficies suaves, duras, rígidas, frías y calientes. Ejercitar sus sentidos promoverá en el niño agilidad mental.

Algunas sugerencias más

- Si el niño tiene problemas de concentración, coloca una esfera de cristal faceteado en el techo, a la altura de su cabeza al dormir. La esfera se debe colgar con hilo rojo de tres o nueve pulgadas de largo.
- Coloca un espejo en la habitación o vestidor del niño, donde el se pueda observar completo, fortalecerás su autoestima.
- Coloca ese espejo en el área de fama de su habitación.
- Coloca sus trabajos escolares en el área de conocimiento de su habitación.
- Coloca un mundo giratorio o un mapamundi en el área del conocimiento para fortalecer sus estudios.
- Coloca un caleidoscopio en el área de hijos y creatividad de su habitación.

- Coloca sus juguetes en cajones de colores alegres y enséñalo a guardar sus objetos despúes de jugar.
- Usa la imaginación y con tela formen castillos, casitas y palacios para decorar la habitación.
- Diseña una habitación que le represente misterio y aventura, despertará su creatividad y su imaginación.
- Rescata de tu memoria todo aquello que tú sentías y deseabas de pequeño, te será de gran ayuda para comprender a los niños y para diseñarles espacios ideales.
- Permítele participar contigo en la elección y decoración de sus muebles, juguetes, ropa y habitación. Los niños saben muy bien lo que necesitan.
- Coloca sus trofeos y premios en el área de fortuna y éxito de su habitación.
- Coloca un calendario de actividades en su área de benefactores de su habitación, así le enseñarás a volverse organizado.
- Coloca una foto familiar en el área del amor de su habitación.
- Coloca un álbum fotográfico de él en el área de familia de su habitación.

# Símbolos orientales

En la tradición china, existen ciertos símbolos que se pueden emplear en el Feng Shui para activar o integrar su significado en nuestro espacio. Los símbolos funcionan a través del conocer su significado o asociación y el sintonizarnos con ello.

Estos símbolos parten de la tradición y el folclore oriental y se asocian con determinados aspectos.

- Arrowana es un pez que se asocia con el dragón, por lo mismo, se emplea para atraer riqueza y abundancia. Cuando la escultura del pez es en color dorado y colocada sobre monedas se puede colocar en el área de dinero y éxito del bagua o en el sector sureste del escritorio o de la habitación de una persona. También se puede colocar el pez vivo en un acuario, se pueden conseguir en lugares de venta de peces o acuarios.
- Ocho tortugas. La tortuga se asocia con solidez, respaldo, protección y consolidación. Se emplean para promover longevidad y fortalecer la salud, se pueden colocar detrás del escritorio de las personas o debajo, junto a la cabecera de la cama. En la parte trasera de la casa consolidará la salud para todos los habitantes del lugar.
- Ocho caballos. El caballo se asocia con éxito, fortaleza y tenacidad. Se emplea el número ocho como representación de las ocho direcciones cardinales, de los ocho trigramas, de las ocho

áreas circundantes del bagua, además de que el número ocho se asocia con la eternidad y el movimiento cósmico constante. Se pueden colocar ocho caballos en posición galopante en el área de fama del bagua o en el sur de la sala de la casa o viendo hacia el sur para favorecer el éxito, la perseverancia y triunfo sobre la adversidad y la competencia.

- Dos Chi Lin. El Chi Lin se considera el caballo dragón. Su simbolismo es principalmente de protección, se pueden colocar viendo hacia la puerta principal para proteger de malas intenciones a los habitantes de la casa así como para atraer buena suerte y oportunidades de éxito profesional.
- Rana de tres patas. La rana de tres patas se fundamenta en una leyenda china acerca de una doncella. Se asocia con riqueza que viene. Se recomienda colocarla a un lado de la puerta principal viendo hacia adentro y colocada sobre una base o maceta.
- Dos mariposas. Las mariposas se consideran un símbolo de amor constante y pasión, colocarlas en casa, en la habitación, ya sea en el área del amor del bagua o en el sector Suroeste de la construcción. Se emplean para atraer éxito en el amor.
- Cigarra. Una escultura de una cigarra se emplea para atraer éxito para las parejas recién casadas además de simbolizar fertilidad en la búsqueda de embarazos, de desarrollo de proyectos profesionales y de cuestiones de estudio. Son un símbolo de resurgimiento, ideal cuando uno desea volver a comenzar o iniciar proyectos de vida. Se puede colocar en el buró de la recámara matrimonial, debajo de la cama matrimonial, en el buró de un estudiante, en el área de hijos y creatividad del bagua o en el sector Noreste de las habitaciones o la construcción.
- Buda con niñitos. Es un símbolo de mucha utilidad para atraer alegría y risas infantiles al hogar. Se recomienda mucho en casos de parejas que buscan el tener hijos y en casos de familias que quieren promover alegría en sus hijos. Se puede colocar en el área de hijos y creatividad del bagua o en el área de benefactores, asimismo en el noroeste u oeste de la casa, principalmente en la sala o área de televisión y convivencia.

- Espada de monedas. Se emplea como símbolo de protección y se dice que aleja los malos espíritus y las malas intenciones de un lugar. Se puede colocar colgada dirigida la punta hacia la puerta principal. También se puede emplear para contrarrestar el efecto negativo de las estrellas dos, tres y cinco.
- Globo terráqueo. El globo terráqueo simboliza cultura y conocimiento al igual que viajes y reconocimiento internacional. Se recomienda colocarlo en áreas de estudio, recámara de niños y adolescentes y en las áreas de fama, conocimiento y benefactores del bagua. También se puede colocar sobre el escritorio o sobre nuestros trabajos realizados.
- Flor de loto. La flor de loto es uno de los símbolos más profundos e importantes de la cultura oriental. Se asocia con la purificación del alma del ser humano, se emplea como un símbolo para mejorar nuestra vida y nuestras relaciones así como nuestro comportamiento y la evolución personal y espiritual. Simboliza pureza y perfección, despierta la espiritualidad y destaca nuestras virtudes. Es ideal para promover paz y fortalecer la autoestima en un espacio. Se puede colocar en cualquier parte de la construcción.
- Peces dobles. Se emplean como un símbolo fuertísimo de guión sexual para la pareja, atraen el matrimonio y despiertan la suerte en atracción sentimental. Se pueden emplear para atraer pareja y éxito económico. El pez se considera un potente símbolo de abundancia. Se recomienda colocarlos en el área del amor del bagua o en el sector suroeste de la recámara.
- Dragón y ave fénix. Se conocen como la pareja cósmica y son un símbolo de amor eterno, fortalecen el matrimonio y el aspecto sentimental. Se pueden emplear para atraer un matrimonio exitoso. Se recomienda colocarlo sen el suroeste de la habitación o en el área del amor de la recámara.
- Carpas doradas. El pez carpa se considera un pez de excelente buena fortuna recomendado para abrir caminos, se emplean para fortalecer nuestro carácter e impulsarnos a obtener nuestras metas. Se pueden colocar en la entrada de la casa o en el escritorio o

al centro de la sala. Es recomendable cuando se está en búsqueda de la excelencia.

- Ábaco. Un ábaco de color dorado colocado junto a la caja registradora o junto a la chequera simbolizará el incremento de nuestros ingresos económicos. Favorece a un negocio en crecimiento. También se emplean como en símbolo que promoverá las habilidades matemáticas y la agilidad mental por lo que también se puede colocar en la habitación de niños o en el área de contabilidad de una oficina o negocio.

- Lingotes dorados. Los lingotes dorados son el mayor símbolo de riqueza en todas las culturas desde la antigüedad. Colocarlos en el área o dirección personal de éxito y riqueza. También se pueden ubicar cerca de la puerta de entrada o en el área de dinero y fortuna del bagua, así como en el sureste de la construcción. Si queremos atraer riqueza por medio de clientes se pueden colocar en el noroeste o en el área de benefactores del bagua. Los podemos colocar sobre un espejo o en una caja de madera con fondo de espejo para incrementar los ingresos económicos.

- Quimeras. Las quimeras son los leones o perros chinos. Se colocan a la entrada de la construcción y en las ventanas viendo hacia el exterior para promover protección, se consideran símbolos poderosos para alejar situaciones peligrosas, enemigos, personas malintencionadas y conflictos.

- Ru Yi. El Ru Yi es un símbolo de poder, riqueza y éxito. Representa autoridad. Se asocia con protección y se emplea para alejar la mala suerte y las cuestiones problemáticas y negativas. También simboliza el que todos los deseos se vuelvan realidad, es ideal cuando se busca destacar y sobresalir de los demás. Se puede colocar en el área de trabajo, benefactores o fama del bagua, en los sectores norte, noroeste y sur de la construcción o en el escritorio de una persona.

- Wu Lu. El Wu Lu se considera un fuerte símbolo para fortalecer la salud, ya que se asocia con longevidad pues se considera la fuente de la vida. Se puede colocar a un lado de la cama de las personas o al centro de las habitaciones, también se puede

colocar debajo de la cama o traerse con la persona ya sea en su bolso o cartera.
- Cuatro reyes o dioses celestiales. Se refiere a los dioses de las cuatro direcciones cardinales: Fung, Thiu, Yue y Soon. Se colocan viendo hacia la dirección que le corresponde a cada uno y proteger la construcción desde los cuatro puntos cardinales así como para atraer sus mejores aspectos
- Los tres sabios. Se refiere a Fuk, Luk y Sau los sabios que simbolizan alegría, prosperidad y longevidad. Se colocan a la entrada viendo hacia la calle para bendecir la casa o negocio para atraer prosperidad, poder y éxito.
- Patos mandarines. La autora Lillian Too recomienda ampliamente el uso de los patos mandarines como símbolo de amor eterno y se emplean para atraer una pareja duradera que conlleve al matrimonio. Se pueden emplear de madera o cuarzo y colocarse en el área del amor de la habitación o en el sector suroeste.
- Ji Gong. Se conoce como el monje malo. Es un símbolo que se emplea para salir adelante y convertir las situaciones adversas en prósperas. Se asocia con el solucionar problemas y conflictos, para sobrepasar las dificultades. Se puede colocar en el área de benefactores del bagua o el noroeste de la construcción. Debe quedar dirigido hacia la puerta de entrada.
- Tigre. Se puede emplear para despertar el poder personal y fortalecer la autoestima. Debe tener una actitud no muy agresiva y colocarse a la derecha de la persona que busca salir adelante. Aleja agresores, contrincantes y enemigos.
- Pagoda. La pagoda es un símbolo oriental que se emplea para corregir problemas de mal Feng Shui, aleja enemigos y situaciones problemáticas. Atrae conocimiento, fama, reconocimiento y desarrollo profesional, éxito y buena suerte. Se puede colocar en el área de fama del bagua o en el sur de la construcción.
- Cochino. El cochino representa fertilidad, prosperidad y abundancia. Se pueden colocar en el lado izquierdo de un hombre para despertar la virilidad. En el área de trabajo del bagua, en el área de familia o en los sectores norte y este de la construcción

o negocio para promover la fertilidad, el crecimiento y el desarrollo de actividades prósperas.
- Vaca de los deseos. Es un símbolo que se origina del bagua de Fu Hsi y de gran aceptación en Oriente. Se emplea para atraer suerte y buena fortuna, genera buena cosecha y buenos resultados en los proyectos personales y profesionales, se dice que cumple los deseos. Se puede colocar en el área de fama o de amor del bagua así como en los sectores sur y suroeste de la construcción.
- Pi yao. Se considera el más pequeño de los dragones y por lo mismo contenta al " Gran Duque" (Júpiter). Simboliza riqueza y salud, se puede colocar en la dirección personal que promueve y fortalece la salud.
- Duraznos. Son el mayor símbolo de amor. Se recomiendan en la recámara para atraer el amor y una pareja, así como para fortalecer la relación de matrimonio.
- Orquídeas. Simbolizan buena fortuna para la familia; se pueden colocar en el comedor.
- Abanicos. Colocar un abanico que vea hacia la puerta principal aleja las malas intenciones y la energía negativa de un lugar.

Fuente: Lillian Too, *Symbols of Good Fortune*.

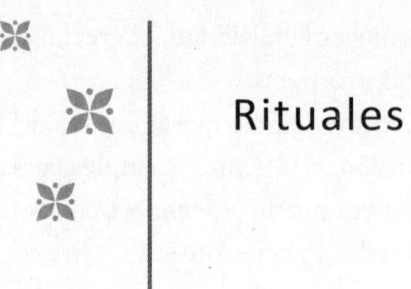

Rituales

Una cura trascendental

El profesor Thomas Lin Yun empleaba y sugería el uso de curas trascendentales en el Feng Shui. Una muy importante corresponde a la de las nueve estrellas. Fue a través de un gran amigo mío y la meditación como se conjuntó esta cura con aromaterapia. Para realizarla se recomienda emplear las esencias adecuadas para cada área del bagua.

Las nueve estrellas

Se aplica para atraer armonía y bendiciones a la casa. Se inicia haciendo el mudra del corazón (mano izquierda sobre derecha uniendo los pulgares, a la altura del plexo solar) y repetir el mantra del corazón nueve veces visualizando la luz que sale de nuestro cuerpo (gate, gate, para gate para san gate bodhi swaja).

Procedemos a recorrer la casa de acuerdo con el bagua, recitando el mantra del corazón, visualizando la luz de nuestro cuerpo e irradiando a todas las áreas de la casa, en el siguiente orden:

1	Familia
2	Dinero
3	Salud
4	Viajes o benefactores
5	Hijos o creatividad
6	Conocimiento

7	Fama
8	Trabajo
9	Amor

Al recorrer la casa, se rocía en cada área tres veces la mezcla sugerida en el capítulo correspondiente, visualizando nuestro deseo y así sucesivamente hasta completar el recorrido.

Esta solución trascendental es para bendecir, obtener nuestras metas y atraer armonía y bienestar al hogar.

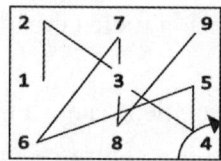

Más curas trascendentales

Las curas trascendentales del profesor Thomas Lin Yun son una excelente herramienta que reúne el aspecto material con la fuerza y la intención espiritual. Representa la magia y la fuerza que motiva y logra cambios tan trascendentales como la esencia misma de la naturaleza humana. Aquí te presentamos algunas de ellas, las cuales te sugiero aplicarlas con y bajo tu responsabilidad.

Para vender una casa

Hora: 11:00 a.m. a 1:00 p.m.

Tomar un artículo de la cocina o de los cimientos de la casa e ir a un río, arroyo o mar y tirar al agua el objeto. Al hacer esto se debe visualizar que el objeto representa la casa y ésta se aleja de ti, mientras que el nuevo dueño se acerca y toma el objeto feliz y contento mudándose a ésta.

Reflexiona sobre los apegos a la casa, dale las gracias por todo lo ahí vivido. Refuerza con los tres secretos y aléjate del lugar. Cuando la casa se haya vendido, debes remplazar el objeto que quitaste antes de entregar la llave al nuevo dueño.

Para lograr un embarazo
Necesitas:

- Nueve semillas de loto.
- Nueve cacahuates.
- Nueve dátiles secos.
- Nueve nueces de lichi.
- Un tazón o plato profundo.

Colocar todo en el plato y cubrirlo con agua. Antes de dormir, se ofrece el plato al cielo pidiéndole a la fuerza creadora te traiga un bebé hermoso.

Poner el plato debajo de la cama a la altura del abdomen de la mujer. Aplicar los tres secretos. Durante nueve días cambiar el agua cada mañana, repitiendo el ofrecimiento a la fuerza creadora. Al pasar los nueve días, se debe regar una planta con esa agua y enterrar el resto del material en la tierra. La planta se debe poner cerca de la puerta principal y reforzar con los tres secretos.

Este proceso se repite dos días más con dos plantas adicionales, ubicando una de ellas en la sala y la otra en la recámara en el área de hijos.

Bloquear el baño
Necesitas:

- Licor nuevo de 45°.
- Un tazón.

Hacer el mudra del corazón y repetir nueve veces el mantra del corazón. Mezclar noventa y nueve o ciento ocho gotas de licor con el dedo medio (los hombres usen la mano derecha, y las mujeres la mano izquierda), mientras pronuncia nueve veces OM MA NI PAD ME HUM.

Verter la mezcla a la taza del baño y reforzar con los tres secretos en tanto se visualiza que sella todo el drenaje y que todo el Chi positivo de paz, armonía y abundancia circula en su casa o negocio.

Llenar el tazón con agua y vaciar en cada uno de los drenajes de la casa recitando las seis palabras verdaderas.

Operaciones

Colocar nueve plantas pequeñas, en línea, entre cama y puerta de la habitación usando los tres secretos y pidiendo lo deseado.

Asuntos legales

Mezclar agua con alcanfor y nueve cubos de hielo, limpiar con esto la tapa de la cocina durante quince minutos usando los tres secretos. Hacer esto durante nueve días seguidos.

Sellar puertas contra asaltos, energías negativas, robos, etcétera

Necesitas:

- Nueve gotas de licor de 45°.
- Un tazón.

Mezclar el licor en el tazón con el dedo medio repitiendo las seis palabras verdaderas ciento ocho veces. Con el dedo medio colocar puntos de la mezcla en todas las puertas de la siguiente forma:

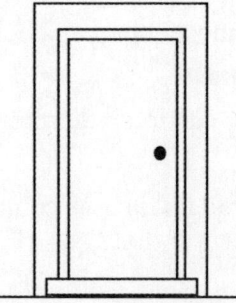

También colocar puntos en los quemadores de la estufa, las patas de las camas, escritorios y mesas. Revolver el sobrante de la mezcla con agua y vaciar un poco en cada drenaje de la casa. Aplicar los tres secretos. Esto se puede hacer también con coches; se deben sellar las puertas, defensas y llantas.

La hora propicia para hacer esta cura es de 11:00 a.m. a 1:00 p.m. o de 11:00 p.m. a 1 a.m.

Cura del Chen pi para alejar las influencias negativas, entidades negativas y las dificultades

Este proceso purifica y mejora notablemente la situación de una casa.
Necesitas:

- Cáscaras frescas de naranja y piel seca de tangerina (Chen pi).
- Cortar nueve piezas de cáscara de naranja en un plato blanco.

Comenzar en la puerta principal, encender el Chen pi uno por uno mientras se va por toda el área repitiendo las seis palabras verdaderas. Visualizar que el humo y su fuerza retiran todo el mal Chi. Conforme se camina por la casa se va quemando el Chen pi siguiendo el sentido de las manecillas del reloj. Al regresar a la puerta de entrada, se camina hacia la estufa y se coloca el plato al centro de los quemadores. Usar los tres secretos. Dejar el plato ahí toda la noche y al día siguiente tirar todo a la basura.

Cura para atraer dinero

Necesitas:

- Un cochinito o alcancía que quepa debajo de la cama.
- Una pluma negra nueva.
- Un papel redondo o cuadrado de color rojo que pueda ser usado como etiqueta.
- Una tela roja cuadrada para usar como base de la alcancía.
- Dos espejos redondos.

Escribir en el papel rojo "gran acumulador de dinero" y del otro lado del papel anotar el nombre de la persona.

Pegar el papel a la alcancía con el nombre hacia ella. Colocar la tela roja en el piso debajo de la cama a la altura donde generalmente queda la mano derecha al estar acostado, sobre la tela se pone uno de

Buena reputación

Un día entre 11:00 a.m. y 1:00 p.m. se deben colocar en la recámara dos pequeños espejitos debajo del techo; uno debe de ir en el área de trabajo y otro en el área de fama, perfectamente alineados uno frente al otro. Aplicar los tres secretos.

Cura para atraer un nuevo romance

Cada tercer día se debe cambiar el peinado durante quince días. Cada vez que lo hagas, debes reforzar con los tres secretos, visualizando la llegada de una nueva persona que llena tus expectativas.

Cura para casarse

Visitar a una persona que tenga tres meses de casada. Llevar nueve objetos que traigas siempre contigo envueltos en una tela roja. Pedirle a la persona que toque cada objeto, visualiza que los objetos reciben el Chi de alegría, paz y amor, y que al volver a esos objetos es Chi que llega a tu vida. Lleva los objetos a tu recámara y, en la noche, colócalos en el área del amor. Usar los tres secretos pidiendo lo que deseas.

Cura para la unión familiar

Poner una foto del esposo frente de la esposa; si tienen hijos, colocar sus fotos en medio. Poner estas fotos a la luz de la Luna entre 11:00 p.m. y 1:00 a.m. Pidiendo que el sabio de la Luna los bendiga y el Chi Ling de un feliz matrimonio y una hermosa familia penetre a las fotos, se unen las fotos con hilo rojo dando noventa y nueve vueltas. Guardar esto en un sobre rojo y aplicar los tres secretos.

Al día siguiente, a la misma hora, lleva el sobre a un lugar donde el agua fluya o circule, y tíralo. Con los tres secretos visualiza la fortaleza de tu matrimonio, la paz y armonía de tu familia y coloca las fotos en una hermosa y exuberante planta.

Protección para el coche

Emplear una esfera de cristal faceteada con hilo rojo de tres o nueve pulgadas, colgada del espejo retrovisor y aplicarle los tres secretos. Protegerá el coche y al conductor mientras maneja.

los espejos viendo hacia el techo. Encima del espejo se pone la alcancía y se coloca el segundo espejo sobre la alcancía viendo hacia abajo. Usar los tres secretos. Escoger una denominación específica de moneda o billete para colocar en la alcancía durante veintisiete días consecutivos; se deben recolectar al menos una de esas monedas o billete diario y guardarse en la alcancía.

Todas las monedas o billetes de esa denominación que lleguen a sus manos se deben guardar en la alcancía y cada día reforzar con los tres secretos. Al pasar veintisiete días se puede dejar la alcancía donde está o colocarla en el área de dinero. Esto va a convertir a la alcancía en un imán de dinero.

Cura para atraer dinero mediante una recolecta de agua de negocios exitosos

Con esta cura se recolecta agua para obtener Chi positivo de crecimiento en negocios.

Necesitas:

- Dos recipientes vacíos para agua.

Se coloca uno de los recipientes en la posición del gua de dinero de la recámara principal. Durante nueve días consecutivos se debe ir a un negocio exitoso y en el otro recipiente recolectar agua de esa empresa. Llevar esa agua a casa y vaciarlo al envase de la recámara aplicando los tres secretos, visualizando que esta agua se convierte en dinero que llega a su vida. El secreto es visualizar agua convirtiéndose en dinero.

Para el trabajo y la vida social

Durante veintisiete días seguidos llamar a un conocido con quien no haya tenido contacto durante los últimos seis meses. El contacto puede ser en persona, por teléfono, carta, fax o correo electrónico, evitando las quejas. Visualizar que sus relaciones comerciales y sociales son armónicas y balanceadas, reforzar cada contacto con los tres secretos.

Para controlar a un hijo rebelde

Esto se puede lograr por medio de un método que usa un hilo de nueve pulgadas de largo, empleando los tres secretos y visualizando que el hilo se impregne de tu Chi y que energéticamente te representa.

Coser tres pulgadas del hilo a la ropa del niño. Las otras seis pulgadas amarrarlas a tu dedo meñique visualizando que la rebeldía y la desobediencia de tu hijo desaparece. Reforzar con los tres secretos.

Carpeta mágica para un buen viaje

Conseguir un tapete color rojo de seis pies de largo cuando se va a viajar. Colocar la carpeta de tal forma que tres pies queden dentro y tres fuera en la puerta de entrada. Caminar sobre ella usando los tres secretos, visualizando que el viaje será sano y bueno y tendrá un regreso positivo. Enrolla la carpeta y colócala dentro de la casa. Al regresar, desenróllala y camina sobre ella entrando a casa.

Línea de colores que une al cielo con la tierra

Utiliza un hilo con los colores de los cinco elementos colocados basándose en el bagua. El color que inicia varía acorde con lo deseado y se coloca en el área de la casa donde se quiere el cambio. No importa el color o el deseo, el color de hasta abajo siempre es amarillo (color equivalente a tierra).

Comienza con el color asociado al área de la casa que deseas mejorar. Éste es el color de arriba y proseguir de acuerdo con las manecillas del reloj con los demás colores. Colocar el hilo y reforzar con los tres secretos.

Otra forma es usando los seis colores verdaderos, comenzando (arriba) en este orden: blanco, rojo, amarillo, verde, azul, negro. También empleando los siete colores del espectro comenzando del suelo al techo en este orden: rojo, naranja, amarillo, verde, azul, índigo, morado.

Tocando los seis puntos

Ésta es una cura personal para alejar la mala suerte y el mal Chi, asi como para elevar nuestro propio Chi. Está basada en los colores verdaderos. Usando el mudra con la mano izquierda (dedo medio y anular unidos al pulgar, dejando el índice y pequeño estirados).

Mezclar en la palma izquierda con el dedo medio gotas de licor fuerte (el número de gotas depende de la edad de la persona más uno). Poner un punto en la planta del pie izquierdo visualizando que el Chi mejora repitiendo la sílaba OM, imaginando el color blanco que sube hacia el cuerpo aplicando los tres secretos.

Poner otro punto con el dedo medio de la mano derecha en la planta del pie derecho y repetir MA visualizando el color rojo. Coloca el punto en la mano izquierda repitiendo NI visualizando amarillo.

Seguir con la mano derecha con PAD y el color verde. Luego el centro del pecho con ME y el color azul, finalizando en la frente con HUM, y el color negro.

Tratando cáncer

El profesor Lin Yun sugiere al paciente meditar y visualizar los seis colores verdaderos transmitiéndole su secuencia a las células dañadas.

Purificación de una casa

Nueve cáscaras de naranja, limón o lima en un tazón con agua. Derramar el agua alrededor por todas las habitaciones usando los tres secretos, visualizando que el mal Chi y la mala suerte se alejan llegando el éxito y la prosperidad a la nueva casa.

Renacimiento a través del huevo

Es una de las curas más fuertes que representa el resurgimiento espiritual. Se realiza en el cumpleaños, año nuevo chino o cuando haya necesidad de resurgir.

Comprar un cartón de huevo sin permitir que alguien lo vea ya comprado. Cocer el huevo sin que nadie lo interrumpa. Usar los tres secretos visualizando que la mala suerte se aleja. Mezclar en la palma de la mano gotas de licor (tu edad más uno), mezclando con el dedo medio y colocando el huevo cocido en la mano. Después ponerlo en una servilleta. Frotar las manos hasta que se sequen visualizando que todo lo malo se va. Llevar el huevo hacia fuera y pelarlo, guardando las cáscaras en una bolsa de papel o servilleta.

Imaginar que estas cáscaras son todo lo malo y que una nueva cubierta se forma en el huevo y ese huevo te representará a ti. Así, te conviertes en una persona nueva llena de éxito y de fortuna. Comerse la mitad del huevo y el resto tíralo en cuatro distintas direcciones. Aplica los tres secretos y tira las cáscaras en esas mismas cuatro direcciones, alejando así la mala suerte. Repetir los tres secretos.

Para ayudar en un tratamiento del corazón
Colocar nueve cubos de hielo en una olla blanca. Agregar una cucharada de alcanfor. Ponerla debajo de la cama a la altura del corazón. Aplicar los tres secretos.

Para dolores de espalda
Colocar nueve pedazos de gis en un tazón con arroz (sin cocer) y ponerlo debajo de la cama en la posición de la espalda. Reforzar con los tres secretos.

Para determinar el sexo de un bebé
Colocar una tira de nueve flores blancas en el área de hijos de tu recámara para que sea niña. Para que sea niño, nueve semillas de loto. Aplicar los tres secretos.

Para problemas insorteables
Se realiza en la recámara. En cada esquina coloca un hilo rojo de techo a piso. En cada hilo agrega un hilo rojo de nueve pulgadas al centro.

Aplica los tres secretos visualizando que la energía universal te ayuda a sortear los obstáculos. Dejar los hilos hasta que soluciones el problema.

Feng Shui y la mente inconsciente por Bruno Koppel

En esta sección vamos a abordar el tema del Feng Shui desde una perspectiva distinta a la que se ha visto hasta ahora.

En varias ocasiones se ha hablado del impacto, a nivel inconsciente, que tiene el Feng Shui en nuestra vida; sin embargo, poco se ha explicado este importante tema y la mejor explicación la podemos encontrar en la Programación Neurolingüística (PNL).

La PNL fue el producto de una serie de eventos aleatorios que después surgieron como un tema independiente. Nos tenemos que remontar al año de 1972, cuando se conocieron las dos personas que dieron origen a la PNL: John Grinder y Richard Bandler.

Resultaría largo hacer un recuento histórico de los eventos que llevaron a Grinder y Bandler a descubrirla, no obstante, es importante mencionar que surge, en primera instancia, como la reproducción de los patrones evidentes de conducta de una persona, pudiendo así igualar los resultados que esa persona obtiene en una actividad o situación determinada o similar. Posteriormente, la PNL siguió evolucionando y adentrándose en el mundo de la mente inconsciente, el cual es ahora el tema central.

Cuando hablamos de Feng Shui, podemos inferir que un individuo se ve influenciado por su entorno, generando en él una diversidad de conductas que bien pueden ser positivas o negativas, dependiendo de cada caso.

Según las leyes físicas de Newton, a una acción corresponde una reacción (Ley de causa y efecto). Si aplicamos Feng Shui en nuestra casa o espacio (acción), podemos esperar una respuesta interna (reacción) que puede traducirse en una mejoría en el estado de ánimo y de alerta sensorial que nos permitirá tener nuestros sentidos agudizados para poder advertir la presencia de oportunidades, y así pasar de nuestra situación actual (estado presente) a una mejor situación (estado deseado), a través del ambiente o entorno.

En este caso, el Feng Shui actúa como un factor externo que es puede generar cambios a un nivel interno; mientras que la PNL es capaz de propiciar un cambio interno que se verá reflejado en el ámbito externo; por ello es que siendo dos temas, aparentemente diferentes, pueden beneficiarse y complementarse mutuamente.

Todo ser humano tiene dos tipos de mente, entendiendo por mente, los procesos de pensamiento o el manejo que cada cerebro da al cúmulo de información y estímulos que recibe del exterior e interior de las personas. Una es la mente consciente, la cual se encarga de procesar la información en forma verbal y lógica. La mente consciente es con la que racionalizamos y procuramos dar un sentido lógico a lo que sucede alrededor. Cuando nuestra atención se centra en un determinado estímulo (un programa de televisión, una llamada telefónica, escribir una carta, etcétera), estamos empleando la mente consciente, pero mientras esto sucede, la mente inconsciente está manejando una cantidad aún mayor de datos o estímulos. Aquellos estímulos que merecen nuestra atención son, entonces, tomados por nuestra mente consciente, en tanto que aquellos que no son de vital importancia son procesados por nuestra mente inconsciente.

Si bien la mente inconsciente maneja información que podría considerarse de baja calidad o no prioritaria, también la mente inconsciente se encarga de mantener nuestras funciones vitales (ritmo cardiaco, digestión, envejecimiento, etcétera). Es en la mente inconsciente donde radican nuestras conductas, fobias, temores.

La mente consciente es verbal y analítica, al contrario de la mente inconsciente, es no verbal, no racionaliza y no está sujeta al tiempo (pasado, futuro), ya que la mente inconsciente vive en el presente perpetuo.

Al decir que la mente inconsciente es no verbal, no quiero decir que sea muda e incapaz de comunicarse. La mente inconsciente se expresa a través de sensaciones, asociaciones mentales (neuroasociaciones), que silenciosa, pero inexorablemente, generan cambios en nuestra conducta (resultados). Los resultados pueden ser positivos o negativos, pues no es competencia de la mente inconsciente hacer un juicio de valor de los resultados, puesto que la mente inconsciente no es capaz de racionalizar, ese proceso le corresponde a la mente consciente.

De lo anterior podemos afirmar que un cambio, como mudarnos a una casa nueva, remodelar la ya existente o hacer pequeños cambios, va a producir uno o varios resultados en nuestra conducta. Estos procesos de cambio son inconscientes, por lo que son imperceptibles al principio, hasta que se hacen tan evidentes que nuestra mente consciente es capaz de notarlos. Por ejemplo, el incremento de peso se hace notorio cuando la ropa que tenemos nos empieza a apretar, es entonces cuando la mente consciente es capaz de darse cuenta de que se ha producido una variación en nuestro peso.

Por otra parte, la mente inconsciente es programable o reprogramable mediante el pensamiento y del lenguaje (propio de terceras personas). En la cultura occidental existen diversas expresiones metafóricas que se refieren a situaciones cotidianas de la vida. Cuando una persona dice: "Me topé con un muro", metafóricamente se refiere a que se encontró con un obstáculo o con una persona intransigente y difícil de tratar.

Se ha manifestado con anterioridad que si se da la situación de que un muro esté a una distancia corta de la puerta de acceso, hacia un determinado lugar (casa, recámara, oficina, etcétera), el Chi no puede ingresar y es rechazado, generando situaciones adversas en la vida de la(s) persona(s) que transite(n) por ahí.

Esta respuesta es convincente para aquellas personas que crean en el concepto de la energía (Chi) y sus repercusiones sobre la vida humana. Sin embargo, para las personas que procesan la información con el hemisferio izquierdo del cerebro, esta respuesta les puede resultar carente de lógica o de sustentación. Entonces la PNL entra en acción y nos proporciona una respuesta convincente para el hemisferio izquierdo.

Debido a la carga cultural que todos llevamos encima (dichos y expresiones metafóricas populares), la mente inconsciente asocia "el muro" con un obstáculo o freno, y una persona que tenga que transitar continuamente por ese lugar no puede advertir, en forma consciente, que la asociación muro-obstáculo está progresivamente generando un efecto negativo en ella (resultado).

Al paso del tiempo, la persona comenzará a experimentar frustración, ya que se encuentra estancada. Cuanto proyecto inicia se ve repentinamente suspendido o cancelado y no es capaz de encontrar una respuesta aparente ante esta situación.

En capítulos anteriores de este libro se ha manifestado la influencia del entorno en el ser humano. La decoración, la iluminación, las texturas, los sonidos, la temperatura (interior y exterior), la distribución arquitectónica, así como la del mobiliario y los colores, ventilación, como la posición relativa de la construcción con respecto a su entorno (paisaje), representan estímulos de carácter visual, sensorial o auditivos que la mente inconsciente recibe y procesa. ¡A una acción corresponde una reacción! El inconsciente no sólo se limita a recibir y procesar los estímulos del entorno, también genera una reacción (resultado) ante ellos.

Seguramente, en más de una ocasión hemos estado en un lugar que desde que entramos nos sentimos incómodos o amenazados en alguna forma. Lo que sucede es que el inconsciente ha captado un estímulo determinado al que asocia con una situación de peligro o con un evento negativo del pasado. Como el inconsciente no es verbal, no puede decirle con precisión a la mente consciente cuál es el estímulo (viga, color, sonido, etcétera) que nos hace sentir incómodos o amenazados; así que se expresa mediante sensaciones o percepciones (intranquilidad, nerviosismo, temor, impaciencia, etcétera) y es cuando decimos algo así como: "No sé qué es, pero no estoy a gusto en este lugar".

Es así que la PNL nos proporciona una respuesta más lógica, mientras que el Feng Shui nos proporciona respuestas más subjetivas que dependen de la experiencia individual, pero ambas coinciden en señalar la excesiva influencia que ejerce el entorno en la conducta y expectativas de vida de una persona.

La combinación del Feng Shui con la Programación Neurolingüística nos da la oportunidad de crear una aplicación holística o *wholística* del Feng Shui, lo que nos permite integrar conocimientos orientales (en este caso específicamente de la antigua China), a nuestra forma occidental de ser.

Las creencias son un aspecto fundamental de la PNL, ya que una creencia es en sí una programación. Las creencias son los mapas mentales que conforman la "realidad" de un individuo. Las creencias son lo que hace que una persona se comporte de una manera determinada, ya que son las premisas o mapas de referencia en las que se basa su conducta y mediante las cuales interactúan con el mundo que lo rodea.

A través de estos mapas mentales un individuo puede aceptar, rechazar o permanecer neutral ante diversas circunstancias, de acuerdo a si éstas encajan con los mapas de su "realidad", en el entendimiento que el término "realidad" no es tan real como aparenta, ya que la "realidad" es distinta para cada persona. Una persona que vive en una situación económica holgada vive una "realidad" distinta a la "realidad" de una persona que vive una situación precaria.

La creencia acerca de si la aplicación del Feng Shui resulta ser positiva o no, radica en la experiencia personal de cada individuo, por lo que en este caso invito a los lectores a hacer uso de una de las presuposiciones que fundamentan la PNL.

"Si el Feng Shui ha beneficiado a X persona, entonces yo también me beneficio".

Una presuposición es una premisa o pensamiento que puede ser considerada como falsa o verdadera, dependiendo de quien la formule. Lo importante en este caso es presuponer que se trata de una premisa verdadera, lo cual nos permitirá cambiar nuestra creencia acerca del Feng Shui y, por consiguiente, sintonizarnos en un estado mental que nos deje gozar de los beneficios atribuibles a la aplicación del Feng Shui, en lugar de creer que los resultados posteriores a su aplicación son coincidenciales.

Richard Sandler define a la PNL como el "estudio de la experiencia subjetiva humana". Con esto quiere decir que los programas mentales son el resultado de las experiencias que un individuo ha tenido.

La forma en que cada individuo se comunica consigo mismo y con el exterior es, también, resultado de estas experiencias, las cuales se forman con base en lo que un individuo percibe de su entorno, por medio de sus sentidos (gusto, tacto, olfato, vista y oído).

La PNL define tres tipos básicos de personalidad: personalidad visual (vista), personalidad sensorial o kinestésica (gusto, tacto y olfato) y personalidad auditiva (oído). Toda persona, al tener estos sentidos básicos, posee por consecuencia los tres tipos de personalidad, sólo que las preferencias inconscientes generalmente hacen que predomine una de ellas por encima de las otras, diferenciando así la forma de interactuar con su entorno.

Un individuo puede tener una preferencia inconsciente por el sentido de la vista, lo que lo convierte en una persona de tipo visual. Los visuales son personas para quienes la apariencia de las cosas es más importante que la textura o el aroma. Los visuales son personas de buen gusto y aman el orden. Alterar ese orden les puede afectar los nervios. La casa de una persona visual puede parecer museo, ya que gustan de que todo este en su lugar. A la hora de comprar, la apariencia de un objeto predomina sobre su textura y comodidad, ya que se enamora de los objetos, las prendas de vestir y de las personas por la apariencia que tienen.

En capítulos anteriores se describen los ambientes de acuerdo con la teoría de los cinco elementos de la cosmogonía china y aquí se describen los ambientes favorables, de acuerdo con el predominio de los canales de comunicación sensorial. A las personas de tipo visual les favorecen los ambientes de los elementos madera, fuego y metal.

Las personas de tipo sensorial tienen una preferencia inconsciente por lo que pueden probar, tocar o sentir y oler. Pueden pasar por alto la apariencia de algún objeto siempre y cuando éste tenga un sabor agradable, una textura suave, un aroma rico y delicado, o que sea un objeto práctico y funcional.

La casa de un sensorial es muy cómoda y práctica, aunque en ocasiones puede estar desordenada. Los sensoriales comúnmente son el típico caso de quienes tienen que remover la ropa apilada sobre un sofá para que el visitante tenga un lugar en donde sentarse. A los sensoriales les favorecen los ambientes de los elementos fuego, tierra y agua.

Las personas de tipo auditivo son muy sensibles a la música o los sonidos. Poseen una mezcla de los canales de comunicación anteriores (visual, sensorial), pero el oído marca sus preferencias. Por lo general, buscan situarse en los lugares más alejados de la calle, ya que los ruidos generados en ella usualmente los perturban. Dependiendo de la edad, en la casa puede reinar un silencio casi sepulcral, o tener música en un volumen bajo. Los más jóvenes pueden, por el contrario, subir el volumen de la música, ya que ésta los estimula. A las personas de tipo sensorial les favorecen los ambientes de tierra, metal y agua.

Espero que este capítulo contribuya a ampliar la perspectiva del lector con respecto al Feng Shui, pues nos permite verlo desde otro punto de vista, poco tocado en otros libros, y hablar del Feng Shui en una forma diferente.

Bibliografía

Alfonso García, Carmen, *Aromaterapia*, Ágata, 1998.
Álvarez, Juan M., *Feng Shui, la armonía de vivir*, ed. revisada, Miami, The Fairy's Ring, 1998.
———, *Feng Shui, la armonía de vivir*, Málaga, Sirio, 1997.
Binjie, Chun, *Relatos mitológicos de la antigua China*, Madrid, Miraguano Ediciones, 1992.
Birdsall, George, *The Feng Shui Companion*, Rochester, Destiny Books, 1995.
Brown, Simon, *Practical Feng Shui*, Londres, Ward Lock Book, 1997.
Campany, Robert Ford, *Strange Writing, Anomaly Accouts in Early Medical China*, Albany, State University of New York, 1996.
Cano, Roman, *Manual del sanador de casas*, 3ª ed., Santafé de Bogotá, Ediciones Martínez Roca, 1998.
Caradean J. L., *El gran libro de las velas y candelas*, Robin Book, 1997.
Carranza, Armando, *Las piedras mágicas*, Obelisco.
Collins, Terah Kathryn, *The Western Guide To Feng Shui*, Carlsbad, California, Hay House, 1996.
———, *The Western Guide to Feng Shui* (Tape Audio Program), Carlsbad, Californa, Hay House, 1997.
Corrado, Maurizio, *La casa ecológica*, Barcelona, De Vecchi, 1999.
Craze, Richard, *Feng Shui Book & Card Pac*, Berkeley, Conar Press, 1997.
Chin, Ron D. y Warfield, Gerald, *Feng Shui Revealed*, Nueva York, Clarkson N. Potter, 1998.
Chuen, Lam Kam, *Feng Shui Handbook*, Nueva York, Henry Holt and Co., 1996.

Deimbech, Giuditta, *El gran libro de los cristales*, Ediciones Obelisco, 1996.

Du Bois, Fils, *Los aromas y su magia*.

Ducourant, Bernard, *Sabiduría china: sus proverbios y sentencias (Toute la Sagesse des Senteces et Poverbes Chinois)*, Barcelona, Ediciones Martínez Roca, 1997.

Edde, Gerard, *La sabiduría por el hábitat (Santé et Hábitat Selon Les Traditions Chinoises du Feng Shui)*, Barcelona, Ediciones Índigo, 1991.

Eitel, Ernest J., *Feng Shui, la ciencia del paisaje sagrado en la antigua China (Feng Shui, The Science of Landscape in Old China)* Barcelona, Ediciones Obelisco, 1993.

Fairchidl, Dennis, *Healing Honies*, Birminghan, Wavefield Books, 1996.

Giles, Herbert A., *Religions of ancient China*, Singapur, Graham Brush Ltd., 1989.

Giménez, Hanna M., *El lenguaje de las velas*, Ediciones Obelisco, 2011.

———, *Velas e inciensos*, Ediciones Obelisco, 1997.

Hunt, Ronald, *Las siete claves de la cromoterapia*, Editorial Yug, 2010.

I Ching, trad. Inés Frid, Buenos Aires, Troquel.

Kingston, Karen, *Creating Sacred Space With Feng Shui*, Nueva York, Brodway Books, 1997.

Lagatree, Kirsten M., *Feng Shui*, Nueva York, Villard Books, 1996.

Lenk, Hans y Paul, Gregor, *Epistemological ISSVES in Classical Chinese Philosophy*, Albany, State University of New York, 1993.

Lin, Jami, *The essence of Feng Shui*, Hay House, 1998.

Linn, Denise, *Hogar sano (Sacred Space)*, México, Ediciones Robin Book/Océano, 1997.

———, *Sacred Space*, Nueva York, Ballantine Books, 1995.

———, *The Secret Language of Sing*, Nueva York, Ballantine Books, 1996.

Lip, Evelyn, *Feng Shui, Environments of Power*, Academy Group Ltd/National Book Network, 1995.

———, *Feng Shui for Busines*, 4ª ed., Torrance, California, Heian Internacional, Inc., 1996.

———, *Fun With Chinese Horoscope*, 3ª ed., Singapur, Graham Brush Pte., 1995.

———, *Personalize Your Feng Shui*, 1ª ed., Torrance, California, Heian International, Inc. 1997.

———, *Feng Shui, A Laymaris Guide*, 5ª ed., Torrance, California, Heian International, Inc., 1996.

———, *Feng Shui For the Home*, 5ª ed., Torrance, California, Heian International, Inc. 1995.

Maeth, Russell, Flora Botton y John, Page, *Dinastía Han*, México, El Colegio de México, 1984.

Marshall, Chris, *The Complete Book of Chinese Acroscope*, Nueva York, Stewart, Tabori & Chang, 1995.

Nua, J. L. y Lydia Shammy, *Rituales secretos con velas y velones*, Ediciones Karma, 1995.

Pearson, David, *El libro de la casa natural*, Barcelona, Pérez Galdós, 2000.

Post, Steven, *The Modern Book of Feng Shui*, Nueva York, Dell Publishing, 1998.

Radford, Juan, *Aromas que curan*, Robin Book.

Roberts, Reginal, *Psicología del color*, Editorial Yug.

Rossbach, Sarah, *Feng Shui the Chinese Art of Placement*, Nueva York, Arkana Books, 1991.

———, *Interior Design With Feng Shui*, Nueva York, Arkana Books, 1987.

Sachs, Bob, *Numerología china. El Ki de las nueve estrellas*, Barcelona, Ediciones Obelisco, 1995.

Sandifer, Jon, *Feng Shui Astrology*, Nueva York, Ballantine Books, 1997.

Sang, Larry, *The Principles of Feng Shui*, ed. revisada, The American Feng Shui Institute, 1996.

Santopietro, Nancy, *Feng Shui Harmony by Design*, Nueva York, Perigee Book, 1996.

Simons, T. Raphael, *Feng Shui Step by Step*, Nueva York, Crown Trade Paperbacks, 1996.

Spear, William, *Feng Shui Made Easy*.

———, William, *Feng Shui (Feng Shui Made Easy) Mexico*, Ediciones Robin Book/Océano, 1997.

Sung, Edgar, *Classic Chinese Almanac Year of The Tiger 1998*, San Francisco, MJE Publishing, 1997.

———, *Practical Use of the Chinese Almanac*, San Francisco, MJE Publishing, 1996.

Tai, Sherman, *Chinese Astrology*, Singapur, Asiapac' Book Pte. Ltd., 1996.

Thompson, Angel, *Feng Shui*, Nueva York, St. Martin's Griffin Edition, 1996.
Too, Lillian, *Feng Shui Fundamentals Eight Easy Lesson*, Rockport, Element Books Limited, 1997.
———, *Feng Shui Fundamentals, Fame*, Rockport, MA, Element Books Limited, 1997.
———, *Feng Shui Fundamentals, Love*, Rockport, MA, Element Books Limited, 1997.
———, *Feng Shui Fundamentals, Wealth*, Rockport, MA, Element Books Limited, 1997.
———, *Practical Aplications of Feng Shui*, 8ª ed. Adelaide, Australia Oriental Publications, 1996.
———, *The Complete Ilustrated Guide to Feng Shui*, Rockport, MA, Element Books Limited, 1996.
Walter, Derek, *El gran libro del Feng Shui (The Feng Shui Handbook)*, Barcelona, 1997.
Waring, Philippa, *Feng Shui para principiantes*, Barcelona, Ediciones Obelisco, 1997.
Wilhelm, Hellmat y Willhelm, Richard, *Understanding the I Ching*, Princeton, Princeton University Press, 1995.
Wong, Eva, *Feng Shui, The Ancient Wisdom of Harmonious Living for Modern Times*, Boston, Shambala Publications, Inc., 1996.
Wydra, Nancilee, *Designing your Happiness*, Torrance, California, Heian International, Inc., 1995.
———, *Feng Shui, The Book of Cares*, Lincoln-Wood, Contemporary Books, 1996.
———, *Feng Shui in the Garden*, Lincoln-Wood, Contemporary Book, 1997.
Xianchun, Tan, *The I Ching*, Singapur, Asiapac Books Pte. Ltd., 1995.

Este libro se terminó de imprimir en el mes de
Junio del 2011, en Impresos Vacha, S.A. de C.V.
Juan Hernández y Dávalos Núm. 47, Col. Algarín,
México, D.F., CP 06880, Del. Cuauhtémoc.